Kohlhammer

Die Herausgeberinnen

Susan C. A. Burkhardt ist Psychologin und Sprecherzieherin und arbeitet als wissenschaftliche Mitarbeiterin und Dozentin an der Interkantonalen Hochschule für Heilpädagogik in Zürich. Ihre Schwerpunkte sind die emotionale Entwicklung und Prävention von Verhaltensauffälligkeiten sowie eine gesunde psychosoziale Entwicklung unter schwierigen familiären Bedingungen.

Beatrice Uehli Stauffer ist Psychologin. Sie arbeitet als Dozentin an der Interkantonalen Hochschule für Heilpädagogik in Zürich am Institut für Verhalten, sozioemotionale und psychomotorische Entwicklungsförderung. Sie ist Fachexpertin im Bereich internalisierender Störungsbilder im Kindes- und Jugendalter sowie Co-Leiterin der Studierendenberatung.

Susanne Amft leitet das Institut für Verhalten, sozioemotionale und psychomotorische Entwicklungsförderung (IVE) an der Interkantonale Hochschule für Heilpädagogik in Zürich. Sie ist Motologin und Therapeutin für Konzentrative Bewegungstherapie und Tanztherapie. Ihre Schwerpunkte sind Psychomotorische Entwicklungsförderung sowie Interventionen bei Kindern und Jugendlichen mit Verhaltensauffälligkeiten.

Susan C. A. Burkhardt,
Beatrice Uehli Stauffer, Susanne Amft

Schüchterne und sozial ängstliche Kinder in der Schule

Erkennen, verstehen, begleiten

Verlag W. Kohlhammer

Dieses Werk einschließlich aller seiner Teile ist urheberrechtlich geschützt. Jede Verwendung außerhalb der engen Grenzen des Urheberrechts ist ohne Zustimmung des Verlags unzulässig und strafbar. Das gilt insbesondere für Vervielfältigungen, Übersetzungen, Mikroverfilmunge und für die Einspeicherung und Verarbeitung in elektronischen Systemen.

Die Wiedergabe von Warenbezeichnungen, Handelsnamen und sonstigen Kennzeichen in diesem Buch berechtigt nicht zu der Annahme, dass diese von jedermann frei benutzt werden dürfen. Vielmehr kann es sich auch dann um eingetragene Warenzeichen oder sonstige geschützte Kennzeichen handeln, wenn sie nicht eigens als solche gekennzeichnet sind.

Es konnten nicht alle Rechtsinhaber von Abbildungen ermittelt werden. Sollte dem Verlag gegenüber der Nachweis der Rechtsinhaberschaft geführt werden, wird das branchenübliche Honorar nachträglich gezahlt.

Dieses Werk enthält Hinweise/Links zu externen Websites Dritter, auf deren Inhalt der Verlag keinen Einfluss hat und die der Haftung der jeweiligen Seitenanbieter oder -betreiber unterliegen. Zum Zeitpunkt der Verlinkung wurden die externen Websites auf mögliche Rechtsverstöße überprüft und dabei keine Rechtsverletzung festgestellt. Ohne konkrete Hinweise auf eine solche Rechtsverletzung ist eine permanente inhaltliche Kontrolle der verlinkten Seiten nicht zumutbar. Sollten jedoch Rechtsverletzungen bekannt werden, werden die betroffenen externen Links soweit möglich unverzüglich entfernt.

1. Auflage 2022

Alle Rechte vorbehalten
© W. Kohlhammer GmbH, Stuttgart
Gesamtherstellung: W. Kohlhammer GmbH, Heßbrühlstr. 69, 70565 Stuttgart
produktsicherheit@kohlhammer.de

Print:
ISBN 978-3-17-039528-2

E-Book-Formate:
pdf: ISBN 978-3-17-039529-9
epub: ISBN 978-3-17-039530-5

Inhaltsverzeichnis

Vorwort 11

Einführung: Das Phänomen und Problem der Schüchternheit bei Kindern und Jugendlichen? 13
Susanne Amft, Beatrice Uehli Stauffer & Susan C. A. Burkhardt
    Hintergrund 13
    Wie äußert sich Schüchternheit? 14
        Schüchtern oder introvertiert? 15
        Woher kommt Schüchternheit 16
        Von schüchtern bis zur sozialen Angststörung 17
    Verhaltensauffälligkeiten – internalisierendes Verhalten 17
        Häufigkeit von Verhaltensauffälligkeiten 17
        Internalisierende Verhaltensauffälligkeiten 18
    Relevanz des Themas 19
    Zu diesem Buch 19
    Literatur 24

Übersicht zum Phänomen Schüchternheit, zur Entstehung und zu sozialen Kompetenztrainings 25
Ulrike Petermann
    1   Sozial ängstliche Kinder 25
        1.1   Bedeutung und Auswirkungen von Schüchternheit .. 26
        1.2   Soziale Angststörung und soziale Phobie 27
        1.3   Trennungsangst 28
        1.4   Selektiver Mutismus 29
    2   Entstehung und ursächliche Zusammenhänge 31
        2.1   Biologische Risikofaktoren 31
        2.2   Psychische Risikofaktoren 32
        2.3   Soziale Risikofaktoren 34
        2.4   Bedingende und aufrechterhaltende Faktoren: Ein integratives Modell 36
    3   Intervention 37
        3.1   Prävention: Soziales Kompetenztraining 37
        3.2   Anwendung in der Schule 39
    Literatur 44

Schüchterne/sozial ängstliche Kinder in der Schule: Zusammenhänge mit schulischen Aspekten, Migration und Geschlecht 47
Barbara Gasteiger-Klicpera, Franziska Reitegger & Matthias Krammer
    1   Schüchternheit und soziale Ängste in der Entwicklung von Kindern und Jugendlichen 47
    2   Zusammenhang mit dem Geschlecht der Kinder und Jugendlichen 50
    3   Zusammenhang von Schüchternheit und sozialer Ängstlichkeit mit kulturellen Aspekten und Migrationshintergrund .. 51
    4   Der Einfluss des sozialen Schul- und Klassenklimas sowie der Qualität der Beziehungen zwischen Lehrpersonen und Schüler/-innen 54
    5   Empirische Untersuchung 58
        5.1   Methodisches Vorgehen 58
        5.2   Untersuchungsinstrumente 59
        5.3   Stichprobe 59
        5.4   Statistische Auswertung 60
    6   Ergebnisse 61
        6.1   Unterschiede nach Schultyp und Schulstandort 61
        6.2   Korrelationsanalysen zu Aspekten der Schulebene, der Klassenebene und der individuellen Ebene 62
        6.3   Identifikation von Risikofaktoren 63
    7   Zusammenfassung und Diskussion 64
    Literatur 65

Jugendliche mit internalisierender Symptomatik auf Sekundarstufe II: Wohlbefinden und Belastungen 69
Annette Krauss, Patrizia Röösli & Claudia Schellenberg
    1   Einleitung 69
    2   Internalisierende Symptomatik im Jugendalter 70
    3   Wohlbefinden und Anforderungsbewältigung von Jugendlichen mit internalisierenden Symptomen 71
    4   Untersuchung zu Wohlbefinden und Belastungen von Lernenden mit internalisierender Symptomatik an Berufsfach- und Mittelschulen 73
        4.1   Stichprobe 73
        4.2   Instrumente 74
        4.3   Statistische Analysen 74
        4.4   Ergebnisse der Studie 75
        4.5   Diskussion 78
    5   Schlussfolgerungen 80
    Literatur 81

Aktuelle Therapiemethoden zur kognitiv-behavioralen Behandlung sozial ängstlicher Kinder und Jugendlicher ... 84
Siebke Melfsen & Susanne Walitza

1 Therapiebedürftigkeit ... 84
2 Methoden der klassischen kognitiv-behavioralen Angsttherapie ... 85
    2.1 Überblick über klassische kognitiv-behaviorale Interventionsmethoden ... 85
    2.2 Therapiemanuale ... 87
    2.3 Empirische Befunde ... 89
    2.4 Weitere Behandlungsparameter ... 89
3 Weitere innovative Forschungsansätze ... 91
    3.1 Gründe für weitere innovative Forschungsansätze ... 91
    3.2 Kurzzeitige Intensivtherapien ... 91
    3.3 Selbsthilfe-Programme ... 92
    3.4 Achtsamkeit (mindfulness) und Selbstfürsorge (self-compassion) ... 95
4 Zusammenfassung ... 97
Literatur ... 98

Ängstliche Kinder in der Schule. Ein personzentriertes Verständnis und Handlungsempfehlungen für Lehrpersonen ... 103
Margaretha Florin

1 Angst und Ängstlichkeit im Umfeld von Schule und Unterricht ... 103
    1.1 Ängste und Ängstlichkeit im schulischen Alltag ... 107
    1.2 Auswirkungen von Ängsten auf das Lernen und Wohlbefinden ... 109
2 Ein personzentriertes Verständnis von Ängsten und Ängstlichkeit ... 110
    2.1 Menschenbild und Persönlichkeitstheorie des personzentrierten Ansatzes ... 111
    2.2 Entstehung von Ängsten und Ängstlichkeit nach dem personzentrierten Ansatz ... 113
3 Umgang mit Ängsten und Ängstlichkeit im schulischen Alltag ... 116
    3.1 Haltung der Lehrperson und Beziehungsebene ... 116
    3.2 Unterrichts- und Klassenklima ... 118
    3.3 Ideen zur spezifischen Förderung ... 120
4 Schlusswort ... 121
Literatur ... 122

Der Umgang mit schüchternen Kindern im Unterricht ... 124
Xenia Müller

1 Erkennen und Wahrnehmung von Schüchternheit durch die Lehrperson ... 126

2		Schulleistungen und Leistungsbeurteilungen	128
3		Schüchterne Kinder und Peerbeziehungen	129
4		Handlungsansätze für den Unterricht	131
	4.1	Schüchternheit erkennen und Haltungen reflektieren	132
	4.2	Umgang mit Ängsten und emotionale sowie soziale Kompetenzen stärken	133
	4.3	Förderung der Teilnahme am Unterricht	134
	4.4	Soziale Integration in die Schulklasse	136
	4.4	Leistungsbeurteilung	137
Literatur			137

Das unsichtbare Kind – Nonverbaler Ansatz zur Identifizierung von schüchternen und sozial ängstlichen Kindern ... 139
Iris Bräuninger, Rosemarie Samaritter & Sue Curtis

1		Einführung ins Thema	139
2		Literaturüberblick	140
3		Identifizierung von schüchternen und sozial unsicheren Kindern durch beobachtbaren nonverbalen Ausdruck	142
4		Fallvignetten zur Zielsetzung im schulisch-therapeutischen Setting mit schüchternen und sozial ängstlichen Kindern	145
	4.1	Fokussieren auf nonverbale Hinweise	145
	4.2	Kinder im allgemeinen Raum	145
	4.3	Kinder im persönlichen Raum	146
	4.4	Der symbolische Bewegungsausdruck	149
5		Schlussfolgerung	149
Danksagung			150
Literatur			150
6		Anhang	151
	6.1	Nonverbale Checkliste für Fachkräfte zur leichteren Identifizierung schüchterner und sozial ängstlicher Kinder	151

Schüchterne Kinder in der Schule Möglichkeiten der Ermutigung mit Body 2 Brain CCM® ... 153
Claudia Croos-Müller

1		Möglichkeiten der Ermutigung: Körpercodes gegen Schüchternheit	153
	1.1	Embodiment und Körperpsychotherapien	154
	1.2	Die Body 2 Brain CCM® Methode: einfache Körpercodes zur gezielten Selbststeuerung von Affekt, Kognition und Verhalten	155
	1.3	Neurophysiologie und Body 2 Brain CCM® Wirkungsweise	157
2		Zentrales Nervensystem, peripheres Nervensystem und Neurophysiologie im Zusammenspiel mit Körper und Psyche	158

	2.1	Das zentrale Nervensystem	160
	2.2	Das periphere Nervensystem	161
	2.3	Die Hirnnerven	163
	2.4	Emotionen und Neurotransmitter	163
3	Schüchternheit – Ängstlichkeit – Selbstwertproblematik – soziale Phobie		164
	3.1	Neurophysiologie und Körpersignale	164
	3.2	Body 2 Brain CCM® Körpercodes – Grundformen und Kombinationen (Croos-Müller 2019)	166
4	Body 2 Brain CCM® Körpercodes – Übungsbeispiele für schüchterne Kinder		170
Literatur			175

Mit Musik geht alles besser? Musiktherapie für schüchterne, sozial ängstliche Kinder und Jugendliche 177
Susan Christina Annamaria Burkhardt

1	Einführung		177
2	Der Mensch ist ein musikalisches Wesen		178
3	Musik als therapeutisches Mittel		180
	3.1	Musiktherapie mit Kindern und Jugendlichen	183
	3.2	Wirkung von Musiktherapie	185
4	Musiktherapie für schüchterne Kinder und Jugendliche		186
	4.1	Methoden der Musiktherapie bei Schüchternheit	187
	4.2	Beispiele erfolgreicher musiktherapeutischer Interventionen	190
5	Musiktherapie und Schule		192
	5.1	Entwicklungsförderung durch Musiktherapie in der Schule	193
6	Fazit		195
Literatur			195

Schüchternheit und Mobbing – Hintergrundwissen und Handlungsmöglichkeiten im pädagogischen Arbeitsfeld 198
Vanessa Jantzer & Michael Kaess

1	Einführung in das Thema Mobbing		198
	1.1	Definition von Mobbing	198
	1.2	Erscheinungsformen von Mobbing	200
	1.3	Häufigkeit von Mobbing	201
	1.4	Entstehungsbedingungen von Mobbing	202
	1.5	Folgen von Mobbing	204
2	Soziale Angst		205
	2.1	Potentielle Einflussfaktoren	206
3	Praktische Implikationen		211
	3.1	Individuelle Schutzfaktoren speziell für schüchterne Kinder	213
	3.2	Allgemeine Schutzfaktoren	214

		3.3	Resilienz	214
	4		Fazit	215
	Literatur			217

Selbstverletzendes Verhalten bei sozial ängstlichen Jugendlichen **219**
Tina In-Albon & Daniela Schwarz

	1	Fallbeispiel	219
	2	Selbstverletzendes Verhalten	220
	3	Selbstverletzendes Verhalten und soziale Ängste	223
	4	Interventionen	225
	5	Zusammenfassung	228
	Literatur		229

Eltern und ihre schüchternen Kinder im Kontext Schule **232**
Beatrice Uehli Stauffer

	1	Einleitung		232
	2	Ausgangslage		233
	3	Eltern sind nicht gleich Eltern – Die Interaktion von individuellen und soziokulturellen Rahmenbedingungen ...		234
		3.1	Elterliche Risikofaktoren	235
	4	Was Eltern wissen müssen – Relevante kindliche Entwicklungsbereiche		237
		4.1	Bindungserfahrungen und Emotionsregulation	237
		4.2	Selbstwirksamkeitserfahrung und ein realistisches Selbstkonzept	238
	5	Was können Eltern tun?		240
		5.1	Stärkung der Selbstwirksamkeitsüberzeugung	240
		5.2	Ermöglichen von Erfahrungen in der Peergruppe	242
	6	Fazit		244
	Literatur			245

Die Autorinnen und Autoren **247**

Vorwort

Im Verlauf meiner langjährigen Beschäftigung mit der sozialen Entwicklung von Kindern im Grundschulalter verengte sich mein Interesse immer mehr auf die spezifische und vernachlässigte Gruppe der schüchternen und sozial ängstlichen Schülerinnen und Schüler. Es wurde mir zunehmend bewusst, dass die Stillen in der Schule die Vergessenen sind. Das war selbst in der Forschung lange Zeit so.

Die damals zahlreichen auf aggressiv-störendes Verhalten ausgerichteten Publikationen motivierten mich erst recht dazu, in erster Linie die schüchternen Kinder in den Blick zu nehmen. Ganz im Gegensatz zur Tatsache, dass soziale Ängstlichkeit und Schüchternheit an unseren Schulen mindestens ebenso verbreitet sind wie Aggressivität und störendes Verhalten, wird der Leidensdruck von schüchternen und stillen Kindern auch heute noch leicht übersehen.

Schüchternheit ist ein sehr verbreiteter und gewohnter Bestandteil des menschlichen Verhaltens und längst nicht in jedem Fall ein Problem. Wer hat nicht schon Situationen erlebt, in denen man wirklich oder vermeintlich zu schüchtern gehandelt hat und sich ein mutigeres Vorgehen gewünscht hätte. Problematisch wird Schüchternheit vor allem dann, wenn sie das angemessene Verhalten mit großer Regelmäßigkeit in einer Vielzahl alltäglicher Situationen blockiert. Die Blockade beruht einerseits auf überzeichneten sozialen Befürchtungen (sie werden mich auslachen/sie werden mich ablehnen/ich werde dumm dastehen) und andererseits auf einem ausgeprägten Vermeidungsverhalten, das sich bis zur Schulverweigerung steigern kann. Auch schon bei milderen Formen von Schüchternheit sind die reduzierte Unterrichtsbeteiligung und die eingeschränkten Beziehungen zu Gleichaltrigen typisch.

Schüchternheit tangiert aber nicht nur einzelne Handlungsbereiche, sondern die gesamte Persönlichkeit, insbesondere auch die Selbstwahrnehmung und das Selbstvertrauen. Wegen des angeschlagenen Selbstvertrauens neigen Schüchterne dazu, ihre Fähigkeiten zu unterschätzen, woraus wiederum negative Folgen für das Lernen, die Lernfreude und die Erfolgszuversicht entstehen. Schüchterne äußern häufiger die Formel »Ich weiß nicht« als ein überzeugtes »Das kann ich«. Eltern kennen diese Schwierigkeiten nur zu gut. Viele Mütter und Väter mussten sich seit der Kindergartenzeit sagen lassen »Ihr Kind sagt nichts, macht nicht mit, steht immer abseits«. Eltern und Lehrpersonen gelingt es häufig nicht, angemessen auf das gehemmte und ängstlich vermeidende Verhalten der Schüchternen zu reagieren. Aus Mangel an wirkungsvolleren Maßnahmen beschränken sich Erwachsene zu oft auf meist wirkungslose Aufforderungen wie »Mach doch besser mit im Unterricht« oder »Sag doch auch mal was«. Die irrige Meinung, Schüchternheit lasse sich mit etwas mehr Motivation und gutem Willen von den

Betroffenen selber überwinden, steht im Widerspruch zur Vielschichtigkeit und Tiefe des Problems.

Besonders im Rahmen der Schule muss sich deshalb ein professionelles Verständnis von Schüchternheit und sozialer Ängstlichkeit entwickeln. Dazu gehört nicht nur das theoretische Wissen um die Hintergründe und Auswirkungen von sozialen Hemmungen auf die Persönlichkeit und das Lern- und Sozialverhalten von Schülerinnen und Schülern, sondern auch ein fundiertes Handlungswissen im Umgang mit den Betroffenen. Wo Lehrpersonen an die Grenzen ihrer Möglichkeiten stoßen, sollten, wie bei anderen schulischen Schwierigkeiten, spezialisierte Fachpersonen unterstützend zur Seite stehen. Ich bin überzeugt, dass die vorliegende Sammlung von sehr sorgfältig ausgewählten Beiträgen zu zentralen Aspekten von Schüchternheit in der Schule den Leserinnen und Lesern wertvolle Einsichten und Kenntnisse vermittelt und dabei hilft, die Schüchternen in Zukunft weniger zu vergessen.

Georg Stöckli

Einführung: Das Phänomen und Problem der Schüchternheit bei Kindern und Jugendlichen?

Susanne Amft, Beatrice Uehli Stauffer & Susan C. A. Burkhardt

Hintergrund

Bei der Planung der Fachstelle »Verhaltensauffälligkeiten und herausfordernde Situationen« am Institut für Verhalten sozio-emotionale und psychomotorische Entwicklungsförderung an der Interkantonalen Hochschule für Heilpädagogik, Zürich, hatten wir im Sinn, Lehrpersonen und Schulen bei schwierigen Situationen im Schulalltag zu beraten. Wir stellten drei Fragen in den Vordergrund

1. Erleben Sie Situationen in der Schule, die Sie täglich herausfordern?
2. Gibt Ihnen das Verhalten eines bestimmten Kindes oder Jugendlichen Rätsel auf?
3. Fragen Sie sich, wie Sie ein/-e Schüler/-in erreichen und bestmöglich fördern können?

Wir erhielten viele Anfragen. in denen Probleme mit aggressiv und hyperaktiv auffälligen Kinder geschildert wurden, die die Lehrpersonen an den Rand ihrer Belastbarkeit brachten.

Niemand wollte dagegen von uns wissen, welches Rätsel hinter dem Kind steckt, das sich im Unterricht niemals meldet, immer verträumt und zurückgezogen in der Klasse sitzt und, wenn die anderen spielen, lieber zuschaut. Niemand fragte bisher, wie er dieses Kind erreichen könne und welche Hilfestellung es möglicherweise benötigt.

Überraschend ist dies nicht, denn gerade die wilden, störenden Kinder erfordern meist die ganze Aufmerksamkeit der Lehrpersonen, damit der Unterricht möglichst reibungslos gestaltet werden kann. Hier scheint es offensichtlich, dass etwas geschehen muss.

Doch was ist mit diesen schüchternen, in sich zurückgezogenen Kindern, die oft im Klassenzimmer unbemerkt bleiben? Wie kann eine Lehrperson diese Kinder erkennen, die nicht nur ein wenig still sind, sondern möglicherweise tatsächlich Hilfe benötigen?

Schüchterne Kinder sind auch deswegen schwierig zu erkennen, weil sie sich ihrer Probleme schämen. In unserer Gesellschaft wird ein gewisses Maß an Beteiligung und Eigeninitiative sozial gewünscht und auch gefordert: »Sei doch nicht so schüchtern«, »Jetzt sag doch mal was«, »Hat's dir die Sprache verschlagen?«, »Kannst du nicht reden?« – Schüchterne sind in ihrem Verhalten gehemmt und leiden unter solchen Etikettierungen.

Wie äußert sich Schüchternheit?

Schüchternheit hat viele Gesichter. Sie kann sich als zurückhaltendes, scheues Verhalten zeigen und von anderen Personen durchaus als angenehm, als Bescheidenheit und Zurückhaltung, wahrgenommen werden. Sie kann sich auch hinter einem exponierenden Verhalten verstecken. So liest man immer wieder über Musiker, wie z. B. Bob Dylan, dass er im privaten Leben eine sehr introvertierte, manchmal fast schüchtern wirkende Person ist, obwohl er seit über 50 Jahren auf der Bühne steht. In seiner Autobiographie beschreibt der Revolutionär Mahatma Gandhi eindrücklich seine Schüchternheit in der Kindheit:

»Ich war immer schon sehr scheu und vermied allen Umgang. Bücher und Schulaufgaben waren meine einzigen Gefährten. Täglich war ich mit dem Glockenschlag in der Schule, und sobald der Unterricht aus war, rannte ich wieder nach Hause – rannte buchstäblich, denn ich konnte es nicht ertragen, mit irgendwem zu reden, und zitterte bei dem Gedanken, man könnte sich über mich lustig machen« (Ghandi, 1983, S. 9).

Leidensdruck und Unsicherheit begleiten diese Menschen sowie die ständig kreisenden Gedanken um ihre eigenen Fähigkeiten, die in ihren Vorstellungen nicht genügend sind.

»Derzeit gibt es keine einheitliche Definition von Schüchternheit und es liegen – anders als zum Beispiel bei psychischen Störungen – auch keine festen Kriterien vor, nach denen wir entscheiden könnten, ob jemand schüchtern ist oder nicht. Das wäre auch gar nicht unbedingt sinnvoll, denn Schüchternheit ist als dimensionales Merkmal auf der Persönlichkeitsebene verankert. Es gibt also keine klare Grenze: Wir sind alle mehr oder weniger schüchtern« (Fehm, 2013, S. 1).

Schüchternheit ist schwer zu fassen, und es scheint keine Kategorisierung zu geben.

Auch nach Zimbardo (2002) »ist Schüchternheit ein schillernder und komplexer Begriff« und bedeute für jeden Menschen etwas anderes: »Letztendlich ist einer schüchtern, wenn er glaubt es zu sein ...« (zitiert nach Eisner, 2012, S. 10).

Fast jeder kennt das Gefühl in Situationen, in denen er sich exponieren muss, er im Mittelpunkt steht und sich die Aufmerksamkeit aller auf ihn richtet, dass er angespannt und aufgeregt ist. Solche »leichten soziale Ängste« sind weit verbreitet. Es kommen einem Gedanken darüber, ob man den Anforderungen genügen wird, was die anderen von einem erwarten, man beginnt vielleicht zu schwitzen und bekommt Herzrasen. Diese Aufregung vor etwas Neuem, vor einer herausfordernden sozialen Situation, wird oft als Lampenfieber bezeichnet. Im schlimmsten Fall kann es bis zur Handlungsunfähigkeit führen. Doch diese hohe Anspannung ist nicht nur negativ zu bewerten, denn sie unterstützt uns dabei, auch Höchstleistungen zu erbringen. Dafür sorgen die Stresshormone Adrenalin und Noradrenalin, sie führen zu gesteigerter Konzentration und Aufmerksamkeit.

Schüchternheit als Charaktereigenschaft liegt auf einem Kontinuum zwischen ganz »normaler« Schüchternheit bis hin zu einer behandlungsbedürftigen sozialen Phobie. Der Übergang ist nur schwer zu bestimmen. Asendorpf (1998) unterscheidet bei Kindern zwischen Gehemmtheit gegenüber dem Unbekannten und Gehemmtheit aus Angst vor Ablehnung von Gleichaltrigen aufgrund schlechter

Erfahrungen. Der erste Subtyp wird als Temperamentsmerkmal verstanden, wobei auf Unbekanntes mit Vermeidungsverhalten reagiert wird. Die zweite Form von Schüchternheit führt er auf Lernerfahrungen zurück. Dadurch, dass das Kind früher Ablehnung erfahren hat, erwartet es auch jetzt wieder, abgelehnt zu werden. Dadurch entsteht ein unsicherer, gehemmter Umgang mit sozialen Kontakten. So halten sich schüchterne Kinder meist im Hintergrund, vermeiden Blickkontakt, sprechen ganz leise und beteiligen sich nicht am Unterricht, auch wenn sie die Antwort auf eine Frage kennen. Sie versuchen gar nicht erst, in Situationen zu geraten, in denen sie die Aufmerksamkeit ihrer Mitschüler/-innen auf sich ziehen und möglicher Kritik ausgesetzt sein könnten. Konflikte und Kontakte mit Mitschüler/-innen sind für sie Stressmomente, die es zu meiden gilt. Die Schule kann für diese Kinder schnell ein angstbesetzter Ort werden, der für sie ein emotionales Dilemma darstellt: Einerseits möchten sie gerne Kontakt haben und in der Klasse dazugehören, andererseits ziehen sie sich zurück und zeigen wenig emotionale Reaktionen auf ihr Umfeld. Ihr mangelndes Selbstbewusstsein hindert sie an der sozialen Interaktion, die notwendig wäre, um altersgemäße soziale Erfahrungen zu machen. Der Entwicklungspsychologe Asendorpf spricht von einem »Annäherungs-Vermeidungs-Konflikt«. Lernen sie die fremden Menschen aber besser kennen, beginnen sich diese Kinder wohl zu fühlen. Der Angstforscher Borwin Bandelow (2007) erklärt in einem Gespräch mit der Frankfurter Allgemeinen Zeitung: Diese Charakterzüge per se sind noch kein Grund zur Beunruhigung. »Es gibt Schüchternheit und die sogenannte soziale Phobie. Die Grenze zwischen beiden ist fließend. Wichtiger als diese Abgrenzung ist aber ohnehin die Frage, ab wann jemand behandlungsbedürftig ist.« (FAZ vom 21.10.2007).

Schüchtern oder introvertiert?

Ebenso häufig wird Schüchternheit auch mit Introvertiertheit gleichgesetzt. Schüchterne und introvertierte Menschen verhalten sich manchmal ähnlich, sie ziehen sich zurück, dabei haben sie aber keineswegs die gleichen Motive. Viele Introvertierte sind gar nicht schüchtern. Sie können, wenn sie wollen, gut mit anderen Personen in Kontakt treten, fühlen sich dabei auch wohl und können durchaus selbstbewusst sein. Sie genießen es aber, Zeit für sich zu haben und bevorzugen im Allgemeinen eine ruhige Umgebung. Sie sind mehr nach innen gerichtet. Schüchterne Menschen hingegen wünschen sich oft mehr Kontakt zu anderen, werden aber von ihren Unsicherheiten und Ängsten daran gehindert, Kontakt aufzunehmen oder Kontaktversuche zu erwidern. Sie befinden sich in einem inneren Konflikt: Bevor sie sich einer Situation aussetzen, in der sie möglicherweise abgelehnt werden, bleiben sie lieber für sich und versuchen es erst gar nicht. Um akzeptiert zu werden, möchten sie gerne alle Erwartungen erfüllen. Dabei steht ihnen ihr mangelndes Selbstvertrauen häufig im Weg. Introversion dagegen ist ein Persönlichkeitsmerkmal, das weitgehend gleichbleibt. Schüchternheit ist ein Verhalten, das häufig durch schlechte Erfahrungen erlernt und stabilisiert wird. Introvertierte Kinder haben kein Problem mit dem Selbstvertrauen und keine Angst vor der Bewertung anderer. Sie können Fehler akzeptieren und daraus lernen. Sie sind nicht so sehr von der Meinung anderer abhängig, sondern legen mehr Wert auf ihre eigene Persönlichkeitsentwicklung.

Woher kommt Schüchternheit

Gemeinsam ist allen Definitionen von Schüchternheit, dass es sich um eine *Reaktionsweise von Personen handelt, die in sozialen Situationen auftritt.*

Je nach Erklärungsmodell gibt es unterschiedliche Annahmen für die Ursachen von Schüchternheit. Häufig wird Schüchternheit als ein angeborenes Temperamentmerkmal beschrieben, das somit biologisch bzw. genetisch mitbedingt ist. Dies wird von verschiedenen Autor/-innen damit erklärt, dass *betroffene Kinder* auf Grund einer übererregbaren Amygdala bereits auf minimale Auslöser mit Furcht und Geschrei reagieren. Unbekannte, neue Situationen wirken auf sie ebenso beängstigend wie die Begegnung mit unvertrauten Menschen. Die Forscherin Margarete Eisner geht in ihrer tiefenpsychologischen Betrachtungsweise davon aus, »dass der Charakterzug der Schüchternheit seinen Ursprung in der frühkindlichen Entwicklung hat, und zwar in der Zeit, wenn das Kind beginnt, sich in andere Menschen hineinzuversetzen, um ihre Reaktionen zu antizipieren. Parallel zu seinen kognitiven Fähigkeiten entwickelt sich dann eben auch das Potential zur Schüchternheit« (Eisner, 2012). Borwin Bandelow (2007) geht in seiner Annahme davon aus, dass beide Erklärungsansätze ihre Berechtigung haben: »Wir wissen, dass genetische Faktoren eine Rolle spielen. Man schätzt den Einfluss der Vererbung – je nach Studie – auf zwischen 24 und 51 %. Wir wissen auch, dass frühkindliche Traumata einen Einfluss haben, vor allem die Trennung der Eltern. Bei anderen Traumata hingegen, wie Gewalt in der Familie, Alkoholabhängigkeit oder sexuellem Missbrauch, konnte das nicht bewiesen werden (FAZ, 21.10.2007).

Entwicklungspsychologische Betrachtungsweisem legen die Annahme zugrunde, dass Schüchternheit zu einem großen Teil von der Erziehung, der Entwicklung und dem sozialen Umfeld des Kindes abhängt. Werden dem Kind durch ein Vorbild in der Familie soziale Kompetenzen vermittelt und zeigen sich die Eltern als kontaktfreudig, so wird mit großer Wahrscheinlichkeit auch das Kind nicht an schüchternem Verhalten leiden. Anders als ein Kind, das in einem Umfeld aufwächst, in dem die Eltern selbst eher kontaktscheu oder ängstlich sind. Fröhlich-Gilldhoff (2013) weist auf Studien hin, die einen engen Zusammenhang zwischen dem ängstlichen Verhalten der Eltern und dem der Kinder aufzeigen. Er berichtet von der Bremer Jugendstudie, in der 34 % der Jugendlichen mit Angststörungen davon berichten, dass auch ihre Eltern unter Angststörungen leiden. Dabei sollen Mütter gegenüber ihren Kindern häufiger Angst benennen als die Väter. Das Angstniveau der Mutter scheint also Einfluss auf die Ängstlichkeit des Kindes zu haben. Solche Eltern sind oft überbehütend und trauen ihrem Kind nicht so viel zu. Wir alle kennen das Beispiel der ängstlichen Mutter, die mit ihrem kleinen Kind auf den Spielplatz geht. Das Kind rennt voller Freude auf die Rutschbahn. Die Mutter steht unten und ruft: »Pass auf, pass auf, dass du nicht herunterfällst oder dich verletzt!« Das Kind wird von Mal zu Mal zögerlicher, bis es die Freude an der Rutschbahn verliert oder diese ganz vermeidet. Der Erziehungsstil der Eltern prägt also das kindliche Verhalten. Somit tragen negative Erwartungen und ein negatives Selbstbild zum ängstlichen Verhalten bei. Es kommt zu einem Teufelskreis: Das negative Selbstbild und die negativen Erfahrungen führen zu Angst und Vermeidung. Die Vermeidung stärkt das negative Selbstbild und verhindert, dass soziale Fähigkeiten erlernt werden können.

Von schüchtern bis zur sozialen Angststörung

Synonym zur Bezeichnung Schüchternheit wird häufig von sozialen Ängsten gesprochen – diese bilden einen Oberbegriff für diverse Angstformen in Zusammenhang mit sozialen Situationen (Melfsen & Walitza, 2013). Viele Autor/-innen beschreiben den Unterschied zwischen normaler Schüchternheit und einer Angststörung mit dem Leidensdruck und dem Grad der Beeinträchtigung der allgemeinen Entwicklung, die die Angststörung kennzeichnet. Schüchternheit ist keine psychische Störung. Ängste und Unsicherheiten im Grundschulalter sind weit verbreitet und können zunächst als entwicklungsbedingt angesehen werden. So ist es normal, dass Grundschulkinder in gleichen Entwicklungsphasen ähnliche Ängste haben: Angst vor Tieren, Angst vor Dunkelheit oder Angst vor neuen Situationen. Entwicklungsbedingte Ängste unterscheiden sich von klinisch relevanten Ängsten dadurch, dass sie das Kind in seinem Alltag stark einschränken und es in seiner gesamten Entwicklung beeinträchtigen. »Es gibt vielfältige Hinweise darauf, dass Patienten mit unterschiedlichsten Störungsbildern, insbesondere mit Angststörungen und Depressionen, bereits in der Kindheit beeinträchtigt waren« (Ahrens-Eipper, 2002; Ahrens-Eipper & Leplow, 2004; Petermann, 2005; Remschmidt & Walter, 1990; Schneider & Blatter, 2005). So berichten Patienten retrospektiv, dass sie bereits im Grundschulalter eine erhöhte Ängstlichkeit erlebten. Laut Petermann und Petermann »bilden früh auftretende Angststörungen den Startpunkt vielfältiger psychischer Störungen« (Krüger, 2014. S. 1). Allerdings ist sich die Literatur uneinig, ob Schüchternheit nun eine milde Form der sozialen Angststörung ist, oder ob es sich dabei um einen eigenen Bereich handelt (Stöckli, 2016).

Verhaltensauffälligkeiten – internalisierendes Verhalten

Häufigkeit von Verhaltensauffälligkeiten

Es gibt verschiedene Ansätze, Verhaltensauffälligkeiten bzw. seelische Störungen, Erkrankungen oder Behinderungen zu beschreiben und zu definieren. So kann es sein, dass die eine Lehrperson ein Kind als verhaltensauffällig bezeichnet, die Eltern es aber als völlig normal einstufen und auch das Kind sich selbst im Klassenverband als anders erlebt. Die Übereinstimmungen zwischen der Einschätzung der Eltern und der Selbstbeurteilung des Kindes sind oft nur sehr gering. So kann es bei epidemiologischen Studien zu großen Schwankungen bei den Angaben der Häufigkeit eines auffälligen Verhaltens kommen. Zusammenfassend über verschiedene Studien hinweg wird die Prävalenz, das Auftreten von psychischen Störungen im Kindes- und Jugendalter mit 18 % angegeben (Fröhlich-Gildhoff, 2013). Damit ist fast jedes fünfte Kind betroffen. Am häufigsten treten Angststörungen (bei 10,4 % der Kinder und Jugendlichen) auf, was in die Kategorie internalisierendes Verhalten fällt.

Angst und Angststörungen sind aktuell die häufigsten psychischen Erkrankungen. Die Angaben zu diesen Prävalenzzahlen sind sehr unterschiedlich: »Die soziale Ängstlichkeit gehört mit einer Prävalenz von 0,5 %, über 3,9 % bis zu 7 % zu den Störungsbildern mit sehr heterogenen Prävalenzangaben in diesem Altersspektrum. Das Verhältnis von betroffenen Jungen und Mädchen liegt in etwa bei 1 : 2 zum Nachteil der Mädchen« (Laakmann et al 2015, S. 3). Auch Kinder, die nicht alle Diagnosekriterien für eine soziale Angststörung erfüllen, können im schulischen Alltag beeinträchtigt sein – mit schwerwiegenden Folgen. Dissoziale Störungen (Kategorie externalisierendes Verhalten) kommen am zweithäufigsten vor (bei 7,5 % der Kinder und Jugendlichen). An dritter Stelle der Häufigkeit/Prävalenz stehen depressive Probleme (Kinder: 1–3 %, Jugendliche: 1–6,4 % eines Jahrgangs (Zinniker & Kunz Heim, 2017), gefolgt von hyperkinetischen Störungen (4,4 %) (Fröhlich-Gildhoff, 2013). Eine Aussage, welche Störungen am häufigsten sind, ist auf der Ebene der Kategorie externalisierend vs. internalisierende Störung daher nicht möglich, die Kategorien wechseln sich in der Häufigkeitsliste ab. Durchgehend wurde jedoch beobachtet, dass Jungen, wenn sie unter Störungen leiden, eher in der externalisierenden Kategorie anzutreffen sind und Mädchen häufiger in der internalisierenden.

Internalisierende Verhaltensauffälligkeiten

Auffälligkeiten in der sozial-emotionalen Entwicklung lassen sich zwei Dimensionen zuordnen. Zum einen den externalisierenden Verhaltensweisen, bei denen die Probleme wie Unruhe oder Aggressivität nach außen gegen die Umwelt gerichtet sind, zum anderen den internalisierenden Verhaltensweisen, wie Rückzug oder Ängstlichkeit, die vor allem innerhalb der Person liegen (Bilz, 2008; 2014). Kinder mit internalisierenden Auffälligkeiten werden in der Schule leicht übersehen, und da ihre Symptome nicht einfach zu beobachten sind, stellen besonders diese psychischen Belastungen ein großes Entwicklungsrisiko dar. Internalisierende Störungen sind bei Jugendlichen unter 13 Jahren eher selten, sie treten in der Regel erst ab der Pubertät auf. Bis zu diesem Alter sind v. a. Jungen betroffen, ab 13 Jahren sind beide Geschlechter gleichermaßen vertreten, je nach Studie überwiegen dann sogar die Probleme bei Mädchen. Soziale Ängste gehören zu den internalisierenden Verhaltensauffälligkeiten. In der Psychologie und in der Heilpädagogik hat sich nach (Fröhlich-Gildhoff, 2013) die Unterscheidung von externalisierenden und internalisierenden Verhaltensauffälligkeiten durchgesetzt. Diese Kategorien sind empirisch abgesichert und akzeptiert. Dabei ist der Begriff »Verhaltensauffälligkeiten« ein Oberbegriff für eine Reihe von problematisierten Verhaltensweisen und keine Diagnose an sich (Wüllenweber, 2011).

Relevanz des Themas

Georg Stöckli, ein Experte im Thema Schüchternheit von der Universität Zürich, stellte in seiner langjährigen Arbeit immer wieder fest, dass trotz der beachtlichen Verbreitung bei Kindern im Schulalter Schüchternheit als schulisches und persönliches Problem kaum oder nur in besonderen Fällen gezielt angegangen wird und auch die Forschung sich häufiger um aggressiv-störendes Verhalten bemüht als um Schüchternheit (Stöckli, 1999). Seinen Artikel »Schüchterne leben in einer anderen Welt« in der Zeitschrift *Grundschule* untertitelt er mit folgender Aussage: »Schüchternheit ist mehr als ein oberflächliches Merkmal des Sozialverhaltens. Schüchternheit betrifft das Denken, die Emotionen, das Handlungsvermögen und die Selbst- und Fremdeinschätzung eines Menschen. Das Problem der Praxis liegt im fehlenden Bewusstsein für die Problematik schüchterner Kinder und in fehlenden Handlungsmöglichkeiten« (Stöckli, 2018, S. 6).

Zu diesem Buch

Aus dieser Erkenntnis heraus ist in Kooperation mit internationalen Expert/-innen unterschiedlicher Disziplinen, aus Wissenschaft und Praxis, dieses Buch entstanden, mit dem wir einen Beitrag zum Verständnis dieser »schüchternen Kinder« leisten wollen.

Im Anschluss an diese Einführung wird im Beitrag von *U. Petermann* der aktuelle Forschungsstand zum Phänomen Schüchternheit, dessen Ursachen sowie eine Darstellung eines sozialen Kompetenztrainings dargestellt. Ausgehend von beobachtbaren Phänomenen, durch welche sich das Verhalten schüchterner Kinder in sozialen Situationen beschreiben lässt, wird das gesamte Spektrum vom sog. unauffälligen, von den Erwachsenen meist tolerierten Verhalten, bis hin zu einer klinisch relevanten Symptomatik und den damit verbundenen Störungsbildern beschrieben. Die Entstehung und die ursächlichen Zusammenhänge werden unter dem Blickwinkel biopsychosozialer Risikofaktoren beleuchtet. Dabei werden in einem integrativen Modell sowohl bedingende wie auch die das sozial-unsichere Verhalten aufrechterhaltenden Faktoren erläutert. Daran schließen sich aktuelle Forschungsergebnisse zu Effektstärken von Präventionsprogrammen für ängstliche Kinder an.

Die nachfolgenden beiden Kapitel beleuchten das Phänomen aus systemischer Perspektive vor dem Hintergrund von gesellschaftlichen und sozialen Bedingungen: Der Beitrag von *B. Gasteiger-Klicpera et al.* befasst sich mit den Zusammenhängen zwischen Schule, Migration und Geschlecht, während die Autorinnen *Krauss et al.* den Fokus auf Jugendliche mit internalisierender Symptomatik legen und deren Wohlbefinden und Belastungen in einer aktuellen Studie aufzeigen. Der erste der beiden Buchbeiträge bezeichnet Schüchternheit und soziale Ängstlichkeit als einen der wichtigsten Risikofaktoren der kindlichen Entwicklung, insbesondere zur Entstehung von internalisierenden Störungen wie Angst und Depression. Die Autor/-innen stellen aktuelle empirische Befunde zu den wichtigsten Risikofaktoren dar und bieten einen Überblick des aktuellen Forschungsstandes zum Zusammenhang von Schüchternheit und Entwicklung von Kindern und Jugendlichen. Neben individuellen Aspekten wie Temperament werden vor allem auch sozio-kulturelle Einflüsse beschrieben. Besonders hervorgehoben werden dabei mögliche Einflussfaktoren wie das Geschlecht, ein Migrationshintergrund sowie die Qualität der Beziehung zwischen Lehrperson und Schüler/-innen und der Einfluss des Klassenklimas. Zum letzteren stellen Gasteiger-Klicpera et al. Ergebnisse eines ihrer Forschungsprojekte vor. Der nächste Beitrag legt den Schwerpunkt auf das Jugendalter. In ihrer Untersuchung befassen sie sich A. Krauss et al. mit dem Wohlbefinden und der Anforderungsbewältigung von Jugendlichen mit internalisierenden Symptomen. Diese Studie untersucht die Situation von betroffenen Jugendlichen in Gymnasien und Berufsschulen in der Deutschschweiz hinsichtlich Unterschiede zu Jugendlichen ohne Symptomatik. Die Befunde unterstreichen dabei die Notwendigkeit, Jugendliche mit internalisierender Symptomatik in ihren Entwicklungsverläufen zu unterstützen. Auch wird von den Autorinnen hervorgehoben, dass die Schule einen zentralen Lern- und Erfahrungsraum darstellt. Abschließend zeigen sie die Vorteile von universellen gegenüber selektiven Präventionsprogrammen im Setting Schule auf, da bei den ersteren keine Stigmatisierungseffekte entstehen.

Einen großen Schwerpunkt legt das vorliegende Buch auf die unterschiedlichen Therapiemethoden. Der Beitrag von *S. Melfsen und S. Walitza* fokussiert die aktuellen Therapiemethoden zur kognitiv-behavioralen Behandlung von sozial ängstlichen Kindern und Jugendlichen. Die Autorinnen betonen die Bedeutung der Früherkennung sowie einer raschen therapeutischen Behandlung. Einleitend weisen sie darauf hin, dass insbesondere sozial ängstliche Kinder von den klassischen Ansätzen der kognitiven Verhaltenstherapie deutlich weniger profitieren als Kinder mit anderen Formen von Angststörungen. In der Folge bieten sie einen Überblick über eben diese Therapiemethoden und stellen drei Programme von größerer internationaler Bedeutung vor. Es folgen Überlegungen zu Behandlungsparametern wie Einzelsetting vs. Gruppensetting bzw. zum Einbezug von Eltern und Familien. Die Autorinnen betonen in der Folge die Notwendigkeit, bestehende Therapieprogramme stärker den Betroffenen anzupassen. Besprochen werden kurzzeitige Intensivprogramme, Selbsthilfeprogramme, sog. Selbsthilfebücher sowie auch Online-Programme. Einen besonderen Stellenwert erhalten zudem die Themen Achtsamkeit und Selbstfürsorge. Abschließend wird darauf hingewiesen, dass die Zugänglichkeit zu Therapien grundsätzlich erleichtert werden muss.

Im nachfolgenden Kapitel zeigt M. *Florin* die Thematik von ängstlichen Kindern in der Schule vor dem Hintergrund eines personenzentrierten Verständnisses von Angst und Ängstlichkeit auf und leitet daraus Handlungsempfehlungen für Lehrpersonen ab. Beschrieben werden Auswirkungen von Ängsten auf das Lernen und Wohlbefinden der betroffenen Kinder. Die Entstehung von Ängsten wird aus drei Perspektiven erklärt: als Ausdruck von blockierter Aktualisierungstendenz, als Ausdruck von Inkongruenz sowie als Folge mangelnder positiver Beachtung. Die Autorin bezeichnet die Haltung der Lehrperson, die Beziehungsebene und das Klassenklima als die entscheidenden Faktoren für einen entwicklungsförderlichen Umgang mit schüchternen Kindern. Abgeschlossen wird das Kapitel mit zwei Übersichten, einerseits zu Indikatoren für einen angstfreien Unterricht, andererseits mit Materialien zur Angstbewältigung bzw. zur Förderung von Mut und Selbstvertrauen.

Die nachfolgenden vier Kapitel skizzieren pädagogische wie auch therapeutische Herangehensweisen im Umgang mit schüchternen Kindern. Ein erster Beitrag von *X. Müller* beschreibt den aktuellen Wissensstand zur Situation des schüchternen Kindes in der Schule. Er benennt folgende drei Aspekte als besonders relevant und ausschlaggebend für die Situation von schüchternen Kindern im Unterricht: Das Erkennen durch die Lehrperson, die Leistungsbeurteilung sowie die Peerbeziehungen. Zudem wird der Frage nachgegangen, weshalb Schüchternheit so oft übersehen wird. Ein Hauptschwerpunkt dieses Beitrags liegt auf möglichen Handlungsansätzen für den Unterricht. Betont wird auch hier die große Bedeutung der Notwendigkeit, dass Schüchternheit von den Lehrpersonen erkannt wird und sie ihre Haltungen dazu reflektieren können. Auf Seiten der schüchternen Kinder werden Aspekte wie Stärkung der sozialen Kompetenzen, Förderung der Teilnahme am Unterricht sowie die soziale Integration in die Klasse benannt.

Der Beitrag von *I. Bräuninger et al.* stellt die Beobachtungsschulung des nonverbalen Verhaltens bei schüchternen und ängstlichen Kindern in den Mittelpunkt. Anhand eines kurzen Literaturüberblicks werden Studienergebnisse zu typischem nonverbalen Ausdrucksverhalten von schüchternen Kindern vorgestellt. Es folgen Überlegungen, wie Lehrpersonen Zugang zum inneren Zustand dieser Kinder finden können. Voraussetzung dafür ist, dass Lehrpersonen sich eigener Ängste und persönlicher Unsicherheiten bewusstwerden. Wichtig ist auch, dass für diese Kinder gezielt Angebote geschaffen werden, wie z. B. ein Rückzugsort in der Klasse oder ein Buddy-System. Abgeschlossen wird der Beitrag mit drei Fallvignetten. Diese konkreten Beispiele sollen dazu dienen, Bewegungsideen für den Schulalltag zu vermitteln und deren Umsetzung zu erleichtern. Im Anhang dieses Beitrages findet sich zudem eine Checkliste für Fachkräfte zum leichteren Erkennen schüchterner Kinder im Schulalltag.

Das Kapitel von C. *Croos-Müller* befasst sich mit den Möglichkeiten von Körperpsychotherapien und Embodiment speziell für schüchterne oder sozial ängstliche Kinder. Die Autorin stellt dabei ihre Body 2 Brain CCM® vor. Diese wurde von der Autorin im Rahmen ihrer klinischen neurologisch-psychiatrischen Konsiliartätigkeit entwickelt. Sie basiert auf der Wechselwirkung zwischen Körper und Psyche. Um Affekte beeinflussen zu können, werden gezielt und wiederholt körperliche Interventionen eingesetzt. Diese ursprünglich für den klinischen Bereich konzipierte Methode wurde von der Autorin in den Alltag und auch in die Arbeit mit Kindern und Jugendlichen übertragen. Anhand von konkreten Beispielen beschreibt sie sehr anschaulich, wie diese Methode gerade bei sozial unsicheren Kindern angewandt werden kann. Abgeschlossen wird der Beitrag mit konkreten Übungsbeispielen speziell für schüchterne Kinder.

Der letzte der vier Beiträge zu den therapeutischen Herangehensweisen zeigt die Möglichkeiten der Musiktherapie auf. *S. C. A. Burkhardt* beschreibt diese gerade für schüchterne Kinder sehr wirksame Methode, wie sie Zugang zu ihren Emotionen finden, wie Musik deren Entwicklung fördert und die Persönlichkeit stützt. Die Musik erleichtert den Zugang zu Kindern und kann als therapeutische Methode gerade im Rahmen der Schule sinnvoll eingesetzt werden. Der Artikel beschreibt kurz musikbasierte Interventionen im Gesundheitswesen und veranschaulicht Elemente der Musiktherapie bei Kindern und Jugendlichen, mit den beiden großen Hauptkategorien: der rezeptiven einerseits und der aktiven Musiktherapie andererseits. Musiktherapie als nonverbale Methode ermöglicht einen direkten Zugang zum Gefühlsleben. Da sie keine sprachlichen Kenntnisse voraussetzt, ist sie auch für Kindern mit Migrationshintergrund unmittelbar zugänglich. Die Autorin weist auf aktuelle Studien hin, welche die Wirksamkeit der Musiktherapie untersuchen. Im deutschsprachigen Raum findet Musiktherapie bis jetzt erst vereinzelt im schulischen Kontext statt. Eine Integration von Musiktherapie in den Schulalltag wäre auch in der Schweiz wünschenswert.

Die folgenden beiden Kapitel befassen sich mit möglichen Risiken und Entwicklungsgefährdungen für schüchternen Kindern. *V. Jantzer und M. Kaess* untersuchen, inwieweit schüchterne oder sozial unsichere Kinder vom Phänomen Mobbing betroffen sind und welche Handlungsmöglichkeiten sich daraus für den pädagogischen Alltag ableiten lassen. Die Autor/-innen führen in das Thema ein und weisen darauf hin, dass in der klinischen bzw. pädagogischen Arbeit mit den Betroffenen, deren Eltern sowie der präventiven Arbeit an Schulen unbedingt darauf zu achten ist, auf die Begriffe »Täter« und »Opfer« zu verzichten. Dadurch könnten Stigmatisierungen vermieden werden. Sie betonen, dass Schüchternheit sowohl die Wahrscheinlichkeit erhöht, ein »Opfer« von Mobbing zu werden und in der Folge die psychische Gesundheit der sozial unsicheren Kinder beeinträchtigen kann. Die Viktimisierung durch Mobbing erhöht das Risiko für ein breites Spektrum an psychischen Störungen um ein Vielfaches. Im Abschnitt zu praktischen Implikationen wird aufgeführt, wie Mobbing an Schulen beendet oder verhindert werden kann. Zum Abschluss des Kapitels wird darauf hingewiesen, dass nebst der Beeinflussung von kontextuellen Bedingungen vermehrt auch eine Förderung der Sozialkompetenz der Betroffenen wie auch deren Peers stattfinden muss.

Der Beitrag von *T. In-Albon und D. Schwarz* befasst sich mit nicht-suizidalem selbstverletzendem Verhalten bei sozial ängstlichen Jugendlichen. Defizite im Umgang mit Emotionen und ein geringer Selbstwert bilden die Grundlage. Das selbstverletzende Verhalten wird in der Literatur häufig als kurzfristige Copingstrategie im Umgang mit sozialen Ängsten bezeichnet. Die Stärkung emotionaler und sozialer Kompetenzen, der Aufbau von Selbstwert und Informationsvermittlung sind wichtige Komponenten sowohl in der Behandlung als auch in der Prävention. Die Autorinnen betonen, dass der Zusammenhang von Impulsivität und Angst jedoch komplex ist und es weiterer Forschung zu diesem Thema bedarf. Der Beitrag beschreibt Formen des selbstverletzenden Verhaltens, Häufigkeiten sowie die Komorbidität mit anderen psychischen Auffälligkeiten. Zum Verständnis von Ursache und Aufrechterhaltung der Symptomatik beziehen sie sich auf das biopsychosoziale Modell. Ein Schwerpunkt dieses Kapitels bildet die Beschreibung von möglichen Interventionen. Im Zentrum steht dabei die Förderung der emotionalen Kompetenzen. Untersucht wird die Wirksamkeit von Trainingsprogrammen. Ebenso von Bedeutung ist im Bereich der Prävention das Erkennen und Ansprechen von selbstschädigendem Verhalten. Die Autorinnen weisen darauf hin, dass insbesondere Jugendliche mit erhöhtem Risiko oftmals eine geringe Bereitschaft aufweisen, professionelle Hilfe in Anspruch zu nehmen. Ein Ansatz könnte hier die Vermittlung von professioneller Hilfe im Internet darstellen.

Abgeschlossen wird dieser Band mit einem Beitrag von *B. Uehli Stauffer* zu Eltern und Elternberatung von schüchternen Kindern. Ausgehend von der Beschreibung von Schüchternheit oder sozialer Unsicherheit als subklinisches Phänomen, das durch eine Kombination von Angst in Gegenwart anderer und durch das Vermeiden sozialer Situationen gekennzeichnet ist, wird auf Bedeutung und Einfluss der Eltern eingegangen. Einen entscheidenden Einfluss auf den Entwicklungsausgang haben dabei Risiko- und Schutzfaktoren, die Entwicklung von Resilienz, familiäre Interaktions- und Kommunikationsmuster sowie das elterliche Erziehungsverhalten. Eine begleitende und unterstützende Elternarbeit im Kontext von subklinischen Angstthemen ist von zentraler Bedeutung, um Familien zu stützen und das Risiko der Entstehung einer Angststörung zu vermindern.

Literatur

Asendorpf, J. B. (1998): Die Entwicklung sozialer Kompetenzen, Motive und Verhaltensweisen. In F. E. Weinert (Hrsg.), *Entwicklung im Kindesalter* (S. 153–176). Weinheim: Psychologie Verlagsunion.

Bandelow, B. (2007). https://www.faz.net/aktuell/gesellschaft/angstforscher-im-interview-schuechterne-lieben-besser-1492891.html 21.10 2007 Zugriff 30.1.2021

Bilz, L. (2014): Werden Ängste und depressive Symptome bei Kindern und Jugendlichen in der Schule übersehen? *Zeitschrift für Pädagogische Psychologie* 28 (1–2), S. 57–62. DOI: 10.1024/1010-0652/a000118.

Eisner, M. (2012): *Über Schüchternheit. Tiefenpsychologische und anthropologische Aspekte.* Göttingen: Vandenhoeck Ruprecht. Online verfügbar unter http://site.ebrary.com/lib/alltitles/docDetail.action?docID=10569557.

Fehm, L. (2013) report Psychologie Online verfügbar unter http://www.report-psychologie.de/fileadmin/user_upload/Thema_des_Monats/2-13_Fehm.pdf [Abgerufen am 10.05.2021]

Fröhlich-Gildhoff, K., Hensel, T., Sättele, E.-M. & Fröhlich-Gildhoff, M. (2018): *Verhaltensauffälligkeiten bei Kindern und Jugendlichen. Ursachen, Erscheinungsformen und Antworten.* 3., erweiterte und aktualisierte Auflage. Stuttgart: Verlag W. Kohlhammer.

Fröhlich-Gildhoff, K. (2013): *Verhaltensauffälligkeiten bei Kindern und Jugendlichen. Ursachen, Erscheinungsformen und Antworten.* 2., aktualisierte und erweiterte Auflage. Stuttgart: Kohlhammer.

Gandhi, M. K. (Hrsg.) (2012): *Mein Leben.* 22. Auflage. Frankfurt a. M.: Suhrkamp (Suhrkamp-Taschenbuch, 953).

Laakmann, M., Petermann, F., Petermann, U. (2015): Soziale Angst und Unsicherheit im Kindesalter. In: *Nervenheilkunde 34* (01/02), S. 65–70. DOI: 10.1055/s-0038-1627553.

Renneberg, B. & Ströhle, A. (2006): Soziale Angststörungen. In: *Der Nervenarzt 77* (9), S. 1123–1132. DOI: 10.1007/s00115-006-2087-x.

Stieler-Melfsen, S. & Walitza, S. (2013): *Soziale Angst und Schulangst. Entwicklungsrisiken erkennen und behandeln.* 1. Auflage. Weinheim, Basel: Beltz (Risikofaktoren der Entwicklung im Kindes- und Jugendalter). Online verfügbar unter http://eres.lb-oldenburg.de/redirect.php?url=http://www.content-select.com/index.php?id=bib_view&ean=9783621280662.

Stöckli, G. (2018): Schüchterne leben in einer anderen Welt. In: *Grundschule 50* (10), S. 6–31.

Stöckli, Georg (2007): *Schüchternheit als Schulproblem? Spuren eines alltäglichen Phänomens.* Bad Heilbrunn: Klinkhardt.

Stöckli, Georg (2016): *Zoom. Mutmacher gegen Hemmzwerg: Sozial fit – SoFit! : Sozialarbeit an Schulen: ein Trainingsprogramm für sozial ängstliche Schülerinnen und Schüler.* 1. Auflage. Zürich: LMVZ.

Übersicht zum Phänomen Schüchternheit, zur Entstehung und zu sozialen Kompetenztrainings

Ulrike Petermann

Schüchterne Kinder sind *angenehme* Kinder, zumindest in der Wahrnehmung von Erwachsenen und ganz besonders von Personen, die sich beruflich mit Kindern beschäftigen. Dies liegt daran, dass diese Kinder sich scheinbar unauffällig verhalten, als pflegeleicht wahrgenommen werden und das Verhalten vor allem Erwachsene nicht unter Handlungsdruck setzt – ganz im Unterschied zu Kindern mit ADHS oder aggressivem Verhalten.

Schüchterne Kinder wirken *unsicher* in sozialen Situationen, und zwar durch Phänomene wie (Petermann & Petermann 2015):

- keinen oder kaum Blickkontakt aufnehmen und nicht halten können,
- schweigsam und still sein, vor allem in Situationen, in denen mehr als eine weitere Person anwesend ist,
- leises und undeutliches Sprechen,
- gehemmtes Verhalten, manchmal in Gestik und Mimik erkennbar (z. B. ängstlich umherschauen),
- kontaktscheues, eher vermeidendes Verhalten,
- anklammerndes Verhalten an vertraute Personen,
- zittrige und feuchte Hände sowie Zittern in der Stimme bei sozialer Hervorhebung (z. B. beim Aufgerufen werden in der Schule).

Gegenüber diesen Verhaltensweisen schüchterner Kinder herrscht eher eine große Toleranz von Seiten der Erwachsenen bis hin zu *schutzreflexhaftem* Verhalten. Das heißt, dass das für diese Kinder typische Vermeidungsverhalten akzeptiert und entschuldigt wird. Als Problem wird das Vermeidungsverhalten schüchterner Kinder erst dann wahrgenommen, wenn die Kinder sich weigern, die Schule zu besuchen.

1   Sozial ängstliche Kinder

Bevor es zu klinisch relevanten Ausprägungen schüchternen Verhaltens kommt, treten viele der oben genannten Phänomene im Alltag auf. Aber auch leichte bis mittlere Ausprägungen von Schüchternheit, die noch nicht in vollem Umfang die Kriterien einer *Störung mit sozialer Ängstlichkeit des Kindesalters* erfüllen, verursachen beim betreffenden Kind oder bei der Jugendlichen und dem Jugendlichen minimal Unwohlsein bis hin zu deutlichem Leiden.

1.1 Bedeutung und Auswirkungen von Schüchternheit

Schüchterne Kinder erfahren eine Reihe von Nachteilen in ihrer Entwicklung. Allem voran ist die sozial-emotionale Entwicklung gefährdet (Baardstu et al., 2020). So kann sich Schüchternheit im Kindesalter negativ auf die Gleichaltrigenkontakte und den Peerstatus auswirken und bis ins Jugendalter andauern (Stöckli, 2004). Je nach kulturellem Hintergrund wirkt sich Schüchternheit auch auf schulische Leistungen mehr oder weniger aus. Bayram Özdemir et al. (2017) verdeutlichen dies an schüchternen Kindern in der Türkei. Aus der Studie kann man schlussfolgern, je mehr Wert in einer Gesellschaft auf soziale Beziehungen gelegt wird, umso deutlicher ist die Bedeutung für den schulischen Erfolg erkennbar. In einer Studie von Stöckli (2004) zeigt sich ebenfalls der Zusammenhang von Schüchternheit beziehungsweise sozialer Ängstlichkeit und schulischer Leistung. Eine komplizierte Verknüpfung mit schulischen Leistungen kann auf Basis der Studienlage als begründet angenommen werden (vgl. z. B. Zhang et al., 2017). Stöckli (2004) fordert von daher zu Recht die Trennung der Leistungsbeurteilung durch Lehrerinnen und Lehrer von der Beurteilung der sozialen Kompetenz der Kinder. Dies verlangt eine entsprechende Ausbildung der Lehramtsstudierenden sowie eine Schulung der Lehrkräfte für ihren Unterrichtsalltag.

Angst vor sozialen Situationen, Gefühle der Einsamkeit und Niedergeschlagenheit bis hin zur Vermeidung des Schulbesuchs wirken sich negativ auf den Kontakt und die Beziehung zu Gleichaltrigen aus, zum Beispiel hinsichtlich der Akzeptanz durch Gleichaltrige. Und dies begünstigt weiter die Unzufriedenheit schüchterner Kinder mit der schulischen Situation (Bayram Özdemir et al., 2017). Eine zentrale Bedeutung hat dabei das Selbstbild und Selbstwertgefühl schüchterner Kinder, welches mit darüber entscheidet, ob sich ein schüchternes Kind am Unterricht oder an Gesprächen mit den Klassenkameradinnen und Klassenkameraden beteiligt. Eine Beteiligung wiederum beeinflusst die Sicht der anderen auf das schüchterne, ängstliche Kind in positiver Weise, eine Nicht-Beteiligung natürlich in negativer Weise, und hat sogar einen Effekt auf die Lehrperson (Stöckli 2009).

Früh auftretende Schüchternheit geht mit dem Risiko einher, dass sich eine Störung mit sozialer Ängstlichkeit des Kindesalters entwickelt, die behandlungsbedürftig ist. Bleibt die soziale Angst unbehandelt, so stabilisiert sie sich, generalisiert in alle Lebensbereiche, bis hin zur Entwicklung einer komorbiden depressiven Störung im späten Kindesalter und Jugendalter (Büch et al., 2015a; Petermann & Suhr-Dachs, 2013). Entsprechend kann die Lebenszeitprävalenz für die soziale Angststörung um drei bis vier Prozent liegen (Demir et al., 2013; Wittchen et al., 1999). Die Punktprävalenz bei 12- bis 17-Jährigen schwankt zwischen 0,5 % und 2,6 % (Essau et al., 1999). Subklinische Formen sozialer Ängste treten weit häufiger auf. Von 1035 Jugendlichen der Bremer Jugendstudie gaben 47,2 % an, unter sozialen Ängsten zu leiden (Essau et al., 1998). Mädchen waren etwas häufiger betroffen. Der Geschlechtsunterschied war jedoch nicht signifikant.

1.2 Soziale Angststörung und soziale Phobie

Schüchternheit ist ein Vorläufermerkmal sozialer Angst, das die Wahrscheinlichkeit erhöht, eine soziale Angststörung im Laufe der Kindheit zu entwickeln. Schüchternheit ist eng mit dem Temperamentsmerkmal Verhaltenshemmung verknüpft (vgl. Abschnitt 2.1). Im Zentrum einer Störung mit sozialer Ängstlichkeit des Kindesalters steht die Angst vor sozialen Situationen, in denen die Kinder fremden, unvertrauten Personen begegnen können. Hierbei spielt es keine Rolle, ob es sich bei den fremden Personen um Gleichaltrige oder Erwachsene handelt. Die anhaltende Ängstlichkeit führt zu Vermeidungsverhalten dieser sozialen Situationen. Auch sorgt sich ein Kind, ob sein Verhalten Fremden gegenüber angemessen ist. Es reagiert mit Verlegenheit und Scham, was z. B. am Erröten erkennbar ist. Durch das Vermeidungsverhalten besteht die Gefahr sozialer Isolation, was bei Kindern zu Defiziten in der sozial-emotionalen Entwicklung führt (Petermann & Suhr-Dachs, 2013). Um zu unterscheiden, ob es sich um ein *nur* schüchternes Kind handelt oder *schon* um eine Angststörung, müssen eine Reihe von Kriterien, die im Klassifikationssystem ICD-10 der Weltgesundheitsorganisation (WHO) definiert sind, herangezogen werden (Dilling & Freyberger, 2019).

So ist weiter von Bedeutung, dass ein sozial ängstliches Kind vertrauten Personen gegenüber, wie den Eltern, Geschwistern und Freunden, zu altersüblichem Kontaktverhalten fähig ist. Auch muss das ängstliche Vermeidungsverhalten deutlich über das altersübliche Maß hinausgehen und eine hohe Stabilität aufweisen sowie vor dem sechsten Lebensjahr bereits auftreten.

Kommt bei älteren Kindern und Jugendlichen eine ausgeprägte Bewertungsangst, ein geringes Selbstwertgefühl und Furcht vor Kritik hinzu, dann spricht man nicht mehr allein von einer Störung mit sozialer Ängstlichkeit des Kindesalters (ICD-10: F 93.2), sondern von sozialen Phobien, die im Erwachsenenbereich der ICD-10 (F 40.1) beschrieben sind. Diese Klassifikationskriterien der sozialen Phobien stimmen weitgehend mit den Kriterien bzw. Symptombeschreibungen der sozialen Phobie im DSM-5 (2015; *Diagnostisches und Statistisches Manual Psychischer Störungen*) überein, welches von der American Psychiatric Association herausgegeben worden ist. Zudem gibt es im DSM-5 (2015) die Möglichkeit einer *Zusatzcodierung*, und zwar die *Leistungsangst* betreffend. Diese wichtige Zusatzcodierung kann angewendet werden, wenn sich die soziale Angst ausschließlich auf Situationen bezieht, die einen Leistungscharakter aufweisen und die mit einer Bewertung verbunden sind oder sein können. Es spielt die soziale Hervorhebung oftmals dabei eine Rolle, ebenso wie die Angst vor negativer Kritik. Solche Situationen treten typischerweise in der Schule auf, wie vorlesen, vortragen, antworten, zur Tafel gehen, vorsingen, eine Turnübung ausführen und Ähnliches. Die Zusatzcodierung darf also nur dann vergeben werden, wenn *keine Angst* vor sozialen Situationen *ohne Leistungscharakter* vorliegt (vgl. auch Petermann & Petermann, 2015, S. 20).

Im Alltag kann man Kinder und Jugendliche mit sozialer Ängstlichkeit bzw. sozialer Phobie nicht nur an ihrem Vermeidungs- und Rückzugsverhalten erkennen, sondern auch an Weinen, Erstarren, Passivität oder auch an Wutanfällen, wenn soziale Situationen unvermeidbar sind. Durch die hohe körperliche Erregung müssen die Kinder häufig zur Toilette, haben starkes Herzklopfen, fallen durch übermäßige Blässe oder aber Erröten auf. Diese Symptome reichen an eine Panikattacke heran.

1.3 Trennungsangst

Auf der Phänomenebene unterscheiden sich sozial ängstliche Kinder und Jugendliche von solchen mit einer *Emotionalen Störung mit Trennungsangst des Kindesalters* (ICD-10: F 93.0) an einem Punkt nicht: nämlich hinsichtlich der Vermeidung des Schulbesuchs bis hin zur aktiven, teilweise aggressiven Weigerung, die häusliche Umgebung zu verlassen. Jedoch sind die Gründe für dieses Vermeidungsverhalten sehr unterschiedlich: Während die sozial ängstlichen und schüchternen Kinder aus Furcht vor unvertrauten sozialen Situationen und Personen sowie wegen ihrer Bewertungsangst und Furcht vor sozialer Hervorhebung ihr häusliches Umfeld nicht verlassen wollen, möchten sich die anderen nicht von ihren engsten Bezugspersonen (in der Regel die Eltern) trennen; und zwar aus der irrationalen und unrealistischen Angst heraus, diesen Personen könnte ein Unglück zustoßen, wodurch sie diese wichtigen Bezugspersonen verlieren könnten, also von ihnen getrennt würden. Von Bedeutung ist, dass diese Sorge eines Kindes *keinen realen Hintergrund* aufweist, wie beispielsweise Krankheit und Tod eines engen Familienmitgliedes oder Vertreibung und Flucht mit traumatischen Trennungserfahrungen. In solchen Fällen darf eine Trennungsangst *nicht* diagnostiziert werden.

Selbst das Zubettgehen und Einschlafen kann bei diesen Kindern mit Trennungsschwierigkeiten verbunden sein. Eine Bezugsperson muss bei ihnen bleiben, bis sie eingeschlafen sind; oder die trennungsängstlichen Kinder wollen unbedingt im elterlichen Bett schlafen. Schlafen bei Freunden oder Klassenfahrten mit auswärtigen Übernachtungen werden gemieden oder verweigert. Weinen und Anklammern an die Bezugspersonen tritt genauso auf wie aggressives Verhalten, beispielsweise auf den Boden werfen, treten oder beißen, wenn eine Trennung unvermeidbar ist, was beim Schulbesuch der Fall ist. Durch diese Verhaltensweisen kann es leicht zu falschen Diagnosen kommen, zum Beispiel wird eine *Störung mit oppositionellem Trotzverhalten* diagnostiziert. So ist auch der Begriff Schulvermeidung zu unterschiedlichen psychischen Störungen gehörig und wird von Walter und Döpfner (2020) von anderen Begriffen, den Schulabsentismus betreffend, wie beispielsweise Schulverweigerung, Schulschwänzen oder Schulangst, abgegrenzt und so definiert, dass unterschiedliche, die Schulvermeidung mitverursachende Hintergründe berücksichtigt werden. Dadurch wird zugleich deutlich, dass schulvermeidendes Verhalten ein Symptom verschiedener psychischer Störungen ist und der Begriff Schulvermeidung körperlich krankheitsbedingtes Fehlen ausschließt.

Auch Kinder und Jugendliche mit einer Trennungsangst klagen oft über körperliche Symptome wie Übelkeit, Bauchschmerzen, Brechreiz und Erbrechen sowie Kopfschmerzen. Diese realen Beschwerden werden von manchen Kindern instrumentalisiert, um eine Trennungssituation, wie den Schulbesuch, zu vermeiden (Büch et al., 2015a; Suhr-Dachs & Petermann, 2013). In diesem Fall ist die Grenze zwischen körperlich begründetem Fernbleiben der Schule und psychisch bedingter Schulvermeidung fließend.

1.4 Selektiver Mutismus

Es gibt ein Symptom bei schüchternen, sozial ängstlichen Kindern, das zu einer anderen internalisierenden Störung differentialdiagnostisch abgegrenzt werden muss: Es geht um das Sprechen bzw. das Nicht-Sprechen. Sowohl Kinder mit selektivem Mutismus als auch Kinder mit sozialer Ängstlichkeit zeigen bezüglich des Sprechens deutliche Auffälligkeiten, aber in je unterschiedlicher Weise. Während Kinder mit selektivem Mutismus in bestimmten Situationen nicht sprechen, in anderen Situationen sich jedoch problemlos äußern, fallen Kinder mit sozialer Angst vor allem durch zu leises und undeutliches Sprechen auf. In neuen und Bewertungssituationen kann es auch vorkommen, dass sozial ängstliche Kinder vorübergehend nicht sprechen. Werden Kinder mit sozialer Angst mit neuen Situationen und Personen vertraut, verschwinden die Auffälligkeiten des Sprechens, sie gewöhnen sich also an diese soziale Situation. Beim selektiven Mutismus verhält es sich anders. Diese Kinder reden immer in bestimmten Situationen nicht, z. B. im Kindergarten oder in der Schule. Zu Hause sprechen sie unauffällig und altersentsprechend. Hin und wieder kann es auch umgekehrt sein. Die Klassifikationssysteme verwenden die Formulierung *emotional bedingte Selektivität* des Sprechens (ICD-10: F 94.0); Dilling & Freyberger, 2019) bzw. *andauernde Unfähigkeit*, in bestimmten Situationen zu sprechen, in denen üblicherweise Reden, Erzählen, Antworten *erwartet* werden (DSM-5 2015). In der ICD-10 wird der Begriff *elektiver Mutismus* verwendet; im DSM-5 heißt es *selektiver Mutismus*. Im *ICD-11-Katalog*, der 2019 von der WHO verabschiedet wurde, wird die Störung ebenfalls *selektiver Mutismus* genannt.

Es stellt sich die Frage, zu welcher Störungsgruppe der selektive Mutismus gehören soll, mehr zu internalisierenden Störungen, also zu den Angststörungen, oder zu einer eigenständigen Störungsgruppe. In der ICD-10 ist der elektive Mutismus in der Gruppe der *Störungen sozialer Funktionen* eingeordnet. In der ICD-11 wird der selektive Mutismus als eigenständige Angststörung betrachtet. Das DSM-5 fasst den selektiven Mutismus als einen *Subtyp in der Gruppe der Angststörungen* auf. Dies ist nicht unumstritten, ob der selektive Mutismus tatsächlich zu den Angststörungen gehört (Muris & Ollendick, 2015). In einer aktuellen Studie von Poole et al. (2020) wird der Frage nachgegangen, ob man selektiven Mutismus bei Kindern als Extremvariante der Störung mit sozialer Ängstlichkeit begreifen kann und inwiefern sich diese Kinder von solchen mit einer Störung mit sozialer Ängstlichkeit unterscheiden oder auch nicht. Poole et al. (2020) betrachten dabei subjektive Daten von Kindern, Lehrern und Eltern (Selbst- und Fremdurteil), führen Verhaltensbeobachtungen in standardisierten Situationen durch (per Video dokumentiert) und untersuchen mit Hilfe von Speichelkortisol die Stressreaktivität der Kinder. Neben einer Kontrollgruppe gibt es eine Gruppe von Kindern, die selektiven Mutismus *und* eine soziale Angststörung kombiniert aufweisen; eine weitere Gruppe zeigt nur soziale Angst. Interessant war das Ergebnis, dass beide klinischen Gruppen ähnlich hohe soziale Angst aufwiesen. Trotz der Überschneidungen von sozial ängstlichen Kindern mit und ohne selektiven Mutismus sollte der selektive Mutismus nicht als ein besonders stark ausgeprägter Subtyp der Störung mit sozialer Ängstlichkeit betrachtet werden. Denn zu einer weiteren Beurteilung dieses Sachverhaltes muss zukünftig eine weitere Gruppe von Kindern in eine solche Studie einbezogen werden, nämlich Kinder *nur* mit selektivem Mutismus *ohne* eine komorbide Störung mit sozialer Angst (Poole et al., 2020).

Auch die Studie von Schwenck et al. (2019) geht einer ähnlichen Frage nach, nämlich, zu welcher Störungsgruppe selektiver Mutismus letztlich gehört. Ihre Ergebnisse sprechen dafür, dass selektiver Mutismus eher eine Angststörung mit einem speziellen Angstprofil darstellt als eine Extremform einer Störung mit sozialer Ängstlichkeit. Obwohl nämlich beide Störungsgruppen eine ähnlich stark ausgeprägte Angst beim Anschauen von 21 verschiedenen Videosequenzen angaben, hoben doch die Kinder und Jugendlichen mit selektivem Mutismus im Vergleich zu solchen mit sozialer Angststörung hervor, dass ihre Angst besonders bei Videosequenzen hervorgerufen wurde, wenn diese Sprechanforderungen zeigten, im Unterschied beispielsweise zu peinlichen Situationen.

Es bleibt also eine differentialdiagnostische Herausforderung, eine Störung mit sozialer Ängstlichkeit von einem selektiven Mutismus zu unterscheiden bzw. abzugrenzen. Die sehr selten auftretende Störung *selektiver Mutismus* mit einer Punktprävalenz zwischen 0,03 % und 1 % in klinischen oder schulischen Stichproben (DSM-5 2015, S. 265) mahnt zu genauer multimodaler und multimethodaler Prüfung der relevanten diagnostischen Kriterien, zumal die verschiedenen Ängste im Kindes- und Jugendalter – zu den hier ausgeführten gehören zudem die phobische Störung des Kindesalters, die generalisierte Angststörung und die spezifische Phobie – untereinander komorbid, d. h. gleichzeitig, auftreten können. Einen Überblick dazu und zu weiteren, notwendigen differentialdiagnostischen Abgrenzungen gibt der Leitfadenband Kinder- und Jugendpsychotherapie *Soziale Ängste und Leistungsängste* von Büch et al. (2015, S. 6 und 7). Darüber hinaus ist für den Schulbereich ein Screening-Verfahren hilfreich, damit Lehrkräfte selektiven Mutismus zuverlässig in ihren Lerngruppen erkennen können. Ein solches evaluiertes Instrument liegt mit dem *Dortmunder Mutismus Screening für die Schule (DortMuS-Schule)* vor (Starke & Subellok, 2017), das von Lehrkräften bei Kindern im Alter zwischen sechs und zwölf Jahren angewendet werden kann. Es besteht aus zwei Skalen mit insgesamt 17 Items, *Schweigen im Unterricht* (Skala 1) sowie *Hilfe und Unterstützung einfordern* (Skala 2). Es handelt sich also um ein ökonomisches Verfahren, das für den Alltag einer Schule geeignet ist. Da dieses Screening es jedoch nicht leisten kann, sehr schüchterne von selektiv mutistischen Kindern zu unterscheiden, sollte im Verdachtsfall eine weitergehende, leitlinienorientierte Diagnostik eingeleitet werden.

2 Entstehung und ursächliche Zusammenhänge

Bei der Störung mit sozialer Ängstlichkeit von Kindern bis hin zu Erwachsenen kann man heute davon ausgehen, dass sowohl biologisch disponierende als auch psychische Merkmale bei der Entstehung eine ursächliche Rolle spielen. Eine dritte Facette, die entscheidend hinzukommt, ist die soziale, d. h. vor allem die unmittelbare Umgebung eines Kindes, allem voran elterliches Verhalten sowie pädagogisches Geschick von Lehrkräften im Umgang mit diesen Kindern sowie deren gezielte Förderung im Unterricht.

Es liegt also eine Multikausaliät sozialer Ängstlichkeit vor, die nachfolgend unter dem Blickwinkel *biopsychosozialer Risikofaktoren* betrachtet wird.

2.1 Biologische Risikofaktoren

Bei der sozialen Ängstlichkeit ist von einer familiären Transmission auszugehen. Das bedeutet, dass diese Störung von Generation zu Generation in einer Familie weitergegeben wird, wobei sowohl genetische als auch soziale, also umweltbezogene, Faktoren zusammenwirken.

Dem *Temperamentsmerkmal Verhaltenshemmung* kommt bei der Entwicklung sozialer Angst eine bedeutende Rolle zu. Verhaltenshemmung kann als biopsychisches Konstrukt betrachtet werden. Auf der biologischen Seite gibt es seit den Untersuchungen Ende der 1980er Jahre von Kagan und Mitarbeitern zur Verhaltenshemmung eine Reihe von Studienergebnissen, die eindeutig neurobiologische Grundlagen der Entstehung von sozialer Angst belegen (einen Überblick dazu geben Büch et al., 2015). Typisch ist eine erhöhte Reaktionsbereitschaft der Amygdala und des sympathischen Systems, was sich vor allem in sozialen Situationen äußert, besonders wenn diese unvertraut, fremd und unvorhersehbar sowie mit einer tatsächlichen oder vermeintlichen Bewertung verknüpft sind. Die erniedrigte Erregungsschwelle der Amygdala führt dann bei Kindern mit Verhaltenshemmung leicht zu einem Anstieg der Herzfrequenz sowie zur vermehrten Produktion von Noradrenalin und Speichel-Cortisol (Kagan et al., 1998; Petermann & Suhr-Dachs, 2013). Da diese physiologischen Reaktionen genetisch prädisponiert sind (als mögliches Kandidatengen wird das Corticotrophin-Releasinghormon-Gen diskutiert; Smoller et al., 2005), haben sie eine lebenslange Bedeutung. Daraus kann gefolgert werden, dass das Temperamentsmerkmal Verhaltenshemmung eine hohe Vorhersagekraft für eine später sich entwickelnde Störung mit sozialer Ängstlichkeit hat. Dies konnten Hirshfeld-Becker et al. (2007) in ihrer Längsschnittstudie zeigen. Sie untersuchten Kinder im Alter von 21 Monate bis sechs Jahre, ob bei ihnen eine Verhaltenshemmung vorliegt. Nach fünf Jahren konnten von den ursprünglich 284 Kindern 215 zum zweiten Mal untersucht werden. Bei 22 % der Kinder mit einer Verhaltenshemmung sagte diese eine soziale Angst voraus, hingegen nur bei 8 % der Kinder ohne dieses Temperamentsmerkmal. Es liegt also eine deutlich genetische, das heißt angeborene ursächliche Komponente des Temperamentsmerkmals Verhaltenshemmung vor. Ob jedoch dieser genetische Anteil zum Tragen kommt, hängt nicht unwesentlich von den sozialen Einflüssen ab. Und hier sind elterliche (Erziehungs-)Verhaltensweisen sowie Vorbildwirkungen, insbesondere mütterliches Verhalten in Abhängigkeit ihrer eigenen psychischen Belastung und Probleme, von Bedeutung (vgl. Abschnitt 2.3).

Erkennen lässt sich das Merkmal Verhaltenshemmung vor allem an schüchternem und Rückzugsverhalten. Rückzugsverhalten bedeutet, dass diese Kinder in unvertrauten sozialen Situationen mit fremden Personen bestehende Aktivitäten oder Gespräche mit vertrauten Menschen unterbrechen und, wenn möglich, sich an ihre vertraute Kontaktperson klammern. Können sie ein solches soziale Ereignis vorhersehen, versuchen sie, die Situation zu vermeiden.

2.2 Psychische Risikofaktoren

Insbesondere zwei Aspekte sind von Bedeutung. Das oben bereits ausgeführte Temperamentsmerkmal Verhaltenshemmung, welches biologische und psychische Anteile aufweist, sowie kognitive Faktoren.

Temperamentsmerkmal Verhaltenshemmung

Eine aktuelle Studie von Poole & Schmidt (2020) betrachtet schüchterne Kinder im Hinblick auf zwei Subtypen, die auf Buss (1986) zurückgehen. Diese Studie gibt neue, differenzierende Hinweise auf das Temperamentsmerkmal Verhaltenshemmung. Der eine Subtyp wird als *ängstliche Schüchternheit* bezeichnet und entwickelt sich *früh im Kleinkindalter*; der andere Subtyp wird *verlegene Schüchternheit* genannt und beginnt in der *frühen bis mittleren Kindheit*. Untersucht wurden *Verhaltensunterschiede* sowie *biologische Korrelate* (Speichel-Cortisol und frontale Hirnaktivität) bei diesen beiden Subtypen. Bei den Verhaltensunterschieden standen für die *ängstliche Schüchternheit* die Verhaltensmerkmale Gehemmtheit, Erstarren und Flucht im Fokus, für die *verlegene Schüchternheit* die Verhaltensmerkmale Beschämtheit, geringe Selbstwirksamkeitserwartung und physiologische, autonome Reaktionen wie Erröten und erhöhte Herzrate. Die Ergebnisse unterstützen das Schüchternheitskonzept von Buss (1986). So weisen *verlegen schüchterne* Kinder höhere Beschämtheitswerte in videodokumentierten Verhaltensproben mit einer Selbstpräsentations-Aufgabe auf im Vergleich zu ängstlich schüchternen und Kontrollgruppenkindern. Dies ist erklärbar aufgrund der typischen Entwicklung von sozialen Kognitionen in der mittleren Kindheit. Auch auf biologischer Ebene zeigten sich interessante Unterschiede: Bei *verlegen schüchternen* Kindern wurde eine größere physiologische Erregung, gemessen im Speichel-Cortisol, einem Stresshormon, festgestellt. Bei *ängstlich schüchternen* Kindern fiel die α-Asymmetrie im Ruhezustand bei der EEG-Messung auf, was auf die generell erniedrigte Erregungsschwelle im limbisch-hypothalamischen System verweist. Diese ängstlich schüchternen Kinder geraten also vom Kleinkindalter an schnell in einen körperlichen Erregungszustand, wenn sie sich in einer bedrohlichen, subjektiv angstauslösenden Situation zu befinden glauben. Solche Situationen sind an unvertraute Umgebungen und fremde Personen geknüpft. Diese Studienergebnisse von Poole und Schmidt (2020) sprechen dafür, dass es zwischen Verhaltenshemmung und ängstlicher Schüchternheit eine hohe Überlappung gibt, was die hohe Stabilität von Vermeidungsverhalten und Sensitivität für angstauslösende Situationen erklären könnte.

Kognitive Faktoren

Die kognitiven Merkmale sozial ängstlicher Kinder und Jugendlicher können als typisch bezeichnet werden und zielen vor allem auf Aspekte

- der subjektiven, verzerrten Wahrnehmung,
- der negativen, irrationalen Gedanken,
- der ungünstigen Kausalattributionen,
- der geringen Selbstwirksamkeitserwartung,
- dem negativen Selbstbild und
- der hohen Selbstaufmerksamkeit.

Die kognitiven Faktoren machen sich vor allem in den sozialen Situationen bzw. in vorweggenommenen sozialen Situationen bemerkbar. Wahrscheinlich bedingt durch die generell erhöhte soziale Ängstlichkeit sowie durch Erfahrungen in früheren sozialen Situationen sind die *Wahrnehmung und Gedanken* verzerrt. *Zweideutige* soziale Reize, auch *neutrale* Signale in einer sozialen Situation werden als *bedrohlich wahrgenommen*. Damit unterliegen sie einer *subjektiven Interpretation* und lösen Ängste aus.

Die Gedanken und *Selbstgespräche* sind negativ und kreisen immer wieder um Versagen, Abgelehnt-Werden sowie Scham- und Schuldgefühle. Nie sind es die ungünstigen Umstände oder andere Personen, wenn etwas nicht klappt, sondern man selbst schreibt sich die Schuld für ein nicht erfolgreiches Ereignis beziehungsweise Handeln zu.

Selbstzweifel und mangelnde Selbstwirksamkeitserwartungen spiegeln große Selbstwertprobleme und ein negatives Selbstbild wider. Dieses *negative Selbstbild* trägt entscheidend zur Aufrechterhaltung der sozialen Angst bei Kindern und Jugendlichen bei. Chapman et al. (2020) haben zur genaueren Einschätzung dieses Zusammenhangs einen systematischen Review angefertigt. Bei ihrer Recherche fanden sie neun Studien, die die Bedeutung des Selbstbildes für soziale Ängstlichkeit bestätigen und unterstreichen, wobei sich nur zwei Studien auf das Kindesalter bezogen.

Letztlich führt die Gesamtheit aller genannten negativen kognitiven Prozesse zu einer erhöhten Selbstaufmerksamkeit, die von der eigentlichen Aufgabe oder von der Konzentration auf eine soziale Situation ablenkt. Die hohe Selbstaufmerksamkeit verstärkt wiederum die verschiedenen ungünstigen kognitiven Prozesse. Zudem führt die erhöhte Selbstaufmerksamkeit auch dazu, dass die autonomen Körperreaktionen (wie beispielsweise Erröten, Schwitzen, pochendes Herz) bewusst wahrgenommen werden (Clark & Wells, 1995). Das Registrieren der erhöhten körperlichen Erregung verstärkt wiederum diese sympathische Aktivität. Die erhöhte Selbstaufmerksamkeit führt also insgesamt dazu, dass verzerrte Wahrnehmungen, irrationale Gedanken und negative interne Kausalattributionen von einem ängstlichen Kind und Jugendlichen nicht unter Kontrolle gebracht werden können. Damit verringern sich über die Zeit die Selbstwirksamkeitserwartungen weiter. Innere Sätze wie »das lerne ich nie; das kann ich sowieso nicht; das schaffe ich nicht; ich bin nicht so schlau wie die anderen; ich bin nicht so mutig wie die anderen« sind für diese Kinder und Jugendlichen typisch wie auch das Selbstbild prägend (Petermann & Petermann, 2015).

Neben der mehrfach geteilten Aufmerksamkeit, also zum einen negative Gedankenkaskade, zum anderen Spüren der körperlichen Veränderungen und drittens dem Versuch, sich auf die Situations- und/oder Aufgabenbewältigung zu konzentrieren, erschwert der Anstieg des Noradrenalinspiegels die zentralnervöse Informationsübertragung, so dass es zu Denk- und Handlungsblockaden kommt, erkennbar an Blackout, Erstarren und großer Passivität (Petermann & Suhr-Dachs, 2013; Poole & Schmidt, 2020).

Bei den kognitiven Prozessen sind Alterseffekte feststellbar, und zwar bezogen auf die Selbstgesprächsinhalte, die häufig um das Thema Zutrauen in die eigenen Kompetenzen kreisen. Erst die älteren Kinder, etwa ab Grundschulalter, und erst recht die Jugendlichen führen bei bevorstehenden und während sozialer Situationen negative Selbstgespräche. Die Inhalte haben niedrige Erwartungen an ihre eigene Leistung zum Thema, und die Kinder und Jugendlichen bewerten ihre Kompetenzen auch schlechter, nach dem Motto: Das war doch nichts Besonderes!

2.3 Soziale Risikofaktoren

Welchen Einfluss können soziale Risikofaktoren noch haben, nachdem deutlich wurde, wie viele differenzierte biopsychische Faktoren, also in der Person liegende, wirksam sind und einen deutlichen Einfluss auf die Entwicklung einer sozialen Angststörung ausüben? Im Sinne der nächstliegenden sozialen Einflüsse sind neben Gleichaltrigen vor allem die Familie bzw. Eltern zu betrachten (Büch et al., 2015). Da auf den Einfluss von Gleichaltrigen bereits im Rahmen von Abschnitt 1.1 eingegangen wurde, sollen nachfolgend die Eltern im Blickpunkt stehen.

Elterliches Verhalten hat immer eine Vorbildwirkung und zudem einen bekräftigenden Einfluss. Da knapp jedes zweite Kind mit einer psychischen Störung einen Elternteil hat, der ebenfalls eine psychische Erkrankung aufweist, ist sowohl von genetischen als auch von sozialen Faktoren als Wirkgrößen auszugehen (Mattejat & Remschmidt, 2008).

Mütter von schüchternen, sozial unsicheren und ängstlichen Kindern beurteilen sich selbst als äußerst ängstlich, wie Melfsen et al. (2000) in ihrer Studie herausfanden. Sind oder fühlen sich Eltern belastet, so kann ihr Alltags-Stressmanagement eingeschränkt sein und sie schätzen sich eher negativ in ihrer Erziehungskompetenz ein. Dies gilt insbesondere für Mütter (Essex et al., 2010). Unter diesen Bedingungen zeigen Eltern Verhaltensweisen, die ein ungünstiges Vorbild für ein Kind bieten. Sozial ängstliche Familien haben wenig Sozialkontakte. Bedrohlich erlebte soziale Situationen werden gemieden. Damit imitieren die Kinder solches Rückzugsverhalten, sie übernehmen die negative Bewertung der Eltern gegenüber Sozialkontakten, und darüber hinaus erlernen sie keine altersangemessenen Verhaltensweisen für den Umgang mit anderen. Soziale Kompetenzen, wie Kontakt anbahnen und aufrechterhalten, sich einfühlen in andere, aber auch sich behaupten und abgrenzen können, bis hin zur Fähigkeit, soziale Herausforderungen anzunehmen, werden nicht eingeübt. Die Kinder lernen also über das Vorbild der Eltern nicht nur sozial inkompetentes Verhalten, sondern auch verzerrte Wahrnehmungen wie zum Beispiel zweideutige oder neutrale Situationen als bedrohlich einzustufen (Petermann & Petermann, 2015).

Die schüchternen, sozial ängstlichen Kinder werden von ihren Eltern weder ermutigt noch unterstützt, eine soziale Herausforderung, wie in einer Gleichaltrigengruppe oder bei Besuch oder vor der Klasse etwas zu äußern, *nicht* zu meiden, sondern sich ihr zu stellen. Es liegt also oft ein überbehütendes bis überkontrollierendes Erziehungsverhalten vor. Die Eltern nehmen ihrem ängstlichen Kind Probleme bzw. herausfordernde Aufgaben ab. Dem Kind wird von den Eltern in der Regel unabsichtlich vermittelt: Wir trauen dir nichts zu! Stattdessen wird vermeidendes und an die Eltern anklammerndes Verhalten des Kindes positiv bewertet und damit bekräftigt. Nicht mutiges, sondern ängstliches Verhalten wird fälschlicherweise von den Eltern verstärkt. Das ängstliche, gehemmte und hilflose Verhalten des Kindes bekräftigt wiederum die Eltern in ihrem überfürsorglichen Erziehungsverhalten. Somit liegt ein ungünstiger Kreislauf von dem Temperamentsmerkmal Verhaltenshemmung auf Seiten des Kindes und dem zu behütenden sowie auch verwöhnenden Erziehungsverhalten der Eltern, vor allem wiederum der Mutter, vor (Lewis-Morrarty et al., 2012).

Schließlich können schüchterne, sozial ängstliche Kinder und Jugendliche das überfürsorgliche und überkontrollierende elterliche Verhalten auch ganz anders erleben, nämlich als wenig akzeptierend. Vielmehr nehmen die Kinder ihre Eltern als stark einschränkend wahr. Sogar zurückweisend wirken Eltern auf ihre Kinder dann, wenn ein Elternteil selbst unter einer psychischen Störung leidet. Dadurch kann die Erziehungskompetenz noch mehr eingeschränkt sein. Dies ist besonders bei einer depressiven Störung der Fall. Diese Störung bringt für ein Kind im Alltag unvorhersehbare und unkontrollierbare Bedingungen mit sich. Geht es dem Elternteil gut, reagiert dieser emotional positiv auf das Kind; tritt eine depressive Verstimmung auf, reagiert dieser Elternteil abweisend bis aggressiv gegenüber dem Kind (Seligman, 2016). Dadurch tritt eine große Verunsicherung beim Kind auf, was sozial ängstliches Verhalten verstärkt.

2.4 Bedingende und aufrechterhaltende Faktoren: Ein integratives Modell

Die bisherigen Ausführungen zeigten, dass drei sehr unterschiedliche Einflussfaktoren, nämlich biologische, psychische und soziale Wirkgrößen, die Schüchternheit eines Kindes verursachen und aufrechterhalten. Diese drei Faktoren gehen in einem pathogenetischen Prozess komplizierte Wechselbeziehungen ein, die keine einfachen Interaktionen darstellen, sondern biopsychosoziale Transaktionen. Dabei müssen im Laufe einer Entwicklung mehrere Risikofaktoren zusammenkommen, bis sich eine psychische Störung aufbaut. Unterschiedliche Entwicklungspfade sind hierbei denkbar. Sroofe (1997) zeigt vier generell mögliche Verläufe auf. Sie werden am Beispiel schüchterner Kinder verdeutlicht.

- *Kontinuierliche Fehlanpassung:* Ein Kind zeigt von Anfang an extrem schüchternes Verhalten, zum Beispiel ausgeprägtes Fremdeln im ersten Lebensjahr, und ist die gesamte Kleinkind- und Vorschulzeit hindurch sehr verhaltensgehemmt. Die Eltern zeigen überbehütendes Erziehungsverhalten und geben kein sozial kompetentes Vorbild ab. Das Ergebnis ist eine Störungsentwicklung der sozialen Ängstlichkeit, die spätestens im Grundschulalter sehr deutlich hervortritt.
- *Kontinuierliche positive Anpassung:* Ein Kind zeigt ein übliches, das heißt altersangemessenes fremdelndes und schüchternes Verhalten während der Säuglings- und Kleinkindzeit. Die Eltern interagieren mit ihrem Kind ermutigend, unterstützend, ohne ihm Aufgaben abzunehmen, die es schon selbst bewältigen kann, und bekräftigen es für sozial kompetentes und nicht vermeidendes Verhalten. Eine positive Entwicklung ist bei dem Kind durchgängig zu beobachten.
- *Anfängliche Fehlanpassung, gefolgt von positiven Veränderungen:* Ein Kind zeigt von Anfang an sehr schüchternes und anklammerndes Verhalten, zum Beispiel ausgeprägtes Fremdeln im ersten Lebensjahr, ist sehr verhaltensgehemmt und versucht, unvertraute soziale Situationen, soziale Hervorhebung sowie fremde Personen zu vermeiden. Die Eltern ermutigen ihr Kind zu Sozialkontakten, bekräftigen es für *nicht-vermeidendes* Sozialverhalten, sind sozial kompetent in Kontaktsituationen mit anderen und bewerten diese positiv. Dadurch ist das Kind trotz des Temperamentsmerkmals Verhaltenshemmung sowie schüchternen Verhaltens zu sozial kompetentem Verhalten in der Lage. Eine Störungsentwicklung bleibt aus.
- *Anfänglich positive Anpassung, gefolgt von negativen Veränderungen:* Ein Kind zeigt ein übliches, das heißt altersangemessen fremdelndes und schüchternes Verhalten während der Säuglings- und Kleinkindzeit. Im Laufe der frühen bis mittleren Kindheit tritt schüchternes, sich leicht schämendes und sich nichts zutrauendes Verhalten auf, auf das die Eltern besorgt und umsorgend reagieren, Rückzugsverhalten des Kindes akzeptieren sowie das Kind mit seinem vermeidenden Verhalten anderen gegenüber in Schutz nehmen. Damit liegt ein falsch verstärkendes Interaktions- und Erziehungsverhalten der Eltern vor. Das Risiko für die Entwicklung einer Störung mit sozialer Ängstlichkeit steigt deutlich an,

obwohl wahrscheinlich genetische Aspekte die geringste oder gar keine Rolle spielen. Was das verlegen-schüchterne Verhalten in früher bis mittlerer Kindheit ausgelöst hat, kann sehr unterschiedlich sein, zum Beispiel eine negative Erfahrung mit (öffentlicher) Kritik, mit Gehänselt-Werden oder sozialem Ausschluss. Ebenso kann ein schlechtes Selbstbild mit geringer Selbstwirksamkeitsüberzeugung eine Bedeutung haben. Dieses schüchterne Verhalten erinnert an den Typ *verlegene Schüchternheit*, die Buss (1986) dem Typ *ängstliche Schüchternheit* gegenüberstellt (siehe Abschnitt. 2.2) und welche in der Studie von Poole und Schmidt (2020) untersucht werden sowie eine Bestätigung finden.

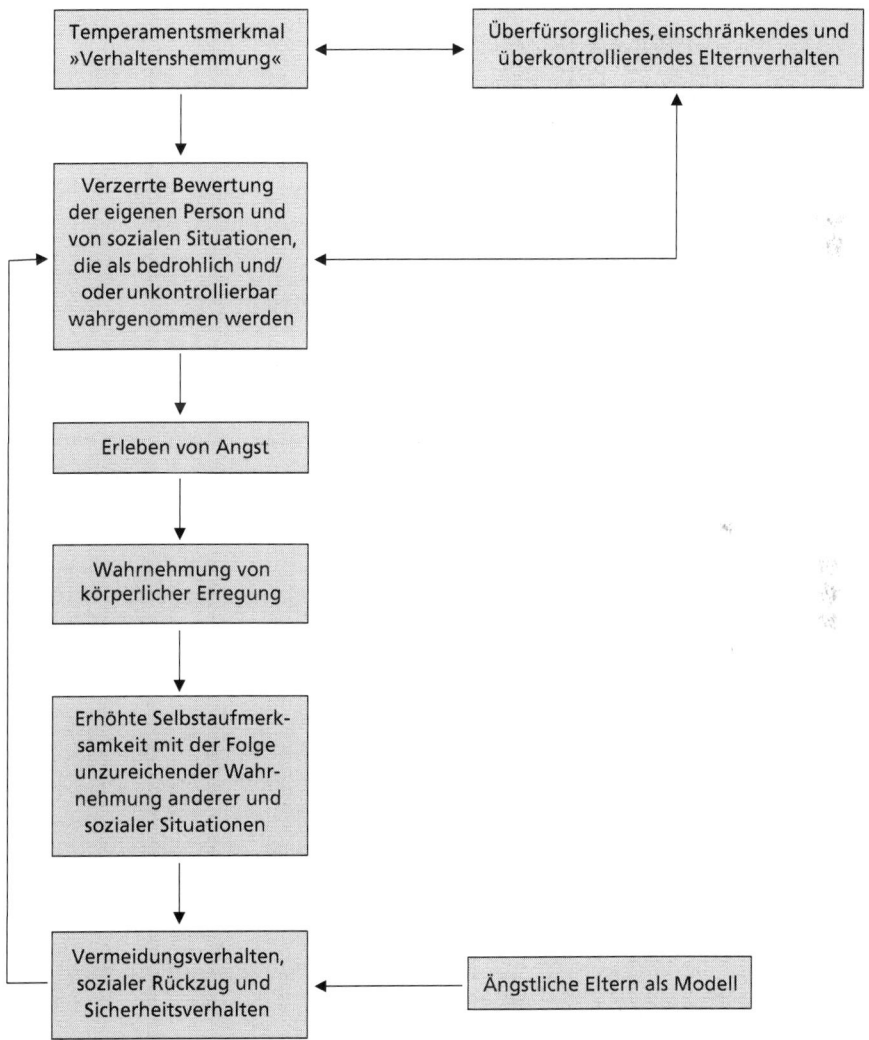

Abb. 1: Integratives Ursachenmodell sozialer Angststörungen im Kindes- und Jugendalter (Petermann & Petermann 2015, S. 54)

Die vier beispielhaften Entwicklungspfade verdeutlichen, unter welchen Voraussetzungen sich eine Störung mit sozialer Ängstlichkeit bei schüchternen Kindern entwickeln kann. Die Multikausalität ist biopsychosozial, je nach Einzelfall mit unterschiedlichen Gewichtungen zu sehen. Die nachfolgende Abbildung 1 zeigt mögliche Zusammenhänge und Abläufe verschiedener, verursachender Faktoren, die zu einer Störung mit sozialer Ängstlichkeit führen können.

3 Intervention

Im Prozess der verschiedenen Fehlanpassungen gibt es an vielen Punkten die Möglichkeit, aus einer problematischen Entwicklung *auszusteigen*. Dies kann je nach entwicklungspsychopathologischem Verlauf, Schweregrad, Stabilität und Generalisierung der Schüchternheit bzw. Störung mit sozialer Ängstlichkeit in einem präventiven Kontext oder mit Hilfe einer Psychotherapie erfolgen.

3.1 Prävention: Soziales Kompetenztraining

Wie in den bisherigen Ausführungen deutlich wurde, fehlt es schüchternen, sozial ängstlichen Kindern unter anderem wegen ihres Vermeidungsverhaltens an sozial kompetentem Verhalten. Dieses haben sie zu wenig gelernt und geübt, so dass das mangelnde Zutrauen in eigene soziale Kompetenzen bei manchen schüchternen Kindern durchaus einen realen Hintergrund haben kann. Die soziale Ängstlichkeit, die oft als biologische und psychische Basis das stabile Temperamentsmerkmal Verhaltenshemmung aufweist, kann als solche nicht verändert werden. Jedoch bedeutet Sicherheit in sozialen Situationen durch soziale Kompetenz zu gewinnen, einen Schutzfaktor aufzubauen, der die Wahrscheinlichkeit der Entwicklung von der bloßen Schüchternheit zur Störung mit sozialer Angst minimiert.

Wie sich in einzelnen Studien (Ginsburg et al., 2020; Petermann et al., 2016; Petermann et al., 2019), Meta-Analysen (Johnstone et al., 2018) und systematischen Reviews (Caldwell et al., 2019) zeigte, weisen die Ergebnisse teilweise in unterschiedliche Richtungen. Prinzipiell kann festgestellt werden, dass universelle Präventionsmaßnahmen Effekte haben, die sich eher zu Follow-Up-Messzeitpunkten zeigen (d. h., zwischen durchschnittlich sechs bis zwölf Monaten nach Maßnahmenende) als direkt nach Ende der Durchführung eines Präventionsprogrammes (Ginsburg et al., 2020, Johnstone et al., 2018).

Auch sind die Effekte klein, was aber für universelle Präventionen nichts Außergewöhnliches ist. Eine universelle, schul-basierte Prävention schließt immer den gesamten Klassenverband ein. Das bedeutet, dass viele Schüler keine Probleme mit Schüchternheit oder sozialer Angst haben. Also kann es bei solchen Kindern auch zu nur wenig bis gar keinem Zuwachs an sozialer Kompetenz und Verringerung von sozialer Ängstlichkeit kommen. Treten dann in einer Studie oder Meta-Analyse nachweislich Effekte auf, wie in der Meta-Analyse von Johnstone et al. (2018) zum australischen FRIENDS-Programm von Barrett und Turner (2001), dann kann von einer klinischen wie praktischen Bedeutsamkeit ausgegangen werden. Dieses Präventionsprogramm mit einem kognitiv-verhaltenstherapeutischen Ansatz wird im Gruppensetting im Rahmen von zehn bis 12 Sitzungen mit ängstlichen Kindern im Alter von sieben bis 16 Jahren und deren Eltern durchgeführt. Allerdings sind in dieser Meta-Analyse die Ergebnisse uneinheitlich, da sich die einbezogenen Studien unter methodischen Aspekten, die angewendeten Präventionsprogramme (FRIENDS war eines von dreien), die Ziele (Angst- und/oder Depressionsprävention) und die Anzahl der Sitzungen unterschieden. Neben einem strukturierten, modularisierten, kognitiv-verhaltenstherapeutischen Vorgehen scheint auch die Sitzungsanzahl nicht unwichtig zu sein. Mehr Sitzungen haben einen positiven Effekt, besonders hinsichtlich der langfristigen Wirkung von Präventionsmaßnahmen (Ginsburg et al., 2020; Johnstone et al., 2018).

Bei im Widerspruch zu vielen Studien und Meta-Analysen stehenden Ergebnissen des systematischen Reviews kombiniert mit einer Netzwerk-Meta-Analyse von Caldwell et al. (2019) werden bei den universellen Präventionsmaßnahmen keine oder nur sehr schwache positive Tendenzen festgestellt, und zwar für Kinder im Primarschulalter. Für den Sekundarschulbereich werden etwas deutlichere positive Effekte berichtet, je nach Art der Präventionsmethode in einer Studie. Interessanterweise waren nach dieser Studie nicht die kognitiv-verhaltenstherapeutischen Ansätze im Sekundarbereich die wirksamsten bei Angstsymptomen, sondern Achtsamkeits- und Entspannungsmethoden. Die Ergebnisse deuten auf einen Alterseffekt hin. Zum einen ist die kognitive Entwicklung bei Sekundarschülern fortgeschrittener als bei Primarschüler/-innen, so dass die älteren Kinder und Jugendlichen mehr von solchen Maßnahmen profitieren können. Zum anderen sind Angstsymptome bei älteren Schüler/-innen deutlicher ausgeprägt, so dass präventive Interventionsmaßnahmen auch größere Wirksamkeit entfalten können. Schließlich deuten die Ergebnisse von Caldwell et al. (2019) darauf hin, dass für die Effektivität von Präventionsprogrammen der sozio-ökonomische Status der Schüler/-innen und ihrer Familien eine Rolle spielt. Ein höherer sozio-ökonomischer Status trägt scheinbar zu besseren Ergebnissen bei, allerdings nur bei den Sekundarschüler/-innen. Bei den Kindern aus dem Primarbereich macht sich dieser Effekt noch nicht bemerkbar.

3.2 Anwendung in der Schule

Abschließend werden zwei evidenzbasierte Präventionsprogramme zur Förderung sozialer und emotionaler Kompetenzen im schulischen Unterricht aus dem deutschen Sprachraum skizziert. Eine dritte Intervention, die vorgestellt wird, stammt zwar aus dem therapeutischen Setting, enthält jedoch spezifische Materialien für schüchterne, sozial unsichere und ängstliche Kinder, die mit ein paar Modifikationen flexibel im Schulkontext von der Lehrkraft oder einem Schulsozialarbeiter bzw. einer Schulsozialarbeiterin eingesetzt werden können.

Bei dem ersten Präventionsprogramm, das vorgestellt wird, handelt es sich um das »Verhaltenstraining in der Schule« von Petermann et al. (2019). Es ist für Kinder in der 3. und 4. Grundschulklasse konzipiert und wird von einer Lehrerin oder einem Lehrer durchgeführt. Es umfasst 26 Einheiten, die im Laufe eines Schulhalbjahres mit einem oder zwei Terminen pro Woche realisiert werden. Für eine Trainingseinheit benötigt man eine Unterrichtsstunde, je nach Schülerzusammensetzung auch eine Doppelstunde. Die Ziele des Verhaltenstrainings sind unter anderem die

- Sensibilisierung für die Selbst- und Fremdwahrnehmung von Emotionen,
- Verbesserung der Selbstkontrolle und Selbststeuerung,
- Förderung der sozialen Wahrnehmung und
- Sensibilisierung für soziale Interaktionsprozesse.

Eine Rahmenhandlung führt die Schülerinnen und Schüler durch das Präventionsprogramm. Sie ist in Form eines *Hörspiels* mit dem Thema »Abenteuer auf Duesternbrook« aufbereitet. *Vier neunjährige Freunde* erleben diese Abenteuer, die sogenannten *Leitfiguren*, mit denen sich die Schulkinder identifizieren können. Entsprechend unterschiedlich sind die vier Leitfiguren des Hörspieles gestaltet: Zwei Mädchen, zwei Jungen mit je unterschiedlichem sozialem und kulturellem Hintergrund sowie verschiedenen Stärken und Schwächen (Abbildung 2). Gemeinsam wollen sie die Geheimnisse der Burg lüften. Das Hörspiel, viele Materialien und ein Rap-Song befinden sich auf einer DVD im Buch und helfen mit wiederkehrenden Ritualen und Verhaltensübungen, das Präventionsprogramm durchzuführen.

Das zweite Präventionsprogramm für den schulischen Einsatz, das vorgestellt werden soll, ist das »Emotionstraining in der Schule« (Petermann et al., 2016). Es richtet sich an Schülerinnen und Schüler der 5. bis 7. Klassen, wird von der Lehrkraft im Unterricht durchgeführt und verfolgt das Ziel, emotionale Kompetenzen im Jugendalter gezielt zu stärken und damit internalisierenden Problemen im Jugendalter, nämlich Ängsten und Depressionen, vorzubeugen. In den elf Sitzungen werden das Emotionsbewusstsein, das Emotionsverständnis, die Emotionsregulation und die Empathiefähigkeit multimethodal bearbeitet. Jede Unterrichts-Einheit bzw. Sitzung ist hoch ritualisiert aufgebaut. Nach der Begrüßung und Erinnerung an die vorherige Sitzung folgt zum Einstieg die sogenannte *Tonübung*. Hierbei handelt es sich um eine Achtsamkeitsübung (s. a. die Studienergebnisse von Caldwell et al., 2019, in Abschnitt 3.1), die akustisch mit Hilfe der DVD realisiert wird. Die Schülerinnen und Schüler sollen sich mit geschlossenen Augen auf einen Ton konzentrieren, der langsam ausklingt. Wer ihn nicht mehr hört, soll die Hand heben. Damit wird die Aufmerksamkeit auf sich und die eigenen Gefühle gelenkt. Es schließt sich dann der Hauptteil, nämlich die Arbeitsphase mit Arbeitsblättern, an, die mit der Besprechung der Hausaufgaben zu den Sitzungsinhalten endet. Hier kann je nach Entwicklungsstand der Schüler/-innen zwischen verschiedenen Schwierigkeitsgraden der Arbeitsblätter gewählt oder auch Zusatzblätter eingesetzt werden (Abbildung 3). Mit der Kunstsprache *Emola* werden auf akustischer Ebene von acht Gefühlen die charakteristischen Merkmale herausge-

3 Intervention

Arbeitsblatt: Fragen zum Hörspiel „Abenteuer auf Duesternbrook", Teil 1a

Wo gehen die vier Freunde zur Schule?
_____

Wie heißen die Kinder?
_____

In welche Klassenstufe gehen die Kinder?
_____

Wie sind die Namen der Lehrerinnen?
_____

Wer ist wer?

Das ist	Das ist	Das ist	Das ist
_____	_____	_____	_____

Abb. 2: Die vier Freunde des Hörspiels »Abenteuer auf Duesternbrook« (Petermann et al., 2019, S. 76; Zeichnung von Irene Stetzka und Iris Walter)

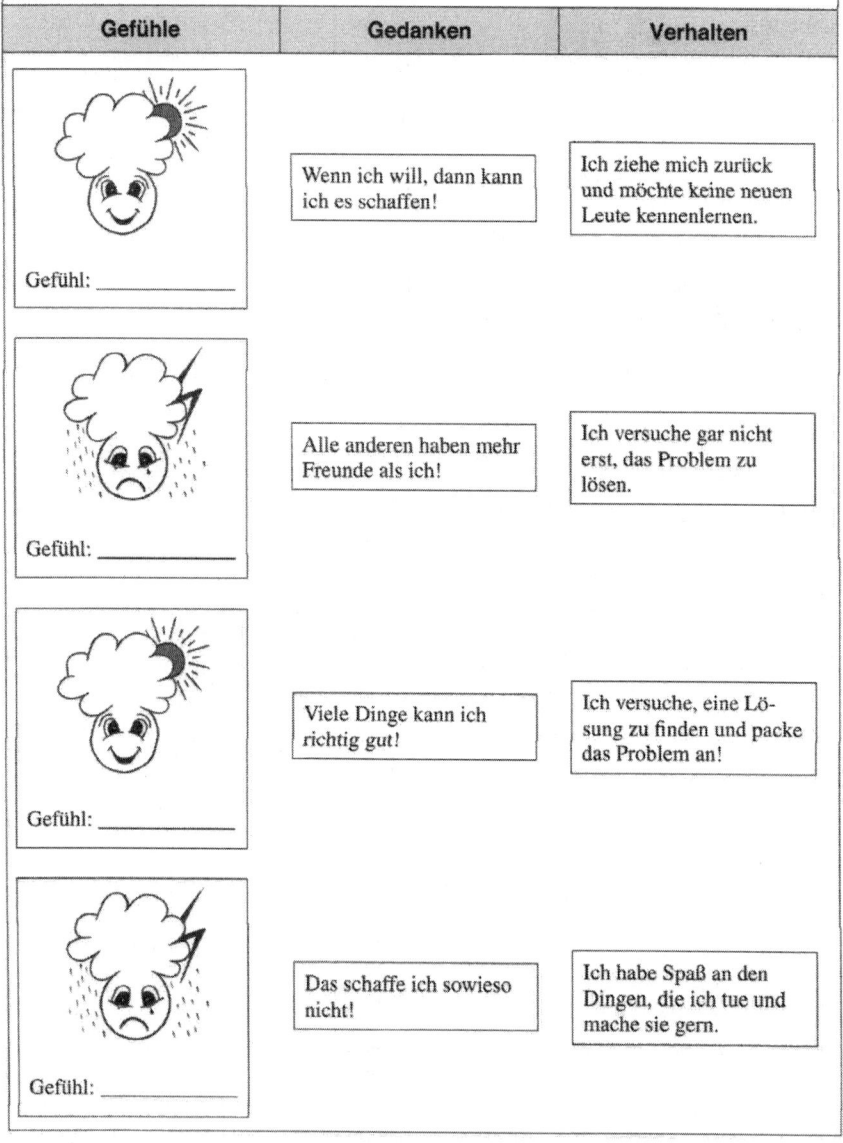

Abb. 3: Gefühle – Gedanken – Verhalten: eine Zuordnungsaufgabe (Petermann et al., 2016, S. 146; Zeichnung von Lara Petersen und Julia-Katharina Rißling)

arbeitet. Mit einem *Gefühlsquiz*, mit dem die Lerninhalte der Einheit wiederholt werden, wird jede Sitzung abgeschlossen. Dazu wird eine Klasse in zwei Hälften geteilt und jede Gruppe erhält Basisfragen und Masterfragen. Die Mitglieder der beiden Klassenhälften bleiben während der elf Sitzungen konstant.

Einen auf die Störung mit sozialer Ängstlichkeit speziell bezogenen Ansatz bietet das »Training mit sozial unsicheren Kindern« (Petermann & Petermann, 2015) mit seinen vielfältigen Arbeitsmaterialien, Fotogeschichten und Rollenspielvorlagen. Es handelt sich zwar bei dem Training um ein Behandlungsprogramm für Kinder mit unterschiedlichen Angststörungen; es kann jedoch auch als selektive oder indizierte Präventionsmaßnahme von fortgebildeten Pädagogen und Pädagoginnen, Beratungslehrerinnen und -lehrern, Schulpädagogen und -pädagoginnen sowie Schulpsychologinnen und -psychologen angewendet werden. Viele Themen und Arbeitsmaterialien berühren direkt die Probleme sozial ängstlicher Kinder im Kontext Schule und Vorschule. So sind die psychoedukativen Geschichten von Marie und Sophie bzw. von Niklas und Max in der Schule angesiedelt und beinhalten sowohl Aspekte sozialer Hervorhebung als auch solche einer neuen und fremden Umgebung mit fremden Personen. Die Fotogeschichten greifen Themen auf wie *Vorlesen vor der Klasse* oder *Die Beleidigung* oder *Der Deutschaufsatz* oder *aufgerufen werden in der Schule*. Alle Geschichten und Materialien sind jungen- und mädchenspezifisch ausgestaltet. Darüber hinaus sind die Materialien nicht nur angststörungsspezifisch, sondern auch altersspezifisch aufbereitet.

Das Vorgehen gliedert sich in Einzel- und Gruppenkontakte, wobei die Themen des Einzeltrainings auch in einer Kindergruppe bearbeitet werden können. Auch hier gibt es ein klares Sitzungsritual mit sitzungsübergreifenden, also wiederkehrenden, Elementen sowie Leitfiguren, die die Kinder durch das Training geleiten, ihnen Sicherheit geben, Mut zusprechen und mit ihnen gemeinsam Fortschritte erzielen. Eine zusätzliche Unterstützung sind die 60 Bildkarten, die bunt und altersspezifisch die Leitfiguren in verschiedenen herausfordernden Alltagssituationen zeigen (Petermann & Petermann, 2016).

Für den Alltagstransfer haben sich schon sehr lange Instruktionskarten für Kinder bewährt und als effektiv erwiesen (Abbildung 4). Die Kinder erlernen in Rollenspielen für unterschiedliche Alltagssituationen sich in angemessener Weise zu instruieren, um die verzerrte Wahrnehmung und die irrationalen Gedanken zu verändern und mit Selbstbewusstsein eine soziale Situation zu meistern (siehe Abschnitt 2.2).

Ein kurz gefasster Ratgeber informiert Betroffene, Eltern, Lehrer und Erzieher über soziale Ängste und Leistungsängste, woran man sie erkennen kann, was die Ursachen sind, was die Ängste aufrecht hält, was bei Jugendlichen anders als bei Kindern ist und was man tun kann (Büch et al., 2015b). Diese kurzen und präzisen Informationen helfen, sich im Umgang mit und bei der Förderung von schüchternen, sozial ängstlichen Kindern sicher zu fühlen, was eine gute Voraussetzung für erfolgreiches Arbeiten mit diesen Kindern ist.

Abb. 4: Mutmacher-Selbstinstruktion von Sophie und von Max (Petermann & Petermann, 2015, S. 271 u. S. 272; Zeichnungen von Claudia Styrsky)

Literatur

Baardstu, S., Coplan, R. J., Karevold, E. B., Laceulle, O. M. & Soest, T. von. (2020): Longitudinal Pathways From Shyness in Early Childhood to Personality in Adolescence: Do Peers Matter? *Journal of Research on Adolescence: the Official Journal of the Society for Research on Adolescence, 30* Suppl 2, 362–379.

Barrett, P. M. & Turner, C. (2001): Prevention of anxiety symptoms in primary school children: Preliminary results from a universal school-based trial. *British Journal of Clinical Psychology, 40* (4), 399-410.

Bayram Özdemir, S., Cheah, C. S. L. & Coplan, R. J. (2017): Processes and conditions underlying the link between shyness and school adjustment among Turkish children. *The British Journal of Developmental Psychology, 35* (2), 218–236.

Büch, H., Döpfner, M. & Petermann, U. (2015a): *Soziale Ängste und Leistungsängste. Leitfaden Kinder- und Jugendpsychotherapie.* Band 20. Göttingen: Hogrefe.

Büch, H., Döpfner, M. & Petermann, U. (2015b): *Ratgeber Soziale Ängste und Leistungsängste. Informationen für Betroffene, Eltern, Lehrer und Erzieher.* Göttingen: Hogrefe.

Buss, A. H. (1986): Two kinds of shyness. In: R. Schwarzer (Ed.), *Self-related cognitions in anxiety and motivation* (pp. 65–75). Hillsdale, NJ: Erlbaum.

Caldwell, D. M., Davies, S. R., Hetrick, S. E., Palmer, J. C., Caro, P., López-López, J. A. et al. (2019): School-based interventions to prevent anxiety and depression in children and young people: a systematic review and network meta-analysis. *The Lancet. Psychiatry, 6* (12), 1011–1020.

Chapman, J., Halldorsson, B. & Creswell, C. (2020): Mental Imagery in Social Anxiety in Children and Young People: A Systematic Review. *Clinical Child and Family Psychology Review, 23* (3), 379–392.

Clark, D. M. & Wells, A. (1995): A cognitive model of social phobia. In: R. G. Heimberg, M. R. Liebowitz, D. A. Hope & F. R. Schneider (Eds.), *Social phobia. Diagnosis, assessment, and treatment* (pp. 69–93). New York: Guilford Press.

Demir, T., Karacetin, G., Eralp Demir, D. & Uysal, O. (2013): Prevalence and some psychosocial characteristics of social anxiety disorder in an urban population of Turkish children and adolescents. *European Psychiatry, 28* (1), 64–69.

Dilling, H. & Freyberger, H. J. (Hrsg.) (2019): *Taschenführer zur ICD-10-Klassifikation psychischer Störungen* (9., aktualisierte Auflage). Bern: Hogrefe.

DSM-5 (2015): *Diagnostisches und Statistisches Manual Psychischer Störungen.* Deutsche Ausgabe herausgegeben von P. Falkai & H.-U. Wittchen. Göttingen: Hogrefe.

Essau, C. A., Conradt, J. & Petermann, F. (1998): Häufigkeit und Komorbidität sozialer Ängste und Sozialer Phobie bei Jugendlichen. *Fortschritte der Neurologie und Psychiatrie, 66* (11), 524–530.

Essau, C. A., Conradt, J. & Petermann, F. (1999): Frequency and comorbidity of social phobia and social fears in adolescents. *Behavior Research and Therapy, 37* (9), 831–843.

Essex, M. J., Klein, M. H., Slattery, M. J., Goldsmith, H. H. & Kalin, N. H. (2010): Early risk factors and developmental pathways to chronic high inhibition and social anxiety disorders in adolescence. *American Journal of Psychiatry, 167* (1), 40–46.

Ginsburg, G. S., Pella, J. E., Pikulski, P. J., Tein, J.-Y. & Drake, K. L. (2020): School-Based Treatment for Anxiety Research Study (STARS): a Randomized Controlled Effectiveness Trial. *Journal of Abnormal Child Psychology, 48* (3), 407–417.

Hirshfeld-Becker, D. R., Biederman, J., Henin, A., Faraone, S. V., Davis, S., Harrington, K. & Rosenbaum, J. F. (2007): Behavioral inhibition in preschool children at risk is a specific predictor of middle childhood social anxiety: a five-year follow-up. *Journal of Developmental & Behavioral Pediatrics 28* (3), 225–233.

Johnstone, K. M., Kemps, E. & Chen, J. (2018): A Meta-Analysis of Universal School-Based Prevention Programs for Anxiety and Depression in Children. *Clinical Child and Family Psychology Review, 21* (4), 466–481.

Kagan, J., Snidman, N. & Arcus, D. (1998): Childhood derivates of high and low reactivity in infancy. *Child Develoment, 69* (6), 1483–1493.

Kagan, J. & Snidman, N. (1999): Early childhood predictors of adult anxiety disorders. *Biological Psychiatry, 46* (11), 1536–1541.

Lewis-Morrarty, E., Degnan, K. A., Chronis-Tuscano, A., Rubin, K. M., Cheah, C S. L., Pine, S. P. et al. (2012): Maternal over-control moderates the association between early childhood behavioral inhibition and adolescent social anxiety symptoms. *Journal of Abnormal Child Psychology, 40,* 1363-1373. DOI 10.1007/s10802-012-9663-2.

Mattejat, F. & Remschmidt, H. (2008): Kinder psychisch kranker Eltern. *Deutsches Ärzteblatt, 105* (23), 413–418.

Melfsen, S., Osterlow, J. & Florin, I. (2000): Vorläufer- und Begleitsymptome der sozialen Angst und sozialen Phobie aus der retrospektiven Sicht von Müttern. *Zeitschrift für Klinische Psychologie und Psychotherapie, 29* (1), 43–51.

Muris, P. & Ollendick, T. H. (2015): Children Who are Anxious in Silence: A Review on Selective Mutism, the New Anxiety Disorder in DSM-5. *Clinical child and family psychology review, 18* (2), 151–169.

Petermann, F., Koglin, U., von Marées, N. & Petermann, U. (2019): *Verhaltenstraining in der Grundschule* (3., überarbeitete Auflage). Göttingen: Hogrefe.

Petermann, F., Petermann, U. & Nitkowski, D. (2016): *Emotionstraining in der Schule.* Göttingen: Hogrefe.

Petermann, U. & Petermann, F. (2015): *Training mit sozial unsicheren Kindern. Behandlung von sozialer Angst, Trennungsangst und generalisierter Angst* (11., überarbeitete und erweiterte Auflage). Weinheim: Beltz.

Petermann, U. & Petermann, F. (2016): *Kinderängste bewältigen. 60 Bildkarten zur Arbeit mit sozial unsicheren Kindern.* Weinheim: Beltz.

Petermann, U. & Suhr-Dachs, L. (2013): Soziale Phobie. In: F. Petermann (Hrsg.), *Lehrbuch der Klinischen Kinderpsychologie* (7., überarbeitete und erweiterte Auflage) (S. 369–386). Göttingen: Hogrefe.

Poole, K. L., Cunningham, C. E., McHolm, A. E. & Schmidt, L. A. (2020): Distinguishing selective mutism and social anxiety in children: a multi-method study. *European child & adolescent psychiatry,* 1–11.

Poole, K. L. & Schmidt, L. A. (2020): Early- and later-developing shyness in children: An investigation of biological and behavioral correlates. *Developmental Psychobiology, 62* (5), 644–656.

Schwenck, C., Gensthaler, A. & Vogel, F. (2019): Anxiety levels in children with selective mutism and social anxiety disorder. *Current Psychology*, 1–8.

Seligman, M. E. P. (2016): *Erlernte Hilflosigkeit* (5., neu ausgestattete Auflage). Weinheim: Beltz.

Smoller, J. W., Yamaki, L. H., Fagerness, J. A., Biederman, J., Racette, S., Laird, N. M. et al. (2005): The corticotrophin-releasing hormone gene and behavioural inhibition in children at risk for panic disorder. *Biological Psychiatry, 57* (12), 1485–1492.

Sroofe, L. A. (1997): Psychopathology as an outcome of development. *Development and Psychopathology, 9* (2), 251–268.

Starke, A. & Subellok, K. (2017): Identifizierung selektiv mutistischer Kinder im schulischen Primarbereich: Entwicklung und Evaluation von DortMuS-Schule. *Sprache Stimme Gehör, 41* (2), 84–90.

Stöckli, G. (2004): Schüchternheit in der Schule. Korrelate beobachteter Schüchternheit und selbst berichteter sozialer Ängstlichkeit bei Kindern im Grundschulalter. *Psychologie in Erziehung und Unterricht, 51* (1), 69–83.

Stöckli, G. (2009): The Role of Individual and Social Factors in Classroom Loneliness. *The Journal of Educational Research, 103* (1), 28–39.

Suhr-Dachs, L. & Petermann, U. (2013): Trennungsangst. In: F. Petermann (Hrsg.), *Lehrbuch der Klinischen Kinderpsychologie* (7., überarbeitete und erweiterte Auflage) (S. 353–368). Göttingen: Hogrefe.

Walter, D. & Döpfner, M. (2020): Schulvermeidung. Leitfaden Kinder- und Jugendpsychotherapie. Band 29. Göttingen: Hogrefe.

Wittchen, H. U., Stein, M. B. & Kessler, R. C. (1999): Social fears and social phobia in a community sample of adolescents and young adults: prevalence, risk factors and comorbidity. *Psychological Medicine, 29* (2), 309–323.

Zhang, L., Eggum-Wilkens, N. D., Eisenberg, N. & Spinrad, T. L. (2017): Children's Shyness, Peer Acceptance, and Academic Achievement in the Early School Years. *Merrill-Palmer Quarterly, 63* (4), 458–484.

Schüchterne/sozial ängstliche Kinder in der Schule: Zusammenhänge mit schulischen Aspekten, Migration und Geschlecht

Barbara Gasteiger-Klicpera, Franziska Reitegger & Matthias Krammer

Schüchternheit und soziale Ängstlichkeit zählen zu den wichtigen Risikofaktoren in der Entwicklung von Kindern, insbesondere für internalisierte Störungen wie Depression und Angst. Wie nun die Entwicklungspfade von sozialer Gehemmtheit über negative Peerbeziehungen bis ins Jugend- und Erwachsenenalter zu verstehen sind, dazu gibt es eine Reihe an Befunden, aber die Interaktion zwischen den einzelnen Faktoren ist noch nicht abschließend geklärt. Rubin, Coplan und Bowker (2009) haben in ihrem einflussreichen Modell zur Entwicklung von internalisierenden Problemen in der Kindheit die einzelnen Aspekte und deren Interaktion nachgezeichnet. Für die Entwicklung internalisierender Probleme werden individuelle Faktoren wie ein schüchternes Temperament und Verhaltenshemmung in Verbindung gesetzt mit familiären Faktoren wie besorgte oder übertrieben fürsorgliche Eltern. Hinzu kommen Peer-Beziehungen, die durch Ablehnung und Viktimisierung gekennzeichnet sind in einem schulischen Umfeld, das die Kinder nicht ausreichend schützt und die Entwicklung eines positiven Selbstkonzeptes nicht fördert und begleitet (Rubin et al., 2009).

Dieser Beitrag versucht, wesentliche empirische Befunde zu den wichtigsten Risikofaktoren zusammenzutragen und mit Befunden aus einem eigenen Forschungsprojekt zu ergänzen. Thematisch konzentrieren wir uns auf wesentliche schulische Faktoren, wie das soziale Klassenklima, prosoziales Verhalten und Aggressionen in der Klasse, die in Interaktion mit individuellen Variablen wie Geschlecht und Migrationshintergrund die Entwicklung von Schüchternheit und sozialer Angst fördern können.

1 Schüchternheit und soziale Ängste in der Entwicklung von Kindern und Jugendlichen

Schüchternheit kann über die gesamte Kindheit hinweg bis zum Alter von zwölf Jahren als stabile Temperamentseigenschaft angesehen werden (Grose & Coplan, 2015; Walitza & Melfsen, 2016). Schüchternheit in der Kindheit tritt in zwei unterschiedlichen Formen auf, zum einen als Schüchternheit gegenüber Fremden und zum anderen als Schüchternheit in vertrauten Gruppen. Diese beiden Dimensionen sind im Kindesalter relativ unabhängig voneinander und können unterschiedlich ausgeprägt sein. Kinder können sowohl Fremden gegenüber als auch in vertrauten Gruppen sehr schüchtern sein, sie können sich aber auch nur in einer der beiden Situationen schüchtern verhalten. Dies ändert sich im Verlauf des Jugendalters, da dann die Dimension Schüchternheit gegenüber Fremden hoch mit Schüchternheit in sozialen Bewertungssituationen korreliert und somit beide Aspekte zusammenfallen (Asendorpf & Neyer, 2012).

Im Gegensatz zu Schüchternheit sind in Bezug auf soziale Ängstlichkeit von Kindern deutliche Alterstrends im Entwicklungsverlauf beobachtbar. Die Altersgruppe der Kinder zwischen elf und dreizehn Jahren scheint am häufigsten von Ängsten betroffen zu sein (Ravens-Sieberer, Wille et al., 2007). Auch die Art der Ängste verändert sich im Verlauf der Entwicklung. Kinder weisen signifikant höhere Werte in Bezug auf Trennungsangst und Schadensvermeidung (Hemmung) als Jugendliche auf (14,9 % vs. 3,9 %), Jugendliche hingegen weisen signifikant höhere Werte in Bezug auf Soziale Angst auf (Rao, Beidel et al., 2007).

Schüchternheit, ein gehemmtes Temperament und Zurückgezogenheit in neuen Situationen können zu einem erhöhten Auftreten von internalisierenden Störungen bei Kindern und Jugendlichen führen und stellen einen Risikofaktor für die Entwicklung von Angststörungen dar (u. a. Belhadj Kouider & Petermann, 2015; Domschke, 2014; Grose & Coplan, 2015; Hill, Waite et al., 2016; Karevold, Ystrom, et al. 2012; Walitza & Melfsen, 2016). Die Entwicklungskaskade von gehemmtem Temperament zu Schüchternheit und sozialem Rückzug kann vor allem in Kombination mit fehlangepassten Interaktionen in der sozialen Welt der Kinder zu einem Entwicklungspfad führen, der von Angststörungen, vor allem von sozialer Angst geprägt ist (Chronis-Tuscano, Danko et al., 2018). Da auch die Lebenszufriedenheit bei Schüler/-innen mit zunehmendem Alter sinkt (Bilz, Sudeck et al., 2016), steigt die Gefahr für eine Entwicklung von klinisch bedeutsamen depressiven oder Angststörungen (Belhadj Kouider & Petermann, 2015; Ravens-Sieberer, Klasen et al., 2016).

Betrachtet man die Entwicklung von Angststörungen, so zeigen sich einige Gemeinsamkeiten, aber auch Unterschiede zwischen dem Erleben von Ängsten bei Kindern und Jugendlichen. Jugendliche erzielten signifikant höhere Angstwerte als Kinder (Rao, Beidel et al., 2007), aber die Auswirkungen bzw. Beeinträchtigungen durch die Angststörung waren für Kinder und Jugendliche ähnlich. Ängste und Phobien waren stärker ausgeprägt bei Kindern als bei Jugendlichen, und Kinder mit einer sozialen Angststörung wiesen ein breiteres Muster an allgemeiner Psychopathologie auf als Jugendliche. Die Sorgen drehten sich bei den Kindern vorrangig darum, ob sie Dinge richtig tun würden oder ob sie von ihren Eltern getrennt werden könnten. Im Gegensatz dazu berichteten mehr Jugendliche ein breiteres Spektrum an Situationen, in denen sie signifikanten Angstzuständen ausgesetzt waren. Jugendliche sahen sich stärker als Kinder mit hohen gesellschaftlichen Erwartungen konfrontiert, die sich auf die Interaktionen mit Gleichaltrigen, Freundschaften, soziale Kontakte und heterosexuelle Interaktionen bezogen. Die Konsequenz der Jugendlichen war, dass sie soziale Situationen vermieden, weniger Freundschaften hatten und sich stärker sozial isoliert fühlten. Soziale Angstsymptome und Vermeidungsverhalten waren daher vermehrt und in breiterer Form bei Jugendlichen zu beobachten. Rao et al. (2007) fassten die Ergebnisse ihrer Studie so zusammen, dass die Symptome bei Kindern und Jugendlichen mit einer sozialen Angststörung gemeinsame Kernmerkmale aufwiesen, dass sich die beiden Gruppen jedoch im Ausmaß der Dysfunktion, im Grad der funktionellen Beeinträchtigung und im Grad ihrer sozialen Fähigkeiten unterschieden (Rao, Beidel et al., 2007).

In verschiedenen Längsschnittstudien wurde versucht, die Entwicklung sowie die altersbedingten Veränderungen und sozial-emotionalen Folgen der Schüchternheit vom Säuglingsalter bis zur frühen Adoleszenz nachzuzeichnen. In einer Längsschnittstudie wurden von der Arbeitsgruppe um Karevold (Karevold, Ystrom, Coplan, Sanson & Mathiesen, 2012) 921 Kinder von eineinhalb bis zwölfeinhalb Jahren begleitet. Zum einen konnte eine mäßige Stabilität von Schüchternheit nachgewiesen werden. Zudem konnte eine zunehmende Schüchternheit mit einer größeren Varianz und einem steileren Anstieg in der frühen Kindheit verglichen mit der mittleren bis späten Kindheit beobachtet werden. Bei den Kindern sagten sowohl eine stabile Schüchternheit als auch eine Zunahme an Schüchternheit in der mittleren bis späten Kindheit geringere soziale Kompetenzen und ein verstärktes Auftreten von Angst- und Depressionssymptomen in der frühen Adoleszenz voraus (Karevold, Ystrom et al., 2012).

In einer groß angelegten Studie zur Entwicklung der Schüchternheit von der Kindheit bis zum vierten Lebensjahrzehnt konnten drei unterschiedliche Verläufe identifiziert werden: Ein wenig stabiler Verlauf (59,4 %), ein Verlauf zunehmender Schüchternheit von der Adoleszenz bis zum Erwachsenenalter (23,1 %) und ein abnehmender Verlauf von der Kindheit bis zum Erwachsenenalter (17,5 %). Eine zunehmende Schüchternheit war mit einem höheren Risiko für klinische soziale Angst-, Stimmungs- und Substanzgebrauchsstörungen verbunden. Die Entwicklung emotionaler Probleme im Erwachsenenalter im Zuge der zunehmenden Schüchternheit konnte zum Teil durch negative Einflüsse von Gleichaltrigen und sozialen Einflüssen während der Adoleszenz erklärt werden (Tang, Van Lieshout et al., 2017).

Um die Entwicklung von sozialer Angst im Jugendalter nachvollziehen zu können, wurden von Miers und seinem Team (2020) unterschiedliche kognitive Komponenten identifiziert. Soziale Angst besteht demnach aus vier wesentlichen, miteinander verbundenen Komponenten: negative Gedanken, Nervosität in sozialen Situationen, Schüchternheit und Vermeidung von sozialen Interaktionen sowie Vermeidung von Leistungssituationen. Um die Entwicklung dieser einzelnen kognitiven Komponenten bei sozialer Angst im Jugendalter nachzuzeichnen und damit zu einem besseren Verständnis von sozialer Angst beizutragen, führten Miers, Weeda und ihr Team (2020) eine Längsschnittstudie mit drei Messzeitpunkten durch, in der einerseits untersucht wurde, wie diese sozialen Angstkomponenten miteinander verbunden waren und wie sich deren Verknüpfung im Laufe der Zeit veränderte. Negative Gedanken waren aufgrund des Gefühls von Nervosität und Schüchternheit mit Vermeidungsverhalten verbunden. Eine Zunahme oder Abnahme von negativen Gedanken über soziale Situationen war verbunden mit Erhöhung oder Rückgang von Schüchternheit und Nervosität. Interessant hierbei war, dass keine direkte Verbindung zwischen den kognitiven und Vermeidungskomponenten nachgewiesen wurde, sondern dass diese durch die sozial-emotionalen Aspekte (Nervosität und Schüchternheit) als Brückenkomponenten verbunden waren. Dies lässt den Schluss zu, dass eine Zu-/bzw. Abnahme negativer Gedanken über soziale Situationen mit einer Zu-/Abnahme von Schüchternheit und Nervosität in der Jugendzeit verknüpft wäre.

Ein wichtiger Einflussfaktor auf die Entwicklung von Schüchternheit und Ängstlichkeit von der frühen Kindheit in das Grundschulalter sind familiäre Variablen. Früher negativer Affekt in der Familie und familiärer Stress fördern bei Kindern mit Verhaltenshemmung die Entwicklung von Ängstlichkeit in der mittleren Kindheit (Volbrecht & Goldsmith, 2010). Bei Risikogruppen von Jungen mit von Beginn an höheren Werten an Schüchternheit und Ängstlichkeit führte mütterliche Depression und negative mütterliche Kontrolle dazu, dass diese Jungen in der mittleren Kindheit stärkere Angstsymptome entwickelten. Die erhöhte negative Kontrolle seitens der Mütter führte dazu, dass die Kinder das Zutrauen in die eigene Fähigkeit, mit schwierigen Situationen umzugehen und diese aus eigener Kraft zu meistern, verloren (Feng, Shaw et al. 2008).

2 Zusammenhang mit dem Geschlecht der Kinder und Jugendlichen

Bei Kindern und Jugendlichen wird das weibliche Geschlecht als Risikofaktor für internalisierende Probleme beschrieben. Dies gilt insbesondere für Angststörungen (u. a. Essau, Conradt et al., 2012; Headley & Campbell, 2011; Hölling, Schlack et al., 2014; Plück, Döpfner et al., 2000; Schweer, 2017; Ravens-Sieberer, Klasen et al., 2016; Walitza & Melfsen, 2016). Schüchternheit ist bei Mädchen stärker mit sozialen Angstsymptomen assoziiert als bei Jungen (Tsui, Lahat et al., 2017). Und Mädchen weisen ein fast doppelt so hohes Risiko für Angststörungen auf als Jungen.

In der Grundschule leiden Mädchen öfter unter Angststörungen als Jungen (Paulus, 2004), und der Anteil der Mädchen vergrößert sich über die Zeit. Essau spricht von einem Anteil von 2 : 1 in der Kindheit und 3 : 1 im Jugendalter (Essau, Lewinsohn et al., 2018).

In einer amerikanischen Studie zur Prävalenz von Schüchternheit unter Sekundarstufenschüler/-innen konnte gezeigt werden, dass insgesamt 60 % der Schüler/-innen schüchtern waren, und zwar 76 % der Schülerinnen und 44 % der Schüler. Die weiblichen Schüler/-innen wiesen deutlich höhere Werte an Schüchternheit auf, und dieser Wert erhöhte sich in der Senior secondary school. Schüler/-innen der senior secondary school wiesen höhere Werte an Schüchternheit auf als jene der junior secondary school (Onukwufor & Iruloh, 2017). Obwohl diese Zahlen hoch erscheinen, merkten die Autoren an, dass sie mit jenen früherer Studien übereinstimmen würden.

Belhadj Kouider und Petermann (2015) sichteten im Rahmen einer systematischen Literaturrecherche Studien, die sich mit der Identifizierung von Risikofaktoren für internalisierende Störungen bei Kindern und Jugendlichen befassten. Insgesamt wurden 35 Studien aus dem Zeitraum von 2012–2014 in die Analyse miteinbezogen, die auf 44 Risikofaktoren hinwiesen. Das weibliche Geschlecht wurde durchgehend als Faktor identifiziert, welcher in der Entwicklungspathologie von Depressionen und Angststörungen im Kindes- und Jugendalter relevant ist. Diese Ergebnisse wurden durch die Daten der deutschen HBSC-Studie (»Health Behavior of School-aged Children«) bestätigt. Auch in dieser Studie wurde nachgewiesen, dass Mädchen häufiger von emotionalen Problemen betroffen sind als Jungen (Bilz, Sudeck et al., 2016).

Essau und Kolleg/-innen (2018) betrachteten Geschlechtsunterschiede im Entwicklungsverlauf und konnten zeigen, dass die höhere Inzidenz bei Mädchen vor allem in der Kindheit, im beginnenden Erwachsenenalter und im Erwachsenenalter beobachtet werden konnte, jedoch nicht beim Auftreten in der Adoleszenz. Das weibliche Geschlecht allein konnte das Auftreten von Angststörungen während der Adoleszenz und im Übergang zum Erwachsenenalter nicht vorhersagen.

Obwohl die Inzidenz für Schüchternheit bei Mädchen höher ist, sollte bedacht werden, dass Eltern und Gleichaltrige bei schüchternen Jungen häufig negativer reagieren als bei Mädchen (Coplan, Hughes, et al., 2011).

3 Zusammenhang von Schüchternheit und sozialer Ängstlichkeit mit kulturellen Aspekten und Migrationshintergrund

Geschlechtsunterschiede im Erleben von Schüchternheit und Angst müssen immer im Kontext der jeweiligen Kultur betrachtet werden, da sich die Annahmen über Geschlechterrollen auf die Entwicklung und die Erfahrungen von Angst bei Kindern und Jugendlichen auswirken können und sich diese aufgrund soziokultureller Faktoren bei Mädchen und Jungen unterscheiden (Headley & Campbell, 2011). In einer umfangreichen Untersuchung über Geschlechtsstereotype im Kulturvergleich von insgesamt 1563 Student/-innen aus 14 Ländern zeigte sich, dass für viele Persönlichkeitsmerkmale eine hohe Übereinstimmung zwischen den Kulturen festgestellt werden konnte. »Männer werden generell für stärker, dominanter, unternehmungslustiger und unabhängiger gehalten; Frauen für gefühlsbetonter, submissiver und abergläubischer« (Williams & Best, 1982, zit. n. Asendorpf & Neyer, 2012, S. 353). Asendorpf und Neyer (2012) betonen jedoch, dass viele Geschlechtsstereotype zwar universell sein mögen, inwiefern diese jedoch als verbindlich für das eigene Handeln erachtet werden, kann sich stark von Kultur zu Kultur unterscheiden.

Kulturspezifische Aspekte sind auch in Bezug auf die Wahrnehmung von Schüchternheit zu beobachten. In westlichen Kulturen zählt Schüchternheit zu den eher unerwünschten Dispositionen. Schüchterne Kinder verfügen in diesen Kulturen über geringere soziale Kontakte, eine geringere Durchsetzungskraft gegenüber Peers und ein negativeres Selbstbild. Im Gegensatz dazu verfügen schüchterne Kinder in östlichen Kulturen über viele soziale Kontakte und weisen ein positiveres Selbstbild auf (Walitza & Melfsen, 2016).

Als möglichen Grund kann das unterschiedliche Ausmaß an Wertschätzung, das den Kindern von den Erziehenden entgegengebracht wird, gesehen werden (Onukwufor & Iruloh, 2017; Walitza & Melfsen, 2016). Zusätzlich kann die grundsätzliche kulturelle Orientierung in einem Land eine Rolle spielen. So kann ein hoher Prozentsatz von schüchternen Schüler/-innen in Taiwan und Japan (jeweils 55 %) im Gegensatz zu Israel (31 %) und Deutschland (40 %) darauf zurückgeführt werden, dass die kulturelle Orientierung in diesen Ländern eher auf Interdependenz und Kollektivismus ausgelegt ist als auf Unabhängigkeit und Durchsetzungsvermögen (Onukwufor & Iruloh, 2017).

Allerdings gibt es dazu auch gegensätzliche Befunde. In einer Studie über den Zusammenhang von Schüchternheit und Angststörungen mit insgesamt 200 Student/-innen, von denen 53,5 % kaukasisch, 17,5 % asiatisch, 17 % afrikanisch-amerikanisch, 10 % hispanisch und 2 % einer anderen Ethnie zugehörig waren, konnten keine Unterschiede zwischen schüchternen und nicht-schüchternen Personen in Bezug auf Rasse und Ethnizität festgestellt werden (Heiser, Turner et al., 2003).

Neben kulturellen Faktoren können eine andere ethnische Herkunft, Belastungen durch Akkulturationsstress in der Einwanderungsgesellschaft (Anpassung an die Mehrheitsgesellschaft) oder Fluchterfahrungen ohne Begleitung durch Bezugspersonen eine erhöhte Prävalenz von depressiven und Angststörungen bei Kindern und Jugendlichen verursachen (Belhadj Kouider & Petermann, 2015a; Belhadj Kouider, Lorenz et al., 2015; Möhrle, Dölitzsch et al., 2016). Untersuchungen zur Frage, wieweit akkulturativer Stress mit der Entwicklung von psychischen Gesundheitsproblemen bei Schüler/-innen zusammenhängt, konnten zeigen, dass eine stärkere Belastung durch akkulturativen Stress signifikant mehr zurückgezogene, depressiv-somatische und ängstliche, depressive Symptome voraussagen konnte. Zudem konnte der Grad der sozialen Unterstützung die Beziehung zwischen akkulturativem Stress und ängstlichen, depressiven Symptomen mildern (Sirin, Gupta et al., 2013). Diese Ergebnisse unterstützen die Annahme, dass unbegleitete minderjährige Flüchtlinge von internalisierenden Problemen betroffen sein könnten, da sie nicht auf protektive Faktoren, wie beispielsweise die soziale Unterstützung durch die Familie, zurückgreifen können (Möhrle, Dölitzsch et al., 2016). Diese Annahme konnte in einer Studie bestätigt werden, die zeigte, dass 40,3 % der Jugendlichen, die als unbegleitete minderjährige Flüchtlinge in das Aufnahmeland kamen, Werte im Grenzbereich bzw. sehr hohe Werte im Bereich emotionaler Probleme und 60,7 % Probleme mit Gleichaltrigen aufwiesen (Möhrle, Dölitzsch et al., 2016).

Die Gefahr für die Entwicklung von internalisierenden Störungen ist für Kinder und Jugendliche mit Migrationshintergrund besonders hoch (Belhadj Kouider & Petermann, 2015b). Insbesondere das individuell empfundene Zugehörigkeits- und Akzeptanzgefühl in der Mehrheitsgesellschaft konnte als Risikofaktor für die Entwicklung von emotionalen Problemen identifiziert werden (Belhadj Kouider & Petermann, 2015b).

Kinder und Jugendliche mit Migrationshintergrund sind neben der Akkulturation mit zusätzlichen Entwicklungsaufgaben konfrontiert, wie z. B. einer bikulturellen Identitätsentwicklung. Diese besonderen Herausforderungen können sich in weiterer Folge positiv auf andere Entwicklungsaufgaben wie den sozialen Kompetenzerwerb auswirken. Jugendliche mit Migrationshintergrund weisen zwar meist eine Offenheit gegenüber anderen ethnischen Gruppen auf, werden jedoch auch häufig zu Mobbingopfern. Eine bikulturelle Identität kann zwar die Anpassung an die Mehrheitsgesellschaft steigern, kann jedoch auch mit einem niedrigen Selbstwertgefühl der Betroffenen einhergehen, insbesondere wenn die Kinder und Jugendlichen mit negativen Peer-Erfahrungen konfrontiert sind (Belhadj Kouider & Petermann, 2015b). Neben der Entwicklung einer bikulturellen Identität gibt es auch Jugendliche, die sich stark vom Herkunftsland distanzieren und andere, die aufgrund von diskriminierenden Erfahrungen ein negatives Selbstkonzept entwickeln und sich aus der Einwanderungskultur zurückziehen (Belhadj Kouider & Petermann, 2015b). In einer Studie von Berry und Kolleg/-innen (2006), die sich mit der psychosozialen und soziokulturellen Anpassung von Jugendlichen mit Migrationshintergrund in 13 Nationen beschäftigten, zeigte sich, dass die eigene ethnische Zugehörigkeit für muslimische Jugendliche wesentlich wichtiger war als beispielsweise für christliche oder jüdische. Zusätzlich waren Jugendliche mit einer ausgeprägten ethnischen Orientierung weniger in die Einwanderungsgesellschaft integriert (zit. n. Belhadj Kouider & Petermann, 2015b).

Die Entwicklung der kulturellen Identität in Familien mit Migrationshintergrund scheint darüber hinaus für Mädchen und Jungen aus unterschiedlichen Gründen schwierig zu sein. Mädchen wiesen ein höheres Ausmaß an internalisierenden Problemen auf, wenn innerfamiliär verschiedene kulturelle Orientierungen vorherrschten, d. h., wenn die Eltern unterschiedliche Nationalitäten hatten. Im Gegensatz dazu hatten Jungen stärkere psychische Probleme, wenn sich die kulturelle Orientierung innerfamiliär und in der Umgebung unterschied, d. h. beide Eltern einen Migrationshintergrund hatten (Carlerby, Viitasara et al., 2011).

Grundsätzlich kann eine stärkere Übereinstimmung und Identifizierung mit dem jeweiligen Einwanderungsland als Schutzfaktor für Kinder und Jugendliche gesehen werden und eine geringe Identifizierung vermehrte psychische Probleme zur Folge haben (Belhadj Kouider & Petermann, 2015b). Auch das äußere Erscheinungsbild, wie eine farbige Haut und ein starker sprachlicher Dialekt, stellten sich als Vulnerabilitätsfaktoren für psychische Störungen bei Kindern und Jugendlichen heraus (Belhadj Kouider & Petermann, 2015b).

In einer Studie von Belhadj Kouider, Lorenz, Dupont und Petermann (2015) wurden klinische Versorgungsdaten von über 1500 Kindern analysiert. In dieser Gruppe wiesen tendenziell eher Kinder ohne Migrationshintergrund eine Angststörung auf, und bei keiner der untersuchten ethnischen Gruppen zeigte sich eine erhöhte Prävalenz. Zum anderen stellte sich die Wechselwirkung zwischen Geschlecht und Migrationsstatus als bedeutsam heraus. Der Anteil der Jungen mit Migrationshintergrund und einer Angststörung war höher als der Anteil der Mädchen, obwohl grundsätzlich Mädchen ein erhöhtes Risiko für Angststörungen aufwiesen (Belhadj Kouider, Lorenz et al., 2015). Huang und sein Team (2012) wiesen darauf hin, dass eine Kombination aus kulturellen, familiären und schulischen Faktoren 17–39 % der Varianz von Angstsymptomen bei Kindern erklären kann. Sie identifizierten insbesondere familiäre Faktoren, wie den Grad der kulturellen Anpassung (wie eine amerikanische Identität, sprachliche Kompetenz in der Landessprache, etc.), eine negative emotionale Sozialisation der Eltern, eine konfliktreiche Eltern-Kind-Beziehung sowie den ethnischen Hintergrund der Lehrpersonen als wichtige Einflussfaktoren, die mit der Ängstlichkeit von asiatisch-amerikanischen Kindern verbunden waren (Huang, Cheng et al., 2012).

4   Der Einfluss des sozialen Schul- und Klassenklimas sowie der Qualität der Beziehungen zwischen Lehrpersonen und Schüler/-innen

Die Schule ist neben der Familie die wichtigste Sozialisationsinstanz von Kindern, die ihnen ein sicheres Umfeld bieten sollte, in dem sie psychisch gestärkt werden und gesund aufwachsen können (Kalutskaya, Rudasill et al., 2015; Schulte-Körne, 2016). Da sich Kinder mit Angststörungen meist zurückhaltend und kooperativ verhalten, werden Angststörungen in der Schule oft übersehen (Essau, Conradt et al., 2012; Headley & Campbell, 2011). Schüchterne oder sozial ängstliche Kinder stören den Unterricht nicht und fallen nicht auf. Daher werden sie meist als angenehme Schüler/-innen wahrgenommen. Allerdings äußern sie sich im Klassenverband kaum, tragen wenig zum Unterricht bei oder zeigen wenig Eigeninitiative bzw. Mitarbeit (Hanie & Stanard, 2009; Melfsen & Walitza, 2013). Laut Stöckli (2007) wird der Anteil an schüchternen Kindern in der Grundschule aufgrund von Lehrer/-innenangaben auf 18 % geschätzt (Stöckli, 2007, zit. n. Schweer, 2017).

Emotionale Aspekte spielen auch eine wichtige Rolle im individuellen Lernprozess und beeinflussen das Lern- und Leistungsniveau der Kinder und Jugendlichen (Randler, 2009). Erhöhte Ängstlichkeit hat bei Kindern einen negativen Einfluss auf die schulische Leistung und Produktivität. Zudem besteht bei Schüler/-innen mit problematischen Ängsten die Gefahr eines Schulabbruchs (Hanie & Standard, 2009).

Die Schule stellt einen zentralen Entwicklungsraum im Kindes- und Jugendalter dar und ist für die psychische Gesundheit von Schüler/-innen von besonderer Bedeutung. Schulische Schutz- oder Risikofaktoren können einen Beitrag zur Entstehung und Aufrechterhaltung von psychischen Störungen leisten oder aber

Unterstützungsmöglichkeiten bieten (Bilz, Sudeck et al., 2016). Unterschiedliche Aspekte der Schulumwelt sind für das psychische Wohlbefinden von Kindern und Jugendlichen von Bedeutung. Dazu gehören vor allem das soziale Schul- und Klassenklima, aber auch die Qualität der Lehrer-Schüler-Beziehung und die Qualität der Beziehung der Schüler untereinander.

Schule kann für schüchterne Kinder ein besonders belastendes Umfeld sein, da sie einerseits mit einer großen Anzahl an Gleichaltrigen und gleichzeitig mit akademischen Anforderungen konfrontiert werden. Dies kann ein vorhandenes Gefühl der sozialen Angst und Unsicherheit bei den Kindern verstärken und zu einem Rückzug aus verbalen Auseinandersetzungen mit Peers und Lehrer/-innen führen. Es kann für schüchterne Schüler/-innen schwierig sein, ihre Mitschüler/-innen im Klassenzimmer oder außerhalb anzusprechen und sich in den Pausen unter andere Schüler/-innen zu mischen (Coplan, Hughes et al., 2011; Kalutskaya, Rudasill et al., 2015; Okukwufor & Iruloh, 2017). Betroffene Kinder neigen außerdem dazu, häufiger abhängige und weniger enge Beziehungen zu Lehrer/-innen aufzubauen als nicht schüchterne Altersgenossen (Coplan, Hughes et al., 2011).

Die besuchte Schulform spielt eine wesentliche Rolle für die Gesundheit und das psychische Wohlbefinden von Schüler/-innen. Hauptschüler/-innen weisen häufiger Angststörungen auf als Gymnasiast/-innen (Paulus, 2004). Im Rahmen des WHO-Jugendgesundheitssurveys (HBSC – Health Behavior in School-aged Children) schätzten Kinder und Jugendliche, die ein Gymnasium besuchten, ihren eigenen Gesundheitszustand am häufigsten als gut bzw. ausgezeichnet ein. Schüler/-innen an Hauptschulen bewerteten ihren Gesundheitszustand deutlich kritischer und wiesen ein deutlich höheres Risiko für ein beeinträchtigtes psychisches Wohlbefinden auf. Über alle untersuchten Altersgruppen hinweg zeigte sich ein deutlicher Schulform-Effekt. Je geringer der Abschluss war, den die Schüler/-innen anstrebten, desto häufiger berichteten die Schüler/-innen von einem niedrigen psychischen Wohlbefinden (Bilz, Sudeck et al., 2016).

Unterschiede zwischen Schultypen (Gymnasiast/-innen vs. Haupt- vs. Förderschüler/-innen), zeigten deutliche Wechselwirkungen mit dem Alter, was impliziert, dass Unterschiede zwischen den Schulformen bezüglich des Risikos einer Beeinträchtigung des psychischen Wohlbefindens auch altersabhängig sind (Bilz, Sudeck et al., 2016). Bei genauerer Analyse der sächsischen HBSC-Daten zeigte sich, dass internalisierende Auffälligkeiten auf ein ungünstiges Klima an Mittelschulen im Vergleich zu Gymnasien zurückgeführt werden konnten (Bilz, Sudeck et al., 2016). Zudem waren förderliche Klassenumwelten eher an Gymnasien aufzufinden (Bilz, 2008). Dies kann natürlich mit dem sozioökonomischen Hintergrund der Eltern und dem Bildungsniveau der Familien zusammenhängen.

Unterschiede in der psychischen Gesundheit von Schüler/-innen sind auch darauf zurückzuführen, dass Schüler/-innen sich ihrer Schule zugehörig fühlen, und dies trifft bei Schüler/-innen aus Vorort-Schulen eher zu als bei Schüler/-innen aus innerstädtischen Schulen. Zudem berichteten die Schüler/-innen seltener depressive Symptome, je höher das individuell eingeschätzte Zugehörigkeitsgefühl war (Andermann, 2002, zit. n. Bilz, 2008, S. 80).

Das Schul- und Klassenklima gilt als eine der wichtigsten Rahmenbedingungen für das schulische Lernen. Während ein positives Schulklima den Schüler/-innen emotionale und physische Sicherheit gibt, die nicht nur aufgrund des Lernorts, sondern aufgrund der Schule als Lebensraum notwendig ist (Paulus, 2004), können Belastungsfaktoren aus Sicht der Schüler/-innen das Schul- und Klassenklima wie auch das Lehrer/-innen-Schüler/-innenverhältnis sein, die einen Einfluss auf das Wohlbefinden und auf das Risiko der Entwicklung für psychische Erkrankungen von Schüler/-innen haben können (Halldorsson & Cresswell, 2017; Paulus, 2004; Schulte-Körne, 2016). Daher ist es für Lehrer/-innen wichtig zu verstehen, wie sich Schüchternheit und Ängstlichkeit im Klassenzimmer manifestieren kann, um eine Klassenumgebung schaffen zu können, die negative Auswirkungen auf die Schüler/-innen vermindern kann (Kalutskaya, Rudasill et al., 2015).

Das emotionale Klassenklima nimmt in vielfältiger Art und Weise Einfluss auf die Entwicklung von internalisierenden Symptomen bei Schüler/-innen: ist es gering ausgeprägt, stellt es vor allem einen Risikofaktor für Mädchen hinsichtlich fehlender Akzeptanz, Schikanierung durch Mitschüler/-innen und depressiver Erkrankungen dar. Ängstlich-zurückgezogene Mädchen, die ein höheres Risiko für Mobbing aufweisen, erleben in einer Klasse mit gering ausgeprägtem sozialem Klima häufiger derartige Erfahrungen, was zur Folge hat, dass sie auch eher depressive Symptome entwickeln, während ein positives Klima eine ausgleichende Wirkung haben kann (Bilz, 2008).

Mehrere Studien machen deutlich, dass negative Zusammenhänge zwischen Schüchternheit und sozialem Status in der Klasse bestehen (Schweer, 2017). Wenn jugendliche Schüler/-innen von Gleichaltrigen weniger sozial akzeptiert wurden und von vielen ablehnenden Erfahrungen berichteten, zeigten sich auch stärker internalisierende Symptome (Belhadj Kouider & Petermann, 2015a).

Ein positives Klassenklima ist für alle Schüler/-innen wichtig, am wichtigsten jedoch für Schüler/-innen mit einer sozialen Angststörung (Hughes & Coplan, 2018). Ein unterstützendes und gut strukturiertes Klassenklima ermöglicht betroffenen Schüler/-innen eine angenehmere Lernerfahrung und hilft ihnen, ihre Angstgefühle zu überwinden und am Unterricht teilzunehmen. Kinder mit einer sozialen Angststörung sind am anfälligsten für negative Auswirkungen aufgrund des Klassenklimas, während weniger ängstliche Kinder widerstandsfähiger gegenüber einem negativen Klassenklima sind (Hughes & Coplan, 2018). Dies wird verständlich, wenn man kognitive Aspekte des Lernens betrachtet. So zeigt sich ein negativer Zusammenhang zwischen dem sozialen Klassenklima, der sozialen Ängstlichkeit und der (akademischen) Selbsteffizienz von Sekundarstufenschüler/-innen. Ein negatives Klassenklima führt dazu, dass sich die soziale Ängstlichkeit der Kinder erhöht und damit auch ihre (akademische) Selbsteffizienz verringert (Fallah & Nadi Ghara, 2015). Die Kinder verlieren das Zutrauen in ihre eigenen Fähigkeiten und ziehen sich stärker aus der Klasse zurück.

Zudem besteht ein Zusammenhang zwischen dem Klassenklima und der Ausgrenzungsrate von ängstlichen Kindern. Ängstliche Kinder erlebten in Klassen mit einem negativen emotionalen Klima stärkere Ausgrenzung unter Gleichaltrigen, die sich im Längsschnitt bei gleichbleibend schlechtem emotionalen Klassenklima sogar erhöhte (Spangler-Avant, Gazelle et al., 2011). Kinder mit Angst erleben Mobbing, Hänseleien und Beleidigungen intensiver als nicht schüchterne bzw. nicht ängstliche Kinder und neigen dazu, diese Ereignisse als bedrohlicher wahrzunehmen und in weiterer Folge sehr unter der Ablehnung zu leiden (Essau, Conradt et al., 2012). Schüchterne Kinder haben von vornherein eine eher negative Selbsteinschätzung und neigen dazu, sich selbst als körperlich weniger attraktiv und sozial weniger geschickt bzw. als unter den Erwartungen liegend wahrzunehmen (Kalutskaya, Rudasill et al., 2015; Onukwufor & Iruloh, 2017). Negative Erfahrungen mit Gleichaltrigen können dies verstärken (Kalutskaya, Rudasill et al., 2015). Das Zusammentreffen von eigener kritischer Sicht und erlebter sozialer Ablehnung in der Schule unterstützt die Entwicklung von internalisierenden Störungen (Asendorpf & Neyer, 2012).

Ein positives emotionales Klassenklima hingegen reduziert das Risiko für ängstliche Schüler/-innen, von Gleichaltrigen ausgeschlossen zu werden. Über einen Zeitraum von drei Jahren wurden 688 Schüler/-innen jährlich gebeten, eine Peer-Nominierung unter gleichzeitiger Erhebung des Klassenklimas vorzunehmen. Ängstliche Kinder wurden in Klassen mit schlechterem Klassenklima, das durch geringe wechselseitige Unterstützung gekennzeichnet war, stärker ausgeschlossen als in Klassen mit hoher Unterstützung bzw. positiverem Klassenklima (Spangler-Avant, Gazelle et al., 2011).

Neben sozialer Ausgrenzung werden sozial ängstliche Kinder auch zur Zielscheibe von Aggressionen. Lauer und Renk (2013) widmeten sich in einer Studie der Viktimisierung und Ablehnung von Kindern und Jugendlichen mit Verhaltensstörungen durch Gleichaltrige. Sie versuchten Faktoren zu identifizieren, die damit zusammenhängen könnten, wie Jugendliche Gleichaltrige, die Verhaltensprobleme aufweisen, wahrnehmen. Hierfür wurden 281 Schüler/-innen mit einem durchschnittlichen Alter von 15,57 Jahren Vignetten von fiktiven Gleichaltrigen vorgelegt, die die Jugendlichen bewerten sollten. Es zeigte sich, dass Vignettenfiguren, die keine Verhaltensprobleme aufwiesen, am ehesten gemocht wurden, während jene, die externalisierende Problematiken aufwiesen, eher unbeliebt waren und ignoriert wurden. Vignettenfiguren, die internalisierende Verhaltensprobleme zeigten, wurden zwar nicht völlig abgelehnt, jedoch gaben die Jugendlichen an, dass sie keine Freundschaft mit diesen Personen anstreben würden. Dies zeigt, dass Kinder und Jugendliche mit internalisierenden Problemen zwar nicht aktiv von Gleichaltrigen abgelehnt werden, jedoch trotzdem eher ausgeschlossen werden, was den Faktor der Einsamkeit erhöhen könnte.

Beziehung zu den Lehrpersonen: Eine enge, offene Lehrer/-innen-Schüler/-innenbeziehung gilt als Prädiktor für positive Schulergebnisse bei Kindern und kann dazu beitragen, ein schüchternes, ängstliches Kind vor negativen Folgen in der Schule zu schützen (Kalutskaya, Rudasill et al., 2015). Allerdings sind die Voraussetzungen für eine gute Lehrer-Schüler-Beziehung für schüchterne und ängstliche Kinder nicht immer gegeben. Die Einstellungen von Elementarlehrer/-innen gegenüber schüchternen, ruhigen Kindern unterscheiden sich von ihren Einstellungen gegenüber überschwänglichen, gesprächigen und durchschnittlichen Kindern. Lehrer/-innen glaubten, schüchterne Kinder seien weniger intelligent und würden akademisch schlechter abschneiden als übermütige/gesprächige Kinder (Coplan, Hughes et al., 2011).

Zudem ist es für Lehrpersonen nicht immer offensichtlich zu erkennen, welche Kinder unter Angststörungen leiden. In einer Untersuchung wurde erhoben, inwiefern Grundschullehrer/-innen Kinder mit Angstsymptomen anhand von hypothetischen Vignetten, in denen Jungen und Mädchen mit unterschiedlich schweren Angstsymptomen beschrieben wurden, erkennen. Die Ergebnisse zeigten, dass Lehrer/-innen im Allgemeinen in der Lage waren, Kinder mit schweren Angstzuständen zu erkennen, jedoch Schwierigkeiten dabeihatten, zwischen moderaten Angstsymptomen und einer schweren Angststörung zu unterscheiden. Weibliche Lehrer/-innen weisen mit einer größeren Wahrscheinlichkeit die Fähigkeit auf, schwere Angststörungen zu identifizieren (Headley und Campbell, 2011).

Die Kinder mit Angststörungen zu identifizieren ist notwendig, um ihnen angemessene Unterstützung zukommen zu lassen, die gerade für diese Kinder von entscheidender Bedeutung ist. Die wahrgenommene Unterstützung durch Lehrer/-innen und Mitschüler/-innen wirkt für ängstliche Schüler/-innen als wichtiger Schutzfaktor und scheint einen wichtigen Einfluss auf das psychische Wohlbefinden von Schüler/-innen zu haben. Empirische Untersuchungen konnten zeigen, dass diese wahrgenommene Unterstützung mit einem niedrigeren Ausmaß an psychosomatischen Beschwerden und einer grundsätzlich höheren Lebenszufriedenheit der Kinder verbunden war (Bilz, Sudeck et al., 2016).

5 Empirische Untersuchung

5.1 Methodisches Vorgehen

Um die Frage zu analysieren, inwiefern schul-, klassen- und schüler/-innenspezifische Faktoren Einfluss auf die emotionale Befindlichkeit von Schüler/-innen in Österreich haben, wurden Daten aus dem Forschungsprojekt »*EELS – Geteilte Jugend im österreichischen Schulsystem. Heterogenität und Diversität in Schulklassen in Interaktion mit der sozial-emotionalen Entwicklung von Sekundarstufenschüler/-innen*«, einem Kooperationsprojekt der Universität Graz und der PH Steiermark, analysiert. In dem Forschungsprojekt wurde die sozial-emotionale Entwicklung von 1200 Schüler/-innen in Mittelschulen (NMS) und in der Unterstufe des Gymnasiums im Längsschnitt über zwei Jahre begleitet. Für die Untersuchung wurde eine stratifizierte, repräsentative Stichprobe gezogen. Zu drei Messzeitpunkten wurde unter anderem die sozial-emotionale Entwicklung (SDQ – Fragebogen, Goodman, 1999) sowie das soziale Klassenklima (LiK, Gasteiger-Klicpera, 2001) erhoben und den Schüler/-innen zudem Fragebögen zu Aggression, Viktimisierung und zu prosozialem Verhalten vorgegeben.

Die Erhebung fand als Online-Erhebung in den Klassen durch geschulte Testleiter/-innen statt. Die folgenden Ergebnisse beziehen sich auf die Daten des zweiten Messzeitpunktes, an dem nachstehende Instrumente verwendet wurden.

5.2 Untersuchungsinstrumente

Zur Erhebung der schüler/-innenspezifischen Faktoren wurden soziodemografische Daten erhoben. Diese beinhalteten Informationen zum Alter, Geschlecht und Migrationshintergrund der Schüler/-innen. Zudem wurden schulspezifische Daten zu Schultyp und Schulstandort erfasst. Die Einschätzung des sozialen Klassenklimas wurde mittels des Fragebogens »Das Leben in der Klasse, LiK« (Gasteiger-Klicpera, 2001) erhoben. Der Fragebogen »Das Leben in der Klasse« besteht aus 16 Items, die zu zwei Skalen zusammengefasst werden. Die Skala »Positives Klassenklima« umfasste sieben Items, z. B. »In unserer Klasse interessieren sich alle dafür, wie es den anderen geht«, und wies eine interne Konsistenz von Cronbachs Alpha gleich .81 auf. Die zweite Skala »Negatives Klassenklima« umfasste neun Items, z. B. »In unserer Klasse gibt es recht häufig Streit unter den Mitschülern« und wies eine interne Konsistenz von Cronbachs Alpha gleich .80 auf.

Zudem wurden aggressive sowie prosoziale Verhaltensweisen der Mitschüler/-innen aus Sicht der befragten Schüler/-innen erhoben. Die Skala »Prosoziales Mitschüler/-innenverhalten« umfasste fünf Items, z. B. »Wie oft sagt dir ein Mitschüler etwas Nettes? Wie oft hilft dir ein Mitschüler, wenn du Hilfe brauchst?« und wies eine interne Konsistenz von Cronbachs Alpha von .85 auf. Die Skala »Aggressives Mitschüler/-innenverhalten« umfasste zehn Items, z. B. »Wie oft wirst du von einem Mitschüler absichtlich gestoßen oder angerempelt?« oder »Wie oft wirst du von einem Mitschüler verspottet oder ausgelacht?« und wies eine interne Konsistenz von Cronbachs Alpha gleich .90 auf.

Zur Erfassung von emotionalen Problemen der Schüler/-innen wurde der »Strenghts and Difficulties Questionnaire« (SDQ) in der Version für Kinder und Jugendliche im Alter von elf bis sechzehn Jahren vorgelegt. Dieser setzt sich aus fünf Skalen mit jeweils fünf Items zusammen und dient der Erfassung von Emotionalen Problemen (z. B. »Ich mache mir häufig Sorgen«, »Ich bin oft unglücklich oder niedergeschlagen«, »Ich muss häufig weinen«), Hyperaktivitäts-/Aufmerksamkeitsproblemen (z. B. »Ich bin oft unruhig«, »Ich kann nicht lange sitzen«, »Ich bin dauernd in Bewegung und zappelig«), Probleme im Umgang mit Gleichaltrigen (z. B. »Ich bin meistens für mich alleine«, »Ich beschäftige mich lieber mit mir selbst«, »Ich werde von anderen gehänselt oder schikaniert«), Verhaltensauffälligkeiten (z. B. »Ich werde leicht wütend«, »Ich verliere oft meine Beherrschung«, »Ich schlage mich häufig«, »Ich kann Andere zwingen zu tun, was ich will« und prosozialer Verhaltensweisen (z. B. »Ich versuche, nett zu Menschen zu sein, ihre Gefühle sind mir wichtig«, »Ich bin hilfsbereit, wenn andere verletzt, krank oder traurig sind«) (Goodman, 1997; Döpfner & Steinhausen, 2012). Die Items werden anhand einer dreistufigen Likert-Skala von den Schüler/-innen beantwortet (Nicht zutreffend, Teilweise zutreffend, Eindeutig zutreffend).

5.3 Stichprobe

Die Stichprobe setzte sich aus 1545 Schüler/-innen zwischen 10–13 Jahren (52,1 % männlich, 47,9 % weiblich) zusammen. Von den Schüler/-innen hatten

68,9 % keinen Migrationshintergrund, 23,1 % wiesen einen Migrationshintergrund ersten Grades (weder die Eltern noch das Kind wurden in Österreich geboren) und 8,0 % einen Migrationshintergrund zweiten Grades (die Eltern wurden nicht in Österreich geboren, das Kind wurde in Österreich geboren) auf (Tab. 1). 56,8 % der befragten Schüler/-innen besuchten eine NMS, 43,2 % eine AHS. 35,5 % der Schulen befanden sich im städtischen, 64,5 % im ländlichen Raum (Tab. 2).

Tab. 1: Verteilung der Stichprobe nach Geschlecht, Schulart, Schulstandort und Migrationshintergrund

	Schulart				Schulstandort				Geschlecht		Gesamt
	NMS (n)	(%)	AHS (n)	(%)	Stadt (n)	(%)	Land (n)	(%)	m (n)	w (n)	(n)
Kein Migrationshintergrund	640	242,5	399	246,5	202	243,4	837	245,5	536	2403	1039
Migrationshintergrund 1. Gr.	146	24,7	202	243,4	523	246,8	95	24,3	186	2462	348
Migrationshintergrund 2. Gr.	70	24,6	50	24,3	75	24,0	45	24,0	63	247	120
Gesamt	856	246,8	651	24,2	530	245,2	977	244,8	785	2422	1507

Tab. 2: Verteilung der Schüler/-innen nach Geschlecht, Schulart und Schulstandort

	Schulart				Schulstandort				Gesamt
	NMS (n)	(%)	AHS (n)	(%)	Stadt (n)	(%)	Land (n)	(%)	(n)
weiblich	405	26,2	335	21,7	225	16,5	485	31,4	740
männlich	472	30,6	333	21,6	293	19,0	512	33,1	805
Gesamt	887	56,8	668	43,2	548	35,5	997	64,5	1545

5.4 Statistische Auswertung

Um der Frage nach Unterschieden zwischen den Gruppen in den selbst berichteten Scores der Skala »Emotionale Probleme« nachzugehen, wurden zunächst Mittelwertsvergleiche durchgeführt und anschließend mittels Spearman Korrelationsanalysen die Zusammenhänge überprüft. Schließlich wurde der Einfluss von Risikofaktoren mittels multivariater Verfahren und Regressionsanalysen untersucht.

6 Ergebnisse

6.1 Unterschiede nach Schultyp und Schulstandort

Die univariate Varianzanalyse zeigte deutliche Unterschiede zwischen den Gruppen Schultyp und Schulstandort (Tabelle 3). Schüler/-innen, die eine NMS besuchen, wiesen höhere Werte an selbstberichteten emotionalen Problemen auf als Schüler/-innen einer AHS. Bezüglich des Schulstandorts berichteten Schüler/-innen aus städtischen Schulen über höhere emotionale Probleme. Zwischen Schultyp und Schulstandort konnte keine Interaktion beobachtet werden.

Tab. 3: Emotionale Probleme der Schüler/-innen nach Schultyp und Schulstandort (ANOVA)

		Mittelwert	SD	N	F
Schultyp	NMS	2,61	2,17	808	$F_{(1,1436)}= ,439$; $p = .51$; $\eta p^2 = .000$
	AHS	2,53	2,11	630	
Schulstandort	Stadt	2,70	2,08	497	$F_{(1,1436)}= 2,60$ $p = .11$; $\eta p^2 = .002$
	Land	2,51	2,17	941	

Deutliche Unterschiede zeigten sich auch zwischen Jungen und Mädchen. Wie erwartet, wiesen Schülerinnen signifikant höhere Werte im Bereich emotionaler Probleme auf als Schüler. Zudem erhöhten sich die Werte für emotionale Probleme leicht über die drei Altersgruppen. Schließlich unterschieden sich auch Schüler/-innen mit Migrationshintergrund deutlich von Schüler/-innen ohne Migrationshintergrund. Am stärksten von emotionalen Problemen betroffen waren Schüler/-innen mit einem Migrationshintergrund 2. Grades, d. h., wenn die Eltern nicht in Österreich geboren waren, ihr Kind jedoch schon.

Tab. 4: Emotionale Probleme nach Geschlecht, Migrationshintergrund und Alter (ANOVA)

		Mittelwert	SD	N	F
Alter	10 Jahre	2,47	2,10	947	$F_{(3,1434)}= 2,89$ $p = .034$; $\eta p^2 = .006$
	11 Jahre	2,73	2,21	433	
	12 Jahre	3,03	2,27	57	
Geschlecht	Weiblich	2,83	2,20	685	$F_{(1,1436)}= 18,42$ $p = .000$; $\eta p^2 = .013$
	Männlich	2,34	2,06	753	
Migrationshintergrund	Ohne	2,45	2,13	979	$F_{(2,1406)}= 4,42$ $p = .012$; $\eta p^2 = .006$
	1. Grades	2,77	2,17	324	
	2. Grades	2,94	2,04	106	

Tabelle 5 verdeutlicht den Zusammenhang zwischen Klassenklima und emotionalen Problemen der Schüler/-innen. Wie erwartet, ist ein negatives Klassenklima mit höheren Werten im Bereich emotionaler Probleme verbunden. Umgekehrt sind bei einem positiven Klassenklima die emotionalen Probleme der Schüler/-innen geringer. Zudem wird deutlich, dass vor allem bei aggressivem Verhalten von Mitschüler/-innen die Werte der Skala emotionale Probleme deutlich höher sind, wohingegen in Klassen, in denen die Mitschüler/-innen sich prosozial verhalten, emotionale Probleme in geringerem Ausmaß angemerkt werden.

Tab. 5: Emotionale Probleme nach Klassenklima und Verhalten der Mitschüler/-innen (ANOVA)

		Mittelwert	SD	N	F
Positives Klassenklima	Niedrig	3,50	2,27	124	$F_{(2,763)}= 9,87$ $p = .000$; $\eta p^2 = .025$
	Mittel	2,74	2,15	211	
	Hoch	2,50	2,20	431	
Negatives Klassenklima	Niedrig	1,84	1,87	220	$F_{(2,670)}= 4,43$ $p = .012$; $\eta p^2 = .013$
	Mittel	2,06	1,98	223	
	Hoch	2,38	1,94	230	
Aggressives Mitschüler/-innenverhalten	Niedrig	1,98	1,90	59	$F_{(2,837)}= 20,87$ $p = .000$; $\eta p^2 = .048$
	Mittel	2,74	2,02	145	
	Hoch	3,13	2,14	105	
Prosoziales Mitschüler/-innenverhalten	Niedrig	2,96	2,29	280	$F_{(2,827)}= 5,59$ $p = .004$; $\eta p^2 = .013$
	Mittel	2,59	2,22	263	
	Hoch	2,64	1,98	287	

6.2 Korrelationsanalysen zu Aspekten der Schulebene, der Klassenebene und der individuellen Ebene

In den Korrelationsanalysen zeigten das Geschlecht und der Migrationshintergrund einen deutlichen Zusammenhang mit emotionalen Problemen von Schüler/-innen in der Klasse. Zudem korrelierte die Anzahl der Bücher im Haushalt, die als stabiler Indikator für das kulturelle Kapital in den Familien gilt, deutlich negativ mit emotionalen Problemen. Je geringer die Anzahl der Bücher, desto größer, je größer die Anzahl der Bücher im Haushalt, desto geringer die emotionalen Probleme der Schüler/-innen. Auch der Schulstandort (Stadt oder Land) zeigte einen geringen, aber doch signifikanten Zusammenhang mit emotionalen Problemen. Den deutlichsten Zusammenhang wiesen aggressive Mitschüler/-innen und ein negatives Klassenklima auf. Dies scheint Schüler/-innen mit emotionalen Problemen deutlich zu belasten. Im Gegensatz dazu zeigten ein positives

Klassenklima und prosoziale Mitschüler/-innen einen negativen Zusammenhang mit emotionalen Problemen der Schüler/-innen. Bemerkenswert ist, dass die Stärke des Zusammenhangs bei den beiden negativen Aspekten (negatives Klassenklima und aggressive Mitschüler/-innen) höher ist als bei den beiden positiven Aspekten (positives Klassenklima und prosoziale Mitschüler/-innen) (Tabelle 6).

Tab. 6: Ergebnisse der Korrelationsanalysen (Spearman) zu schüler/-innen-, schul- und klassenspezifischen Faktoren sowie emotionalen Problemen bei Schüler/-innen

Skala	EP	Alter	G	Migr	Bü	ST	SSt	PKK	NKK	AggM	ProM
Emot. Probleme (EP)	-										
Alter	.04	-									
Geschlecht (G)	.11**	-.08**	-								
Migrationsgrad (Migr)	.09**	.18**	-.01	-							
Anzahl Bücher (Bü)	-.08**	-.16**	.05	-.27**	-						
Schultyp (ST)	-.01	-.11**	.04	.13**	.25**	-					
Schulstandort (SSt)	.06*	.09**	-.02	.48**	-.04	.38**	-				
Pos. Klassenklima (PKK)	-.18**	-.06*	.12**	-.06*	.03	.03	-.07*	-			
Neg. Klassenklima (NKK)	.28**	.04	-.09**	.14**	-.08**	-.04	.09**	-.50*	-		
Aggressive Mitschüler*innen (AggM)	.37**	.07*	-.12**	.08*	-.06	-.11**	.00	-.40*	.53**	-	
Prosoziale Mitschüler*innen (ProM)	-.15**	-.06	.24**	-.03	.03	.09**	.01	.49**	-.28*	-.34**	-

** Korrelation nach Spearman auf Niveau 0,01 (2-seitig) signifikant
* Korrelation nach Spearman auf Niveau 0,05 (2-seitig) signifikant

6.3 Identifikation von Risikofaktoren

Abschließend wurden die einzelnen Risikofaktoren mittels Regressionsanalyse überprüft. In das Modell wurden zunächst die drei schüler/-innenspezifischen (Geschlecht, Alter, Migrationshintergrund), die zwei schulspezifischen (Schultyp, Schulstandort) und die klassenspezifischen Belastungsfaktoren (Klassenklima, Verhalten der Mitschüler/-innen) integriert. Nach schrittweiser Entfernung der Variablen konnten fünf Risikofaktoren für emotionale Probleme bei Schüler/-innen bestimmt werden. Das Geschlecht ($F_{(1,856)}= 7{,}98$; $p = .005$), der Migrationshintergrund ($F_{(2,857)}$= 7,80; p = .000), aggressives Verhalten der Mitschüler/-innen ($F_{(3,857)}$= 190,77; p = .000), negatives Klassenklima ($F_{(4,857)}$= 155,09; p = .000) sowie seltene prosoziale Verhaltensweisen der Mitschüler/-innen ($F_{(5,857)}$= 33,23; p = .000) konnten als Prädiktoren für emotionale Probleme identifiziert werden. Das Alter sowie die schulbezogenen Variablen (Schultyp, Schulstandort) hatten hingegen kein prädiktives Gewicht.

Tab. 7: Prädiktoren für emotionale Probleme

Variable	Emotionale Probleme					
	Modell 1 B	Modell 2 B	Modell 3 B	Modell 4 B	Model 5 B	95 % KI
Konstante	2,311*	2,206	.226	-.527	.281	[-.66, 1,23]
Geschlecht	.410**	.405**	.594***	.623***	.689***	[0.42, .96]
Migrationshintergrund		.336	.219	.169	.170	[-.06, .39]
Aggressive Mitschüler*innen			.119***	.097***	.091***	[.07, .12]
Negatives Klassenklima				.055***	.051***	[.02, .08]
Prosoziale Mitschüler*innen					-.037*	[-.07, -.00]
R^2	.008	.016	.144	.155	.158	
F	7,98**	7,80***	48,88***	40,27***	33,23***	

AV: SDQ Score Skala Emotionale Probleme
N = 859, KI = Konfidenzintervall
*p<.05 **p<.01 ***p<.001

7 Zusammenfassung und Diskussion

Das Ziel dieses Beitrags bestand darin, schul- und klassenspezifische Bedingungsfaktoren für soziale Ängstlichkeit und Schüchternheit bei Schüler/-innen zu identifizieren. Sowohl die bisher vorliegenden empirischen Befunde als auch die Analysen des empirischen Teils konnten zeigen, dass einerseits schüler/-innenspezifische Merkmale wie das weibliche Geschlecht, aber vor allem klassenspezifische Merkmale wie negatives Klassenklima und aggressive/ablehnende

Verhaltensweisen von Mitschüler/-innen emotionale Probleme im Kindes- und Jugendalter erhöhen können.

Die Ergebnisse aus der EELS-Studie bestätigten darüber hinaus, dass Schüler/-innen aus ländlicheren Schulen über ein positiveres Klassenklima berichteten als Schüler/-innen aus städtischen Schulen. Sie erlebten die Mitschüler/-innen als unterstützender, hilfreicher und als weniger aggressiv, was für ein größeres Zugehörigkeitsgefühl an ländlichen Schulen spricht (Bilz, 2008). Zudem berichteten Schüler/-innen an Neuen Mittelschulen im Gegensatz zu Schüler/-innen aus Allgemeinbildenden höheren Schulen (Gymnasien) häufiger über aggressive und ablehnende Mitschüler/-innenerfahrungen. Gerade aggressives Verhalten von Mitschüler/-innen erhöht das Risiko für emotionale Probleme.

Diese Befunde machen deutlich, dass negative soziale Erfahrungen mit Mitschüler/-innen und Gleichaltrigen nicht nur als aufrechterhaltende Faktoren von Zurückgezogenheit und Schüchternheit, sondern auch als Entwicklungsrisiken im Hinblick auf die Entwicklung von klinisch relevanten internalisierenden Störungen betrachtet werden müssen. Der Umstand, dass ein positives Klassenklima sowie ein prosozialer Umgang innerhalb der Schülerschaft einen positiven Einfluss auf die sozial-emotionale Entwicklung von Schüler/-innen haben kann, ist zudem von entscheidender Bedeutung.

Schulen und insbesondere Lehrer/-innen verfügen über die einzigartige Möglichkeit, internalisierende Symptome bei Schüler/-innen zu erkennen, weil sie im Schul- und Klassensetting eine Vergleichsmöglichkeit mit anderen Verhaltensweisen von Schüler/-innen haben und dadurch Unterschiede zwischen erwartetem und kritischem Verhalten erkennen können (Headley & Campbell, 2013). Gleichzeitig können sie präventiv auf Ebene des Klassenklimas wirken, um Risikofaktoren für die Entwicklung von emotionalen Problemen zu minimieren.

Die Schule stellt einen zentralen Lebensbereich und Entwicklungsraum für Kinder- und Jugendliche dar. Sie ist nicht nur als Lernort von Relevanz, sondern auch als Ort von Schutz- und Risikofaktoren in Bezug auf ihre psychische Gesundheit. Die schulische Unterstützung ist von großer Relevanz für die psychische Entwicklung von Kindern, die Schule kann ein geeignetes Umfeld schaffen, das Risikofaktoren hinsichtlich der Entwicklung von emotionalen sowie Verhaltensproblemen von Schüler/-innen verringert.

Literatur

Asendorpf, J. B. & Neyer, F. J. (2012): *Psychologie der Persönlichkeit* (5. Auflage). Berlin/Heidelberg: Springer-Verlag.

Belhadj Kouider, E. & Petermann, F. (2015a): Gemeinsame Risikofaktoren von depressiver und ängstlicher Symptomatik im Kindes- und Jugendalter: ein systematisches Review aus transdiagnostischer Perspektive. *Fortschritte der Neurologie & Psychiatrie, 83*, 321–333.

Belhadj Kouider, E. & Petermann, F. (2015b): Migrantenkinder. *Kindheit und Entwicklung, 24* (4), 199–208.

Belhadj Kouider, E., Lorenz, A. L., Dupont, M. & Petermann, F. (2015): Angststörungen bei Kindern mit und ohne Migrationshintergrund. Risikofaktoren und Behandlungserfolg. *Kindheit und Entwicklung, 24* (4), 252–262.

Berry, J. W., Phinney, J. S., Sam, D. L. & Vedder, P. (2006): Immigrant youth: Acculturation, identity and adaption. *Applied Psychology: An International Review, 55* (3), 303–332.

Bilz, L. (2008): *Schule und psychische Gesundheit. Risikobedingungen für emotionale Auffälligkeiten von Schülerinnen und Schülern.* Wiesbaden: VS Verlag für Sozialwissensc-aften.

Bilz, L., Sudeck, G., Buksch, J., Klocke, A., Kolip, P., Melzer, W., Ravens-Sieberer, U. & Richter, M. (2016): *Schule und Gesundheit. Ergebnisse des WHO-Jugendgesundheitssurveys »Health Behaviour in School-aged Children«.* Weinheim/Basel: Beltz Juventa.

Carlerby, H., Viitasara, E., Knutsson, A. & Gillander-Gadin, K. (2011): Subjective health complaints among boys and girls in the Swedish HBSC study: focusing on parental foreign background. *International Journal of Public Health, 56,* 457–464. DOI 10.1007/s00038-011-0246-8

Chronis-Tuscano, A., Danko, C. M., Rubin, K. H., Coplan, R. J. & Novick, D. R. (2018): Future directions for Research on Early Intervention for Young Children at Risk for Social Anxiety. *Journal of Clinical Child & Adolescent Psychology, 47* (4), 655–667.

Coplan, R.J., Hughes, K., Bosacki, S. & Rose-Krasnor, L. (2011): Is silence golden? Elementary school teachers' strategies and beliefs regarding hypothetical shy/quiet and exuberant/talkative children. *Journal of Educational Psychology, 103* (4), 939–951.

Domschke, K. (2014): Prädiktive Faktoren bei Angststörungen. *Nervenarzt, 85,* 1263–1268.

Döpfner, M. & Steinhausen, H.-C. (2012): *Störungsübergreifende Verfahren zur Diagnostik psychischer Störungen im Kindes- und Jugendalter.* Göttingen/Wien: Hogrefe.

Essau, C. A., Conradt, J., Sasagawa, S. & Ollendick, T. H. (2012): Prevention of anxiety symptoms in children: results from a universal school-based trial. *Behavior Therapy, 43* (2), 450–464.

Essau, C. A., Lewinsohn, P. M., Lim, J., Ho, M.-H. R. & Rohde, P. (2018): Incidence, recurrence and comorbidity of anxiety disorders in four major developmental stages. *Journal of Affective Disorders, 228,* 248–253.

Fallah, F. & Nadi Ghara, A. (2015): Investigating the Association of Mental-Social Climate and Social Anxiety with Student's Self-Efficiency. *Iranian Journal of Psychiatry and Behavior Science, 9* (3), e232.

Feng, X., Shaw, D. S. & Silk, J. S. (2008): Developmental Trajectories of Anxiety Symptoms Among Boys Across Early and Middle Childhood. *Journal of Abnormal Psychology, 117* (1), 32–47.

Gasteiger-Klicpera, B. (2001): *Aggression und Klassengemeinschaft: Entwicklung und Einflussfaktoren.* Unveröffentlichte Habilitationsschrift, Universitätsbibliothek Wien, Wien, Österreich.

Goodman, R. (1997): The Strenghts and Difficulties Questionnaire: A research note. *Journal of Child Psychology and Psychiatry, 38,* S. 581–586.

Grose, J. & Coplan, R. J. (2015): Longitudinal Outcomes of Shyness From Childhood to Emerging Adulthood. *Journal of Genetic Psychology, 176* (6), 408–413.

Halldorsson, B. & Creswell, C. (2017): Social anxiety in pre-adolescent children: What do we know about maintenance? *Behavior Research and Therapy, 99,* 19–36.

Hanie, E. H. & Stanard, R. P. (2009): Students with Anxiety: The Role oft he Professional School Counselor. *GSCA Journal, 16* (1), 48–55.

Headley, C. J. & Campbell, M. A. (2011): Teachers'Recognition and Referral of Anxiety Disorders in Primary School Children. *Australian Journal of Educational & Developmental Psychology, 11,* 78–90.

Heiser, N. A., Turner, S. M. & Beidel, D. C. (2003): Shyness: relationship to social phobia and other psychiatric disorders. *Behavior Research and Therapy, 41* (2), 209–221.

Hill, C., Waite, P. & Creswell, C. (2016): Anxiety disorders in children and adolescents. *Paediatrics and Child Health, 26* (12), 548–553.

Hölling, H., Schlack, R., Petermann, F., Ravens-Sieberer, U. & Mauz, E. (2014): Psychische Auffälligkeiten und psychosoziale Beeinträchtigungen bei Kindern und Jugendlichen im Alter von 3 bis 17 Jahren in Deutschland – Prävalenz und zeitliche Trends zu 2 Erhebungszeitpunkten (2003–2006 und 2009–2012). Bundesgesundheitsblatt – Gesundheitsforschung – Gesundheitsschutz, 57, 807–819.

Huang, K-Y., Cheng, S., Calzada, E. & Brotman, L. M. (2012): Symptoms of Anxiety and Associated Risk and Protective Factors in Young Asian American Children. *Child Psychiatry & Human Development*, 43 (5), 761–774. DOI:10.1007/s10578-012-0295-0.

Hughes, K., & Coplan, R. J. (2018): Why Classroom Climate Matters for Children High in Anxious Solitude: A Study of Differential Susceptibility. *School Psychology Quarterly*, 33 (1), 94–102.

Kalutskaya, I. N., Rudasill, K. M., Archbell, K. A. & Coplan, R. J. (2015): Shy Children in the Classroom: From Research to Educational Practice. *Translational Issues in Psychological Science*, 1 (2), 149–157.

Karevold, E., Ystrom, E., Coplan, R. J., Sanson, A. V. & Mathiesen, K. S. (2012). A Prospective Longitudinal Study of Shyness from Infancy to Adolescence: Stability, Age-Related Changes, and Prediction of Socio-Emotional Functioning. *Journal of Abnormal Child Pschology*, 40, 1167–1177.

Lauer, B-A. M. & Renk, K. (2013): The Peer Informant: Characteristics Related to the Perceptions of Peer Behavior Problems. *Journal of Child and Family Studies*, 22, 786–800.

Melfsen, S., & Walitzka, S. (2013): *Soziale Angst und Schulangst. Entwicklungsrisiken erkennen und behandeln.* Weinheim/Basel: Beltz Verlag.

Miers, A. C., Weeda, W. D., Blöte, A. W., Borsboom, D., Cramer, A. O. J. & Westenberg, P. M. (2020): A Cross-Sectional and Longitudinal Network Analysis Approach to Understanding Connections Among Social Anxiety Components in Youth. *Journal of Abnormal Psychology*, 129 (1), 82–91.

Möhrle, B., Dölitzsch, C., Fegert, J. M. & Keller, F. (2016): Verhaltensauffälligkeiten und Lebensqualität bei männlichen unbegleiteten minderjährigen Flüchtlingen in Jugendhilfeeinrichtungen in Deutschland. *Kindheit und Entwicklung*, 25 (4), 204–215.

Onukwufor, J. N. & Iruloh, B-R. N. (2017): Prevalence, Gender and Level of Schooling Differences in Secondary School Students Level of Shyness. *Journal of Education and Practice*, 8 (2), 93–100.

Paulus, P. (2004): Psychische Gesundheit – auch ein Problem von Schulen? Vortrag Kongress Gute und gesunde Schule, Dortmund.

Plück, J., Döpfner, M. & Lehmkuhl, G. (2000): Internalisierende Auffälligkeiten bei Kindern und Jugendlichen in Deutschland – Ergebnisse der PAK-KID-Studie. *Kindheit und Entwicklung*, 9, 113–142.

Randler, Ch. (2009): Association between emotional Variabbles and school achievement. *International Journal of Instruction*, 2 (2), 3–10.

Rao, P. A., Beidel, D. C., Turner, S. M., Ammerman, R. T., Crosby, L. E. & Sallee, F. R. (2007): Social anxiety disorder in childhood and adolescence: Descriptive psychopathology. *Behavior Research and Therapy*, 45 (6), 1181–1191.

Ravens-Sieberer, U., Wille, N., Bettge, S., & Erhart, M. (2007): Psychische Gesundheit von Kindern und Jugendlichen in Deutschland. Ergebnisse aus der BELLA-Studie im Kinder- und Jugendgesundheitssurvey (KiGGS). Bundesgesundheitsblatt – Gesundheitsforschung – Gesundheitsschutz, 50, 87–878.

Ravens-Sieberer, U., Klasen, F. & Petermann, F. (2016): Psychische Kindergesundheit. Ergebnisse der BELLA-Kohortenstudie. *Kindheit und Entwicklung*, 25 (1), 4–9.

Rubin, K.H., Coplan, R.J. & Bowker, J.C. (2009): Social Withdrawal in Childhood. *Annual Review of Psychology*, 60, 141–171. DOI: 10.1146/annurev.psych.60.110707.163642

Schulte-Körne, G. (2016): Psychische Störungen bei Kindern und Jugendlichen im schulischen Umfeld. *Deutsches Ärzteblatt*, 113 (11), 183–190.

Schweer, M. K. W. (2017): *Lehrer-Schüler-Interaktion. Inhaltsfelder, Forschungsperspektiven und methodische Zugänge* (3. Auflage). Wiesbaden: Springer Fachmedien.

Sirin, S. R., Gupta, T., Ryce, P., Katsiaficas, D., Suarez-Orozco, C. & Rogers-Sirin, L. (2013): Understanding the role of social support in trajectories of mental health symptoms for immigrant adolescents. *Journal of Applied Developmental Psychology*, 34 (5), 199–207.

Spangler-Avant, T., Faldowski, R. & Gazelle, H. (2011): Classroom Emotional Climate as a Moderator of Anxious Solitary Children's Longitudinal Risk for Peer Exclusion A Child X Environment Model. *Journal of Developmental Psychology, 47* (6), 1711–1727.

Tang, A., Van Lieshout, R. J., Lahat, A., Duku, E., Boyle, M. H., Saigal, S. & Schmidt, L. A. (2017): Shyness Trajecotories across the First Four Decades Predict Mental Health Outcomes. *Journal of Abnormal Child Psychology, 45,* 1621–1633.

Tsui, T. Y. L., Lahat, A. & Schmidt, L. A. (2017): Linking Temperamental Shyness and Social Anxiety in Childhood and Adolescence: Moderating Influences of Sex and Age. *Child Psychiatry and Human Development, 48* (5), 778–785.

Volbrecht, M. M. & Goldsmith, H. H. (2010): Early Temperamental and Family Predictors of Shyness and Anxiety. *Developmental Psychology, 46* (5), 1192–1205.

Walitzka, S. & Melfsen, S. (2016): Angststörungen im Kindes- und Jugendalter. *Monatsschrift Kinderheilkunde, 164,* 278–287.

Jugendliche mit internalisierender Symptomatik auf Sekundarstufe II: Wohlbefinden und Belastungen

Annette Krauss, Patrizia Röösli & Claudia Schellenberg

1 Einleitung

Ein schüchternes Temperament in der Kindheit ist noch nicht mit einer psychischen Störung zu verbinden. Gewisse Entwicklungsängste erleben die meisten Kinder und sind Teil einer normativen Entwicklung (Walitza & Melfsen, 2016). In einer Langzeituntersuchung wurde jedoch festgestellt, dass Schüchternheit im Kindesalter höhere Werte depressiver und ängstlicher Symptome im frühen Jugendalter vorhersagte (Karevold, Ystrom, Coplan, Sanson & Mathiesen, 2012).

Depressive und ängstliche Symptome werden häufig unter dem Begriff »internalisierende Symptome« zusammengefasst und können sich in ihrer akzentuierten Form als Depression oder Angststörungen zeigen (In-Albon, 2012). Internalisierende Problematik zeichnet sich durch überkontrollierte Verhaltensweisen aus, und betroffene Kinder und Jugendliche sind häufig sehr angepasst. Während externalisierende Auffälligkeiten für das soziale Umfeld klar erkennbar sind, treten bei internalisierendem Verhalten oft gegen außen nicht-sichtbare Symptome innerhalb des Individuums auf. Lehrpersonen nehmen Kinder und Jugendliche mit internalisierenden Problemen deshalb im Unterricht auch als weniger störend wahr, im schulischen Kontext fallen sie kaum auf (Bilz, 2008). Der Leidensdruck der betroffenen Kinder und Jugendlichen bleibt oft lange verborgen, bis sie schließlich, im besten Fall, die entsprechenden Hilfestellungen erhalten (In-Albon, 2012).

Es ist bekannt, dass internalisierende Störungen die häufigsten psychischen Störungen im Kindes- und Jugendalter sind und dass entsprechende Symptome vielfältige Auswirkungen im Jugend- und jungen Erwachsenenalter haben können (In-Albon, 2012). So ist beispielsweise die Hälfte der depressiven Jugendlichen später im Erwachsenenalter auch von einer Episode der Angststörung oder Depression betroffen (Costello & Maughan, 2015). Trotz der hohen Zahl von Betroffenen mit internalisierenden Symptomen in der Jugendzeit widmen sich erstaunlich wenig Studien dieser Thematik. Um zielorientierte Präventionsprogramme und Behandlungsinterventionen zu entwickeln, ist es jedoch unabdingbar, Erkenntnisse bezüglich Wohlbefinden und Belastungen betroffener Jugendlichen zu gewinnen. Im Folgenden werden bestehende Untersuchungen zur Thematik zusammenfassend dargestellt. Danach werden Ergebnisse einer aktuellen Studie aus der Deutschschweiz, welche das Wohlbefinden sowie die Anforderungsbewältigung von Jugendlichen und jungen Erwachsenen mit internalisierenden Symptomen untersuchte, dargestellt. Die Diskussion dieser Studie widmet sich u. a. der Frage nach der Rolle der Schule im Umgang mit internalisierenden Symptomen.

2 Internalisierende Symptomatik im Jugendalter

Mit dem Beginn der Pubertät steigt auch die Verletzlichkeit (»Vulnerabilität«) für die Entwicklung einer internalisierenden Störung (Bilz, 2008; Kouider & Petermann, 2015). Für Depressionen steigt beispielsweise die Prävalenz vom Kindes- ins Jugendalter deutlich an: Während die Prävalenz für Kinder unter 13 Jahren noch knapp 3 % beträgt, steigt sie im Alter zwischen 13 bis 18 Jahren auf 6 % an (Jane Costello, Erkanli & Angold, 2006). In der Schweiz geben die Daten der Studie *Health Behaviour in School-aged Children* (HBSC; Ambord, Eichenberger & Delgrande Jordan, 2020) Auskunft über die psychische Gesundheit der Jugendlichen. Die Daten zeigen, dass 12,8 % der elf- bis 15-jährigen Jugendlichen im Jahr 2018 berichteten, mit ihrem Leben wenig zufrieden zu sein. Bezüglich des Auftretens von psychoaffektiven Beschwerden gaben rund 16 % der elf- bis 15-jährigen Jugendlichen an, sich in den letzten sechs Monaten mehrmals in der Woche traurig oder bedrückt gefühlt zu haben. 9,5 % der Jugendlichen gaben an, mehrmals pro Woche ängstlich oder besorgt und 15,7 % nervös gewesen zu sein. Sogar ein Viertel (24,6 %) der befragten Jugendlichen gab an, im letzten halben Jahr mehrmals pro Woche Probleme mit dem Einschlafen gehabt zu haben. Auffallend ist, dass die weiblichen Jugendlichen von den genannten psychoaffektiven Symptomen weitaus häufiger betroffen sind als die männlichen. Zudem sind ältere Jugendliche häufiger betroffen als jüngere. Obwohl es vorsichtig zu beurteilen ist, deuten verschiedene Untersuchungen auf eine Zunahme von psychischen Gesundheitsproblemen (wie Depressionen) unter Jugendlichen in den westlichen Nationen seit den 1990er-Jahren hin (Mojtabai, Olfson & Han, 2016; Sonnenmoser, 2007; Twenge, 2020).

Das Jugendalter ist grundsätzlich gekennzeichnet durch fundamentale Veränderungen. Alle Heranwachsenden müssen innerhalb weniger Jahre zahlreiche anspruchsvolle Entwicklungsaufgaben bewältigen: Die jungen Menschen lösen sich vom Elternhaus ab, befinden sich innerhalb ihrer Ausbildung, um sich für einen Beruf zu qualifizieren, und sammeln Erfahrungen in Beziehungen und am Arbeitsplatz (Hurrelmann & Quenzel, 2012). Nebst dem Einfluss der hormonellen Umstellung in der Pubertät (Sonnenmoser, 2007) ist es möglich, dass diese psychosozialen Veränderungen beim Übergang vom Jugendalter in das frühe Erwachsenenalter auch einen Einfluss auf die Entstehung oder Verfestigung von internalisierenden Symptomatiken haben (Baumgarten, Klipker, Göbel, Janitza & Hölling, 2018). So ist es beispielsweise naheliegend, dass Schwierigkeiten in der Bewältigung der schulischen Qualifizierung, aber auch bezüglich anderen Entwicklungsaufgaben mit Unbehagen, Versagensängsten sowie psychischen und psychosomatischen Problemen einhergehen (Bilz, 2008; Hackauf & Olbrecht,

2010). Umgekehrt können die Symptome ihrerseits einen Einfluss auf die Bewältigung von Entwicklungsaufgaben haben.

Wie oben bereits dargestellt treten bei jungen Frauen mehr internalisierende Auffälligkeiten auf. So hat sich das weibliche Geschlecht auch als Risikofaktor für die Entstehung von Depressionen oder Angststörungen im Kindes- und Jugendalter herausgestellt (Kouider & Petermann, 2015). Während Jungen in der Kindheit zeitweise von mehr depressiven Symptomen berichten, geben ab 14 Jahren die weiblichen Jugendlichen deutlich mehr an (Ihle & Esser, 2002; F. Klasen et al., 2016). Neben der Altersphase Jugend und dem weiblichen Geschlecht gibt es weitere Risikofaktoren für die Entwicklung von internalisierenden Auffälligkeiten: Diese liegen im Bereich von genetischen Faktoren, einem negativen Erziehungsverhalten der Eltern (z. B. geringe elterliche Zuneigung), Missbrauch und abweisende Erfahrungen von Gleichaltrigen, erhöhtem Stresserleben sowie im Vorliegen von chronischen Erkrankungen (Kouider & Petermann, 2015; Sonnenmoser, 2007). Insbesondere das wiederholte Auftreten von mehreren Risikofaktoren in Kombination mit wenigen Schutzfaktoren kann zu depressiven Episoden im Jugendalter führen (Kassis, Artz & White, 2017).

Obwohl es normal ist, von Zeit zu Zeit unterschiedliche psychische Beschwerden wie beispielsweise Traurigkeit zu verspüren, können solche Symptome bei längerem und intensiverem Auftreten sehr belastend sein und einen erheblichen Einfluss auf das tägliche Erleben und Verhalten haben. Auf die Einflüsse von internalisierenden Symptomen auf das Wohlbefinden und Anforderungsbewältigung im Jugendalter wird im nächsten Abschnitt näher eingegangen.

3 Wohlbefinden und Anforderungsbewältigung von Jugendlichen mit internalisierenden Symptomen

Psychische Beeinträchtigungen können zu Schwierigkeiten bei der Bewältigung von wichtigen Entwicklungsaufgaben führen. Grundsätzlich können psychische Auffälligkeiten im Jugendalter mit Schwierigkeiten im familiären, schulischen oder erweiterten sozialen Umfeld einhergehen und das Wohlbefinden von Betroffenen erheblich beeinträchtigen (Mattejat et al., 2003; Weitkamp, Daniels, Romer & Wiegand-Grefe, 2013; Wille, Bettge, Wittchen, Ravens-Sieberer & BELLA Study Group, 2008).

Laut der Weltgesundheitsorganisation (WHO) umfasst die Gesundheit eine physische, psychische und soziale Dimension. Das subjektive Wohlbefinden von Kindern und Jugendlichen wird u. a. mit dem Konzept der gesundheitsbezogenen Lebensqualität untersucht. Die gesundheitsbezogene Lebensqualität ist ein multidimensionales Konstrukt, welches körperliche, emotionale, soziale und verhaltensbezogene Komponenten des Wohlbefindens und der Funktionsfähigkeit beinhaltet (Bullinger, 2002; Schumacher, Klaiberg & Brähler, 2003). Studien zeigen eine erhebliche Beeinträchtigung der gesundheitsbezogenen Lebensqualität bei Jugendlichen mit psychischen Auffälligkeiten (Ellert, Brettschneider, Ravens-Sieberer & Group, 2014; Sawyer et al., 2002). Es kann davon ausgegangen werden, dass dies auch spezifisch für Jugendliche mit internalisierenden Symptomen gilt.

Bei Jugendlichen mit internalisierenden Auffälligkeiten können sich auch Schwierigkeiten in der Anforderungsbewältigung in der Schule oder dem Betrieb ergeben. Beispielsweise ist bekannt, dass Jugendliche mit depressiven Verstimmungen häufig mehr Konzentrationsprobleme in der Schule haben (Bilz, 2008; Fröjd et al., 2008). Sie berichten zudem häufig von körperlichen Symptomen wie Kopf- oder Magenschmerzen, Müdigkeit oder Antriebslosigkeit (Sonnenmoser, 2007). Das individuell wahrgenommene Klassenklima steht ebenfalls eng mit dem Ausmaß internalisierender Auffälligkeiten in Verbindung. So geht dabei die Erfahrung, von Mitschülerinnen und Mitschülern schikaniert zu werden, mit einem Anstieg emotionaler Probleme und psychosomatischer Beschwerden einher (Bilz, 2013; Somersalo, Solantaus & Almqvist, 2002). Auch ein grundsätzliches Stresserleben in Schule und Beruf kann internalisierende Symptome begünstigen (Little & Garber, 2004; Sim, 2000). Die Angst, schulisch zu versagen, kann zu Gefühlen der Frustration und Hoffnungslosigkeit führen. Dieser Zusammenhang scheint insbesondere relevant, da Stress, Leistungsdruck und Überforderung zum Alltag vieler Jugendlichen gehören. Die Zahlen der *Schweizer Juvenir-Studie* (Güntzer, 2017) zeigen beispielsweise, dass sich 12 % der Jugendlichen sehr häufig und weitere 34 % häufig gestresst fühlen. Viele Jugendliche erleben es als große Herausforderung, allen schulischen (und beruflichen) Anforderungen gerecht zu werden, und berichten davon, dass der Leistungsdruck tendenziell zu hoch sei.

Jugendliche, die nach der obligatorischen Schule in eine Berufslehre einsteigen, sind mit großen Umstellungen im Lern- und Arbeitsalltag konfrontiert. Sie müssen sich an neue Arbeitszeiten, neue Arbeitsinhalte, Mitarbeitende, Aufträge und Leistungsanforderungen anpassen. Nebst vielen neuen beruflichen und schulischen Anforderungen arbeiten Berufslernende neu mit Personen verschiedener Generationen und in einer hierarchisch organisierten Arbeitswelt zusammen (vgl. Neuenschwander, 2019). Das erfolgreiche Meistern der Entwicklungsaufgabe des Berufseinstiegs kann für Jugendliche mit ängstlichen oder depressiven Problematiken besonders schwierig sein. Depressive Symptome können als Desinteresse oder Faulheit wahrgenommen werden, oder das bei Angststörungen typische vermeidende Verhalten kann zu Problemen mit Vorgesetzten führen (Kölch, 2019). Überfachliche Kompetenzen wie Gewissenhaftigkeit und Zuverlässigkeit, die in hohem Maße zum Erfolg in der Berufsausbildung beitragen (Neuenschwander, Gerber, Frank, Singer & Bosshard, 2013), können unter der Symptomatik leiden. Es hat sich gezeigt, dass ein Teil der Jugendlichen mit einer psychischen Beeinträchtigung die Lehre abbricht (Baer, Altwicker-Hámori, Juvalta, Frick, & Rüesch, 2015).

4 Untersuchung zu Wohlbefinden und Belastungen von Lernenden mit internalisierender Symptomatik an Berufsfach- und Mittelschulen

Erst wenige Untersuchungen haben sich mit dem Wohlbefinden und den Belastungen von Jugendlichen mit internalisierenden Symptomen im Kontext der allgemeinbildenden und berufsbildenden Ausbildungsgänge in der Schweiz befasst. Im Rahmen einer aktuellen von der Interkantonalen Hochschule für Heilpädagogik und der Hochschule für Soziale Arbeit Luzern durchgeführte Studie mit dem Titel »Enhanced Inclusive Learning« (EIL; Schellenberg, Krauss, Pfiffner & Georgi-Tscherry, 2020) konnte u. a. die Situation von betroffenen Jugendlichen in Berufsschulen und Mittelschulen der Deutschschweiz untersucht werden. Konkret wurde den Fragen nachgegangen, wie häufig die Jugendlichen internalisierende Symptome erleben und ob sich Jugendliche mit internalisierender Symptomatik in ihrem Wohlbefinden und ihrem Belastungserleben in Schule und Beruf von Jugendlichen ohne entsprechende Symptomatik unterscheiden. Im Folgenden werden die Stichprobe der Studie und die eingesetzten Instrumente beschrieben sowie anschließend die Ergebnisse zum Wohlbefinden und Belastungserleben dargestellt

4.1 Stichprobe

Im Zeitraum von September 2018 bis Januar 2019 wurden Jugendliche und junge Erwachsene aus Berufs- und Mittelschulen der Deutschschweiz mittels Fragebogen im Klassenverband befragt. Insgesamt nahmen 66 Klassen (22 Gymnasien und 44 Berufsschulen) aus elf Deutschschweizer Kantonen teil. Die finale Stichprobe bestand aus 907 Jugendlichen und jungen Erwachsenen zwischen 14 und 24 Jahren ($M = 17.69$; $SD = 1.66$; 59 % weiblich). Die Mittelschüler und -schülerinnen (n = 344) stammen aus dem neunten bis 13. Schuljahr und streben eine gymnasiale Maturität[1] an. Die Berufsschüler und -schülerinnen (n = 563) befinden sich in unterschiedlichen Ausbildungsjahren einer drei- bis vierjährigen Ausbildung zum eidgenössischem Fähigkeitszeugnis (EFZ)[2] oder einer zweijährigen Ausbildung zu einem eidgenössischem Berufsattest (EBA)[3].

---

1 Als Maturität wird in der Schweiz die Hochschulzugangsberechtigung bezeichnet.
2 Das eidgenössische Fähigkeitszeugnis EFZ ist eine anspruchsvollere drei- bis vierjährige Berufslehre. Parallel dazu kann eine Berufsmaturität erlangt werden.
3 Das eidgenössische Berufsattest (EBA) ist eine zweijährige Berufslehre, die zu einem eidgenössisch anerkannten Abschluss führt. Sie dient der Vermittlung von Qualifikationen zur Ausübung eines Berufs mit einfacheren Anforderungen.

4.2 Instrumente

Internalisierende Symptome. Um internalisierende Verhaltensprobleme zu erfassen, wurde das bekannte Screening-Instrument »Strengths and Difficulties Questionnaire« (SDQ; H. Klasen, Woerner, Rothenberger & Goodman, 2003) verwendet. Dabei wurden die Subskalen »Emotionale Probleme« und »Probleme mit Gleichaltrigen« betrachtet. Die beiden Subskalen wurden für bestimmte Analysen auch zur Gesamtskala »Internalisierende Symptome« zusammengefasst (gemäss Goodman, Lamping & Ploubidis, 2010).

Gesundheitsbezogene Lebensqualität. Um das Wohlbefinden im Sinne der gesundheitsbezogenen Lebensqualität zu messen, wurde der KINDL-R-Fragebogen (Ravens-Sieberer & Bullinger, 2003) eingesetzt. Der KINDL-R erfragt eine Woche rückblickend sechs Dimensionen der Lebensqualität: körperliches Wohlbefinden, emotionales Wohlbefinden, Selbstwert, Wohlbefinden in der Familie, Wohlbefinden in Bezug auf Freunde/Gleichaltrige und ausbildungsbezogenes Wohlbefinden.

Wahrgenommene Belastung in Schule und Betrieb. Die wahrgenommene schulische Belastung wurde durch eine Skala aus der Studie »Transitionen von der Erstausbildung ins Erwerbsleben« (TREE, 2016) in Anlehnung an Prümper, Hartmannsgruber und Frese (1995) sowie Semmer, Zapf und Dunckel (1999) erfasst. Ein Beispielitem ist »Ich fühle mich im Unterricht überfordert«. Bei den Berufsschülern wurde zusätzlich die wahrgenommene Belastung im Betrieb erfasst. Die Skala stammt ebenfalls aus der TREE-Befragung (2016). Ein Beispielitem lautet »Der Zeitdruck bei der Arbeit ist gross«.

Die Mehrheit aller eingesetzter Instrumente zeichnete sich durch eine gute Reliabilität (Messgenauigkeit) aus.

4.3 Statistische Analysen

Nach der deskriptiven Auswertung der Subskalen »Emotionale Probleme« und »Probleme mit Gleichaltrigen« wurden die beiden Subskalen zur Gesamtskala »Internalisierende Symptome« zusammengefasst. In Anlehnung an gängige Konventionen wurden Personen, die bezüglich internalisierender Symptomatik zu den obersten 20 % der Stichprobe gehören, als auffällig klassifiziert (Bühner, 2011). Die Frage, ob sich Jugendliche mit und ohne internalisierende Symptome in Bezug auf ihr Wohlbefinden im Sinne der gesundheitsbezogenen Lebensqualität und in Bezug auf ihr Belastungserleben in Schule und Betrieb unterscheiden, wurde mittels Tests auf Mittelwertsunterschiede (t-Tests für unabhängige Stichproben: internalisierende Symptome vs. keine internalisierenden Symptome) separat für beide Geschlechter beantwortet.

4.4 Ergebnisse der Studie

Emotionale Probleme und Probleme mit Gleichaltrigen

Die Abbildungen 1 und 2 zeigen die Antworthäufigkeiten der Jugendlichen bei den Fragen zu den beiden Subskalen »Emotionale Probleme« und »Probleme mit Gleichaltrigen« getrennt nach Geschlecht. Bei den emotionalen Problemen erfährt die Frage (»Item«) Nr. 2 (»Ich mache mir häufig Sorgen«) die höchste Zustimmung. Wie bei allen anderen Items der Skala liegt die Häufigkeit der Zustimmung der jungen Frauen (36 %) bedeutend über jener der jungen Männer (17,7 %). Verhältnismäßig viel Zustimmung erhält auch das Item Nr. 4 (»Neue Situationen machen mich nervös; ich verliere leicht das Selbstvertrauen«): 23,7 % der jungen Frauen stimmen dieser Aussage zu und 10,2 % der jungen Männer. Wenn man die Mittelwerte der ganzen Skala zwischen den Geschlechtern vergleicht, wird auch hier deutlich, dass junge Frauen statistisch signifikant höhere Werte in der Skala erzielen als junge Männer.

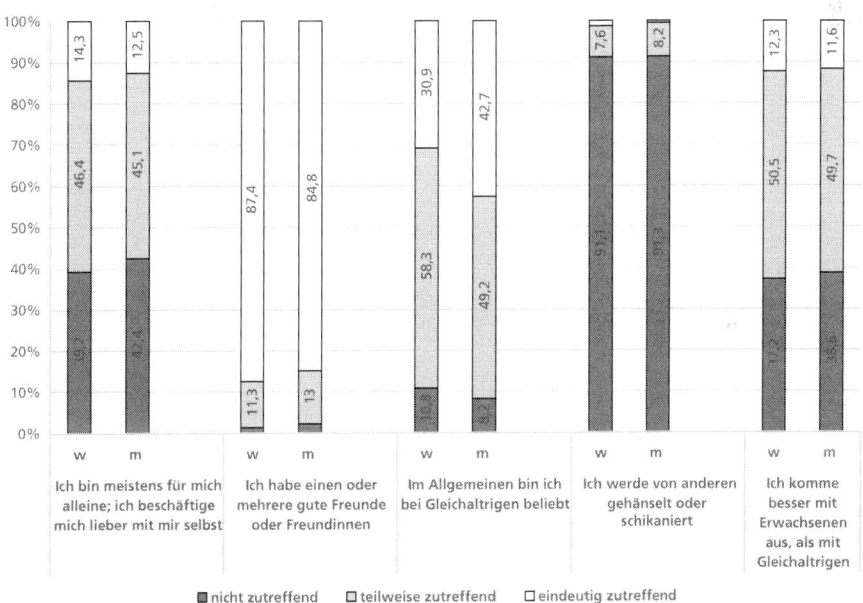

Abb. 1: Subskala »Emotionale Probleme«; w = weiblich, m = männlich; Angaben in Prozent

Bei der Skala »Probleme mit Gleichaltrigen« gibt es gesamthaft keinen statistisch bedeutsamen Geschlechtsunterschied. Junge Frauen und junge Männer haben hier vergleichbare Werte. Nur bei einer Frage gibt es einen Unterschied: So stimmen junge Männer häufiger der Aussage zu, dass sie bei Gleichaltrigen beliebt sind (42,7 % vs. 30,9 % bei jungen Frauen). Weiter stimmen 14,3 % der jungen

Frauen und 12,5 % der jungen Männer der Aussage zu, dass sie meistens alleine sind und sich lieber mit sich selbst beschäftigen. Die tiefste Zustimmung erhält das Item Nr. 4 (»Ich werde von anderen gehänselt oder schikaniert«): 8,9 % der jungen Frauen geben an, dass diese Aussage teilweise oder eindeutig zutreffend ist, sowie 8,7 % der jungen Männer.

Für alle folgenden Analysen wurde, wie bereits beschrieben, aus den beiden Subskalen »Emotionale Probleme« und »Probleme mit Gleichaltrigen« die Gesamt-Skala »Internalisierende Symptome« gebildet und diese mit dem Wohlbefinden und den erlebten Belastungen in Schule und Betrieb in Zusammenhang gebracht.

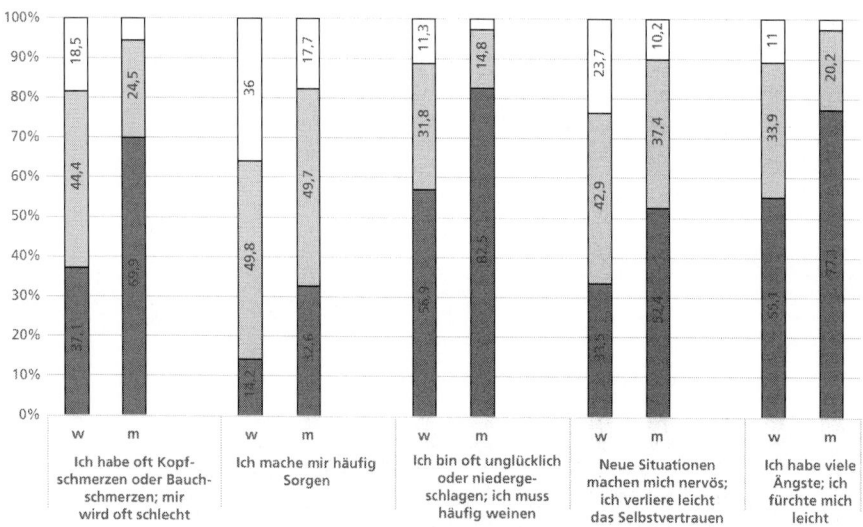

Abb. 2: Subskala »Probleme mit Gleichaltrigen« w = weiblich, m = männlich; Angaben in Prozent

Internalisierende Symptome: Unterschiede nach Geschlecht, Alterskategorien und Schultypen

Junge Frauen geben in unserer Stichprobe bedeutend mehr internalisierende Symptome an im Vergleich zu jungen Männern. Zudem zeigen über 18-jährige junge Frauen gegenüber unter 18-jährigen höhere Werte in den internalen Auffälligkeiten. Bei den jungen Männern ergab sich kein Alterseffekt. Was die beiden Schultypen betrifft (Berufsschule vs. Gymnasium), zeigt sich, dass junge Männer in der Berufsschule mehr internale Auffälligkeiten aufweisen als junge Männer im Gymnasium.

Internalisierende Symptome und Wohlbefinden

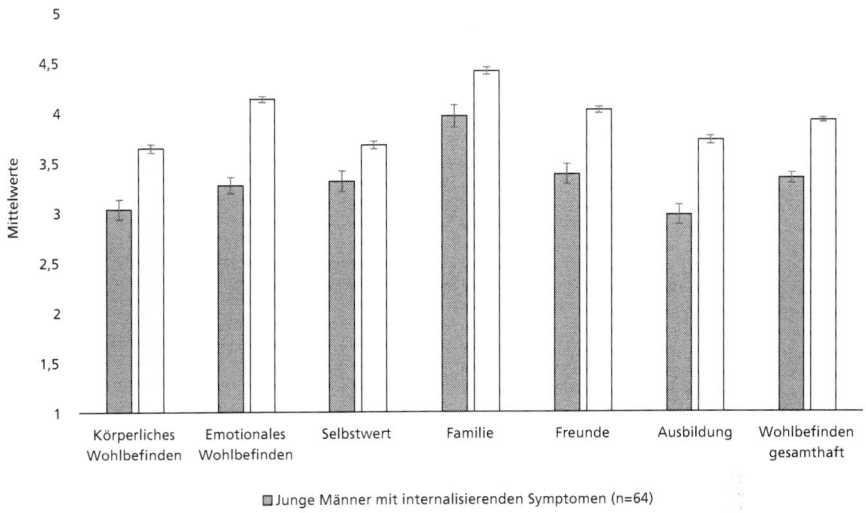

Abb. 3: Mittelwerte in den Subskalen der gesundheitsbezogenen Lebensqualität bei jungen Frauen mit und ohne internalisierende Symptome.

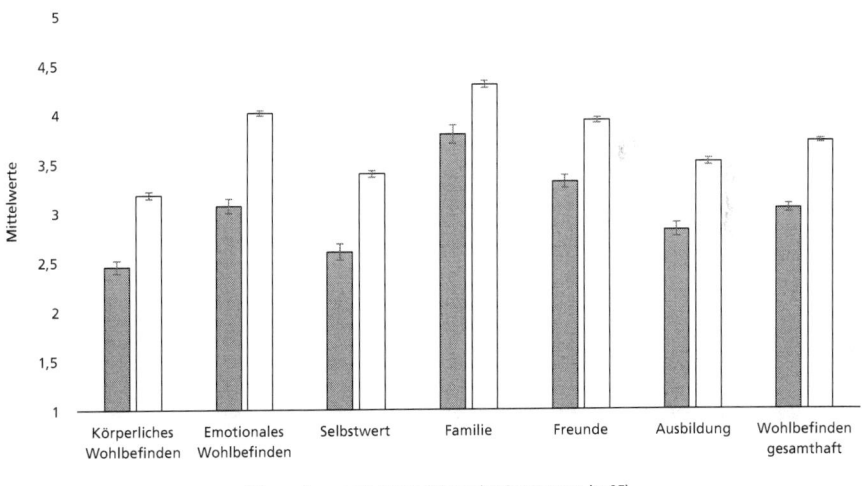

Abb. 4. Mittelwerte in den Subskalen der gesundheitsbezogenen Lebensqualität bei jungen Männern mit und ohne internalisierende Symptome.

Junge Frauen sowie junge Männer mit internalisierenden Symptomen zeigen in allen untersuchten Bereichen des Wohlbefindens bedeutend tiefere Werte als

Jugendliche mit gleichem Geschlecht ohne entsprechende Symptomatik. Die größten Effekte zeigen sich bei jungen Frauen und bei jungen Männern erwartungsgemäß im emotionalen Wohlbefinden. Aber auch das körperliche Wohlbefinden, der Selbstwert sowie das Wohlbefinden bezüglich Familie, Freunde und Ausbildung sind bei den Betroffenen eingeschränkt (siehe Abbildungen 3 und 4).

Internalisierende Symptome und Anforderungsbewältigung

Für die Beantwortung der Frage, wie gut die Jugendlichen mit internalisierender Symptomatik mit den gestellten Anforderungen in Schule und Betrieb zurechtkommen, wurden Einschätzungen zur Belastung in Schule und Betrieb herangezogen. Es zeigte sich, dass junge Frauen mit internalisierenden Symptomen in der Berufs- oder Mittelschule eine höhere schulische Belastung wahrnehmen als junge Frauen ohne entsprechende Symptomatik. Die Berufsschülerinnen mit internalisierenden Auffälligkeiten empfinden zudem auch eine erhöhte Belastung im Betrieb. Bei den jungen Männern zeigt sich nur bei den Mittelschülern ein statistisch signifikanter Unterschied bezüglich schulischer Belastung: Mittelschüler mit internalisierenden Auffälligkeiten nehmen eine höhere schulische Belastung wahr als Mittelschüler ohne entsprechende Auffälligkeiten. Bei den Berufsschülern zeigen sich hingegen keine Unterschiede.

4.5 Diskussion

In Übereinstimmung mit nationalen und internationalen Studien (Hölling et al., 2014; West & Sweeting, 2003) zeigt auch diese Untersuchung im schweizerischen Kontext, dass emotionale Probleme bei jungen Frauen verbreiteter sind als bei jungen Männern. Sie berichten von mehr Ängsten und depressiver Verstimmung als junge Männer. Konkret geben sie im Vergleich zu den jungen Männern stärker an, sich häufig Sorgen zu machen, an Ängsten zu leiden und unglücklich oder niedergeschlagen zu sein sowie von psychosomatischen Symptomen wie Übelkeit und Kopfschmerzen betroffen zu sein. Bei den Problemen mit Gleichaltrigen zeigt sich in unserer Untersuchung im Mittel hingegen kein bedeutender Geschlechtsunterschied. Junge Männer und Frauen, die in der Gesamtskala »Internalisierende Symptomatik« auffällig sind, geben in allen untersuchten Bereichen des Wohlbefindens einen niedrigen Wert an. Das heißt, sie berichten von einem tieferen emotionalen und körperlichen Wohlbefinden, einem tieferen Selbstwert sowie einem tieferen Wohlbefinden bezüglich Familie und Freunden und der Ausbildung. Die Mittelschüler und -schülerinnen mit internalisierenden Problematiken berichten zudem über eine höhere schulische Belastung. Ebenso beschreiben sich junge Frauen in der Berufsschule mit internalisierenden Problematiken auch im Betrieb als stärker belastet verglichen mit jungen Berufsschülerinnen ohne entsprechende Symptomatik.

Die Resultate verdeutlichen, dass sich internalisierende Symptome umfassend auf die Lebenssituation der Betroffenen auswirken und mit einem hohen Leidensdruck verbunden sind. Nicht nur das unmittelbare Befinden, sondern auch die schulische und berufliche Weiterentwicklung können dadurch gefährdet sein.

Die Befunde unterstreichen die Notwendigkeit, betroffene Jugendliche in ihren Entwicklungsverläufen zu unterstützen. Die Schule stellt als sekundäre Sozialisationsinstanz in der Lebenssituation der Heranwachsenden einen zentralen Lern- und Erfahrungsraum dar und ist für die Entwicklung der allgemeinen und psychischen Gesundheit deshalb von großer Bedeutung (Bilz, Hähne, & Melzer 2003; Waldhauer, Kuntz & Lampert, 2018). Die Schule kann auf verschiedenen Ebenen einen Beitrag dazu leisten.

Ganz grundsätzlich scheint es notwendig, dass psychische Auffälligkeiten, und im Spezifischen internalisierende Auffälligkeiten, bei pädagogisch tätigen Personen vermehrt ins Bewusstsein gerückt werden. Auch auf höheren Schulstufen, wo sich Lehrpersonen nicht selten als wissensvermittelnde Fachvertretende sehen, wäre dies anzustreben. Eine verstärkte Vermittlung von klinisch-psychologischem Wissen in der Ausbildung von Lehrpersonen kann diese in die Lage versetzen, erste Anzeichen wahrzunehmen und gegebenenfalls Fachpersonen (z. B. Schulpsychologischer Dienst, Beratungsstellen) miteinzubeziehen. Auch die Jugendlichen selbst sollten über psychische Auffälligkeiten aufgeklärt werden, da das Wissen dazu beitragen kann, dass sich Betroffene bei Bedarf rechtzeitig kompetente Hilfe suchen. Indem psychische Erkrankungen durch Lehrpersonen thematisiert werden und sie dies in einer offenen, unbefangenen Art und Weise tun, kann Vorurteilen und möglichen Stigmatisierungen entgegengewirkt werden. Daneben sollte im Unterricht starke Überforderung vermieden und ein gewisser Spielraum für ein langsameres Tempo und unterschiedliche Lernwege gegeben werden. Ebenso ist ein unterstützendes Schul- und Klassenklima hilfreich, bei dem vertrauensvolle Beziehungen, Solidarität und Rücksichtnahme vorherrschen (vgl. Bilz, 2008).

Im schulischen Setting kann die Zielgruppe zudem im Rahmen von Präventionsprogrammen gut erreicht werden. Es wird dabei zwischen selektiven Programmen, die sich an ausgewählte gefährdete Jugendliche richten, und universellen Programmen, die sich an alle Jugendlichen richten, unterschieden. Bei selektiven Präventionsprogrammen wird internalisierenden Störungen hauptsächlich mit kognitiv-verhaltenstherapeutischen Programmen vorgebeugt. Ein Beispiel eines solchen Programmes ist *Lust An Realistischer Sicht & Leichtigkeit Im Sozialen Alltag* (LARS & LISA; Pössel, Horn, Seeman & Hautzinger, 2004). Das Programm richtet sich an Jugendliche der achten und neunten Klasse und baut auf Selbstmanagement-Fähigkeiten auf. Die teilnehmenden Jugendlichen lernen in geschlechtsgetrennten Gruppen u. a. die Technik der kognitiven Umstrukturierung und verhaltensorientierte Trainings (u. a. Förderung von sozialen Kompetenzen, Einüben von selbstsicherem Verhalten).

Obwohl selektive Programme oftmals größere Effekte für einzelne Teilnehmer erzielen, haben universelle Maßnahmen die bedeutenden Vorteile, dass keine Stigmatisierungseffekte bei Betroffenen entstehen und Probleme der Selektion wegfallen. Programmziel ist dabei oft nicht die Senkung der Anzahl neu auftretender Internalisierungsstörungen, sondern die Reduktion bzw. Konstanthaltung von internalisierenden Symptomen (Pössel, Schneider & Seemann, 2006). Im Rahmen der schulischen Gesundheitsförderung werden vermehrt Mehrebenen-Ansätze eingesetzt, die nicht nur auf das Verhalten der Kinder und Jugendlichen abzielen, sondern auch die Umweltbedingungen und das Verhalten der Eltern und Lehrpersonen in den Blick nehmen und die psychische Gesundheit ganzheitlich als Zusammenspiel von physischen, sozialen und psychischen Aspekten ansehen. Das Präventionsprogramm *MindMatters* (Franze et al., 2007) ist ein solches Programm, das explizit Verbesserungen des psychosozialen Schul- und Klassenklimas und den Aufbau unterstützender Netzwerke (z. B. Tutorensysteme, Elternarbeit) anstrebt. Das Programm wurde Ende der 1990er Jahre an australischen Universitäten in Kooperation mit dem dortigen Gesundheitsministerium zur Förderung der psychischen Gesundheit in Schulen entwickelt. Das erprobte und evaluierte Programm richtet sich an Schülerinnen und Schüler der 1. –13. Jahrgangsstufe aller Schulformen, auch an Übergangsjahre wie Brückenangebote, Berufsvorbereitungsjahr etc. Es ist modular aufgebaut und lässt sich dadurch flexibel an die jeweiligen Gegebenheiten einer Schule anpassen. Das Programm beinhaltet Strategien auf Schulebene (z. B. Kooperation mit außerschulischen Partnern), Klassen- und Unterrichtsebene (z. B. Übungen zum Aufbau stabiler Schülerfreundschaften und zur Förderung des Verbundenheitsgefühls) und auf individueller Ebene (z. B. Übungen zur Förderung von sozialen Kompetenzen, Selbstkonzept). Weiteres Ziel des Programms ist auch die pädagogische Kompetenz der Lehrpersonen zu erhöhen (z. B. mit reflektierenden Lehrpersonen-Tandems, Lehrerfortbildung). Die unterschiedlichen Präventionsansätze sollten weiter erforscht werden, um herauszufinden, wie effektiv sie bei internalisierenden Auffälligkeiten wirken und wie gut sie sich in die schulische Praxis implementieren lassen.

Bei Berufsschülerinnen und -schülern kommt nebst der Schule dem Lehrbetrieb eine besondere Verantwortung zu. Eine vertrauensvolle Beziehung zwischen Lernenden und Ausbildungsverantwortlichen ist dabei wichtig und insbesondere für die Früherkennung von internalisierenden Symptomen hilfreich. Daneben gibt es auch im betrieblichen Setting spezifische Gesundheitsförderungs- und Präventionsprogramme zur Stärkung der psychischen Gesundheit (beispielsweise das Projekt *Friendly Work Space Apprentice* der Gesundheitsförderung Schweiz).

5 Schlussfolgerungen

Das eingeschränkte Wohlbefinden und die erhöhte wahrgenommene schulische (und berufsbezogene) Belastung von Jugendlichen mit internalisierender Symptomatik unterstreicht die Notwendigkeit, den Schutz und die Förderung der psychischen Gesundheit von Jugendlichen als Ziel der Schule anzuerkennen und Bildung und Gesundheit stärker zusammenhängend zu betrachten. Lehrpersonen sollten nicht nur die kognitiven Fähigkeiten im Blick haben, sondern auch die sozioemotionalen Aspekte beachten und insbesondere auch die stillen, angepassten Schüler und Schülerinnen in diesem Bereich fördern. Zudem kann die Schule im Abbau der Tabuisierung und Stigmatisierung von psychischen Beeinträchtigungen eine zentrale Rolle spielen. Für Lehrpersonen bedingt dies eine ausreichende Unterstützung von Seiten der Schulleitung und der Bildungspolitik.

Literatur

Ambord, S., Eichenberger, Y. & Delgrande Jordan, M. (2020): *Gesundheit und Wohlbefinden der 11-bis 15-jährigen Jugendlichen in der Schweiz im Jahr 2018 und zeitliche Entwicklung – Resultate der Studie »Health Behaviour in School-aged Children« (HBSC)* (Forschungsbericht Nr. 113). Lausanne: Sucht Schweiz.

Baer, N., Altwicker-Hámori, S., Juvalta, S., Frick, U. & Rüesch, P. (2015): *Profile von jungen IV-Neurentenbeziehenden mit psychischen Krankheiten*. Beiträge zur sozialen Sicherheit, 15. Bern: Bundesamt für Sozialversicherungen.

Baumgarten, F., Klipker, K., Göbel, K., Janitza, S. & Hölling, H. (2018): Der Verlauf psychischer Auffälligkeiten bei Kindern und Jugendlichen–Ergebnisse der KiGGS-Kohorte. *Journal of Health Monitoring*, 3 (1), 60–65.

Bilz, L. (2008): *Schule und psychische Gesundheit*. Wiesbaden: Springer VS.

Bilz, L. (2013): Die Bedeutung des Klassenklimas für internalisierende Auffälligkeiten von 11-bis 15-Jährigen. Selbstkognitionen als Vermittlungsvariablen. *Psychologie in Erziehung und Unterricht*, 60 (4), 282–294.

Bilz, L., Hähne, C. & Melzer, W. (2003): Die Lebenswelt Schule und ihre Auswirkungen auf die Gesundheit von Jugendlichen. In K. Hurrelmann, A. Klocke, W. Melzer & U. Ravens-Sieberer (Hrsg.), *Jugendgesundheitssurvey. Internationale Vergleichsstudie im Auftrag der Weltgesundheitsorganisation WHO* (S. 243–299). Weinheim: Juventa.

Bühner, M. (2011): *Einführung in die Test-und Fragebogenkonstruktion*. München: Pearson.

Bullinger, M. (2002): Assessing health related quality of life in medicine. An overview over concepts, methods and applications in international research. *Restorative neurology and neuroscience*, 20 (3, 4), 93–101.

Costello, E. J. & Maughan, B. (2015): Annual research review: optimal outcomes of child and adolescent mental illness. *Journal of Child Psychology and Psychiatry*, 56 (3), 324–341.

Ellert, U., Brettschneider, A.-K., Ravens-Sieberer, U. & Group, K. S. (2014): Gesundheitsbezogene Lebensqualität bei Kindern und Jugendlichen in Deutschland. Bundesgesundheitsblatt-Gesundheitsforschung-Gesundheitsschutz, 57 (7), 798–806.

Franze, M., Meierjürgen, R., Abeling, I., Rottländer, M., Gerdon, R. & Paulus, P. (2007): MindMatters – Ein Programm zur Förderung der psychischen Gesundheit in der Sekundarstufe I. Deutschsprachige Adaptation und Ergebnisse des Modellversuchs. *Prävention und Gesundheitsförderung*, 4, 221–227.

Fröjd, S. A., Nissinen, E. S., Pelkonen, M. U., Marttunen, M. J., Koivisto, A.-M. & Kaltiala-Heino, R. (2008): Depression and school performance in middle adolescent boys and girls. *Journal of adolescence*, 31 (4), 485–498.

Goodman, A., Lamping, D. L. & Ploubidis, G. B. (2010): When to use broader internalising and externalising subscales instead of the hypothesised five subscales on the Strengths and Difficulties Questionnaire (SDQ): data from British parents, teachers and children. *Journal of abnormal child psychology*, 38 (8), 1179–1191.

Güntzer, A. (2017): Jugendliche in der Schweiz leiden unter Leistungsdruck und Stress. *Schweizerische Zeitschrift für Heilpädagogik*, 23, 38–44.

Hackauf, H. & Olbrecht, H. (2010): *Jugend und Gesundheit. Ein Forschungsüberblick*. Weinheim: Juventa.

Hölling, H., Schlack, R., Petermann, F., Ravens-Sieberer, U., Mauz, E. & Group, K. S. (2014): Psychische Auffälligkeiten und psychosoziale Beeinträchtigungen bei Kindern und Jugendlichen im Alter von 3 bis 17 Jahren in Deutschland – Prävalenz und zeitliche

Trends zu 2 Erhebungszeitpunkten (2003–2006 und 2009–2012). Bundesgesundheitsblatt-Gesundheitsforschung-Gesundheitsschutz, 57 (7), 807–819.
Hurrelmann, K. & Quenzel, G. (2012): *Lebensphase Jugend. Eine Einführung in die sozialwissenschaftliche Jugendforschung.* Weinheim, Basel: Beltz.
Ihle, W. & Esser, G. (2002): Epidemiologie psychischer Störungen im Kindes-und Jugendalter: Prävalenz, Verlauf, Komorbidität und Geschlechtsunterschiede. *Psychologische Rundschau,* 53 (4), 159–169.
In-Albon, T. (2012): Aktueller Stand Internalisierender Störungen im Kindes- und Jugendalter: Sind sie aus den Kinderschuhen ausgewachsen? *Verhaltenstherapie,* 22 (4), 246–257. doi:10.1159/000345231
Jane Costello, E., Erkanli, A. & Angold, A. (2006): Is there an epidemic of child or adolescent depression? *Journal of child psychology and psychiatry,* 47 (12), 1263–1271.
Karevold, E., Ystrom, E., Coplan, R. J., Sanson, A. V. & Mathiesen, K. S. (2012): A prospective longitudinal study of shyness from infancy to adolescence: Stability, age-related changes, and prediction of socio-emotional functioning. *Journal of abnormal child psychology,* 40 (7), 1167–1177.
Kassis, W., Artz, S. & White, J. (2017): Understanding depression in adolescents: A dynamic psychosocial web of risk and protective factors. Paper presented at the Child & Youth Care Forum.
Klasen, F., Petermann, F., Meyrose, A.-K., Barkmann, C., Otto, C., Haller, A.-C. et al. (2016): Verlauf psychischer Auffälligkeiten von Kindern und Jugendlichen. *Kindheit und Entwicklung,* 25, 10–20.
Klasen, H., Woerner, W., Rothenberger, A. & Goodman, R. (2003): Die deutsche Fassung des Strengths and Difficulties Questionnaire (SDQ-Deu)-Übersicht und Bewertung erster Validierungs-und Normierungsbefunde. *Praxis der Kinderpsychologie und Kinderpsychiatrie,* 52 (7), 491–502.
Kölch, M. (2019): Berufswelt und Familie: Einflussfaktor für die Entwicklung Jugendlicher und junger Erwachsener. In J. Feger, F. Resch, P. Plener, M. Kaess, M. Döpfner, K. Konrad & T. Legenbauer (Hrsg.), *Psychiatrie und Psychotherapie des Kindes- und Jugendalters* (S. 1–8). Berlin, Heidelberg: Springer Reference Medizin
Kouider, E. B. & Petermann, F. (2015): Gemeinsame Risikofaktoren von depressiver und ängstlicher Symptomatik im Kindes-und Jugendalter: ein systematisches Review aus transdiagnostischer Perspektive. *Fortschritte der Neurologie – Psychiatrie,* 83 (06), 321–333.
Little, S. A. & Garber, J. (2004): Interpersonal and achievement orientations and specific stressors predict depressive and aggressive symptoms. *Journal of Adolescent Research,* 19 (1), 63–84.
Mattejat, F., Simon, B., König, U., Quaschner, K., Barchewitz, C., Felbel, D. et al. (2003): Lebensqualität bei psychisch kranken Kindern und Jugendlichen: Ergebnisse der ersten multizentrischen Studie mit dem Inventar zur Erfassung der Lebensqualität bei Kindern und Jugendlichen (ILK). *Zeitschrift für Kinder- und Jugendpsychiatrie und Psychotherapie,* 31 (4), 293–303.
Mojtabai, R., Olfson, M. & Han, B. (2016): National trends in the prevalence and treatment of depression in adolescents and young adults. *Pediatrics,* 138 (6), e20161878.
Neuenschwander, M. (2019): Übergänge in die Berufsausbildung. In B. Kracke & P. Noack (Hrsg.), Handbuch Entwicklungs-und Erziehungspsychologie (S. 425–438). Berlin: Springer.
Neuenschwander, M., Gerber, M., Frank, N., Singer, A. & Bosshard, S. (2013): *Sozialisationsprozesse beim Übergang in den Lehrbetrieb (SoLe). Dokumentation der Lernendenbefragung. Zwischenerhebungen.* Unveröffentlichtes Manuskript, Zentrum Lernen und Sozialisation, Pädagogische Hochschule Nordwestschweiz, Solothurn.
Pössel, P., Horn, A. B., Seeman, S. & Hautzinger, M. (2004): *Trainingsprogramm zur Prävention von Depressionen bei Jugendlichen: LARS&LISA: Lust an realistischer Sicht & Leichtigkeit im sozialen Alltag.* Göttingen: Hogrefe.
Pössel, P., Schneider, S. & Seemann, S. (2006): Effekte und Kosten universaler Prävention von Internalisierungsstörungen bei Kindern und Jugendlichen. *Verhaltenstherapie,* 16 (3), 201–210.

Prümper, J., Hartmannsgruber, K. & Frese, M. (1995): KFZA. Kurz-Fragebogen zur Arbeitsanalyse. *Zeitschrift für Arbeits-und Organisationspsychologie, 39* (3), 125–131.

Ravens-Sieberer, U. & Bullinger, M. (2003): Der Kindl-R Fragebogen zur Erfassung der gesundheitsbezogenen Lebensqualität bei Kindern und Jugendlichen – Revidierte Form. In *Diagnostische Verfahren zu Lebensqualität und Wohlbefinden* (S. 184–188): Hogrefe Göttingen.

Sawyer, M. G., Whaites, L., Rey, J. M., Hazell, P. L., Graetz, B. W. & Baghurst, P. (2002): Health-related quality of life of children and adolescents with mental disorders. Journal of the American Academy of Child & Adolescent Psychiatry, 41 (5), 530–537. doi:10.1097/00004583-200205000-00010

Schellenberg, C., Krauss, A., Pfiffner, M. & Georgi-Tscherry, P. (2020): Inklusive Didaktik und Nachteilsausgleich an Berufsfachschulen und Gymnasien. Ergebnisse des Forschungsprojektes »Enhanced Inclusive Learning«. *Schweizerische Zeitschrift für Heilpädagogik, 26* (7–8), 17–25.

Schumacher, J., Klaiberg, A. & Brähler, E. (2003): *Diagnostik von Lebensqualität und Wohlbefinden – Eine Einführung*. Paper presented at the Diagnostische Verfahren zu Lebensqualität und Wohlbefinden. Göttingen: Hogrefe.

Semmer, N., Zapf, D. & Dunckel, H. (1999): Instrument zur stressbezogenen Tätigkeitsanalyse (ISTA). *Handbuch psychologischer Arbeitsanalyseverfahren, 14*, 179–204.

Sim, H.-o. (2000). Relationship of daily hassles and social support to depression and antisocial behavior among early adolescents. *Journal of Youth and Adolescence, 29* (6), 647–659.

Somersalo, H., Solantaus, T. & Almqvist, F. (2002): Classroom climate and the mental health of primary school children. *Nordic journal of psychiatry, 56* (4), 285–290.

Sonnenmoser, M. (2007): Depressionen im Kindes- und Jugendalter. Die unsichtbare Erkrankung. *Deutsches Ärzteblatt, 9*, 424–426.

TREE. (2016): *Konzepte und Skalen. Erhebungswellen 1 bis 9, 2001–2015*. Bern: TREE.

Twenge, J. M. (2020): Why increases in adolescent depression may be linked to the technological environment. *Current opinion in psychology, 32*, 89–94.

Waldhauer, J., Kuntz, B. & Lampert, T. (2018): Unterschiede in der subjektiven und psychischen Gesundheit und im Gesundheitsverhalten bei 11-bis 17-jährigen Jugendlichen an weiterführenden Schulen in Deutschland. *Bundesgesundheitsblatt-Gesundheitsforschung-Gesundheitsschutz, 61* (4), 374–384.

Walitza, S. & Melfsen, S. (2016): Angststörungen im Kindes-und Jugendalter. *Monatsschrift Kinderheilkunde, 164* (4), 278–287.

Weitkamp, K., Daniels, J. K., Romer, G. & Wiegand-Grefe, S. (2013): Health-related quality of life of children and adolescents with mental disorders. *Health and quality of life outcomes, 11* (1), 129. doi:10.1186/1477-7525-11-129

West, P. & Sweeting, H. (2003): Fifteen, female and stressed: changing patterns of psychological distress over time. *Journal of child psychology and psychiatry, 44* (3), 399–411.

Wille, N., Bettge, S., Wittchen, H.-U., Ravens-Sieberer, U. & BELLA Study Group. (2008): How impaired are children and adolescents by mental health problems? Results of the BELLA study. *European child & adolescent psychiatry, 17* (1), 42–51.

Aktuelle Therapiemethoden zur kognitiv-behavioralen Behandlung sozial ängstlicher Kinder und Jugendlicher

Siebke Melfsen & Susanne Walitza

Die soziale Angststörung im Kindes- und Jugendalter kann zu gravierenden Folgen führen. Wenn in diesem Lebensabschnitt eine große Anzahl an sozialen Situationen vermieden werden, kann es zu Beeinträchtigungen in der sozialen und kognitiven Entwicklung sowie der schulischen Leistungen kommen. Soziale Isolation und Verzweiflung können folgen. Umso wichtiger ist es, dieses Störungsbild frühzeitig zu erkennen, es ernst zu nehmen und so bald wie möglich eine passende therapeutische Behandlung zu ermöglichen.

Dieser Beitrag beschäftigt sich mit aktuellen psychotherapeutischen Ansätzen zur kognitiv-behavioralen Behandlung sozial ängstlicher Kinder und Jugendlicher. Die kognitiv-behavioralen Therapieansätze haben sich für Angststörungen im Allgemeinen als sehr erfolgreich erwiesen (Hollon & Beck, 2013). Allerdings werden auch ihre Grenzen immer deutlicher. So zeigte sich, dass viele Kinder und Jugendliche durch klassische Therapieansätze nicht erreichbar sind. Und auch von denen, die Zugang zu einer kognitiv-behavioralen Therapie bekamen, profitierten nicht alle (Walkup et al., 2008; Gibby, Casline & Ginsburg, 2017). Insbesondere sozial ängstliche Kinder profitieren deutlich geringer von kognitiv-behavioralen-Methoden als Kinder mit anderen Angststörungen (Reynolds et al., 2012). Die aktuelle Therapieforschung hat sich deshalb der Weiterentwicklung klassischer und der Entwicklung neuer Therapieansätze zugewandt, die in diesem Kapitel vorgestellt werden.

1 Therapiebedürftigkeit

Vor Beginn einer Behandlung der sozialen Angst muss abgeklärt werden, ob tatsächlich eine Therapiebedürftigkeit besteht. Unter dem Oberbegriff der »Sozialen Angst« existiert nämlich eine Vielzahl unterschiedlicher Konzepte, die die Frage nach therapeutischer Behandlungsbedürftigkeit erschweren, wie das nachfolgende Fallbeispiel zeigt:

> **Fallbeispiel**
>
> Jana war immer schon ein schüchternes Kind gewesen, das in ihr fremden Situationen angespannt wirkte und überwiegend schwieg. Häufig reagierte sie

> mit Rückzug. Dabei boten ihre Eltern, hinter denen sie sich gerne versteckte, Schutz. In der Klasse hatte sie keine Freunde. Ihre Eltern überlegten, ob ihr eine Therapie helfen könnte.

Beispiele für existierende Konzepte sind »soziale Angststörung«, »soziale Entwicklungsängste«, »Verhaltenshemmung« (behavioral inhibition), »Schüchternheit« und »soziale Kompetenzdefizite«. Diese Konzepte haben eigene Forschungstraditionen, lassen aber aufgrund starker Überlappung oftmals keine echte Differenzierung zwischen ihnen zu. Darüber hinaus gibt es Konzepte, die der sozialen Angst ähnlich sind, nicht aber zu ihr gezählt werden, wie »Ungeselligkeit«, »Introversion« oder die Temperamentseigenschaft »Slow-to-warm-up«. Um zu entscheiden, ob eine Therapie notwendig ist, gibt es keine klaren Richtlinien, sondern nur Orientierungsmöglichkeiten.

> **Abklärung der Therapiebedürftigkeit:**
>
> Ängste sind dann behandlungsbedürftig, wenn sie
>
> a) starke und anhaltende Beeinträchtigungen hervorrufen,
> b) eine normale Entwicklung langfristig beeinträchtigen,
> c) Probleme in der Familie, Schule oder anderen wichtigen Lebensbereichen auslösen (Barrios & O'Dell, 1989).

Eine Indikation für eine Therapie ist dementsprechend eine dauerhafte, unangemessene Furcht vor sozialen oder Leistungssituationen, die zu Nachteilen für die Entwicklung des Kindes führt.

2 Methoden der klassischen kognitiv-behavioralen Angsttherapie

2.1 Überblick über klassische kognitiv-behaviorale Interventionsmethoden

Bei sozial ängstlichen Kindern besteht das primäre Therapieziel im Angstabbau. Je nachdem welche Prozesse und Faktoren die Angst beeinflussen, stehen dazu unterschiedliche Interventionsmethoden zur Verfügung. Zu diesen kognitiv-behavioralen Interventionsmethoden zählen die Psychoedukation, die Konfrontation mit Angstsituationen, die Veränderung kognitiver Verzerrungen, wie das schnelle Entdecken bedrohlicher sozialer Reize, der Aufbau von Selbstwirksamkeitsüberzeugungen und ggf. der Aufbau sozialer Kompetenzen. Eingeschlossen ist häufig noch das Erziehungsverhalten von Bezugspersonen. Ein alternativer Behandlungsansatz ist das Angstmanagement

Psychoedukation: Zu Beginn einer Therapie steht in der Regel die Psychoedukation im Vordergrund. Es werden Informationen über die soziale Angststörung, über deren Ursachen und die Behandlungsmethoden mit dem Ziel vermittelt, dass das Kind und seine Bezugspersonen die sozialen Ängste und die Therapieprinzipien verstehen und die Motivation der Beteiligten verstärkt wird, zur Bewältigung der Ängste in der Therapie mitzuarbeiten.

Konfrontation: Bei der Konfrontation, auch Exposition genannt, werden die sozial ängstlichen Kinder in jene Situationen gebracht, die Angst auslösen, um sie bis zu einem ausreichend starken Angstrückgang auszuhalten. Dabei werden sowohl Flucht- als auch Vermeidungsverhalten unterbunden. Ziel ist es, Befürchtungen zu überprüfen und Gewöhnungsprozesse (Habituation) zu ermöglichen. Es soll vermittelt werden, dass die Angst auslösenden Situationen ertragen werden können, die Angst allmählich abnimmt und befürchtete Konsequenzen nicht eintreten. Das Vermeidungsverhalten hingegen hält die Angststörung aufrecht, indem es die Bewältigung und neue Erfahrungen verhindert. Eine sorgfältige Vorbereitung auf die Konfrontation ist essentiell. Bei Kindern wird in der Regel die gestufte Reizkonfrontation empfohlen anstelle eines massierten Vorgehens, bei dem mit einer stark angstauslösenden Situation begonnen würde. Außerdem wird zwischen der Konfrontation in der Realität (in vivo) und der Vorstellung (in sensu) unterschieden.

Kognitive Interventionen: Kognitive Strategien umfassen eine Vielzahl unterschiedlicher Verfahren, wie Selbstbeobachtungs- und Selbstkontrollverfahren, Selbstinstruktionstrainings oder Problemlösetrainings. Ziel ist es, die kognitiven Anteile einer Störung so zu verändern, dass sie angemessener und realitätsnäher sind. Bei sozialen Angststörungen zielen die kognitiven Methoden auf die Korrektur von Fehlinterpretationen und die Entwicklung einer alternativen Erklärung für das Verhalten der Interaktionspartner (Clark und Wells, 1995). Dazu werden Interventionen wie Realitätsprüfung, Entkatastrophisierung oder Vorhersagetestung eingesetzt.

Soziales Kompetenztraining: Beim sozialen Kompetenztraining werden die Fähigkeiten eingeübt und trainiert, die die Bewältigung sozialer Situationen ermöglichen. Eingeübt werden verbale und nonverbale Kommunikationsfähigkeiten, die zum Beispiel zum Herstellen und zur Aufrechterhaltung von Kontakten notwendig sind, zur Ablehnung von Forderungen, zur Kritikfähigkeit oder dazu, öffentlich beachtet zu werden (vgl. Ullrich & de Muynck, 2002).

Angstmanagement: Beim alternativen Behandlungsansatz des Angstmanagements ist das Ziel die Angstreduktion, indem Bewältigungsstrategien vermittelt werden (vgl. Hofmann et al., 2012). Zu diesen Bewältigungsstrategien zählen Entspannungsverfahren und die systematische Desensibilisierung. Bei letzterem werden die Kinder in einen entspannten Zustand versetzt, während sie in der Vorstellung mit den angstauslösenden Reizen konfrontiert werden. Im Unterschied zur Konfrontation werden also Angst reduzierende Strategien eingesetzt. Zur Entspannung können zum Beispiel ein vorher eingeübtes Entspannungstraining wie die Progressive Muskelrelaxation oder Fantasiegeschichten dienen. Auch eine Desensibilisierung in vivo ist möglich. Teilweise werden soziale oder materielle Verstärker eingesetzt, wenn Fortschritte in der Bewältigung von Angstsituationen erkennbar sind.

Kognitiv-behaviorale Methoden zur Behandlung sozialer Angststörungen

- *Psychoedukation*: Informationen über die soziale Angststörung und ihre Behandlung
- *Konfrontation*: Aushalten der Angst auslösenden sozialen Situationen ohne Vermeidungsverhalten, um Gewöhnung zu ermöglichen
- *Kognitive Interventionen*: Korrektur von Fehlinterpretationen, alternative Verhaltensinterpretationen
- *Soziales Kompetenztraining*: Einüben von Fertigkeiten zur Bewältigung sozialer Situationen
- *Angstmanagement*: Anders als bei der Konfrontation werden Bewältigungsstrategien wie Entspannungsverfahren, Selbstverbalisation o. ä. vermittelt, um pro-aktiv das Aufkommen von Angst in sozialen Situationen zu reduzieren.

2.2 Therapiemanuale

Im Bereich der verhaltenstherapeutischen Behandlung von sozial ängstlichen Kindern haben drei Programme eine größere internationale Bedeutung erlangt: Das Programm »*Coping cat – child behaviour therapy*« (CAT) von Kendall (1994) wurde vielfach übersetzt und auf verschiedene Störungsbilder angepasst (z. B. Barrett et al., 1996). Die »*Cognitive behavioural group therapy for social anxiety disorder in adolescents*« (CBGT-A; Albano et al., 1991; deutsche Übersetzung von Joormann und Unnewehr, 2002) zielt auf die Behandlung sozial ängstlicher Jugendlicher. Die »*Social effectiveness therapy for children*« (SET-C; Beidel et al., 1996) ist auch für jüngere Kinder geeignet.

Für den deutschen Sprachraum liegen neben den Übersetzungen dieser Programme weitere Therapiemanuale vor. Von Tuschen-Caffier, Kühl und Bender (2009) wurde das Gruppenprogramm »*Sozial Ängste und soziale Angststörung im Kindes- und Jugendalter*« entwickelt. Büch und Döpfner (2012) veröffentlichten für die Einzeltherapie das Interventionsprogramm »*Soziale Ängste (THAZ)*«. Ebenfalls für die Einzeltherapie entwickelten Melfsen und Walitza (2012) das »*Sei kein Frosch-Programm*«. Das Programm »*Soziale Phobie bei Jugendlichen*« von Steil et al. (2011) ist für die Einzeltherapie von Jugendlichen ab 14 Jahren geeignet. Die Förderung sozialer Kompetenz steht bei den Gruppenprogrammen »*Mutig werden mit Til Tiger*« (Ahrens-Eipper et al., 2010) und »*Training mit sozial unsicheren Kindern*« (Petermann et al. 2010) im Vordergrund.

> **Beispiele für deutschsprachige Therapiemanuale zur kognitiv-behavioralen Behandlung sozial ängstlicher Kinder**
>
> - Behandlung der Sozialen Phobie bei Kindern und Jugendlichen: Ein kognitiv-verhaltenstherapeutisches Gruppenprogramm (Joormann & Unnewehr, 2002).
> - Mutig werden mit Til Tiger (Ahrens-Eipper, Leplow & Nelius, 2010)
> - Training mit sozial unsicheren Kindern (Petermann & Petermann, 2010)
> - Soziale Ängste und soziale Angststörungen im Kindes- und Jugendalter (Tuschen-Caffier, Kühl & Bender, 2009)
> - Soziale Phobie bei Jugendlichen (Steil, Matulis, Schreiber & Stangier, 2011)
> - Soziale Ängste (THAZ; Büch & Döpfner, 2012)
> - Sei-kein-Frosch-Programm (Melfsen & Walitza, 2012)

Beispiel eines Therapiemanuals: »Sei kein Frosch« (Melfsen & Walitza, 2012)

Das »Sei kein Frosch«-Programm (Melfsen & Walitza, 2012) ist ein kognitiv-behaviorales Interventionsprogramm für die einzeltherapeutische Behandlung sozial ängstlicher Kinder im Grundschulalter. Die Therapie umfasst ca. 20 wöchentlich stattfindende Sitzungen von 50–60 Minuten Dauer mit zusätzlich vier Elternsitzungen und einer Auffrischungssitzung. Das Programm basiert auf dem kognitiven Modell der sozialen Angst von Clark und Wells (1995), nach dem sozial ängstliche Personen ihre Aufmerksamkeit in starkem Ausmaß auf sich selbst, statt auf externale Reize richten. Das Modell stellt sogenannte Sicherheitsverhaltensweisen in den Fokus, bei denen es sich um Verhaltensweisen handelt, die eigentlich zur Reduktion von Angstsymptomen dienen sollen (z. B. die Hände vor das Gesicht zu halten, um das Erröten zu vertuschen), tatsächlich aber ganz entscheidend zur Aufrechterhaltung der Angst beitragen. Auch werden vermehrt fehlerhafte negative Rückschlüsse hinsichtlich der eigenen Wirkung auf andere gezogen. Und schließlich wird die soziale Interaktion durch problematische Pre-Event-Verarbeitung (z. B. durch den Gedanken, bisher in entsprechenden Situationen immer versagt zu haben) und Post-Event-Verarbeitung (z. B. eine abschließende globale negative Bewertung der Situation) erschwert.

Damit die Therapie den Kindern auch Freude macht, werden die Interventionen in verschiedene, kinderfreundliche Aktionen eingebettet (▶ Abb. 1), wie gemeinsame Spiele, Lieder, Zeichnungen, Handpuppenspiele, Geschichtenerzählen, Metaphern und Bastelarbeiten. Das Angsterleben wird externalisiert als Monster dargestellt, während der Frosch als ruhiges und zurückhaltendes Tier als Verhaltensmodell dient, mit dem sich sozial ängstliche Kinder leicht identifizieren können. Im Mittelpunkt der Therapie stehen Verhaltensexperimente, die verlangen, sich mit Angst auslösenden Situationen zu konfrontieren. Anders als Expositionen haben sie aber nicht die Habituation, sondern die Überprüfung von Überzeugungen zum Ziel. Schwerpunktmäßig wird das Sicherheitsverhalten berücksichtigt. Auch ein Training zur Externalisierung der Aufmerksamkeit ist Teil der Therapie, um die Aufmerksamkeit auf externe Reize anstelle auf interne zu lenken. Übungen zur sozialen Kompetenz erfolgen nur dann, wenn tatsächlich Defizite vorliegen, werden aber nicht standardmäßig durchgeführt (vgl. Melfsen et al. 2006). Hausaufgaben zur Generalisierung und Festigung des Erlernten sind ein wesentlicher Bestandteil der Therapie. Ein »Notfallkoffer« und eine »Erinnerungskiste« dienen zur Vorbereitung auf möglicherweise wieder stärker werdende Ängste.

2.3 Empirische Befunde

Verschiedene Studien bestätigen, dass die kognitiv-behaviorale Therapie für Kinder und Jugendliche mit Angststörungen wirkungsvoll ist (z. B. Bodden et al., 2008; Hollon & Beck, 2013; Rapee, Schniering, & Hudson, 2009). Es zeigt sich jedoch auch, dass Kinder und Jugendliche mit der Diagnose einer sozialen Angststörung insgesamt weniger stark profitieren als Kinder und Jugendliche mit anderen Angststörungen (Reynolds et al., 2012; Hudson et al., 2015). Außerdem sprachen sie langsamer auf die Therapie an als Kinder mit anderen Angststörungen. Klinisch bedeutsame Prädiktoren für eine höhere Wirksamkeit der Therapie konnten bislang nicht festgestellt werden (Heinrichs, 2019).

2.4 Weitere Behandlungsparameter

Einzelsetting vs. Gruppensetting: Prinzipiell kann die Angstbehandlung sowohl im Gruppensetting als auch im Einzelsetting durchgeführt werden oder aber beide Settings verbinden. Im Gruppensetting ist die Situation selbst eine Konfrontationsübung. Die Rückmeldung durch Gruppenteilnehmer kann dysfunktionale Annahmen korrigieren. Ebenso kann die Begegnung mit anderen Gleichaltrigen mit ähnlichen Problemen positive Effekte haben. Allerdings ist es in der Praxis insbesondere für ambulant arbeitende Psychotherapeuten problematisch, homogene Gruppen innerhalb eines angemessenen Zeitrahmens zusammenzustellen. Insbesondere stark sozial ängstliche Kinder und Jugendliche können durch Gruppensituationen auch überfordert sein und eine Teilnahme ablehnen, während das Einzelsetting einen Therapieeinstieg ermöglichen kann. Ein weiterer Vorteil des Einzelsettings besteht in der stärkeren Individualisierung der Therapie, die stärker an die Besonderheiten des Kindes angepasst werden kann (Melfsen & Walitza, 2012). Studien weisen darauf hin, dass im Einzelsetting zumindest vergleichbare, teilweise bessere Ergebnisse als im Gruppensetting erzielt werden können (Manassis et al., 2002; Flannery-Schroeder & Kendall, 2000; Stangier et al., 2003).

Einbezug von Eltern oder Familien: Öst et al. (2015) fanden, dass bei sozial ängstlichen Kindern im Alter von 8–14 Jahren die begleitende Psychoedukation der Eltern zu keiner besseren Therapiewirksamkeit führte. Diese Frage, ob der Einbezug von Eltern in die Psychotherapie überhaupt hilfreich ist, wird in den letzten Jahren immer kritischer diskutiert. So zeigten auch verschiedene Meta-Analysen allgemein bei Angststörungen keine erhöhte Wirksamkeit, wenn die Eltern mit einbezogen wurden (In-Albon & Schneider, 2007; Reynolds, Wilson, Austin & Hooper, 2012; Silverman, Pina & Viswesvaran, 2008; Spielmans, Pasek & McFall, 2007). Die Überlegung, dass sich die Therapien auf die Behandlung der ängstlichen Kinder beschränken sollten, steht damit im Raum – auch vor dem Hintergrund, dass der Einbezug von Eltern kostenintensiver ist, ohne dass dem eine verbesserte Wirksamkeit gegenübersteht.

Bei Zwangsstörungen im Kindes- und Jugendalter liegt eine ausführliche Studienlage zum Einbezug der Eltern in die kognitiv-behaviorale Therapie vor und zeigt, dass die Effektstärken sich dadurch nochmals sehr verbessern. U. a. unterstützen Eltern, wenn sie nicht in die Therapie einbezogen sind, oftmals indirekt oder auch direkt das vermeidende Verhalten, was wie bei Angststörungen eine aufrechterhaltende Wirkung im Hinblick auf die Zwangssymptome hat. Bei Zwängen von Vorschulkindern ist die Arbeit mit den Eltern oftmals die entscheidende Behandlungskomponente (Brezinka et al., 2020).

In den aktuell vorliegenden Studien zur Behandlung sozialer Angst ist der Einbezug der Eltern in sehr unterschiedlicher Art und Weise erfolgt. Deshalb sollte die nächstliegende Frage zunächst lauten, welche Art von elterlicher Unterstützung in Therapien hilfreich sein könnte, bevor grundsätzlich der Einbezug der Eltern in Frage gestellt wird. Studien zeigen nämlich auch, dass der Einbezug von Eltern zumindest für die Aufrechterhaltung der Therapieerfolge von Bedeutung sein kann (Manassis et al. 2014; Maric, Van Steensel & Bögels, 2015), da Eltern ihr Kind im Alltag leichter ermutigen können, in der Therapie Gelerntes anzuwenden. Der Einbezug von Eltern kann deshalb die Generalisierung nichtängstlichen Verhaltens unterstützen. Durch den Einbezug der Eltern können auch leichter Therapie-hemmende Faktoren, die durch die Eltern bedingt sind, erkannt und angesprochen werden. Außerdem stellt sich die Frage, bis zu welchem Alter der Einbezug von Eltern förderlich sein kann.

Bei der Frage, inwieweit der Einbezug von Eltern hilfreich ist, sollte man auch berücksichtigen, dass in der Regel Kind und Eltern gemeinsam durch die Angsterkrankung des Kindes belastet sind, wenn das Kind zum Beispiel die Schule nicht mehr besuchen will oder nicht mehr an anderen Veranstaltungen, Kontakten oder Einladungen teilnehmen kann. Die meisten Eltern machen sich Selbstvorwürfe, weil sie sich für die Ängste ihres Kindes verantwortlich fühlen, was sie zusätzlich belastet. Elternsitzungen könnten so auch dazu beitragen, dass Eltern entlastet werden, was sich wiederum positiv auf das Familienklima und damit auch auf die Entwicklung des Kindes auswirken kann (Bögels et al., 2008).

3 Weitere innovative Forschungsansätze

3.1 Gründe für weitere innovative Forschungsansätze

Die kognitiv-behaviorale Therapie hat sich in den wissenschaftlichen Studien als wirksamer und effektiver Therapieansatz für Angststörungen herausgestellt. Trotzdem gibt es zwei wichtige Gründe, die sich einer erfolgreichen kognitiv-behavioralen Therapie entgegenstellen (Maric, Willard, Wrzesien & Bögels, 2019): Zum einen ist diese Therapieform trotz ihrer allgemeinen Effektivität nicht für alle Kinder und Jugendlichen, die unter einer Angststörung leiden, wirksam (Walkup et al., 2008; Gibby, Casline & Ginsburg, 2017), was insbesondere für die Gruppe der Kinder und Jugendlichen mit einer sozialen Angststörung gilt (Hudson et al., 2015). Zum anderen ist es vielen Kindern und Jugendlichen nicht möglich, Zugang zu dieser Therapieform zu erhalten. Eine Studie von Chavira et al. (2004) zeigte zum Beispiel, dass ungefähr 72 % der Kinder mit einer Angststörung keine Behandlung erhalten können. Die Gründe hierfür sind vielzählig und schließen die hohen Kosten und die geographische Beschränkung des Therapieangebots auf überwiegend städtische Ballungsräume ein. Für viele Familien, für die Eltern ebenso wie für das betroffene Kind, ist zudem der hohe Zeitaufwand, den eine Therapie mit sich bringt, nicht zu leisten.

Aus diesen Gründen wurden einerseits bestehende Therapiemethoden weiterentwickelt, um sie stärker den Bedürfnissen der Betroffenen anzupassen. Dazu zählt die Entwicklung von kurzzeitigen Intensivtherapien sowie von kognitiv-behavioralen Selbsthilfeangeboten. Hinzugekommen sind auch Computer-gestützte neue Ansätze in der Angsttherapie. Zum anderen liegt ein Schwerpunkt auf der Entwicklung und Überprüfung neuer Therapieansätze, denen eine andere Sichtweise auf ätiologische und aufrechterhaltende Faktoren der Angststörungen zugrunde liegt, wie es z. B. für die Methoden der Achtsamkeit und Selbstfürsorge zutrifft.

3.2 Kurzzeitige Intensivtherapien

Um Therapien leichter zugänglich zu machen, sowohl aus motivationaler als auch aus praktischer Perspektive, wurden kurzzeitige Intensivtherapien entwickelt. Sie beschränken sich auf eine geringere Anzahl von Therapiesitzungen und einen geringeren zeitlichen Rahmen als herkömmliche Therapien. Insbesondere für vielbeschäftigte Familien mit wenig verfügbarer Zeit oder Familien aus ländlichen Gegenden mit eingeschränkter Therapiemöglichkeit stellen sie eine gute kostengünstigere Alternative zu herkömmlichen kognitiv-behavioralen Therapien dar, deren Sitzungen in der Regel einmal wöchentlich über eine Zeitraum von 20–25 Wochen stattfinden. Ein erstes Kurzzeitprogramm für Kinder im Alter von 8 bis 11 Jahren wurde von Gallagher et al. (2004) entwickelt und umfasst drei dreistündige Therapieeinheiten mit Psychoedukation, kognitiver Arbeit und Expositionen. Die Ergebnisse waren zwar ermutigend, fielen aber schwächer aus als bei herkömmlichen Therapien. Eine weitere Kurzzeittherapie für 7–12-jährige sozial ängstliche Kinder wurde von Donovan et al. (2015) entwickelt. Sie bezogen zusätzlich noch ein soziales Kompetenztraining und ein Elterntraining in die Behandlung mit ein. Die Therapie erstreckte sich über drei Wochenenden mit insgesamt 12 Stunden und zeigte vergleichbare Ergebnisse wie die Studie von Gallagher, also ebenfalls eine etwas niedrigere Wirksamkeit als herkömmliche Therapien. Zukünftige Forschung sollte sich mit der Verbesserung der Wirksamkeit beschäftigen.

3.3 Selbsthilfe-Programme

Bei psychologischen Selbsthilfe-Programmen handelt es sich um selbstgesteuerte Behandlungen zur Überwindung von psychischen Problemen oder einer psychischen Störung mit geringer professioneller Hilfestellung. Die Instruktionen für die Interventionen erfolgen überwiegend in schriftlicher oder digitaler Form mit minimalem Therapeutenkontakt. Unterschieden werden kann das Ausmaß, in dem Eltern, und das Ausmaß, in dem Therapeuten in die Therapie einbezogen werden.

Primäres Ziel von Selbsthilfe-Programmen ist es, die Intervention einem weiten Kreis von Betroffenen zugänglich zu machen, insbesondere jenen, die aus persönlichen, finanziellen oder geographischen Gründen sonst keinen Zugang zu einer Therapie bekämen. Im Vergleich zu herkömmlichen kognitiv-behavioralen Therapieprogrammen bergen diese leicht zugänglichen und kostengünstigen Selbsthilfeprogramme weitere Vorteile für betroffene Kinder und Jugendliche und deren Familien (McLellan, Fitzpatrick, Schniering & Rapee, 2019): Es gibt – je nachdem, wie stark ein Psychotherapeut in dem Programm involviert ist – kaum Wartezeiten. Eine höhere Anonymität wird häufig als angenehm von den Betroffenen bewertet, die ihre Privatsphäre stärker gewahrt sehen. Außerdem wird eine geringere Stigmatisierung erlebt. In praktischer Hinsicht ist eine größere Flexibilität und Autonomie in der Art der Durchführung der Interventionen ebenso hinsichtlich Ort und Zeit möglich. Für junge Menschen besitzen gerade internetbasierte Selbsthilfeprogramme eine höhere Attraktivität.

Wichtig speziell bei der Entwicklung von Selbsthilfeprogrammen für Kinder und Jugendliche ist die Berücksichtigung von Entwicklungs- und Leistungsstand. Dazu zählt auch die Berücksichtigung der Lesefähigkeiten. Bei jüngeren Kindern kann elterliche Unterstützung notwendig sein.

Im Folgenden werden zwei Gruppen von Selbsthilfe-Programmen vorgestellt: Die Bibliotherapie und die internetbasierte Therapie für ängstliche Kinder und Jugendliche (Überblick s. McLellan, Fitzpatrick, Schniering & Rapee, 2019).

3.3.1 Bibliotherapie und selbstgesteuerte Behandlung

Bibliotherapie basiert auf der therapeutischen Verwendung von Büchern und umfasst ein ganzes Spektrum an unterschiedlichen Interventionen. So lässt sich die rezeptive von der produktiven Bibliotherapie unterscheiden: Rezeptiv bedeutet, dass der Betroffene lediglich Texte oder Bücher liest bzw. vorgelesen bekommt, während er beim produktiven Ansatz eigene Werke schafft. Im Folgenden wird eine Untergruppe der rezeptiven Bibliotherapie, die auf Selbsthilfebüchern basiert, vorgestellt. Selbsthilfebücher haben das selbstständige Erarbeiten von Lösungen zum Ziel. Sie können Einsichten hervorrufen, kognitive und emotionale Verarbeitungsprozesse unterstützen, Mut zur Veränderung machen und Informationen, die Verhaltensänderungen ermöglichen, vermitteln. Ein Selbsthilfebuch kann jedoch auch Schaden anrichten, indem es zum Beispiel zu Rückschlägen führt. Deshalb ist es wichtig, den Zeitpunkt gut auszuwählen, zu prüfen, ob eine Vorbereitung erforderlich ist und ob eine Bereitschaft zur Mitwirkung besteht, denn ohne intrinsische Motivation ist eine bibliotherapeutische Behandlung nicht erfolgversprechend. Auch die Frage, welche Patienten von einer Bibliotherapie am meisten profitieren können, ist wichtig. Die Selbsthilfebücher sollten hinsichtlich ihrer Anwendbarkeit und ihrer möglichen negativen Effekte überprüft worden sein. Auch die in Selbsthilfebüchern abgedruckten Tests können dazu führen, dass Störungen diagnostiziert werden, die nicht vorhanden sind (Blechinger, 2011).

Wirksamkeit: Eine Studie von Rapee und Kollegen (Rapee, Abbott & Lyneham, 2006) zeigte bei der Anwendung des Selbsthilfebuches »Helping your anxious child« eine signifikante Verbesserung der Angstsymptomatik im Vergleich zur Warte-Kontrollgruppe, nicht jedoch im Vergleich zu einem standardmäßigen kognitiv-behavioralen Gruppenprogramm mit präsentem Psychotherapeuten. Zu einem vergleichbaren Ergebnis kam eine neuere, sehr viel größere Studie dieser Forschergruppe (Rapee et al., 2017). In einer weiteren Studie (Lyneham & Rapee, 2006) ließ sich ein größerer Effekt der Bibliotherapie beobachten, wenn zusätzlich ein telefonischer Therapeutenkontakt bestand. Andere Studien zeigten hingegen, dass Selbsthilfe-Programme vergleichbare Ergebnisse erzielen können wie face-to-face-Therapien (Cobham, 2012; Leong et al., 2009; Chavira et al., 2014).

Insgesamt weisen erste Studien auf eine Wirksamkeit ausgewählter Selbsthilfebücher, nicht jedoch auf Selbsthilfebücher im Allgemeinen hin. Es liegen jedoch noch zu wenige Studien vor, um sichere Schlussfolgerungen ziehen zu können. Zudem wurden bislang nur Kinderstichproben untersucht, nicht aber Stichproben, die Jugendliche einschlossen. Auch über das optimale Ausmaß an therapeutischer Involvierung liegen noch wenige Erkenntnisse vor. Selbstgesteuerte Inter-

Was bei Selbsthilfebüchern zu beachten ist:

- Sorgfältige Prüfung bei der Auswahl des Buches: Nicht alle Selbsthilfebücher sind fachlich fundiert und hilfreich
- Sorgfältige Abwägung, ob der Patient von einer Bibliotherapie profitieren kann
- Ausreichendes Informieren über Nachteile, wie Schäden, Risiko von Rückschlägen

ventionen müssen nicht zwangsläufig herkömmliche therapeutische Methoden ersetzen, sondern können sie auch ergänzen bzw. vorbereiten.

3.3.2 Online-Programme zur Selbsthilfe

Seit den letzten Jahren haben Computer-gestützte Interventionen oder online-Therapien einen großen Raum eingenommen. Sie umfassen die Vermittlung von Informationen und die Durchführung psychologischer Behandlungen über die Bereitstellung von Texten, Audio- und Video-Dateien, teilweise kombiniert mit interaktiven online-Sitzungen mit dem Psychotherapeuten (McLellan, Fitzpatrick, Schniering & Rapee, 2019). Anders als bei Erwachsenen müssen bei Kindern andere Entwicklungs- und praktische Aspekte berücksichtigt werden. Die kognitiven Fähigkeiten ebenso wie die Lesekompetenzen, um bereitgestellte Texte zu verstehen, sind bei Kindern je nach Entwicklungsstand sehr unterschiedlich. Eltern und Kind können auch unterschiedlich motiviert sein, an einer Therapie teilzunehmen und Veränderungen anzustreben. Bei jüngeren Kindern ist es erforderlich, dass die Eltern gemeinsam mit ihrem Kind das Programm und die Übungsaufgaben bewältigen, um es zu unterstützen.

Wirksamkeit: Studien an ängstlichen Kindern zeigen ein uneinheitliches Bild über die Wirksamkeit von online-Therapien: Teilweise erwiesen sie sich für Kinder mit Angststörungen als ähnlich effektiv wie face-to-face-Therapien (Spence et al., 2006; Khanna & Kendall, 2010). Allerdings beruhen die genannten Studien auf einer kleinen Stichprobe und involvieren einen Psychotherapeuten. Andere Studien zu online-Therapien mit ängstlichen Kindern ohne starken Einbezug eines Psychotherapeuten ergaben weniger positive Ergebnisse (March, Spence & Donovan, 2009; Donovan & March, 2014; Vigerland et al., 2016). Studien an ängstlichen Jugendlichen zeigen überwiegend positive Effekte (Wuthrich et al., 2012; Spence et al. 2011). Bislang liegt nur eine Studie vor, die speziell die online-Behandlung sozialer Ängste bei Kindern untersuchte und positive Effekte erzielte (Spence et al., 2017). Insgesamt zeigt sich dieser Ansatz als vielversprechend für Jugendliche, für Kinder sind die Ergebnisse weniger eindeutig.

> **Formen der computergestützten therapeutischen Interventionen**
>
> - Herkömmliche Psychotherapie unterstützt durch online-Sitzungen oder Apps
> - Psychotherapie über Chats, Videotelefon
> - Online-Programme zur Selbsthilfe
> - Computerbasierte Modelle der realen Welt (Virtual Reality)

3.4 Achtsamkeit (mindfulness) und Selbstfürsorge (self-compassion)

3.4.1 Achtsamkeit (mindfulness)

Während sich vom kognitiv-behavioralen Standpunkt aus Angststörungen durch Vermeidungsverhalten, negative Kognitionen, körperliche und emotionale Angstreaktionen erklären lassen, verweisen auf Achtsamkeit-basierende Ansätze auf die Rolle der Aufmerksamkeit und des Mitgefühls für sich selbst (self-compassion) (Maric, Willard, Wrzesien & Bögels 2019; Van Bockstaele & Bögels, 2014). Achtsamkeit wird als eine bestimmte Form der Aufmerksamkeit definiert, die bewusst, auf den gegenwärtigen Augenblick bezogen und nicht wertend ist (Kabat-Zinn, 1991). Ziel eines Achtsamkeitstrainings ist es, sich mit allen Sinnen unvoreingenommen auf das einzulassen, was man gerade tut oder wahrnimmt.

Zur Behandlung von Angststörungen bei Kindern liegen verschiedene Achtsamkeits-Programme vor: Das Programm »Mindfulness Based Cognitive Therapy for Anxious Children« (MBCT-C) von Semples (2005, 2010) wurde für 9–12 jährige Kinder entwickelt. Trainiert wird die Aufmerksamkeit des Kindes durch die Fokussierung auf körperliche Wahrnehmungen. Es ist ein Lernen durch Erfahrung anstelle durch Information und Theorie. Eingebettet ist das Training z. B. in Atemübungen, Gehen und Sinneserfahrungen. Außerdem werden Sitzungen für die Eltern angeboten. Ein weiterer Ansatz wurde von Willard (2017) entwickelt. Er kann ängstlichen Kindern, Jugendlichen und Eltern helfen, Fähigkeiten zur Achtsamkeit zu lernen und in den Tagesablauf einzuplanen. Bögels und Kollegen entwickelten ein Achtsamkeits-Gruppentraining für Eltern, entweder parallel zum Achtsamkeitsgruppentraining ihrer Kinder (Bögels et al., 2008; Van der Oord, Bögels & Peijnenburg, 2012; Van de Weijer-Bergsma et al., 2012) oder als eigenständiges Training (Bögels & Restifo, 2014). Ziel ist es, das Meditieren zu erlernen, um den eigenen Stress, eigene kognitive, emotionale und Verhaltensreaktionen auf das Angstproblem des Kindes wahrzunehmen und zu erkennen, wie die Angst des Kindes eigene Ängste auslöst. Das primäre Ziel des Trainings besteht also nicht darin, Eltern dabei zu helfen, ihrem Kind zu helfen, sondern selbst Achtsamkeit zu entwickeln.

Wirksamkeit von Programmen zur Achtsamkeit: Die Wirksamkeit von Achtsamkeits-Programmen bei Kindern und Jugendlichen ist wissenschaftlich bislang wenig untersucht. Die Ergebnisse, die vorliegen, zeigen eine nur geringe Wirksamkeit. Eine erste Studie von Semple et al. (2005) konnte zeigen, dass fünf Kinder im Alter von sieben bis acht Jahren eine gute Akzeptanz für ein Achtsamkeitsgruppentraining zeigten. In einer zweiten Studie (Semple et al., 2010) wurden 25 Kinder im Alter von 9 bis 13 Jahren mit subklinischen Ängsten zufällig einer Achtsamkeitsgruppe oder Wartekontrollgruppe zugewiesen. Es ließ sich zwar eine Verringerung der Aufmerksamkeitsprobleme belegen, jedoch keine Veränderungen hinsichtlich der Ängste.

> **Beispiele für Achtsamkeitsprogramme mit ängstlichen Kindern und Jugendlichen**
>
> - Achtsamkeitsbasierte Therapie für Kinder mit Angststörungen (Semple & Lee, 2014)
> - Achtsamkeit für Kinder und Jugendliche (Willard & Saltzmann, 2017)
> - A still quiet place: A mindfulness program for teaching children and adolescents to ease stress and difficult emotions (Saltzmann, 2014)

> **Beispiele für Achtsamkeitsübungen mit Kindern und Jugendlichen**
>
> - Visuelle Wahrnehmung: Angenehme Situation vor dem geistigen Auge sehen und beschreiben
> - Sensorische Wahrnehmung: Ein Objekt mit geschlossenen Augen ertasten und beschreiben
> - Olfaktorische Wahrnehmung: Gerüche beschreiben, ohne sie zu kategorisieren
> - Atmen: Fokussierung auf den eigenen Atem
> - Körperwahrnehmung: Achtsames Yoga

3.4.2 Selbstfürsorge und Selbstmitgefühl (Self-Compassion)

Selbstfürsorge wird als eine »nach innen gerichtete soziale Unterstützung« beschrieben (Bluth, Roberson et al., 2016; Breines et al., 2014), die dazu dient, sich in Einklang mit seinen eigenen Bedürfnissen zu bringen. Oftmals wird sie als Bestandteil von Achtsamkeitstrainings eingeordnet (Maric, Willard, Wrzesien & Bögels 2019). Neff (2003) unterscheidet verschiedene Anteile der Selbstfürsorge:

- Selbstfreundlichkeit: Freundlichkeit sich selbst gegenüber entwickeln anstelle von Selbstverurteilung
- Verbindende Humanität: Eigene Probleme und Herausforderungen als Teil allgemein menschlicher Erfahrungen sehen
- Umgang mit Schwierigkeiten: Eine ausgewogene Sichtweise auf eigene Schwierigkeiten entwickeln

Beispiele für Interventionen sind Selbstfürsorgeübungen wie der Perspektivenwechsel oder Gefühle zu akzeptieren sowie Meditationsübungen, Visualisierungen, Bewegungsübungen, Übungen im Bereich der Kunst oder des Schreibens.

Bluth und Kollegen (2016) adaptierten das Mindful Self-Compassion Programm (MSC, Neff & Germer, 2013) für Jugendliche ohne psychische Störungen im Alter von 11–19 Jahren. Welford & Langmead (2015) passten das Programm Compassion Focused Therapy (CFT, Gilbert, 2009) an die Bedürfnisse von Jugendlichen mit psychischen Störungen insbesondere nach Missbrauchserfahrungen an.

Wirksamkeit von Programmen zur Selbstfürsorge: Bislang liegen nur wenige Studien zur Überprüfung der Wirksamkeit von Selbstfürsorge-Programmen bei Kindern vor. Studien an Erwachsenen ließen zwar einen positiven Effekt auf Angststörungen erkennen (MacBeth & Gumley, 2012; Kirby et al., 2017), bei Kindern und Jugendlichen zeigte sich aber kein einheitliches Bild: Während einige Studien eine entsprechende Angstreduktion belegten (Bluth et al., 2015; Muris et al. 2016), konnten andere Studien diesen Effekt nicht nachweisen, sondern lediglich eine veränderte Stresswahrnehmung (Bluth & Eisenlohr-Moul, 2017).

Beispiele für Selbstfürsorgeprogramme für Kinder und Jugendliche

- Making friends with yourself (Bluth et al., 2016)
- Compassion-based initiatives in educational settings (Welford & Langmead, 2015)

Beispiele für Selbstfürsorgeübungen mit Kindern und Jugendlichen

- Perspektivwechsel: Sich in die Rolle eines Freundes hineinversetzen, dem die gleichen Schwierigkeiten widerfahren sind
- Haltung der Nicht-Perfektion vermitteln
- Sich selbst als guter Freund zur Verhaltensänderung motivieren

---

4 Zusammenfassung

In diesem Beitrag wurden aktuelle kognitiv-behaviorale Ansätze zur Behandlung sozial ängstlicher Kinder vorgestellt. Obwohl sich die herkömmlichen kognitiv-behavioralen Therapieansätze mit Psychoedukation, Konfrontation und kognitiven Interventionen allgemein für Angststörungen bei Kindern als sehr erfolgreich erwiesen haben, zeigen sie gleichzeitig auch Nachteile, die z. B. die geringere Wirksamkeit für sozial ängstliche Kinder und den Zugang zu dieser Behandlungsmethode betreffen. Deshalb wendet sich die Forschung der Weiterentwicklung bisheriger Therapieansätze und der Entwicklung neuer Therapieansätze zu. Zur Weiterentwicklung zählt z. B. die Beschäftigung mit der Frage, wie der Einbezug der Eltern zu einer Verbesserung der Wirksamkeit führen oder wie sich die zeitliche Belastung durch Entwicklung von intensiven Kurzzeittherapien minimiert werden kann. Die Zugänglichkeit von Therapien soll durch Computer-gestützte Therapien verbessert werden sowie durch die Entwicklung von Selbsthilfeprogrammen im Bereich der Bibliotherapie. Eine neue Entwicklung ist die Achtsamkeits- und Selbstfürsorgetherapie für Kinder und Jugendliche. Es liegen noch keine ausreichenden Ergebnisse zur abschließenden Einschätzung der Effektivität dieser neueren Ansätze vor.

Literatur

Ahrens-Eipper, S., Leplow, B. & Nelius, K. (2010): *Mutig werden mit Til Tiger*. Göttingen: Hogrefe Verlag.
Albano, A. M., Marten, P. A. & Holt, C. S. (1991): *Therapist's Manual for Cognitive-Behavioral Group Treatment of Adolescent Social Phobia*. Unpublished manuscript, State University of New York at Albany, Center for Stress and Anxiety Disorders, Child and Adolescent Anxiety Disorders Program.
Barrett, P. M., Dadds, M. R., Rapee, R. M. & Ryan, S. M. (1996): Family intervention for childhood anxiety: A controlled trial. *Journal of Consulting and Clinical Psychology*, 64, 333–342.
Barrios, B. A. & O'Dell, S. L. (1989): Fears and anxieties. In E. J. Mash & R. A. Barkley (Eds.), *Treatment of childhood disorders* (pp. 167–221). New York: Guilford.
Beidel, D. C., Turner, S. M. & Morris, T. L. (1996): *Social Effectiveness Training for Children: A treatment manual*. Unpublished manuscript, Medical University of Charleston, South Carolina.
Blechinger, T. (2011): *Bibliotherapie und expressives Schreiben in der Kinder- und Jugendpsychiatrie*. Dissertation. https://publikationen.uni-tuebingen.de/xmlui/bitstream/handle/10900/45932/pdf/Dissertation_Komplet_Abgabefertig_Druck.pdf?sequence=1&isAllowed=y
Bluth, K., Gaylord, S. A., Campo, R. A., Mullarkey, M. & Hobbs, L. (2015): Making friends with yourself: A mixed methods pilot study of a mindful self-compassion program for adolescents. *Mindfulness*, 7, 479–492.
Bluth, K. & Eisenlohr-Moul, T. (2017): Response to a mindful self-compassion intervention in teens: A within-person association of mindfulness, self-compassion, and emotional well-being outcomes. *Journal of Adolescence*, 57, 108–118.
Bluth, K., Roberson, P. N. E., Gaylord, S. A., Faurot, K. R., Grewen, K. M., Arzon, S., & Girdler, S. S. (2016): Does self-compassion protect adolescents from stress? *Journal of Child and Family Studies*, 25, 1098–1109.
Bögels, S. M. (2008): *Treatment of anxiety disorders in children and adolescents with cognitive-behavioral protocol Thinking + Doing = Daring*. Houten: Bohn Stafleuvan Loghum, The Netherlands.
Bodden, D. H. M., Dirksen, C.D., Bögels, S.M., Appelboom, C., Appelboom-Geerts, K. C. M. M. J., Brinkman, A.G. & Nauta, M.H. (2008): Costs and cost-effectiveness of family CBT versus individual CBT in clinically anxiouschildren. *Clinical Child Psychology and Psychiatry*, 13, 543–564.
Breines, J. G., Thoma, M. V., Gianferante, D., Hanlin, L., Chen, X. & Rohleder, N. (2014): Self-compassion as a predictor of interleukin – 6 response to acute psychosocial stress. *Brain Behavior and Immunity*, 37, 109–114.
Brezinka V., Mailänder V. & Walitza S. (2020): Obsessive compulsive disorder in very young children – a case series from a specialized outpatient clinic. *BMC Psychiatry*. 2020 Jul 11, 20 (1), 366
Büch, H. & Döpfner, M. (2012): *Soziale Ängste. Therapieprogramm für Kinder und Jugendliche mit Angst- und Zwangsstörungen (THAZ)* – Band 2. Göttingen: Hogrefe.
Chavira, D. A., Stein, M. B., Bailey, K. & Stein, M. T. (2004): Child anxiety in primary care: prevalent but untreated. *Depress Anxiety* 20 (4), 155-164.

Chavira, D. A., Drahota, A., Garland, A., Roesch, S., Garcia, M. & Stein, M. B. (2014): Feasibility of two modes of treatment delivery for child anxiety in primary care. *Behaviour Research and Therapy*, 60, 60–66. Doi: 10.1016/j .brat.2014.06.010

Clark, D. M. & Wells, A. (1995): A cognitive modell of social phobia. In R. G. Heimberg, M. R. Liebowitz, D. A. Hope & F. R. Schneier (Eds.), *Social phobia. Diagnosis, assessment and treatment*. New York: The Guilford Press.

Cobham, V. E. (2012): Do anxiety-disordered children need to come into the clinic for efficacious treatment? *Journal of Consulting and Clinical Psychology*, 80, 465–476. Doi: 10.1037/a0028205

Donovan, C. L., Cobham, V., Waters, A. M. & Occhipinti (2015): Intensive Group-Based CBT for Child Social Phobia: A Pilot Study. *Behav Ther*, 46 (3):350–364. doi: 10.1016/j.beth.2014.12.005.

Donovan, C. L. & March, S. (2014): Online CBT for preschool anxiety disorders: A randomised control trial. Behaviour Research and Therapy, 58, 24–35. doi: 10.1016/j.brat.2014.05.001

Flannery-Schroeder, E. C. & Kendall, P. C. (2000): Group and individual cognitive-behavioral treatments for youth with anxiety disorders: A randomized controlled trial. *Cognitive Therapy and Research*, 24, 251V278.

Gallagher, H. M., Rabian, B. A. & McCloskey, M. S. (2004): A brief group cognitive-behavioral intervention for social phobia in childhood. *Journal of Anxiety Disorders*, 18 (4), 459. http://dx.doi.org/10.1016/S0887-6185(03)00027-6

Gibby, B. A., Casline, E. P. & Ginsburg, G. S. (2017): Long-term outcomes of youth treated for an anxiety disorder: A critical review. *Clinical Child and Family Psychology Review*, 20, 201–225.

Gilbert P. (2009): Introducing compassion-focused therapy. *Advances in Psychiatry Treatment*, 15, 199–208.

Heinrichs, N. (2019): Soziale Angststörungen. In Silvia Schneider & Jürgen Margraf (Hrsg.), *Lehrbuch der Verhaltenstherapie. Band 3 Psychologische Therapie bei Indikationen im Kindes- und Jugendalter* (2. Auflage.) (S. 551–568). Heidelberg: Springer Verlag.

Hollon, S. & Beck, A. (2013): Cognitive and cognitive-behavioral therapies. In M. J. Lambert (ed.), *Handbook of psychotherapy and behavior change* (pp. 393–443). Hoboken, NJ: John Wiley & Sons.

Hudson, J. L., Keers, R., Roberts S., Coleman J. R. I., Breen G., Arendt K., Bogels S. & Eley T.C. (2015): Clinical predictors of response to Cognitive Behavioral Therapy in pediatric anxiety disorders: The Genes for Treatment (GxT) study. *Journal of the American Academy of Child and Adolescent Psychiatry*, 54, 454–463.

In Albon, T. & Schneider, S. (2007): Psychotherapy of childhood anxiety disorders: A meta analysis. *Psychotherapy and Psychosomatics*, 76, 15–24.

Joormann, J. & Unnewehr, S. (2002): *Behandlung der Sozialen Phobie bei Kindern und Jugendlichen: Ein kognitiv-verhaltenstherapeutisches Gruppenprogramm*. Göttingen: Hogrefe Verlag

Kabat-Zinn, J. (1991): *Full Catastrophe Living: Using the Wisdom of Your Body to Face Stress, Pain and Illness*. NewYork: Dell Publishing.

Kendall, P. C. (1994): Treating anxiety disorders in children: Results of a randomized clinical trial. *Journal of Consulting and Clinical Psychology*, 64, 724–730.

Khanna, M. S. & Kendall, P. C. (2010): Computer-assisted cognitive behavioral therapy for child anxiety: Results of a randomised clinical trial. *Journal of Consulting and Clinical Psychology*, 78, 737–745. doi: 10.1037/a0019739

Kirby, J., Tellegen, C. & Steindl, S. (2017): A meta-analysis of compassion-based interventions: Current state of knowledge and future directions. *Behavior Therapy*, 10, 1016/ j. beth.2017.06.003.

Leong, J., Cobham, V. E., deGroot, J. & McDermott, B. (2009): Comparing different modes of delivery: A pilot evaluation of a family-focused, cognitive-behavioral intervention for anxiety-disordered children. *European Child and Adolescent Psychiatry*, 18, 231–239. doi: 10.1007/s00787-008-0723-7

Lyneham, H. J. & Rapee, R. M. (2006): Evaluation of therapist-supported parent-implemented CBT for anxiety disorders in rural children. *Behaviour Research and Therapy*, 44, 1287–1300. doi: 10.1016/j.brat.2005.09.009

Macbeth, A. & Gumley, A. I. (2012): Exploring compassion: A meta-analysis of the association between self-compassion and psychopathology. *Clinical Psychology Review*, 32, 545–552.

Manassis K., Lee T.C., Bennett K., Zhao X.Y., Mendlowitz S., Duda S. & Wood J.J. (2014): Types of parental involvement in CBT with anxious youth: A preliminary meta-analysis. Journal of Consulting and Clinical Psychology, 82, 1163–1172.

Manassis, K., Mendlowitz, S., Scapillato, D., Avery, D., Fiksenbaum, L., Freire, M. et al. (2002): Group and individual cognitive behavioral therapy for childhood anxiety disorders: A randomized trial. Journal of the American Academy of Child and Adolescent Psychiatry, 41, 1423–1430.

March, S., Spence, S. H. & Donovan, C. L. (2009): The efficacy of an internet-based cognitive-behavioral therapy intervention for child anxiety disorders. *Journal of Pediatric Psychology*, 34, 474–487. doi: 10.1093/jpepsy/jsn099

Maric, M., van Steensel, F. J. A. & Bögels, S. M. (2015): Parental involvement in CBT for anxiety-disordered youth revisited: Family CBT outperforms child CBT in the long term for children with comorbid ADHD symptoms. *Journal of Attention Disorders*, 1–9.

Maric, M., Willard, C., Wrzesien, M. & Bögels, S. M. (2019): Innovations in the Treatment of Childhood Anxiety Disorders. Mindfulness and Self-Compassion Approaches. In: Lara J. Farrell, Thoams Olledick & Peter Muris (Eds.), *Innovations in CBT for Childhood Anxiety Disorders, OCD and PTSD*. Cambridge: Cambridge University Press.

McLellan, L. F., Fitzpatrick, S., Schniering, C. A. & Rapee, R. M. (2019): Self-Help Treatment of Childhood Anxiety Disorders. In: L. J. Farrell, T. Olledick & P. Muris (Eds.), *Innovations in CBT for Childhood Anxiety Disorders, OCD and PTSD*. Cambridge: Cambridge University Press.

Melfsen, S., Schwieger, J., Kühnemund, M., Stangier, U., Stadler, C., Poustka, F., Heidenreich, T., Lauterbach, W. & Warnke, A. (2006): Die Behandlung sozialer Ängste bei Kindern- und Jugendlichen. *Zeitschrift für Kinder- und Jugendpsychiatrie und Psychotherapie*, 34 (3), 203–214.

Melfsen, S. & Warnke, A. (2004): Soziale Phobie. In S. Schneider (Hrsg.), *Angststörungen bei Kindern und Jugendlichen* (S. 165–195). Heidelberg: Springer.

Melfsen, S. & Walitza, S. (2012): Behandlung sozialer Ängste bei Kindern: Das Sei-kein-Frosch-Programm. Göttingen: Hogrefe-Verlag.

Neff, K. & Germer C. (2013): A pilot study and randomized controlled trial of the mindful self-compassion program. *Journal of Clinical Psychology*, 69, 28–44.

Öst, L. G., Cederlund, R. & Reuterskiöld, L. (2015): Behavioral treatment of social phobia in youth: Does parent education training improve the outcome? *Behaviour Research and Therapy*, 67, 19–29.

Petermann, F. & Petermann, U. (2010): *Training mit sozial unsicheren Kindern*. Göttingen: Hogrefe Verlag.

Rapee, R. M., Abbott, M. J. & Lyneham, H. J. (2006): Bibliotherapy for children with anxiety disorders using written materials for parents: A randomized controlled trial. *Journal of Consulting and Clinical Psychology*, 74, 436–444. doi: 10.1037/0022-006X.74.3.436

Rapee, R. M., Schniering, C. A. & Hudson, J. L. (2009): Anxiety disorders during childhood and adolescence. Origins and treatment. *Annual Review of Clinical Psychology*, 5, 311–341.

Rapee, R.M., Lyneham, H.J., Wuthrich, V., Chatterton, M.L., Hudson, J.L., Kangas, M. & Mihalopoulos, C. (2017): Low intensity treatment for clinically anxious youth: A randomised controlled comparison against face-to-face intervention. Manuscript in preparation.

Rapee, R. M., Spence, S. H., Cobham, V. E. & Wignall, A. (2000): *Helping your anxious child: A step-by-step guide for parents*. Oakland, CA: New Harbinger

Reynolds, S., Wilson, C., Austin, J. & Hooper, L. (2012): Effects of Psychotherapy for Anxiety in Children and Adolescents: A Meta-Analytic Review. *Clin Psychol Rev*, 32 (4):251–262.

Saltzmann, A. (2014): *A still quiet place: A mindfulness program for teaching children and adolescents to ease stress and difficult emotions.* Oakland: New Harbinger

Steil, R., Matulis, S., Schreiber, F. & Stangier, U. (2011): *Soziale Phobie bei Jugendlichen. Behandlungsmanual für die Kognitive Therapie.* Göttingen: Hogrefe Verlag.

Semple, R. J., Reid, E. F. & Miller, L. (2005): Treating anxiety with mindfulness: An open trial of mindfulness training for anxious children. *Journal of Cognitive Psychotherapy, 19*, 379–392.

Semple, R. J. & Lee, J. (2014): *Achtsamkeitsbasierte Therapie für Kinder mit Angststörungen.* Paderborn: Junfermann Verlag.

Semple, R. J., Lee, J., Rosa, D. & Miller, L. F. (2010): A randomized trial of mindfulness-based cognitive therapy for children: Promoting mindful attention to enhance social- emotional resiliency in children. *Journal of Child and Family Studies, 19*, 218–229.

Silverman, W., Pina, A. & Viswesvaran, C. (2008): Evidence-Based Psychosocial Treatments for Phobic and Anxiety Disorders in Children and Adolescents. *Journal of Clinical Child & Adolescent Psychology 37* (1), 105–130.

Spence, S. H., Donovan, C. L., Gamble, A., Anderson, R. E., Prosser, S. & Kenardy, J. (2011): A randomized controlled trial of online versus clinic-based CBT for adolescent anxiety. *Journal of Consulting and Clinical Psychology, 79*, 629–642. doi: 10.1037/ a0024512

Spence, S. H., Donovan, C. L., March, S., Kenardy, J. & Hearn, C. S. (2017): Generic versus disorder specific cognitive behavior therapy for social anxiety disorder in youth: A randomized controlled trial using internet delivery. *Behaviour Research and Therapy, 90*, 41–57. doi: 10.1016/j.brat.2016.12.003

Spence, S. H., Holmes, J. M., March, S., & Lipp, O. V. (2006). The feasibility and outcome of clinic plus internet delivery of cognitive–behavior therapy for childhood anxiety. Journal of Consulting and Clinical Psychology, 74, 614–621.

Spielmans, G., Pasek, L. F. & McFall, J. (2007): What are the active ingredients in cognitive and behavioral psychotherapy for anxious and depressed children? A meta-analytic review. *Clinical Psychology Review 27* (5), 642–654

Stangier, U., Heidenreich, T., Peitz, M., Lauterbach, W. & Clark, D. M. (2003): Cognitive therapy for social phobia: Individual vs. group treatment. *Behaviour Research and Therapy, 41*, 991–1007.

Tuschen-Caffier, B., Kühl, S. & Bender, C. (2009): *Soziale Ängste und soziale Angststörung im Kindes- und Jugendalter. Ein Therapiemanual.* Göttingen: Hogrefe Verlag

Ullrich, R. & de Muynck, R. (2002): *ATP: Anleitung für den Therapeuten. Einübung von Selbstvertrauen und sozialer Kompetenz.* (Leben lernen. 123). 2. Auflage. Klett-Cotta, Stuttgart 2002.

Van Bockstaele, B. & Bögels, S. M. (2014): Mindfulness-based therapy for social anxiety disorder. In S. G. Hofmann & P. M. DiBartolo (eds.), *Social anxiety: Clinical, developmental, and social perspectives* (3rd edn.) (pp. 729–751). London: Academic Press.

Van der Oord, S., Bögels, S. M. & Peijnenburg, D. (2012): The effectiveness of mindfulness training for children with ADHD and mindful parenting for their parents. *Journal of Child and Family Studies, 21*, 139–147.

Van de Weijer-Bergsma, E., Formsma, A. R., de Bruin, E. I. & Bögels, S. M. (2012): The effectiveness of mindfulness training on behavioral problems and attentional functioning in adolescents with ADHD. *Journal of Child and Family Studies, 21*, 775–787.

Vigerland, S., Ljotsson, B., Thulin, U., Ost, L., Andersson, G. & Serlachius, E. (2016): Internet-delivered cognitive behavioural therapy for children with anxiety disorders: A randomised controlled trial. *Behaviour Research and Therapy, 76*, 47–56. doi: 10.1016/j.brat.2015.11.006

Walkup, J. T., Albano, A. M., Piacentini, J., Birmaher, B., Compton, S. N., Sherrill, J. T. et al. (2008): Cognitive behavioral therapy, sertraline, or a combination in childhood anxiety. *The New England Journal of Medicine, 359*, 2753–2766.

Welford, M. & Langmead, K. (2015): Compassion-based initiatives in educational settings. *Educational & Child Psychology, 32* (1), 71–80.

Willard, C. & Saltzmann, A. (2017): *Achtsamkeit für Kinder und Jugendliche.* Freiburg: Arbor Verlag

Wuthrich, V. M., Rapee, R. M., Cunningham, M. J., Lyneham, H. J., Hudson, J. L. & Schniering, C. A. (2012): A randomised controlled trial of the Cool Teens CD-ROM computerized program for adolescent anxiety. *Journal of the American Academy of Child and Adolescent Psychiatry*, 51, 261–270

Ängstliche Kinder in der Schule.
Ein personzentriertes Verständnis und Handlungsempfehlungen für Lehrpersonen[1]

Margaretha Florin

Ängstliche Kinder und Jugendliche fallen in der Schule und im Unterricht viel weniger auf als solche mit unruhigem, provozierendem oder aggressivem Verhalten. Sie leiden nicht selten unbemerkt still vor sich hin. Ängste haben jedoch große Auswirkungen auf das Lernen, sie beeinträchtigen auch das Wohlbefinden und manchmal sogar die Integration in die Klasse. Oft sind sie der Grund für verweigerndes Verhalten. Deshalb ist es wichtig, dass Lehrpersonen neben einem grundlegenden Wissen zu *Angst* und *Angststörungen* bei Kindern und Jugendlichen auch Ideen zum Umgang mit ängstlichem Verhalten und zur Förderung von Selbstvertrauen und Mut kennen.

In diesem Beitrag wird nach einer Einführung zur Angst und Ängstlichkeit im Umfeld von Schule und Unterricht zunächst ein personzentriertes Verständnis von Angst beschrieben und anschließend werden Handlungsempfehlungen für Lehrpersonen formuliert.

1 Angst und Ängstlichkeit im Umfeld von Schule und Unterricht

Die folgenden konstruierten Fallvignetten erlauben einen ersten Einblick in die Phänomenologie von kindlichen Ängsten im Umfeld von Schule und Unterricht:

> Michaela besucht gegenwärtig die fünfte Klasse der Primarschule. Eigentlich mag sie kein Unterrichtsfach besonders gern, und ihre Leistungen sind auch durchweg nicht höher als »genügend«. M. hat viele Freundinnen in ihrer Klasse, mit denen sie gerne zusammen ist. Sie ist ein eher ruhiges, sensibles Kind, das jedoch in der Klasse gut integriert ist. Im Herbst des vierten Schuljahres verweigerte M. zum ersten Mal den Unterrichtsbesuch. Für die Eltern war diese Verweigerung nicht nachvollziehbar. Umso weniger, als die eben erst beendeten Herbstferien im Familienkreis wunderschön und sehr harmonisch verlaufen waren. Erklärungen, weshalb sie nicht in die Schule wollte,

---

[1] Mit Lehrpersonen sind alle im schulischen und unterrichtlichen Geschehen Beteiligten gemeint, also Lehrkräfte, schulische Heilpädagog/-innen, Klassenassistenzen, etc.

konnte M. nicht geben. M. klagte in der Folge immer öfter am Morgen über Bauchschmerzen und Unwohlsein. Sie wollte dann zu Hause bleiben. Die Mutter versuchte, sie zuerst sanft (durch Überreden und Belohnungen in Aussicht stellen), dann mit etwas Druck (Schimpfen und Androhen von Konsequenzen) zum Schulbesuch zu bewegen. Das gelang zwar ein paar Mal, doch bereits nach wenigen Tagen verweigerte M. den Schulbesuch erneut. Die Eltern suchten professionelle Hilfe auf. Es folgte eine Einzelbehandlung in Form von Spieltherapie und eine medikamentöse Behandlung beim Hausarzt (Antidepressiva). Daneben wurden in regelmäßigen Abständen Helfergespräche mit den Lehrpersonen und Eltern durchgeführt. Diese raschen und umfassenden Maßnahmen ermöglichten es M., die Schule nun einigermaßen regelmäßig zu besuchen. Ihr Wohlbefinden steigerte sich merklich und sie gewann an Lebensfreude und Selbstvertrauen zurück. An speziellen Anlässen, wie etwa Skiausflügen oder Exkursionen, kann M. jedoch nach wie vor nicht teilnehmen: Sie hat jeweils bereits Tage davor heftige Bauchschmerzen und Schlafstörungen. Dies, obwohl sie weiß, dass sie gemäß Abmachung niemand zu solchen Anlässen zwingen würde. Eigentlich weiß M. selber nicht, was ihr in solchen Situationen verunmöglicht, wie alle anderen Kinder einfach hinzugehen und den Ausflug zu genießen...

Tamara ist sechs Jahre alt und das jüngste von vier Kindern. Ihre zum Teil viel älteren Geschwister haben die Schule bereits erfolgreich abgeschlossen und wohnen nicht mehr zu Hause. Nach Aussagen der Eltern ist T. ein schüchternes und verträumtes Mädchen, das rasch ermüdet. In der Kleinkindzeit sei aufgefallen, dass sie sehr spät sitzen und laufen gelernt habe. Auch sei T. oft krank gewesen und musste sogar zwei Mal hospitalisiert werden. Mit gleichaltrigen Kindern spiele T. zwar, wenn sie das müsse. Es gefalle ihr jedoch viel besser, wenn die Eltern oder andere Erwachsene sich ihr zuwenden würden. So nehme sich die Mutter einfach viel Zeit für das Kind. T. sei ohnehin extrem auf sie als Mutter fixiert. Immer wenn sie für kurze Zeit wegmüsse, gäbe es Tränen. Im Großen und Ganzen sei T. aber ein liebes und offenes Kind. Im Kindergarten ist T. ein ruhiges Kind, das bemüht ist, sich angepasst und anständig zu verhalten. Allerdings redet sie mit niemandem. Zu Beginn akzeptierte die Kindergärtnerin dies ohne weiteres. T. war ja nicht das einzige Kind, für das der Kindergarteneintritt eine große Hürde darstellte. Bald fiel jedoch auf, dass das Mädchen große Schwierigkeiten hatte, sich in die Kindergartengruppe einzugliedern. Sie spielte immer für sich alleine, redete weder mit der Kindergärtnerin noch mit den anderen Kindern. Wenn sie in einem Spiel mit einem anderen Kind zusammen etwas machen musste, weinte sie und verweigerte sich. Zudem fiel auf, dass die Bewegungen von T. sowohl beim Turnen als auch beim Schreiben und Zeichnen sehr ungenau waren. In einem Elterngespräch wurden diese Punkte angesprochen. Die Eltern erklärten die Schwierigkeiten von T. mit ihrer schüchternen und körperlich schwachen Konstitution und baten um Nachsicht und Geduld. Das Mädchen würde den Knoten schon noch von sich aus lösen, dessen waren sie sich sicher. Sie versprachen auch, zu Hause fleißig mit T. zeichnen und schreiben zu üben. Zu Hause spreche T. viel, auch zu Verwandten und Bekannten. Inzwischen besucht T. das zweite Kindergartenjahr. Sie wird als einzige heute noch von der Mutter in den Kindergarten gebracht. Fast immer gibt es eine kleine »Szene«, und T. kommt anschließend weinend in den Kindergarten. Gerne würde sie die Kindergärtnerin dann trösten, aber T. will das nicht. Sie putzt tapfer ihre Tränen ab, geht schweigend hinein und fängt an, für sich alleine zu spielen. Sie redet weiterhin mit niemandem...

S. kam nach einer glücklichen Kindergartenzeit in die erste Klasse zu einer strengen Lehrperson. Nachdem S. auf schulische Drucksituationen mit Angst und Verweigerung reagierte, verlangte die Lehrperson eine schulpsychologische Abklärung, die jedoch keine Auffälligkeiten ergab. Trotzdem machte die Lehrperson weiterhin Druck auf S. und auf die Eltern. S. erlebte auf diese Weise einen fürchterlichen, traumatisierenden Schulstart, der seine schulische Motivation und Freude drastisch trübte und ihn verunsicherte. Damit S. zu einer anderen Lehrperson wechseln konnte, stellten die Eltern nach einem Jahr einen Antrag auf Rückstellung. S. wiederholte also die erste Klasse. Daraufhin ging es ihm bis zur fünften Klasse deutlich besser und sein Selbstwertgefühl steigerte sich. Nachdem S. jedoch von einer Fachlehrperson im Sportunterricht wiederholt vor der ganzen Klasse bloßgestellt wurde, kristallisierten sich diese Stunden für ihn als enorme Belastung heraus. S. erlebte in all diesen belastenden Situationen eine Retraumatisierung seiner schlimmen Erfahrungen der ersten Klasse. Unfähig, sich zur Wehr zu setzen, war seine einzige Möglichkeit, sich zu schützen, den Schulbesuch zu verweigern.

M., ein Oberstufenschüler, weigert sich nach den Herbstferien in die Schule zu gehen. Vor den Herbstferien hatte M. ein schlechtes Erlebnis in der Schule: In der Pause war er in einen Streit mit einigen Mitschülern verwickelt. Er versuchte sich zunächst verbal, dann handgreiflich zu wehren. Dabei rutschte er aus und fiel in eine Schlammpfütze. Die umstehenden Mitschüler/-innen lachten ihn aus.

Die beiden Primarschüler S. und M. gehen gerne zur Schule und lernen auch leicht. Einzig Prüfungssituationen bereiten ihnen große Sorgen. Obwohl sie gut genug vorbereitet sind, leiden sie während der Prüfung unter starken Angstsymptomen wie Herzklopfen, Schwitzen und Konzentrationsproblemen. M. hat sogar ab und zu einen Blackout in solchen Situationen, und S. errötet schon, wenn die Lehrperson sie im Klassenverband abfragt. Beide haben das Gefühl, sie seien schlecht in der Schule und würden es nie aufs Gymnasium schaffen. Ihr schulisches Selbstvertrauen ist massiv beeinträchtigt.

Diese Fallvignetten zeigen eine breite Palette von möglichen Ausprägungen und Auswirkungen von Ängsten rund um Schule und Unterricht, die alle ein ähnliches Phänomen bezeichnen: Schulstress, Leistungsangst, Prüfungsangst, Schulangst, Ängstlichkeit, Schulphobie, etc.

Sie werfen etliche Fragen auf:

- Was bewegt Kinder zur Verweigerung (des Sprechens oder des Schulbesuchs)?
- Was bringen ängstliche Kinder zum Ausdruck?
- Was brauchen Kinder zur Überwindung von Prüfungs- und Leistungsängsten?
- Wie können Lehrpersonen einen Zugang zu schüchternen Kindern finden?
- Wie werden soziale Kompetenzen wie Mut und Durchsetzungskraft in der Schule gefördert?

Bevor Antworten auf solche Fragen gesucht werden, müssen Angst und Ängstlichkeit zuerst definitorisch bestimmt werden (für weitere Ausführungen siehe den Beitrag von Amft, Burkhardt & Uehli in diesem Buch):

Angst (engl. *anxiety*) ist ein emotionaler Zustand (*state*), der sich durch »Anspannung, Besorgtheit, Nervosität, innere Unruhe und Furcht vor zukünftigen Ereignissen« auszeichnet. Angst kann durch ein bestimmtes Objekt bzw. eine Situation ausgelöst werden oder aber »frei flottierend ohne klaren Bezug auf den Grund der Angst auftreten« (Wirtz, 2017, S. 150). Angst zeigt sich physiologisch (z. B. durch eine gesteigerte Erregung des autonomen Nervensystems), kognitiv (z. B. durch ein Gefühl der Machtlosigkeit) sowie im Verhalten (z. B. durch Flucht oder Vermeidung).

Angst als normale Reaktion auf als bedrohlich erlebte Situationen und/oder als Begleitung der menschlichen Entwicklung kennen wir also alle. Es ist eine Angst, die uns anregen kann, über den eigenen Schatten zu springen oder aber besonders vorsichtig zu sein.

Angst kann uns jedoch auch überfordern und sich zu einer Angststörung auswachsen, die therapeutische Hilfe notwendig macht.

Ängstlichkeit (engl. *anxiousness*) ist ein Persönlichkeitsmerkmal (*trait*), meist mit einer »genetischen Basis« (Städtler, 2003, S. 44), das sich darin zeigt »häufig und intensiv den Zustand der Angst zu erleben und sich ängstlich zu verhalten« (Wirtz, 2017, S. 151). Ängstlichkeit beschreibt also einen Persönlichkeitszug. Man spricht dann von schüchternen oder ängstlichen Menschen. Auch Ängstlichkeit kann so stark ausgeprägt sein, dass die Entwicklung blockiert ist und therapeutische Hilfe notwendig ist. Dann handelt es sich um eine klinisch relevante »soziale Ängstlichkeit« oder »generalisierte Ängstlichkeit« (ICD-10).

Im Schulalltag zeigen sich beide Formen (state und trait) von Angst: Es gibt Kinder und Jugendliche, die vor bestimmten konkreten Ereignissen in der Schule Angst haben, und diese Angst kann sich zu einer Angststörung ausweiten. Es gibt daneben auch schüchterne, ängstliche Kinder, die sich aufgrund dieser Konstitution in sozialen oder schulischen Leistungssituationen überfordert fühlen, unter Umständen so stark, dass sich daraus eine klinisch relevante Ängstlichkeit entwickelt.

Wie zeigen sich Ängste und Ängstlichkeit im schulischen Alltag ganz konkret?

1.1 Ängste und Ängstlichkeit im schulischen Alltag

Schulisches Lernen und Zusammenleben ist sehr vielfältig – und ebenso vielfältig sind die Ängste, die dabei entstehen können. Angst als Reaktion auf eine als bedrohlich erlebte Situation zeigt sich im schulischen Alltag besonders in den drei Bereichen Leistung, sozialer Umgang, und Trennung:

1. *Leistungsangst* (engl. *achievement anxiety*) tritt in Zusammenhang mit schulischen Leistungsanforderungen und Bewertungssituationen auf. Sie beinhaltet auch die Prüfungs- bzw. Examensangst (engl. *test anxiety*) und situationsspezifische Ängste z. B. vor einzelnen Schulfächern oder Bewertungssituationen (Städler, 2003, S. 626).
   Leistungsängste entstehen, wenn die Leistungsansprüche als überfordernd und die eigenen Bewältigungsmöglichkeiten als ungenügend erlebt werden. Daraus resultieren Ängste vor Prüfungen, vor schlechter Beurteilung, vor schulischem Versagen, etc. Diese Ängste bedrohen das Selbstwertgefühl und die soziale Identität. Sie lösen Stress aus.
   »Leistungsangst kann sich auch zu einem überdauernden Persönlichkeitsmerkmal (Ängstlichkeit) entwickeln, das sich darin zeigt, in Bewertungssituationen überdurchschnittlich häufig und intensiv mit Angst zu reagieren« (Wirtz, 2017, S. 1000). Leistungsängstliche Kinder und Jugendliche haben also eine »überdauernde Tendenz entwickelt, Leistungs- und Anforderungssituationen als bedrohend zu empfinden. Je höher der Stellenwert der Prüfung, je niedriger die Erfolgswahrscheinlichkeit, je höher die subjektiv erlebte Hilflosigkeit und je unberechenbarer der Ausgang, umso höher ist die Leistungsangst« (Hartke & Vrban, 2010, S. 85).
2. *Soziale Angst* (*social anxiety*) und soziale Ängstlichkeit beinhalten die Angst vor sozialer Abwertung (*shame anxiety*) und die Angst vor physischer Bedrohung bzw. Verletzung (*harm anxiety*) – und zwar unabhängig von einer Leistungssituation. Soziale Ängste können in Bezug auf die Lehrperson (Angst vor Bloßstellung, Beschämung, Bestrafung), in Bezug auf Mitschüler/-innen (Angst vor Ausgrenzung, Mobbing) oder in Bezug auf unterrichtliche Situationen (z. B. Angst, vor der Klasse zu reden) auftreten. Eine ausgeprägte und anhaltende soziale Angst kann sich zu einer sozialen Phobie (sozialen Angststörung) auswachsen (DSM-5).
   Nach Buss (1980; zit. nach Städler 2003, S. 1090) werden vier Arten von sozialen Ängsten unterschieden: Verlegenheit; Schamgefühl; Schüchternheit und Publikumsangst. Schüchternheit wird dabei als eine »Persönlichkeitseigenschaft mit biologisch-genetischer Basis gesehen«. Schüchterne Kinder sind also sozial ängstliche Kinder. Für sie sind Situationen, in denen sie exponiert sind oder sich in der Gruppe behaupten müssen, die also Selbstvertrauen und Mut verlangen, besonders heraus- oder überfordernd. Es ist erwiesen, dass »verschlossene, in sich gekehrte Schüler« häufiger Ängste entwickeln als »verbal mitteilsame Schüler« (Hartke & Vrban, 2010, S. 85). Manchmal wird in diesem Zusammenhang auch von »highly sensitiv children« gesprochen, also von Kindern, die besonders sensibel auf Reize, Veränderungen und auch so-

ziale Situationen reagieren (Aaron, 2010) und aufgrund dieser Veranlagung schneller überfordert sind als nicht hochsensible Kinder. Solche Kinder reagieren auf überfordernde Situationen häufig mit Angst, Rückzug und/oder Verweigerung.

3. *Trennungsangst* entsteht durch die als negativ erlebte Abwesenheit wichtiger Bezugspersonen während der Zeit des täglichen Schulbesuchs. Kinder bis zum Vorschulalter haben normalerweise ein gewisses Ausmaß an Angst vor einer realen oder befürchteten Trennung von nahen Bezugspersonen und/oder gewohnten Situationen. Diese Angst verschwindet mit zunehmendem Alter. Trennungsangst im Schulalter entspricht einer klinischen Diagnose nach ICD-10: »Das diagnostische Hauptmerkmal ist eine fokussierte, übermäßig ausgeprägte Angst vor der Trennung von solchen Personen, an die das Kind gebunden ist« (Dilling et al., 1993, S. 305). Die Angst kann sich als Besorgnis, Unglücklichsein oder Furcht vor der Trennung zeigen, wobei auch somatische Symptome (Erbrechen, Bauchschmerzen) auftreten können. Diese Angst kann so groß sein, dass Kinder psychisch und physisch massiv reagieren und/oder nicht in der Lage sind, über längere Zeit in der Schule zu bleiben.

In der wissenschaftlichen und der Ratgeber-Literatur werden diese Formen der Angst im schulischen Alltag oft unter dem Begriff der »*Schulangst*« zusammengefasst. Aber Schulangst ist »keine eigenständige diagnostische Kategorie« (Petermann & Petermann, 2010; zit. nach Krüger, 2018, S. 127). Der Begriff gilt zudem als unscharf und diffus. Es gibt nach Schude (2015; zit. nach Krüger, 2018) »keine einheitliche Auffassung dieses Konstrukts« (S. 127). Auch Wirtz (2017) hält fest: »Schulangst« (school anxiety) weist Merkmale einer »Leistungs-/Prüfungsangst (DSM-5), Trennungsangst (DSM-5, ICD-10) und der sozialen Phobie (nach DSM-5) auf« (S. 1495). Schulangst hat demnach potentiell Krankheits-Charakter und ist darüber hinaus auch ein »Störfaktor für Leistungseffizienz« (Krüger, 2018, S. 114). Es ist für den Umgang, für die Förderung und Behandlung wichtig, jeweils diagnostisch abzuklären, wie sich die Angst genau zeigt und wo die Gründe der Angst liegen (könnten).

In diesem Beitrag wird der Begriff der »Schulangst« nur in Zitaten verwendet, ansonsten werden die Begriffe (schulische) »Ängste« oder »Ängstlichkeit« vorgezogen.

In den in diesem Unterkapitel beschriebenen drei schulrelevanten Bereichen (Leistung, sozialer Umgang, Trennung) können Ängste im positiven Sinne als Herausforderung erlebt werden, eine emotionale, soziale oder Leistungssituation zu meistern. Die Bewältigung dient dann der »persönlichen Reife und Weiterentwicklung. […] Ein wenig Angst zu haben, ist in Prüfungssituationen, beim Erledigen neuer Anforderungen, vor einem Auftritt, bei gefährlichen Unternehmungen etc. durchaus förderlich« (Haider, 2008, S. 69). Wird die Angst allerdings zu groß, wirkt sie blockierend, sowohl für das Lernen und Denken als auch für die persönliche Entfaltung, wie im folgenden Unterkapitel gezeigt wird.

1.2 Auswirkungen von Ängsten auf das Lernen und Wohlbefinden

Ängste in Zusammenhang mit der Schule kommen bei ca. 15 % der Schüler/-innen vor. Alle sozialen Schichten sind etwa gleich stark betroffen (Häring & Kowalczyk, 2011). Für kindliche Angststörungen werden ähnliche Werte angegeben (z. B. Nevermann, 2008: 10–15%). Die Tendenz ist zunehmend: »Wiederkehrend wird der Befund kommuniziert, dass Schulangst ›weitverbreitet‹ (Hopf, 2014) sei und zunehme: Immer ›mehr Schülerinnen und Schüler leiden […] unter Schulangst‹ (Krowatschek & Domsch 2006, S. 16) und ›leider wird Angst in Zusammenhang mit Schule zunehmend zu einem Problem‹ (Heiderich & Rohr 2007, S. 11)« (Krüger, 2018, S. 129). Als Gründe für die Zunahme werden erhöhte Ansprüche an Leistung, Autonomie und Selbständigkeit sowie Ausüben von (elterlichem oder schulischem) Druck genannt.

Im Gegensatz zu sozial auffälligem Verhalten bei Schüler/-innen (z. B. hyperaktives oder aggressives Verhalten), das oft ein sofortiges Reagieren erfordert, weil es provoziert, stört und den Unterricht durcheinanderbringt, werden Kinder und Jugendliche mit ängstlichem, schüchternem und (schul-)verweigerndem Verhalten im Schulalltag nicht selten übersehen.

Angst beeinflusst das Lernen und Denken jedoch auf vielfältige Weise: »Ein mittleres, ›dosiertes‹ Ausmaß an Angst wirkt intellektuell und körperlich leistungssteigernd, erhöht Aufmerksamkeit, Wachheit und Konzentration« (Haider, 2008, S. 69). Aber ein übermäßiges Ausmaß beeinträchtigt das Denken (Haider, 2008), reduziert die Informationsverarbeitungskapazität (Baeriswyl, 2009), führt zu Oberflächenstrategien und begünstigt analytisches, detailorientiertes Denken mit einer Ausrichtung auf Sicherheit (ebd.). Resultat solcher Angstblockaden sind schlechte Leistungen: »Ängstliche Kinder schnitten in schulischen und psychologischen Prüfungen schlechter ab, als sie müssten« (Aebli, 1971; zit. nach Krüger, 2018, S. 115). Dabei ist es »weniger die Intelligenzleistung als vielmehr die Schulleistung (Schell, 1992, S. 122) der Schüler/-innen, die durch Angst riskiert werde« (ebd. p. 115). Auch Hattie fand in seiner Studie zum *Visible Learning* eine Effektstärke von d = .40 (moderater Effekt) der Variable »Angstreduktion« (oder »Angstarmut«) in Bezug auf Schüler- beziehungsweise Lernleistungen (Zierer, 2015, S. 33).

Ängste im schulischen Alltag beeinflussen nicht nur das Denken und Lernen, sondern sie beeinträchtigen auch das Wohlbefinden und schränken die persönlichen Entwicklungsmöglichkeiten ein. Schulisches Wohlbefinden stellt sich dann ein, wenn »sowohl das Erleben positiver Emotionen und Kognitionen als auch die Minimierung von Beschwerden, negativer Emotionen und Kognitionen« (Hascher, 2004a, S. 143) möglich ist. Kinder mit Ängsten und ängstliche Kinder können zwar auch positive Emotionen erleben, aber die negativen Emotionen und die damit verbundenen psychischen und (psycho-)somatischen Beschwerden beeinträchtigen ihr Wohlbefinden insgesamt. Kinder mit sozialen Ängsten oder mit sozialer Ängstlichkeit erleben soziale Situationen als stressreich und nicht zu bewältigen. Nicht selten zeigen sie in sozialen Situationen Rückzug und Vermeidung. Damit sind die persönlichen Entwicklungs- und Entfaltungsmöglichkeiten eingeschränkt.

»Lang andauernde Schulangst stellt ein Risikofaktor für die Entwicklung von aktiver Schulverweigerung dar« (Nevermann, 2008, S. 264). Oft zeigt sich eine typische Dynamik: Kinder und Jugendlichen mit Ängsten und/oder Ängstlichkeit bleiben der Schule, der Quelle ihrer Angst, fern. Sie schwänzen oder verweigern den Schulbesuch. Manchmal ist ihnen ein Fernbleiben nur dadurch möglich, dass sie krank werden. Sie leiden an psychosomatischen Beschwerden wie Übelkeit, Kopfschmerzen, Fieber, etc. Die Angst wird aber mit dem Vermeidungsverhalten stetig größer, weil damit auch Übungsmöglichkeiten zur Angstbewältigung fehlen. Gleichzeitig sind mit dem Fernbleiben von der Schule die soziale Entwicklung und Integration gefährdet. Es beginnt ein Teufelskreis, der meistens nur mit professioneller therapeutischer Hilfe unterbrochen werden kann.

Klassisch für alle Ängste als Reaktion auf bedrohliche oder überfordernde schulische Situationen ist, dass die körperlichen Symptome wie Kopf- oder Bauchschmerzen sofort ausbleiben, sobald das Kind nicht in die Schule gehen muss. Deshalb ist es wenig verwunderlich, dass Kinder mit Ängsten und/oder Ängstlichkeit an der Corona-Pandemie-bedingten Schulschließung im Frühjahr 2020 eher selten litten. Etlichen von ihnen ging es im Gegenteil besser als zuvor.

Ängste und Verweigerung haben also massive Auswirkungen auf die (schulische) Entwicklung von Kindern und Jugendlichen. Wenn man davon ausgeht, dass Ängste auch Lerngelegenheiten bieten (z. B. mehr Mut gewinnen oder sich überwinden können), die als überfachliche Kompetenzen im Lehrplan 21 auch festgehalten sind (z. B. *sich in neuen, ungewohnten Situationen zurechtfinden*), dann hat die Schule eine wichtige unterstützende Funktion dabei. Lehrpersonen können im Umgang mit Ängsten und Ängstlichkeit von Kindern und Jugendlichen viel bewirken. Deshalb wird im nächsten Abschnitt ein Verständnis von kindlichen Ängsten aus personzentrierter Sicht beschrieben, das anschließend als Grundlage für Handlungsempfehlungen für die Schule siehe Abschnitt 3).

2 Ein personzentriertes Verständnis von Ängsten und Ängstlichkeit

Ängste und Ängstlichkeit in schulischen Situationen sind multifaktoriell bedingt. Es lassen sich Erklärungsfaktoren in allen Sozialisationskontexten von Kindern und Jugendlichen finden: Familie, Schule, Peers. Es gibt nicht einen dominanten Risikofaktor. Es ist vielmehr wahrscheinlich, dass die Prozesse in den verschiedenen Bereichen kumulativ wirken (Stamm, 2008). Oft sind die konkreten Gründe für Eltern und Lehrpersonen schwer nachvollziehbar.

Da Angst eine vieluntersuchte Emotion ist, gibt es auch in der Psychopathologie »kaum ein Störungsbild, bei dem nicht Angst eine zentrale Kategorie« (Füßner et al., 2012, S. 14) darstellt. Entsprechend spielen Ängste in »nahezu allen psychotherapeutischen Ansätzen« eine wichtige Rolle. »Die Herangehensweise hängt von der jeweiligen Theorie zur Entstehung und Aufrechterhaltung ab.« Während zum Beispiel verhaltenstherapeutisch-orientierten Ansätze davon ausgehen, dass Ängste gelernt und wieder verlernt werden können, wird in tiefenpsychologischen Therapien »vor allem versucht, ein Verständnis für die die unbewusste Angst hervorbringenden Faktoren zu erarbeiten« (Wirtz, 2017, S. 150).

In diesem Beitrag wird ein Verständnismodell für schulische Ängste und Ängstlichkeit nach dem *personzentrierten Ansatz* dargestellt. Einerseits, weil die Autorin diesen Ansatz seit mehr als einem Vierteljahrhundert lehrt und im Praxisalltag mit Überzeugung und Erfolg lebt, andererseits, weil sich daraus gut umsetzbare Handlungsempfehlungen für den schulischen Alltag ableiten lassen. Der personzentrierte Ansatz geht auf Carl Rogers (1902–1987) zurück. Die Therapierichtung, die sich aus diesem Ansatz entwickelt hat, ist auch unter dem Begriff »klientzentrierte Gesprächspsychotherapie« (Rogers, 1993) oder bei Kindern als »klientzentrierte Spieltherapie« (Schmidtchen, 1976) bekannt. Im nächsten Unterkapitel werden Menschenbild und Persönlichkeitstheorie von Rogers erläutert.

2.1 Menschenbild und Persönlichkeitstheorie des personzentrierten Ansatzes

Nach dem Gedankengut des Humanismus ist der Mensch im personzentrierten Ansatz im Kern ein positives und soziales Lebewesen, das nach Autonomie und Selbstverwirklichung strebt. Als »grundlegendes Axiom« (Frenzel et al., 1992, S. 75) postuliert Rogers die *Aktualisierungstendenz*, eine angeborene Tendenz, seine Entwicklungsmöglichkeiten beständig zu entfalten und zu verwirklichen: »Praxis, Theorie und Forschung heben deutlich hervor, dass der gesamte personzentrierte Ansatz auf einem grundlegenden Vertrauen in den Organismus beruht. [...] Man kann sagen, dass es in jedem Organismus, auf welcher Ebene auch immer, eine zugrunde liegende Ausrichtung auf eine konstruktive Erfüllung seiner innewohnenden Möglichkeiten gibt« (Rogers, 1979; zit. nach ebd., S. 74). Das bedeutet, jeder Mensch will innerlich wachsen und sich weiterentwickeln. Darauf kann man vertrauen. Allerdings kann die Aktualisierungstendenz auch blockiert sein, woraus sich dann Leiden (z. B. Ängste) entwickelt (siehe Abschnitt 2.2).

In der Persönlichkeitstheorie von Rogers ist jeder Mensch ein bewusst handelndes Wesen, das von seinen Erfahrungen geleitet wird. Die individuellen Erfahrungen verdichten sich zu einem charakteristischen Wahrnehmungsfeld, also zu einer Realität, die einzigartig ist und von einem anderen nie vollständig verstanden werden kann. Dieser »*innere Bezugsrahmen* ist die subjektive Welt des Individuums. Nur das Individuum allein kennt sie völlig. Diese innere Welt kann niemals durch einen anderen erfahren werden, es sei denn durch empathisches Einfühlen, jedoch auch dann niemals ganz« (Rogers, 1998, S. 37).

Entsprechend den individuellen Wahrnehmungen werden andere Personen, Dinge und Ereignisse unterschiedlich erlebt und eingestuft. Ein Teil des gesamten Wahrnehmungsfeldes entwickelt sich nach und nach zum Selbst und bildet schließlich das *Selbstkonzept* einer Person.

Der Mensch bewertet aktuelle Erfahrungen ständig dahingehend, wie gut sie sich in sein Selbstkonzept integrieren lassen (*organismischer Bewertungsprozess*). »Der Organismus erlebt Befriedigung durch jene Stimuli oder Verhaltensweisen, die den Organismus und das Selbst erhalten und fördern, und zwar gleichermaßen in der Gegenwart als auch auf lange Sicht. Die Aktualisierungstendenz ist hier das Kriterium« (ebd., S. 37).

Erfahrungen, die sich ins Selbstkonzept integrieren lassen, sind *kongruent*. Sie können problemlos angenommen werden und dienen dem beständigen Prozess der Selbstaktualisierung. So kann eine Lehrperson, mit dem Selbstkonzept, eine bei den Schüler/-innen beliebte Lehrperson zu sein, alle Erfahrungen, die dieses Selbstkonzept bestätigen, gut annehmen.

Erfahrungen, die sich nicht ins Selbstkonzept integrieren lassen, sind *inkongruent*. Sie können das Selbstkonzept bedrohen, Ängste hervorrufen und müssen deshalb abgewehrt werden. Die eben beschriebene Lehrperson könnte mit Erfahrungen in einer Klasse, in der sie gar nicht gut ankommt, Schwierigkeiten haben.

> »In der Realität gibt es bei jedem Menschen mehr oder weniger große, kürzere oder länger anhaltende, leicht veränderliche oder stärker festgefahrene Inkongruenzen, das heißt Diskrepanzen zwischen dem Selbstkonzept und der Gesamtheit der Erfahrungen der Person. Sie werden, wenn sie wahrgenommen werden, subjektiv als psychisches Leiden empfunden. Das Leiden der Person besteht in ihrer Inkongruenz. Der Zustand der Inkongruenz ist bedrohlich, wenn er nicht ins Bewusstsein dringt« (Frenzel et al., 1992, S. 87).

Wie entwickelt sich das *Selbstkonzept bei Kindern*? Das Bewusstsein über sich selbst, über individuelle Fähigkeiten und Eigenschaften, Stärken und Schwächen, erwirbt ein Kind vor allem durch *Beziehungsbotschaften*, die Eltern, Lehrpersonen und Erzieher/-innen ihm senden. Diese Beziehungsbotschaften prägen das Selbstkonzept grundlegend, und zwar auch schon im vorsprachlichen Alter.

Jedes Kind, überhaupt jeder Mensch, braucht Anerkennung und positive Beachtung für eine gesunde seelische Entwicklung (*need for positive regard*). Es ist ein »übergeordnetes Bedürfnis. […] Seine Befriedigung ist eine wesentliche Voraussetzung für die Entwicklung. Die Nichtbefriedigung dieses Bedürfnisses kann bei Babies die Konsequenz haben, dass sie sterben« (Biermann-Ratjen et al. 1995, S. 82–83). Im eigenen Erleben gesehen, beachtet, verstanden und geliebt werden ist demnach ein basales existentielles menschliches Bedürfnis. Im personzentrierten Entwicklungskonzept können »Erfahrungen, die mit dem Bedürfnis nach *positive regard* verbunden sind, nur dann, wenn sie und das mit ihnen verbundene Bedürfnis nach *positive regard* von wichtigen Anderen als solche erkannt […] werden, in das Selbstkonzept integriert werden« (ebd., S. 83). Eine Spiegelung der Erfahrungen durch wichtige Bezugspersonen ist also notwendig. Dieser (affektive) Austausch ist bereits bei Säuglingen und deren Eltern beobachtbar und hat in der Säuglingsforschung eine wichtige Bedeutung: Das einfühlsame Eingehen auf Äußerungen von Säuglingen, das Imitieren und Versprachlichen von Gefühlen gibt dem Kind Sicherheit und stärkt die Verbundenheit, die für die weitere Entwicklung wichtig ist. »Ein wachsendes Gefühl von Autonomie entwickelt sich stets in Verbindung mit einem zunehmenden Gefühl sozialer Verbundenheit. Beide sind als komplementär zu betrachten (Bowlby)« (ebd., S. 83). Wenn ein Kind Anerkennung, bedingungsfreie positive Beachtung und einfühlsames Verstehen von seinen Bezugspersonen erlebt, kann es neue Erfahrungen und unter Umständen auch unangenehme Erfahrungen, wie etwa das Erleben von Angst, in sein Selbstkonzept integrieren. Es wird weiter auch Autonomie und Selbstverwirklichung (siehe weiter oben) entwickeln. Ohne diese Voraussetzung können Blockaden und Ängste entstehen (siehe Abschnitt 2.2).

Das Selbstkonzept eines Kindes bildet sich also aufgrund der Beziehungserfahrungen mit seinen wichtigsten Bezugspersonen. Damit sich beim Kind ein positives Selbstkonzept ausbilden kann, sollte die Haltung von Erziehenden nach Rogers durch *Wertschätzung* gekennzeichnet sein. Wertschätzung meint eine Haltung, die sich durch Achtung, Wärme und Rücksichtnahme auszeichnet. Diese Wertschätzung ist an keine Bedingungen geknüpft. Wertschätzung in der Erziehung ist zentral wichtig für die gesunde seelische Entwicklung des Kindes und für seine Selbstachtung. Erlebt ein Kind keine bedingungslose Wertschätzung oder sogar Geringschätzung, Kälte und Ignoranz, dann entwickelt sich ein negatives Selbstkonzept und eine geringe Selbstachtung.

Anhand der eben beschriebenen Elemente der personzentrierten Theorie wird im nächsten Unterkapitel die Entstehung von Ängsten erläutert.

2.2 Entstehung von Ängsten und Ängstlichkeit nach dem personzentrierten Ansatz

Ängste können im personzentrierten Verständnis aus drei Perspektiven erklärt werden:

1. *Ängste als Ausdruck einer blockierten Aktualisierungstendenz:* Ein Kind wird in seinem Bemühen, sich selber zu verwirklichen und innerlich zu wachsen, (von außen und/oder von innen) blockiert oder behindert. Die Folge davon ist, dass es seine Möglichkeiten nicht ausschöpfen kann. Ein 11-jähriges Kind, das zum Beispiel aus Angst vor der Trennung seiner Bezugspersonen nicht ins Klassenlager mitfährt, wird durch diese Situation in seinem altersmäßig normalen Bedürfnis nach Autonomie und Selbstbestimmung blockiert. Es bringt sich selber um eine wichtige Erfahrung, die ihm zeigen könnte, dass erstens die Angst überwindbar und zweitens das Erleben von Autonomie wunderbar ist. Vielleicht hat dieses Kind nie die Erfahrung machen dürfen, außerhalb der Familie zu übernachten. Vielleicht wurde ihm auch vermittelt, dass dies gefährlich oder nicht bewältigbar ist (= Blockaden von außen durch negative bzw. ungünstige Beziehungsbotschaften von wichtigen Bezugspersonen). Vielleicht darf es nicht selbständig und unabhängig sein, weil dadurch das Gleichgewicht in der Familie gefährdet würde (= Blockade durch eine an Bedingungen geknüpfte Liebe oder fehlende positive Beachtung). Vielleicht ist es auch ein von Natur aus ängstliches, schüchternes Kind und eine ganze Woche von Zuhause wegbleiben ist ein zu großer Schritt (= Blockade von innen).
2. *Ängste als Ausdruck von Inkongruenz:* Inkongruenz kann sich zeigen, wenn subjektive Wirklichkeit und Realität (bzw. organismische Tatsachen) zu weit aus-

einanderklaffen, wenn das Selbst (= so bin ich, so sehe ich mich) nicht mit dem Ideal-Selbst (= so möchte ich gerne sein) übereinstimmt, oder wenn das Selbstkonzept mit den konkreten Erfahrungen nicht übereinstimmt, wenn deshalb Erfahrungen nicht ins Selbstkonzept integriert werden können. Dies veranschaulicht Abbildung 1.

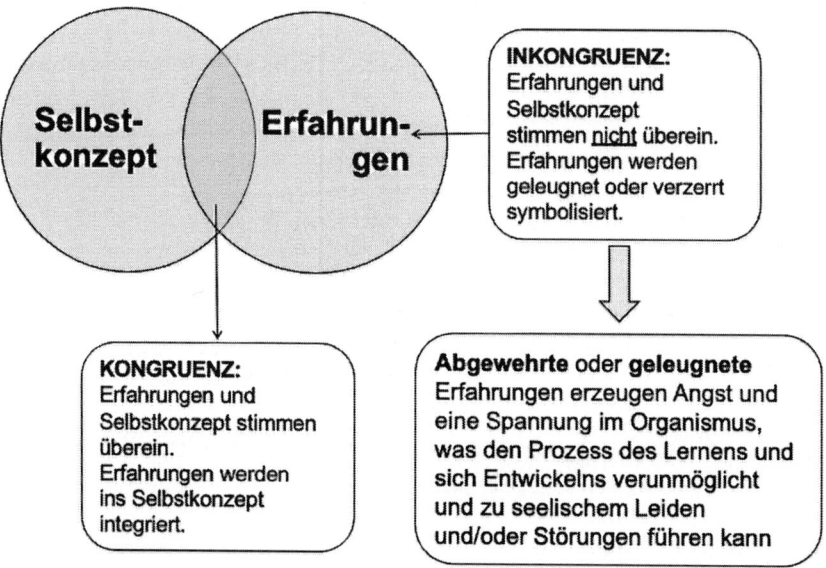

Abb. 1: Integration von Erfahrungen ins Selbstkonzept

Abbildung 1 zeigt, dass kongruente Erfahrungen, also solche, die mit dem Selbstkonzept übereinstimmen, vollständig symbolisiert und ins Selbstkonzept integriert werden können. Dagegen werden inkongruente Erfahrungen, die nicht mit dem Selbstkonzept übereinstimmen abgewehrt oder geleugnet, was Angst erzeugt und zu seelischem Leiden führen kann. »Angst ist phänomenologisch ein Zustand des Unwohlseins und der Spannung, dessen Ursache unbekannt ist. Von einem äußeren Bezugsrahmen betrachtet ist Angst ein Zustand, in dem sich die Inkongruenz zwischen Selbstkonzept und dem Gesamt der Erfahrungen der Gewahrwerdung nähert. Wenn Erfahrung offensichtlich vom Selbstkonzept abweicht, dann wird eine Abwehrreaktion gegen diese Bedrohung immer schwieriger. Angst ist dann die Antwort des Organismus auf die ›unterschwellige Wahrnehmung‹, eine solche Diskrepanz könnte gewahr werden und würde in der Folge eine Veränderung des Selbstkonzepts erzwinge« (Rogers, 1998, S. 30). Wurde ein Kind zum Beispiel mit seiner Angst vor schulischen Leistungssituationen, die ja bis zu einem gewissen Grad normal ist, nie ernst genommen und verstanden, kann es dieses Gefühl nicht als zwar unangenehme, aber eben auch normale Regung, in sein Selbstkonzept integrieren. Immer wenn Angst vor Leistungssituationen auftaucht,

muss es dieses Gefühl abwehren. Abwehren erzeugt jedoch seinerseits Spannung und Angst, was das Lernen blockiert und das Leiden verstärkt.
3. *Ängste infolge mangelnder positiver Beachtung (need for positive regard)*: Ängste können auch entstehen, wenn ein Kind in seinem Bedürfnis nach positiver Beachtung und Verbundenheit zu wenig Resonanz erfahren hat. »Angststörungen entstehen im Zusammenhang mit einem konflikthaften Verlauf des Selbstkonzeptentwicklung, aufgrund von missverstandenen und/oder nicht akzeptierten Autonomiebestrebungen und auf dem Hintergrund unsicherer Bindungsbeziehungen« (Füßner, 2012, S. 13). »Durch einen Mangel an elterlicher Empathie gegenüber den Bedürfnissen des Kindes und vor allem durch mangelndes Akzeptieren und Anerkennen von Selbstständigkeitsregungen bleibt die Entwicklung zur Autonomie unvollständig. Das Selbstbild ist gekennzeichnet durch mangelndes Vertrauen in die eigenen Kräfte (Speierer, 1994). Die Ambivalenz zwischen Autonomie und Abhängigkeitsbestrebungen wird als Grundlage für die Entstehung von Panik und Agoraphobie angesehen« (Teusch, 2002, S. 56).

Ein überbehüteter Jugendlicher zum Beispiel, der mit dem Beginn einer Berufslehre auch von zu Hause weg und in ein Lehrlingsheim ziehen muss, bekommt plötzlich Albträume und Panikattacken. In der Schule hat er gegenüber den Mitschülern geäußert, dass er sich auf den Wegzug freue, weil er damit dem engen Elternhaus endlich entkommen könne. Die mögliche Überforderung mit diesem Schritt will der Jugendliche nicht wahrhaben. Er verdrängt solche Gefühle, bis sie sich in den Albträumen und Panikattacken zeigen.

Diese drei Perspektiven zeigen unterschiedliche Herangehensweisen an ein Verständnis für kindliche Ängste und Ängstlichkeit. Sie hängen allerdings oft miteinander zusammen, was Füßner et al. (2012) mit der Beschreibung eines ängstlichen Kindes treffend zum Ausdruck bringen: »Ein ängstliches Kind kann vor allem Erfahrungen, die seine Selbständigkeit fördern, nicht wahrnehmen und in sein Bild von sich selbst aufnehmen.« Grund dafür ist die fehlende positive Beachtung seitens wichtiger Bezugspersonen bei Bestrebungen nach Eigenständigkeit und Unabhängigkeit. Fehlende positive Beachtung bedeutet einerseits, dass Autonomiebestrebungen des Kindes nicht unterstützt werden, anderseits auch, dass ein Kind zu früh zu viel Selbständigkeit zeigen muss. Dadurch entwickelt sich ein Selbstkonzept, in dem Wünsche nach Selbständigkeit und eigener Wirksamkeit abgewehrt werden. Das Kind hat ein Bild von sich als »abhängig, schwach und inkompetent und seine Umwelt erlebt es als potenziell gefährlich oder überwältigend, es sucht Sicherheit und Geborgenheit in der Nähe seiner Bezugspersonen.« Mit dieser Voraussetzung können »die Autonomiebestrebungen des Organismus nicht erlebt und gelebt werden«. Das Kind kann die, seiner altersgemäßen Entwicklung entsprechenden, Bestrebungen nach Selbständigkeit und Autonomie nicht ausleben. Seine Aktualisierungstendenz ist blockiert. Damit kann es auch kaum Erfahrungen machen, »in denen es sich als kompetent, selbstwirksam und autonom erlebt«, was wiederum sein oben beschriebenes Selbstkonzept stabilisiert. Auf diese Wiese ist ein »entwicklungseinschränkender

Kreislauf« entstanden, der unter Umständen zur Entwicklung einer Angststörung führen kann (Füßner et al., 2012, S. 17).

Welche Handlungsempfehlungen lassen sich auch diesen Erkenntnissen für die Schule ableiten?

3 Umgang mit Ängsten und Ängstlichkeit im schulischen Alltag

Zum Umgang mit kindlichen Ängsten in Zusammenhang mit der Schule existiert gemäß Krüger (2018) »seit dem Anbruch des neuen Jahrtausends ein wahrer Boom an Ratgeberliteratur« (S. 127). Die wissenschaftlich und theoretisch ernstzunehmenden Ratgeber reichen von verhaltenstherapeutisch orientierten Angsttrainings über tiefenpsychologisch oder bindungstheoretisch begründete Konfliktbearbeitung bis zu neuropsychologisch legitimierten Körperübungen.

Bei vielen Ängsten ist zwar therapeutische Hilfe notwendig, aber im schulischen Rahmen gibt es viele Möglichkeiten, schulischen Ängsten konstruktiv zu begegnen, beziehungsweise präventiv gegen Ängste und Ängstlichkeit zu wirken. Lehrpersonen können mitbeeinflussen, dass sich Kinder und Jugendliche im Unterricht wohlfühlen und angstfrei lernen. Die Schule trägt auch wesentlich dazu bei, dass Kinder lernen, mit Ängsten umzugehen, und dass auch schüchterne und ängstliche Kinder in der Schulklasse integriert sind. Denn die Schule ist neben der Familie und den Peers die wichtigste Sozialisationsinstanz für Kinder und Jugendliche.

Im Folgenden werden diese Möglichkeiten unter dem Aspekt der Haltung der Lehrperson, der bewussten Pflege eines angstfreien und wertschätzenden Unterrichtsklimas und einem Repertoire an Methoden zur Angstbewältigung thematisiert.

3.1 Haltung der Lehrperson und Beziehungsebene

Für die allermeisten Kinder ist die Lehrperson eine zentral wichtige Bezugsperson. Denn Lehrpersonen sind außerfamiliäre soziale *Schutzfaktoren* für emotionale Bindung, Fürsorge und Vorbildwirkung. Dies ist auch bei Kindern und Jugendlichen mit Ängsten und Ängstlichkeit bedeutsam: Sie können mit ihrer Lehrperson, mit der sie einen großen Teil des Tages verbringen, andere – manchmal korrigierende – Bindungserfahrung machen. Sie können bei der Lehrperson Fürsorge erfahren und von ihr als Vorbild im Umgang mit angsteinflößenden Situationen lernen. Lehrpersonen können jedoch auch auslösende oder verstärkende Faktoren bei Ängsten und Verweigerung sein. Hascher (2004b) fand in ihren Studien, dass Jugendliche durch ihre Lehrpersonen in ihrem »Wunsch nach Anerkennung und Kompetenzerleben eingeschränkt werden und Enttäuschungen erleben« (S. 223).

Die Haltung von Lehrpersonen ist also ein wesentlicher Aspekt für den Umgang auch oder gerade mit ängstlichen Kindern und mit Kindern mit Ängsten. Wodurch zeichnet sich eine förderliche, angstmindernde Haltung von Lehrpersonen aus?

Die im personzentrierten Ansatz etablierten und empirisch überprüften drei Merkmale (Basisvariablen) wirksamen Eingehens auf das Gegenüber in Therapie und Beratung, lassen sich gut auf den pädagogischen Kontext übertragen. Sie kennzeichnen eine messbare (Tausch, 2008) Haltung der Lehrperson und die Art ihrer Beziehungsgestaltung mit den Schüler/-innen:

1. Bedingungslose positive Beachtung und Wertschätzung

    Bedingungslose positive Beachtung bedeutet, dass die Lehrperson alle Kinder, auch die schwierigen, die ängstlichen und die faulen, bedingungslos annimmt und wertschätzt. Sie macht jedem Kind ein verlässliches Beziehungsangebot, das an keine Bedingungen geknüpft ist – auch nicht an unausgesprochene. Es bedeutet weiter, jedem Kind mit Wohlwollen zu begegnen und an jedes Kind zu glauben bzw. darauf zu vertrauen, dass es trotz schwierigen oder problematischen Seiten auch gesunde Persönlichkeitsanteile, Ressourcen und Kraftquellen hat. Eine solche positive Beachtung und Wertschätzung wirkt in jeder Unterrichtsstunde, und zwar durch die Sprache (Stimme), Mimik und Gestik der Lehrperson (Tausch, 2008). Sie zeigt sich im Unterricht durch deutlich häufigeres Ermutigen (also die positiven Versuche des Kindes wertschätzen) als Abwerten bzw. das Falsche und Fehlende benennen (Weinberger, 2011). Sie zeigt sich durch häufiges Anerkennen der Bemühungen eines Kindes, unabhängig davon, wie das Ergebnis dieser Bemühungen ist.

2. Empathie (= einfühlsames Verstehen) und Verständnis für das Erleben (den inneren Bezugsrahmen) der Schüler/-innen

    Einfühlendes Verstehen und Verständnis bedeutet, sich als Lehrperson in die je eigene Welt der einzelnen Schüler/-innen hinein zu begeben und sich zu bemühen, diese Welt wirklich zu verstehen. Das schafft Vertrauen. Schüler/-innen fühlen sich ernst genommen, wenn ihre Meinung zählt, wenn sie mitbestimmen können, wenn ihnen die Lehrperson wirklich zuhört. Und das wiederum festigt die Beziehung zwischen Lehrperson und Schüler/-innen. Einfühlung bedeutet jedoch nicht, dass alles Verhalten der Schüler/-innen toleriert wird. Es ist auch keine Haltung von Schwäche. Empathie bedeutet, sich einlassen auf das Kind, sich berühren und beteiligen lassen, was gerade bei Kindern mit Ängsten nicht immer einfach, aber sehr hilfreich ist.

3. Echtheit und Kongruenz (keine »professionelle Fassade«, hinter der man sich als Lehrperson versteckt)

    Echtheit und Kongruenz bedeutet im pädagogischen Umfeld nicht, dass man sich als Kumpel der Schüler/-innen gibt oder dass man den privaten Alltag ins Schulzimmer trägt. Es bedeutet, dass man als Lehrperson in erster Linie als Mensch im Klassenzimmer steht. Ein Mensch, der, wie die Schüler/-innen auch, Stärken und Schwächen hat und manchmal auch Fehler macht –

und notabene bisweilen auch Angst hat. Kongruenz bedeutet, sich als Person einzulassen, sich und das eigene Handeln zu reflektieren, Fehler einzugestehen und sich Hilfe zu suchen, wenn man an die eigenen Grenzen stößt. Gerade besonders sensible und ängstliche Kinder spüren deutlich, ob ihre Lehrperson echt ist bzw. lassen sich durch inkongruentes Verhalten verunsichern.

»Mit einer personzentrierten pädagogischen Herangehensweise erschaffen wir in der Schule ein Klima der Sicherheit und ermöglichen so eine optimale Nutzung des Entwicklungspotentials des einzelnen Kindes« (Weinberger, 2011, S. 36). Als Lehrperson eine personzentrierte Haltung entlang den drei Basisvariablen (Empathie, bedingungslose Annahme und Wertschätzung und Kongruenz) im Klassenzimmer zu leben, hat auch eine wirksame Vorbildwirkung. Gerade ängstliche Kinder profitieren davon, wenn sie beobachten können, wie die Lehrperson herausfordernde, angstauslösende Situationen bewältigt.

3.2   Unterrichts- und Klassenklima

»Ein zentrales Element des Schulklimas ist das Beziehungsverhältnis zwischen Lehrerschaft und Schülerschaft. Der Begriff ›Vertrauen‹ ist in dieser formalisierten Rollenbeziehung, in der sich die Schüler/-innen in einer Abhängigkeit befinden, der angemessene Begriff, um ein gutes Klima zu charakterisieren« (Hascher, 2004b, S. 171).

Vertrauen entsteht einerseits, wenn Schüler eine wertschätzende und empathische Haltung der Lehrperson erleben, anderseits auch, wenn das Unterrichts- und Lernklima wohlwollend und angstfrei ist.

Ein angstfreies Unterrichtsklima und ein gutes Classroom-Management vermitteln den Schüler/-innen sowohl Struktur als auch (emotionale) Sicherheit. Jedes Kind wird mit seiner individuellen Art so angenommen, wie es ist. Angst- und Stress-Momente werden im Unterricht möglichst vermieden. Die Kommunikation ist ermutigend, ehrlich und ressourcenorientiert. Dies wirkt sich positiv auf das schulische Lernen aus: »Je öfter ein Kind neue angst- und bewertungsfreie Erfahrungen machen kann, umso flexibler werden sich seine Verhaltens- und Problembewältigungsstrategien gestalten« (Weinberger, 2009, S. 36).

Zu einem angstfreien Unterrichtsklima gehört ebenfalls, dass die Lehrperson Chancengleichheit und -gerechtigkeit walten lässt, also Integration im Klassenzimmer lebt. Denn alle Schüler/-innen – auch die auffälligen oder ängstlichen – haben ein Bedürfnis nach sozialer Anerkennung und Zugehörigkeit. Lehrpersonen müssen deshalb auch das Verhältnis der Schüler/-innen untereinander beachten und notfalls fördernd eingreifen. Hascher (2004b) meint, gerade »für Kinder- und Jugendliche, die im Leistungsbereich Misserfolge erleben, kann ein gutes emotionales Verhältnis zu Lehrpersonen und Klasse kompensatorische Wirkung haben« (S. 181).

In Tabelle 1 sind 20 Indikatoren für ein angstfreies Unterrichts- und Klassenklima aufgeführt. Die Tabelle kann als Standortbestimmung für den eigenen Unterricht eingesetzt werden.

3 Umgang mit Ängsten und Ängstlichkeit im schulischen Alltag

Tab. 1: Indikatoren eines angstfreien Unterrichts- und Klassenklimas

1.	Das Arbeits- und Lernklima ist geprägt von Wertschätzung und Respekt.
2.	Die Lehrperson zeigt Empathie und Verständnis für ängstliche und schüchterne Schüler/-innen.
3.	Das Wohlbefinden der Schüler/-innen ist der Lehrperson ein Anliegen.
4.	Schüler/-innen werden auch dann noch angenommen, wie sie sind, wenn sie mal schlechte Laune und Lustlosigkeit zeigen.
5.	Die Lehrperson baut auf den Ressourcen der Schüler/-innen auf.
6.	Die Lehrperson äußert im Unterricht Anerkennung und Lob.
7.	Es herrscht ein angstfreies Lernklima.
8.	Kein Kind muss gegen seinen Willen vor der ganzen Klasse reden bzw. laut vorlesen.
9.	Es wird kein Kind in der Klasse bloßgestellt – weder von der Lehrperson noch von den Mitschüler/-innen.
10.	Prüfungen werden immer angekündigt, so dass sich die Schüler/-innen vorbereiten können.
11.	Wenn eine Prüfung im Klassenverband zu viel Angst/Stress auslöst, darf sie in einem Nebenraum geschrieben werden.
12.	»Vermasselte« Prüfungen und Klassenarbeiten dürfen wiederholt werden.
13.	Es herrscht eine konstruktive Fehlerkultur: Fehler werden als wichtige Hinweise für den Lernprozess betrachtet und gehandhabt.
14.	Schüler/-innen dürfen sich auch begründet kritisch gegenüber dem Unterricht äußern.
15.	Der Unterricht enthält neben konzentrierten Arbeitsphasen auch Entspannungsphasen.
16.	Übungen zum Umgang mit Angst und Stress werden im Unterricht durchgeführt.
17.	Die Lehrpersonen lebt den Schüler/-innen einen gesunden Umgang mit Angst und Stress vor.
18.	Eine Kultur der gegenseitigen Unterstützung wird gepflegt.
19.	Emotionale und soziale Kompetenzen der Kinder werden aktiv und bewusst gefördert (Befindlichkeiten austauschen, Umgang mit Stress üben, Entspannung lernen, Mut und Selbstvertrauen stärken, etc.).
20.	Die Kommunikation ist authentisch, wertschätzend und ressourcenorientiert.

Anmerkung: Mit Lehrperson sind alle im schulischen und unterrichtlichen Geschehen Beteiligten gemeint, also Lehrkräfte, schulische Heilpädagog/-innen, Klassenassistenzen, etc.

Zum Schluss dieser Handlungsempfehlungen werden konkrete Ideen zur Förderung bei Ängsten und ängstlichem Verhalten aufgezeigt.

3.3 Ideen zur spezifischen Förderung

Kinder und Jugendliche sollen sich in der Schule, in der sie die meiste Zeit des Tages verbringen, wohl fühlen können. Positive Emotionen gelten als »Indikatoren für Schulqualität«, weil sie »Prozesse stützen, die für den Schulerfolg relevant sind« (Hascher, 2004a, S. 13). Die Schule als Ort, an dem Leistung gefordert und Selektion betrieben wird, hat jedoch an sich schon das Potenzial, je nach individueller Veranlagung und Situation Angst auszulösen. »Eine Schule ohne Angst erstreben zu wollen, dürfte wahrscheinlich unrealistisch sein« (Olechowska & Sretenovic, 1983; zit. nach Krüger, 2018, S. 126). Die Frage, wie man Kinder bei der Bewältigung von Ängsten in belastenden schulischen Situationen unterstützen kann, ist deshalb zentral. Neben den weiter oben genannten Ausführungen zur Haltung und Beziehungsgestaltung (Abschnitt. 3.1) und zum Unterrichts- und Klassenklima (Abschnitt 3.2) werden in diesem Unterkapitel Förderideen präsentiert.

Nach Preuss-Lausitz (2005) »sollte regelmäßig, zumindest einmal in jeder Schulwoche, eine gezielte pädagogische Aktivität zur Förderung von ängstlichen und stark zurückgezogenen Kindern durchgeführt werden, damit auch das Selbstwertgefühl dieser Kinder gestärkt wird« (S. 150-151), weil ängstliche Kinder, wie bereits gesagt, im Schulalltag oft übersehen werden. Ein positives Selbstwertgefühl vermindert Unsicherheit und Ängste – und es ist darüber hinaus ein wirksamer Abwehrmechanismus gegen Schikane, Mobbing, körperliche Gewalt und persönliche Kritik.

Eine »stille Fördersequenz« hilft nicht nur ängstlichen, sondern allen Kindern im Schulzimmer. Inhaltlich besteht eine solche Fördereinheit aus Übungen, Spielen und Aufgaben einerseits zur Angstbewältigung und anderseits zur Förderung von Mut und Selbstvertrauen.

Die folgende Tabelle 2 enthält – keinesfalls abschließend! – erprobte Materialien aus der therapeutischen Arbeit oder aus der Lehre, abgestuft in drei Alterskategorien:

Tab. 2: Materialien zur Angstbewältigung und zur Förderung von Mut und Selbstvertrauen (Quellen siehe Literaturverzeichnis)

Unterstufe	Mittelstufe	Oberstufe
Bilderbücher zum Vorlesen, z. B.:	*Geschichten zum Vorlesen*, z. B.:	*Geschichten zum Vorlesen*, z. B.:
• Das kleine Ich bin ich (Lobe, 1972; auch als Youtube erhältlich) • Martin hat keine Angst mehr (Ostheeren, 1973) • Nein, ich fürchte mich nicht, nein, nein (Palecek, 1995)	• Philipp zähmt den Grübelgeier (Hanke-Basfeld, 2015) • Wenn ein Ungugunu kommt (Korschunow, 1981; auch als Hörbuch)	• Wenn ein Ungugunu kommt (Korschunow, 1981; auch als Hörbuch)

Tab. 2: Materialien zur Angstbewältigung und zur Förderung von Mut und Selbstvertrauen (Quellen siehe Literaturverzeichnis) – Fortsetzung

Unterstufe	Mittelstufe	Oberstufe
• Trau dich, sag was! (Reynolds & Menge, 2020) • Mamma mia! Lass das zaubern (Hutter, 2016) • Mutig, mutig (Pauli, 2010)		
Körperübungen, z. B.: • Übungen aus Croos-Müller (2013) • Phantasiereisen (Petermann, 2019; Vopel, 1991) • Achtsamkeitsübungen (Malti et al. 2009)	*Körperübungen*, z. B.: • Übungen aus Croos-Müller (2013) • Phantasiereisen (Petermann, 2019; Vopel, 1991) • Achtsamkeitsübungen (Malti et al. 2009)	*Körperübungen*, z. B.: • Übungen aus Croos-Müller (2013) • Phantasiereisen (Petermann, 2019; Vopel, 1991) • Achtsamkeitsübungen (Malti et al. 2009)
Spiele, z. B.: • Glücksspiele (Würfeln, etc.) • Kooperationsspiele (Knizia, 2007) *Spielsammlungen:* • Die 50 besten Spiele für mehr Selbstvertrauen (Portmann, 2011) • Die 50 besten Spiele fürs Selbstbewusstsein (Portmann, 2005)	*Spiele, Übungsblätter:* • Mich und dich verstehen (Bieg & Behr) • Stärken-Schatzkiste für Kinder und Jugendliche (Falk Scholz) • 127 Spiele zum Sozialen Lernen in der Grundschule (Petillon, 2011)	*Übungen, Arbeitsunterlagen*, z. B.: • Portfoliomappe Selbstdisziplin (Kerr, 2007) • Arbeitsbuch Ängste & Phobien (Bourne, 2008) • Selbsthilfe bei Angst (Schmidt-Traub, 2010) • Stärken-Schatzkiste (Scholz, 2018)

4 Schlusswort

Wie soll man der Angst von Kindern in der Schule begegnen? Grundsätzlich ist es bei jeder Form von Angststörungen zunächst ratsam, die Angst als eine, jenseits der Pathologie stehende, normale und sinnvolle Reaktion und Erfahrung von Menschen zu betrachten. Es gilt dann im jeweiligen lebens- und beziehungsgeschichtlichen Kontext zu verstehen zu versuchen, was diese Angst für eine Bedeutung und/oder für einen Zweck hat. Gleichzeitig ist es jedoch wichtig, die Kehrseite der Angst zu verdeutlichen: Ängste können auch Entwicklungen hemmen, konstruktives Handeln blockieren, negative Erwartungen erzeugen und klein machen.

Wenn Angst als zentrales Merkmal in der Schule nicht wegzudenken ist, ja wenn ein bestimmtes Maß an Angst sogar die Leistung ankurbelt, stellt sich die Frage, wie man bei Kindern erkennen kann, ob die Angst normal, leistungssteigernd und bewältigbar ist und wann sie überfordert oder krank macht und dementsprechend spezifische Förderung und/oder therapeutische Behandlung braucht.

Im schulischen Alltag empfiehlt sich eine Sensibilität für (frühe) Signale von Angst und Unsicherheit (z. B. hohe Lärmempfindlichkeit, extreme Sensitivität, psychosomatische Beschwerden, soziale Isolation in der Klasse, etc.).

Quasi als Fazit hier die wichtigsten Dos und Dont's für einen angstfreien Unterricht:

- Bloßstellung und Stigmatisierung vermeiden
- Weder Zwang noch Strafe zur Leistungssteigerung einsetzen
- In jeder Stunde kleine Erfolgserlebnisse ermöglichen
- Schüler/-innen immer wieder ermutigen
- Kopfhörer, Trennwände, etc. zu Reizabschirmung anbieten bzw. verwenden
- Methoden der Angstbewältigung trainieren
- Selbstbewusstsein und Mut stärken
- Auch bei »stillen« Auffälligkeiten von Schüler/-innen das Gespräch mit den Eltern suchen

Kinder und Jugendliche müssen lernen, mit (schulischer) Angst umzugehen! Helfen wir ihnen dabei!

Literatur

Aron, E. N. (2010): *Das hochsensible Kind* (2. Auflage). München: mvg Verlag.
Baeriswyl, F. (2009): *Vorlesung 4: Motivation*. Uni Freiburg.
Biermann-Ratjen, E., Eckert, J. & Schwartz, H.-J. (1995): *Gesprächspsychotherapie* (7. Auflage). Stuttgart: Kohlhammer.
Bourne, E. J. (2008): *Arbeitsbuch Ängste & Phobien*. München: Goldingen.
Croos-Müller, M. (2013): *Nur Mut! Das kleine Überlebensbuch – Soforthilfe bei Herzklopfen, Angst, Panik & Co* (3. Auflage). München: Kösel.
Dilling, H. et al. (1993): *Internationale Klassifikation psychischer Störungen – ICD-10 Kapitel V (F)* (2. Auflage). Bern: Huber.
Frenzel, P., Schmid, P. F. & Winkler, M. (Hrsg.) (1992): Handbuch der personzentrierten Psychotherapie. Köln: Edition Humanistische Psychologie.
Füßner, M., Döring, E., Steinhauser, H. & von Zülow, C. (2012): Angststörungen – Handlungsleitlinien zur Behandlung bei Personzentrierter Psychotherapie mit Kindern, Jugendlichen und Bezugspersonen. *Person, 16*, 1, 13–31.
Haider, H. (2008): *Psychische Probleme von Kindern und Jugendlichen*. Linz: Veritas.
Hanke-Basfeld, M. (2015): *Philipp zähmt den Grübelgeier*. Wien: Festland.

Häring, H.-G. & Kowalczyk, W. (2011): *99 Tipps – Wenn Schüler Hilfe brauchen*. Berlin: Cornelsen
Hartke, B. & Vrban, R. (2010): *Schwierige Schüler – 49 Handleitungsmöglichkeiten bei Verhaltensauffälligkeiten* (4. Auflage). Bayreuth: Persen.
Hascher, T. (2004a): *Wohlbefinden in der Schule*. Münster: Waxmann.
Hascher, T. (2004b): *Schule positiv erleben. Erkenntnisse und Ergebnisse zum Wohlbefinden von Schülerinnen und Schülern*. Bern: Haupt.
Hutter, G. (2016): *Mamma mia! Lass das Zaubern!* Zürich: Orell-Füssli.
Kerr, R. (2007): *Portfoliomappe Selbstdisziplin*. Mühlheim: Verlag an der Ruhr.
Knizia R. (2007): *Wer wars? Kinderspiel*. Ravensburg: Ravensburger.
Korschunow, I. (1981): *Wenn ein Unugunu kommt*. Hamburg: Rowohlt.
Krüger, J. O. (2018): Schulangst. Eine genealogische Spurensuche. In A. Schäfer & C. Thompson (Hrsg.), *Angst*. Paderborn: Schöningh.
Lobe, M. (1972). *Das kleine Ich bin ich*. ISBN: 978-3-7026-4850-3.
Malti, T., Häcker, Th. & Nakamura, Y. (2009): *Kluge Gefühle?* PH Zürich: Pestalozzianum
Nevermann, C. (2008). Angst. In Gasteiger-Klicpera, B., Julius, H. & Klicpera, C. (Hrsg.), Sonderpädagogik der emotionalen und sozialen Entwicklung. Handbuch Sonderpädagogik, Bd. 3. Stuttgart: Hogrefe.
Ostheeren, I. (1973): *Martin hat keine Angst mehr*. ISBN-13: 978-3314006029.
Pauli, L. (2010): *Mutig, mutig* (11. Auflage). Zürich: Orell-Füssli.
Palecek, L. (1995): *Nein, ich fürchte mich nicht, nein nein*. ISBN-13: 978-3314006791.
Petermann, U. (2010): *Die Kapitän Nemo-Geschichten – Geschichten gegen Angst und Stress* (21., korr. Auflage). Göttingen: Hogrefe.
Petillon, H. (2011): *127 Spiele zum Soziales Lernen in der Grundschule*. Weinheim: Beltz.
Portmann, R (2011): *Die 50 besten Spiele für mehr Selbstvertrauen* (4. Auflage). München: Don Bosco.
Portmann, R (2005): *Die 50 besten Spiele fürs Selbstbewusstsein*. München: Don Bosco.
Preuss-Lausitz, U. (Hrsg.) (2005): Verhaltensauffällige Kinder integrieren. Zur Förderung der emotionalen und sozialen Entwicklung. Weinheim: Beltz Sonderpädagogik.
Reynolds, H. P. & Menge, S. (2020): *Trau dich, sag was!* Frankfurt: Fischer.
Rogers, C. R. (1989): *Freiheit und Engagement – personzentriertes Lehren und Lernen*. Frankfurt: Fischer TB.
Rogers, C. R. (1993): *Die klientenzentrierte Gesprächspsychotherapie*. Frankfurt: Fischer TB.
Rogers, C.R. (1998): *Eine Theorie der Psychotherapie, der Persönlichkeit und der zwischenmenschlichen Beziehungen* (3. Auflage, Nachdruck). Köln: GwG.
Rogers, C. R. & Schmid, P. F. (1995): *Person-zentriert – Grundlagen von Theorie und Praxis* (2. Auflage). Stuttgart: Klett.
Schäfer, A. & Thompson, C. (Hrsg.) (2018): *Angst*. Paderborn: Schöningh.
Schmidtchen, St. (1976): *Klientenzentrierte Spieltherapie* (2. Auflage). Weinheim: Beltz.
Schmidt-Traub, S. (2010): *Selbsthilfe bei Angst im Kindes- und Jugendalter*. Göttingen: Hogrefe.
Scholz, F. (2018): *Stärken-Schatzkiste für Kinder und Jugendliche*. Weinheim: Beltz.
Städtler, T. (2003): *Lexikon der Psychologie*. Stuttgart: Kröner.
Tausch, R. (2008): Personzentriertes Verhalten von Lehrern in Unterricht und Erziehung. In M. K. W. Schweer (Hrsg.) (2008), *Lehrer-Schüler-Interaktion* (2. Auflage). Wiesbaden: Verlag für Sozialwissenschaften.
Teusch, L. (2002): Personzentrierte Angstforschung: Störungsbezogenes Vorgehen und Ergebnisse. *Person 2, 55–59*
Stamm, M. (2008): *Die Psychologie des Schuleschwänzens*. Bern: Huber.
Vopel, K. (1991): *Im Wunderland der Phantasie* (2. Auflage). Hamburg: iskopress.
Weinberger, S. & Lindner, H. (2011): *Personzentrierte Beratung*. Weinheim: Beltz.
Wirtz, M. A. (Hrsg.) (2017): *Lexikon der Psychologie* (18. Auflage). Bern: Hogrefe.
Zierer, K. (2015): *Kernbotschaften aus John Hatties Visible Learning* (2. Auflage). Berlin: Adenauer.

Der Umgang mit schüchternen Kindern im Unterricht

Xenia Müller

Besonders in den ersten Jahren der Schulzeit zeichnet sich der Unterricht durch ein hohes Ausmaß an mündlicher Kommunikation aus (Stöckli, 2007). Es wird von den Kindern erwartet, dass sie sich rege am Unterricht beteiligen und die Hand heben, wenn Sie die Antwort auf eine Frage wissen. Durch die mündliche Mitarbeit im Klassenverband zeigen Kinder, dass sie sich für das Unterrichtsthema interessieren, dass sie dabei sind und die Materie verstehen. Kinder, die sich am Unterricht beteiligen, bereiten der Lehrperson Freude, weil sie dies als Zeichen für einen interessanten, sinnhaften Unterricht interpretiert und weil die mündliche Mitarbeit es ihr erleichtert, den Lernstand der Kinder einzuschätzen (ebd.).

Schüchterne Kinder zeichnen sich aber dadurch aus, dass sie sich selten bis gar nie am Unterricht beteiligen. Durch die mündliche Mitarbeit im Unterricht würden Sie sich in der sozialen Gruppe exponieren, was ihnen auf Grund ihres tiefen Selbstwertgefühls und ihrer sozialen Ängstlichkeit unangenehm ist. Zu groß ist ihre Angst vor negativen Bewertungen durch die Peers und die Lehrpersonen. Wenn Sie aufgerufen werden, senken sie den Blick oder erröten (Jaredic, Stanojevic & Radovic, 2013; Stöckli, 1999).

Neben den schüchternen Kindern gibt es im Unterricht aber auch Kinder, die durch Unruhe und Unaufmerksamkeit auffallen. Durch ihre externalisierenden Verhaltensweisen, welche unter anderem durch Impulsivität gekennzeichnet sind, stören sie den Unterricht und treten so in den Fokus der Aufmerksamkeit. Unterrichtsstörungen gehen mit höheren Belastungen der Lehrpersonen einher (Hastings & Bham, 2003), weshalb es nicht erstaunt, dass es für den Umgang mit diesen Kindern viel mehr Literatur und Handlungsempfehlungen gibt und in den Lehrer/-innenausbildungen weniger darüber gesprochen wird, wie es gelingen kann, ein schüchternes Kind für die mündliche Mitarbeit im Unterricht zu animieren (vgl. z. B. Lund, 2008; Stöckli, 1999, 2004, 2007). Diesbezüglich muss aber positiv vermerkt werden, dass in den letzten Jahrzehnten eine Zunahme an Publikationen zu Ursachen und Auswirkungen von Schüchternheit zu verzeichnen ist (Doey, Coplan & Kingsbury, 2014).

Dass schüchterne Kinder im Unterricht zu wenig Beachtung finden, widerspiegelt sich auch in der Wahrnehmung der betroffenen Kinder und Jugendlichen selbst, wie die Aussage eines Mädchens in einer Interviewstudie mit 10 adoleszenten Mädchen eindrücklich zeigen konnte (Lund, 2008):

> »If the teacher would notice me, too, not only the students who make noise. It would be scary but necessary for me that he asks me questions, even if I don't raise my hand in class. It is the students making noise who get his attention.«

Dieses Mädchen bringt zum Ausdruck, dass sie sich gegenüber den lauten, störenden Schüler/-innen benachteiligt fühlt, und dass sie es begrüssen würde, wenn sie zur Mitarbeit im Unterricht aufgefordert würde.

Neben der Arbeit im Plenum finden im Unterricht aber auch andere Unterrichtsformen statt, wie beispielsweise Gruppenarbeiten oder Partnerarbeiten. Auch hier fällt es schüchternen Kindern und Jugendlichen schwer, zu partizipieren, wie ein weiteres Mädchen aus oben genannter Studie berichtet (Lund, 2008):

> «Group work is the most terrible thing at school, even if my friend Christine is in my group. You have to cooperate and offer new ideas. This is my weakest point in class. If I have an idea, I don't dare to say it out loud. If I did, they would say: ›It's not good enough‹. Then another person in the group would have a brainwave, and everyone would applaud and I would feel like a fool. The others would continue as if nothing had happened.«

In der Aussage dieses Mädchens steht die Angst vor negativer Bewertung im Vordergrund. Der kleinere Rahmen, der die Gruppenarbeit im Gegensatz zur Plenumsarbeit bilden würde, bietet also keinen Schutz. Es muss daher überlegt werden, wie Gruppenarbeiten gestaltet werden müssten, damit auch schüchterne Kinder es wagen, ihre Ideen einzubringen. In diesem Zusammenhang ist der Aspekt der Peerbeziehungen innerhalb der Schulklasse von Bedeutung. In vertrauten Situationen und in Anwesenheit von vertrauten Personen zeigen die betroffenen Kinder weniger schüchterne Verhaltensweisen und es fällt ihnen leichter zu partizipieren (Stöckli, 1999). Die Forschung hat aber gezeigt, dass schüchterne Kinder häufiger von ihren Peers abgelehnt werden bzw. weniger Beachtung bei ihnen finden als nicht schüchterne Kinder (Stöckli 2004). Daher muss auch in die Frage investiert werden, wie schüchterne Kinder dabei unterstützt werden können, den Anschluss an die anderen Kinder in der Klasse zu finden und positive Beziehungen aufzubauen, damit mehr Vertrautheit entstehen kann.

Die Angst vor negativen Bewertungen hängt mit einem verminderten Selbstwertgefühl zusammen (Stöckli, 2009). Nicht nur die Kinder selbst schätzen ihre Fähigkeiten tiefer ein, sondern auch die Lehrpersonen. In der wissenschaftlichen Forschung konnte ein Zusammenhang zwischen Schüchternheit und Schulleistung bzw. Beurteilung durch die Lehrperson nachgewiesen werden (für einen Literaturüberblick vgl. Stöckli 2007).

Ziel dieses Beitrags ist es, die Situation von schüchternen Kindern im Unterricht in Bezug auf die in der Einleitung erwähnten Aspekte zu beleuchten.

1. Die Sichtbarkeit von schüchternen Kindern und Jugendlichen im Unterricht
2. Schulleistungen und Leistungsbeurteilungen
3. Beziehungen zu den Peers.

Im Anschluss daran sollen Handlungsempfehlungen für den Unterricht aufgeführt werden.

1 Erkennen und Wahrnehmung von Schüchternheit durch die Lehrperson

Schüchterne Kinder werden laut Stöckli (1999, S. 21) als schüchtern erkannt, wenn sie beispielsweise leicht erröten, wenig und leise sprechen, den Blick schamvoll senken bzw. den Blickkontakt vermeiden, häufig abseitsstehen und ein »allgemein gehemmtes, angespanntes Auftreten mit der scheinbaren Tendenz, Interaktionen lieber rasch beenden zu wollen«, zeigen. Gerade der letzten Punkt kann sogar den Anschein erwecken, dass die Kinder an sozialen Interaktionen nicht interessiert sind. Die beschriebenen Verhaltensweisen sind für das Umfeld nicht störend, weshalb Lehrpersonen dazu tendieren, keine Massnahmen zu ergreifen, um die betroffenen Kinder zu unterstützen. Ein Grund für diese Benachteiligung kann darin liegen, dass es Lehrpersonen nicht bewusst ist, wie die Kinder unter ihrer Schüchternheit leiden. Es wird von den Kindern erwartet, dass sie sich von sich aus melden, wenn sie Hilfe benötigen (2008). Bedenkt man aber, dass sich schüchterne Kinder in einem »Annäherungs-Vermeidungs-Konflikt« befinden, wird klar, dass sie nicht in der Lage sind, von sich aus Hilfe einzufordern. Schüchterne Kinder würden gerne mehr interagieren, sie trauen sich aber nicht, aus Angst, sie könnten durch das Umfeld negativ bewertet werden (Bilz, 2016). Diese Problematik wird von Jaredic et al. (2013, S. 81) in einem treffenden Zitat auf den Punkt gebracht: »Shyness is not a problem for the environment of a shy person, but for the shy person itself.«

Umso beunruhigender erscheint deshalb die Tatsache, dass nicht alle schüchternen Kinder als schüchtern erkannt werden. So wurden beispielsweise in einer Studie von Spooner, Evans und Santos (2005) von den Kindern, die sich selber als schüchtern bezeichnet hatten, nur ungefähr zwei Drittel von den Eltern und Lehrpersonen als schüchtern erkannt. Weiter zeigte sich, dass ausgerechnet diejenigen Kinder, welche nicht erkannt wurden, tiefere Werte in der Einschätzung der eigenen schulischen Kompetenzen und im globalen Selbstwert zeigten. Daraus schließen die Autoren, dass Eltern und Lehrpersonen nicht nur die Prävalenz, sondern auch den Schweregrad der Schüchternheit unterschätzen, insbesondere bei den Mädchen. Eine Behauptung, die durch den Fakt gestützt wird, dass Eltern und Lehrpersonen keine Unterschiede der Prävalenz zwischen Jungen und Mädchen wahrnehmen, obwohl Mädchen signifikant höhere Werte in der selbstberichteten Schüchternheit angeben. In einer Studie von Stöckli (2004) wurden 15 % der Kinder von den Peers als »ein wenig« oder stärker schüchtern beurteilt, während sich 45.5 % der Mädchen und 36.9 % der Jungen als »teilweise« oder stärker sozial ängstlich bezeichneten. Des Weiteren bestand keine Korrelation zwischen den Schüchternheitsratings durch das Umfeld und der selbstberichteten sozialen Ängstlichkeit, was für die Unabhängigkeit der beiden Messungen spricht. Dies bedeutet aber auch, dass es Kinder gibt, die vom Umfeld als schüchtern bezeichnet werden, obwohl sie selbst angeben keine soziale Ängstlichkeit zu empfinden.

Wieso wird die Schüchternheit der betroffenen Kinder von Lehrpersonen aber so oft übersehen? Ein Grund könnte darin liegen, dass internalisierende Verhaltensauffälligkeiten generell schwerer zu erkennen sind als externalisierende (Bilz, 2008). So unterscheiden sich beispielsweise die Prävalenzraten abhängig davon, ob Eltern oder die Kinder/Jugendlichen selber befragt werden (Steinhausen & Winkler Metzke, 2003). Des Weiteren müssen Lehrpersonen in den heutigen Schulen in ihrem Unterricht mit immer mehr unterschiedlichen individuellen Bedürfnissen von Kindern zurechtkommen und auf diese eingehen können, was dazu führen kann, dass die schüchternen Kinder übersehen werden und zu kurz kommen (Lacina-Gifford, 2001, S. 320), da die anderen Kinder einfach mehr Lärm machen (Lund, 2008). Ein weiterer Grund für das Nichterkennen von schüchternen Kinder könnte darin liegen, dass Schüchternheit einerseits durch die erlebte soziale Ängstlichkeit und anderseits durch beobachtbare Verhaltenssymptome charakterisiert ist (Stöckli, 2004, S. 70). So beschreibt Stöckli (1999) neben körperlichen Symptomen (Erröten, Herzklopfen, flaues Gefühl in der Magengegend), soziale (Gehemmtheit, Rückzugsverhalten, Unbeholfenheit) und kognitive Symptome (hohe Selbstaufmerksamkeit, negative Selbsteinschätzung, Minderwertigkeit, Selbstablehnung). Während soziale und körperliche Symptome zumindest teilweise durch das Umfeld beobachtbar sind, da sie unter anderem konkrete Verhaltensweisen darstellen, bleibt der Zugang zu den kognitiven Symptomen für Außenstehende verwehrt.

Eine weitere Schwierigkeit besteht in der Unterscheidung zwischen schüchternen und ungeselligen Kindern. Der Unterschied besteht darin, dass die einen nicht wollen, die anderen aber nicht können. Ungesellige Kinder sind zufrieden, wenn sie ihre Ruhe haben und beispielsweise ein Buch lesen können; sie sind schlicht weniger an sozialen Interaktionen interessiert. Ganz anders die schüchternen Kinder. Der Wunsch nach sozialen Interaktionen ist stark ausgeprägt, sie fühlen sich in sozialen Situationen aber unwohl und trauen sich nicht auf die Leute zuzugehen. Ungeselligkeit und Schüchternheit lassen sich somit als zwei voneinander unabhängige Verhaltensdimensionen beschreiben, was auch Bestätigung in empirischen Studien fand. Die Trennung der beiden Konstrukte ist jedoch bei Selbstauskünften eindeutiger als bei Ratings durch Lehrpersonen und Eltern (für einen Forschungsüberblick siehe Stöckli, 2007). Stöckli (ebd.) wirft jedoch auch die Frage auf, ob ungeselliges Verhalten nicht auch als problematischen Verhalten interpretiert werden kann, wenn davon ausgegangen wird, dass der Mensch grundsätzlich ein geselliges Wesen ist. Dies insbesondere unter Berücksichtigung sozialer Normen, die sowohl durch schüchternes als auch durch ungeselliges Verhalten verletzt werden können. In diesem Fall brauchen schüchterne Kinder aber andere Fördermaßnahmen bzw. Unterstützungsangebote als ungesellige Kinder, weshalb die Unterscheidung dieser beiden Konstrukte relevant ist.

Abschließend muss hier angefügt werden, dass das Wissen von Lehrpersonen über Schüchternheit und soziale Ängstlichkeit von großer Bedeutung für die Entwicklung von Strategien zur Förderung und Unterstützung von schüchternen Kindern ist (Bosacki, Coplan, Rose-Krasnor & Hughes, 2011, S. 281).

2 Schulleistungen und Leistungsbeurteilungen

Wie ein Forschungsüberblick von Stöckli (2007) aufzeigt, konnten in mehreren Studien immer wieder Zusammenhänge zwischen Schulleistungen, Leistungsbeurteilungen und Schüchternheit nachgewiesen werden, wobei die Befundlage nicht eindeutig ist. So werden besonders in den frühen Schuljahren Zusammenhänge mit sprachlichen Kompetenzen nachgewiesen, was aber im Laufe der Schuljahre nicht mehr der Fall ist. Zudem besteht die Gefahr, dass schüchterne Kinder, welche sich im Unterricht sehr still verhalten und somit ihre Kompetenzen nicht zeigen können, in ihren schulischen Fähigkeiten unterschätzt werden. Des Weiteren haben schüchterne Kinder den Nachteil, dass sie sich nicht trauen nachzufragen, wenn sie etwas nicht verstehen, was ihre Lernentwicklung verzögern kann. Insgesamt ist aber davon auszugehen, dass schüchterne Kinder in der Primarschule tendenziell schlechtere Schulleistungen erbringen und von ihren Lehrpersonen auch schlechter beurteilt werden als andere Kinder (Stöckli, 2004). So konnte in einer Studie von Stöckli (ebd.) gezeigt werden, dass Kinder, welche von ihren Lehrpersonen als schüchtern beurteilt werden und selbst soziale Ängstlichkeit berichten, schlechtere Noten erhalten und auch schlechtere Leistungen erbringen.

Die Untersuchung von Zusammenhängen zwischen Schulleistungen und Schüchternheit unterliegen laut Stöckli (2007) folgenden Schwierigkeiten: Als erste Schwierigkeit nennt er die Differenzierung des Verhaltens. Nicht jedes Kind, das sich sozial zurückzieht und sich nicht am Unterricht beteiligt, ist gleichzeitig auch schüchtern. Zweitens spricht er von einer Konfundierung, da Schüchternheit nicht als eindeutiges Erklärungsmerkmal isoliert erkennbar ist. So gibt es auch Kinder, die nicht nur schüchtern, sondern auch aggressiv sind, was in vielen Studien nicht berücksichtigt wurde. Da Aggressivität ebenfalls in einem Zusammenhang mit schlechteren Schulleistungen steht, kann dies zu einer Verzerrung der Ergebnisse führen. Als dritte Schwierigkeit nennt Stöckli (ebd.) die Begrenzung auf Teilaspekte von Schüchternheit. So haben einige Studien nur Teilaspekte von Schüchternheit in Bezug auf die Schulleistungen untersucht und dabei nicht berücksichtigt, dass diese Teilaspekte auch in anderen Zusammenhängen auftreten können. Möchte man die schulische Situation von schüchternen Kindern verstehen, müssen zudem weitere Aspekte betrachtet werden:

Einerseits sind das schulische Selbstkonzept und die Selbsteinschätzung von schulischen Leistungen bzw. schulischen Kompetenzen zu nennen. Befragungen an Primarschulen haben gezeigt, dass die Abnahme des schulischen Selbstkonzepts in den ersten Schuljahren, hin zu einem realistischeren Selbstbild, bei schüchternen Kindern stärker ausfällt als bei nicht schüchternen Kindern (Stöckli, 2008). Schüchterne Kinder unterschätzen ihre eigenen Schulleistungen und schulischen Kompetenzen im Gegensatz zu aggressiven Kindern, die ihre schulischen Fähigkeiten eher überschätzen (ebd.). Sozial-evaluative Schüchternheit, soziale Ängstlichkeit und unbeschwertes Kompetenzerleben stehen in einem Widerspruch zueinander. Werden die betroffenen Kinder gleichzeitig von ihren Lehrpersonen weniger gut beurteilt, wird das negative Bild, das sie von sich haben, bestätigt (Stöckli, 2004). Zweitens muss unterschieden werden, ob es sich bei der Schüchternheit um die Einschätzung von Lehrpersonen oder um selbstberichtete soziale Ängstlichkeit handelt. In unserer westlichen Kultur, wo Schüchternheit als eher negative Eigenschaft bewertet wird, besteht die Gefahr, dass mit der Schüchternheitsbeurteilung auch schlechtere Leistungsbeurteilungen einhergehen (ebd.). Beispielsweise konnte gezeigt werden, dass die sozialen Kompetenzen bei schüchternen Kindern signifikant tiefer eingeschätzt werden als bei nicht schüchternen Kindern (Gasteiger-Klicpera & Klicpera, 1999). Dieser Befund findet Bestätigung in einer Studie von Stöckli (1999), wo die Selbständigkeit und die sozialen Fähigkeiten mit zunehmender Schüchternheit beeinträchtigt zu sein schienen, wenn auch nur in einem mäßigen Ausmaß. Die schlechtere Beurteilung der Sozialkompetenzen ist aber nicht unproblematisch, da Hinweise darauf bestehen, dass die Leistungsbeurteilung in schulischen Fächern durch Lehrpersonen nicht unabhängig von der Einschätzung der Sozialkompetenzen geschieht (Stöckli, 2007).

Dass die schulischen Kompetenzen von schüchternen Kindern unterschätzt werden, hängt sicher auch damit zusammen, dass sie ihr Können weniger zeigen (mündliche Mitarbeit, Beiträge in Gruppenarbeiten etc.). Anderseits besteht auch die Gefahr, dass durch ihr unauffälliges Verhalten Lernschwierigkeiten übersehen werden. Umso wichtiger ist es darum, dass sich Lehrpersonen Gedanken über die Leistungsbeurteilung bei schüchternen Kindern machen.

3 Schüchterne Kinder und Peerbeziehungen

Die Befundlage in Bezug auf die soziale Stellung von Kindern, welche schüchtern oder sozial ängstlich sind, ist nicht eindeutig. Trotzdem kann davon ausgegangen werden, dass schüchterne Kinder mehr Beziehungs- und Kontaktprobleme haben und zudem weniger sozial akzeptiert sind als andere Kinder (Stöckli, 2004). Schüchterne Kinder haben Mühe, auf andere Kinder zuzugehen und Kontakte zu knüpfen. Ihr schüchternes Verhalten wirkt auf andere weniger offen, weshalb sie auch weniger angesprochen werden. Trotzdem können schüchterne Kinder auch sehr enge Freunde haben, an denen sie sich dann stark orientieren. Diese Freundschaften beschränken sich aber oft auf das Schulsetting. Außerhalb der Schule haben schüchterne Kinder oft keine oder wenig zusätzliche Spielgefährt/-innen, was die Relevanz der Schulklasse als wichtigen vertrauten Rahmen für das Erleben von Freundschaften hervorhebt (Stöckli, 1999). Bezüglich der Freundschaften von schüchternen Kindern konnte in einer Studie von Rubin, Wojslawowicz und Rose-Krasnor (2006), gezeigt werden, dass die Freund/-innen der schüchternen Kinder selber auch eher sozial zurückhaltend sind und häufiger Opfer von Ablehnung und Ausschluss werden. Sie scheinen also in Bezug auf Schüchternheit, sozialen Rückzug und Viktimisierung den schüchternen Kindern zu gleichen. Auch konnte gezeigt werden, dass die Qualität der Freundschaften bei nicht schüchternen Kindern besser war. Daraus ist zu folgern, dass nicht nur die Quantität, sondern auch die Qualität der Freundschaften die Aufmerksamkeit von Forschung und Schule erwecken sollte.

Des Weiteren ist aus wissenschaftlichen Studien bekannt, dass schüchterne Kinder oft von einem Gefühl der Einsamkeit berichten. Dieses Gefühl kann unabhängig davon auftreten, ob die Kinder über Freunde verfügen oder nicht (Lund, 2008), steht aber auch mit dem objektiven Peerstatus in der Schulklasse in Zusammenhang (Stöckli, 2009). In einer Studie von Stöckli (ebd.) mussten Lehrpersonen die Beliebtheit der Kinder in der Schulklasse beurteilen. Dabei belegte die Gruppe der schüchternen Kinder den dritten Platz. Als noch weniger beliebt wurden Kinder mit aggressiven Verhaltensweisen eingeschätzt. Demgegenüber standen die nicht-schüchternen Kinder. Diese genießen laut Lehrpersonen die größte Beliebtheit in der Klasse, gefolgt von den »mäßig schüchternen« Kindern. Diese Sichtweise wird durch die Mitschülerinnen und Mitschüler bestätigt: Auch sie schätzen die Beliebtheit der nicht-schüchternen Kinder am höchsten ein. Dabei werden den nicht-schüchternen Kindern Merkmale wie »organisiert immer tolle Sachen«, »hat viele Freundschaften«, »hat immer gute Ideen« oder »kann andere begeistern und mitreißen« zugeschrieben.

In Bezug auf die soziale Stellung in der Klasse muss zwischen »Beachtung« und »Ablehnung« unterschieden werden. Bei soziometrischen Befragungen können Kinder angeben, mit wem sie gerne Zeit verbringen, bzw. wen sie besonders mögen (soziale Akzeptanz, Beliebtheit) und mit wem sie lieber keine Zeit verbringen, bzw. wen sie nicht so mögen (soziale Ablehnung). Die Anzahl positiver Wahlen und die Anzahl negativer Wahlen ergibt den sozialen Status. Kinder, die viele negative Wahlen erhalten, gehören zu den abgelehnten Kindern; Kinder, die weder positive noch negative Wahlen erhalten, gehören zu den »nicht beachteten« Kindern (Coie & Dodge, 1983). In einer Studie von Stöckli (2004) zeigte sich, dass selbstberichtete soziale Ängstlichkeit und fremdberichtete Schüchternheit mit weniger positiven Wahlen verbunden war, wobei der Effekt bei der Schüchternheit moderat und bei der selbstberichteten sozialen Ängstlichkeit gering ausfiel. Weiter zeigte sich, dass erhöhte Schüchternheit mit etwas mehr Ablehnungen einherging: »Ablehnung kann danach auch ausgesprochen nicht-aggressive, schüchterne Kinder betreffen und wegen der allgemeinen Unauffälligkeit dieser Kinder im Schulalltag vermutlich ebenso leicht übersehen werden wie das Schicksal der Unbeachteten« (Stöckli, 2004, S. 79)«. In Bezug auf die soziale Beachtung konnte in einer weiteren Studie gezeigt werden, dass bei den Jungen die Unbeachteten mehr Schüchternheit zeigen als bei den Beachteten. Bei den Mädchen waren lediglich die Abgelehnten schüchterner (Stöckli, 2004).

In Bezug auf die Ablehnung muss erwähnt werden, dass diese ein breites Spektrum betrifft, neben Kindern mit aggressiven Verhaltensweisen oder Kindern mit mangelnden Sozialkompetenzen kann sie auch unauffällige Kinder betreffen. So werden auch nicht alle schüchternen Kinder abgelehnt. Schüchterne Kinder, welche über positive Eigenschaften verfügen, können von den Peers durchaus gemocht werden (Stöckli, 2007). Was die Ablehnung bei Schüchternheit betrifft, zeigten sich in einer Studie von Stöckli (vgl. Stöckli, 2007) genderspezifische Effekte. Bei den Jungen ergaben sich zwei Gruppen von Kindern, die von Schüchternheit betroffen waren. Die eine Gruppe wurde nur von der Lehrperson als schüchtern wahrgenommen, nicht aber von den Peers. Bei dieser Gruppe bestand auch kein Zusammenhang mit erhöhter Ablehnung durch die Mitschüler/-innen. Anders sah es aus bei den Jungen, die von ihren Peers als schüchtern bezeichnet wurden. Der Autor spricht in diesem Fall von »sensibel-isolierten« Jungen. Diese erfuhren signifikant häufiger soziale Ablehnung. Bei den Mädchen konnten diese Effekte nicht festgestellt werden. Hier wurden nur Kinder mit aggressiven Verhaltensweisen stärker abgelehnt als andere. Diese Gendereffekte können damit erklärt werden, dass Schüchternheit bei Jungen weniger akzeptiert ist als bei Mädchen.

Des Weiteren macht Stöckli (2007) nochmals auf die Relevanz der Unterscheidung zwischen Ungeselligkeit und Schüchternheit aufmerksam. Bei Jungen hatte die Ungeselligkeit keinen Einfluss weder auf die Wahlen noch auf die Ablehnung durch die Peers. Im Gegensatz dazu wurden sozial-ängstliche Jungen signifikant häufiger sowohl durch Mädchen als auch durch Jungen abgelehnt. Sozial-ängstliche Mädchen wurden weder von den Buben noch von den Mädchen häufiger abgelehnt. Hingegen führt Ungeselligkeit bei ihnen dazu, dass sie weniger gemocht werden, d. h. weniger positive Wahlen erhalten. Neben der Nicht-Beachtung und der Ablehnung von schüchternen Kindern ist gezieltes Mobbing verheerend für die emotionale und soziale Entwicklung der bereits sozial-ängstlichen Kinder. Dieser Thematik widmet sich ein anderer Beitrag in diesem Buch.

4 Handlungsansätze für den Unterricht

Wie in den vorangehenden Kapiteln beschrieben wurde, fällt es schüchternen Kindern schwer, sich zu exponieren, weshalb sie wenig bis gar nicht am Unterricht partizipieren. Sie haben Mühe, sich in die soziale Gruppe zu integrieren, obwohl sie das Bedürfnis nach sozialen Kontakten hätten. Dies führt zu Leidensdruck bei den betroffenen Kindern. Zudem birgt das Unvermögen, Kompetenzen zu zeigen bzw. nachzufragen, wenn etwas unklar ist, das Risiko, entweder von den Lehrpersonen unterschätzt zu werden oder effektiv auch schlechtere Leistungen zeigen. Handlungsansätze für den Umgang mit schüchternen Kindern sollten deshalb insbesondere die individuellen Besonderheiten des Kindes (u. a. soziale Ängstlichkeit, soziale Kompetenzen, allgemeines Befinden), die Teilnahme am Unterricht, die Integration in die Schulklasse und die Leistungsbeurteilung ins Auge fassen.

Da Kinder einen Großteil ihrer Zeit in der Schule verbringen, und die Schule ein Ort ist, wo Freundschaften geknüpft werden und (soziale) Kompetenzen erworben werden, muss Lehrpersonen eine wichtige Rolle bei der Unterstützung von schüchternen Kindern zugesprochen werden. Korem (2016) unterstreicht auf Grund der Konsequenzen, die schüchternes Verhalten für die Zukunft eines Kindes haben kann, die Relevanz von frühzeitigen Interventionen. Als wichtigste Strategien nennt sie »creating a personal connection with the pupil, activating him or her, giving feedback, getting assistance from the peer group or the class, and guiding the parents« (ebd. S. 140). In einem Beitrag zum Umgang mit ängstlichen Kindern in der Schule nennt Castello (2017, S. 13–38) Psychoedukation, Kognitive Umstrukturierung, Training sozialer Kompetenzen, Reizkonfrontation, Entspannung, pädagogisches Handeln im individuellen Kontakt und im Unterricht sowie Elternkontakt. Neben konstruktivem pädagogischem Handeln im allgemeinen Unterricht existieren mehrere Programme zur Intervention bei schüchternem oder sozial ängstlichem Verhalten und zur Stärkung von Sozialkompetenzen in der gesamten Klasse (vgl. Übersicht in Bilz, 2016).

Damit es Lehrpersonen aber gelingt, schüchterne Kinder angemessen zu unterstützen, muss sie als erstes in ihre Wahrnehmung und Haltungen investieren.

4.1 Schüchternheit erkennen und Haltungen reflektieren

Wie bereits an anderer Stelle erwähnt, gehen schüchterne Kinder oftmals unter, da sie den Unterricht nicht stören. Lehrpersonen sollten sich daher immer wieder die Frage stellen, wie gut sie ihre Schülerinnen und Schüler kennen. Möglicherweise werden sie beim Durchgehen aller Kinder ihrer Klasse zum Schluss kommen, dass sie diejenigen Kinder, die sich im Unterricht wenig melden, nicht stören und sich auch in anderen Situationen mit den Mitschüler/-innen wenig exponieren, weniger gut kennen als die anderen Kinder, und dass sie kaum Kenntnisse zu deren Bedürfnissen und Interessen haben. Dessen müssen sich Lehrpersonen bewusst sein und immer wieder das Gespräch mit den betroffenen Kindern suchen, um diese besser kennenzulernen. Stöckli (1999, S. 26) meint dazu, dass das »echte, von Wertschätzung getragene Interesse am einzelnen Kind« viel bewirken kann, wobei einfache Botschaften im Zentrum stehen: »Wer bist du? Ich interessiere mich für dich. Erzähle mir von dir…«

Schüchternheit zeichnet sich aus durch beobachtbare Verhaltensweisen und durch das innere Erleben des Kindes. Um zu erkennen, ob es sich bei einem zurückhaltenden, ruhigen Kind um ein Kind handelt, das in sozialen Situationen Ängste verspürt, ist es unabdingbar, das Kind immer wieder auf sein Befinden und sein Verhalten in sozialen Situationen anzusprechen, wofür aber eine vertrauensvolle Beziehung unerlässlich ist (Korem, 2016, 2019; Stöckli, 1999, 2009). Um Ängste im Unterricht zu erkennen, sind neben dem Gespräch mit dem Kind, Verhaltensbeobachtungen im Unterricht von großer Bedeutung (Bilz, 2016). Des Weiteren ist ausreichendes Wissen der Lehrperson über psychische Gesundheit und Schüchternheit relevant, um geeignete Massnahmen ergreifen zu können (Bosacki et al., 2011).

Des Weiteren zeigen Kinder nicht in allen Situationen schüchternes Verhalten. Kinder können ihre sozialen Ängste auch verstecken (Spooner et al., 2005). Eine Beobachtung des Kindes in unterschiedlichen Situationen und das Gespräch mit den Eltern helfen deshalb, das Kind umfassend wahrzunehmen.

In einer Interviewstudie konnte Korem (2016) zeigen, dass nicht alle Lehrpersonen es für relevant hielten, die schüchternen Kinder spezifisch zu fördern und zu unterstützen. Lehrpersonen, die in Schüchternheit eher eine positive Eigenschaft sahen, fokussierten vor allem die äußeren Verhaltensmerkmale des Kindes (höflich, reflektiv, hilfsbereit) und tendierten daher dazu, keine spezifischen Maßnahmen zu ergreifen (»Ich akzeptiere das Kind so wie es ist«, »Ich zwinge es nicht zur mündlichen Mitarbeit«, »Ich respektiere seine Schüchternheit«, »Das ist eine Phase, die vergeht« etc.). Lehrpersonen, die eher ein negatives Bild von Schüchternheit hatten und den Fokus auf das persönliche Leiden dieser Kinder legten, waren hingegen der Meinung, dass pädagogische Maßnahmen erforderlich seien. Daraus folgert die Autorin (ebd.), dass Lehrpersonen, die in Schüchternheit vor allem die positiven Verhaltensweisen sehen, über die negativen Konsequenzen von Schüchternheit und das Leiden von betroffenen Kindern aufgeklärt werden müssen. Dafür könnten beispielsweise schüchterne Kinder in einer Lehrer/-innenkonferenz oder bei einer Weiterbildung zum Thema gemacht werden. Im Gegensatz dazu sieht sie bei den Lehrpersonen, die vor allem die negativen Seiten sehen, die Notwendigkeit, positive Aspekte des schüchternen Verhaltens hervorzuheben, damit diese ein Gesamtbild des emotionalen Erlebens erhalten.

Auch Castello (2017) macht auf die Relevanz von Wertungen aufmerksam, da diese, auch wenn sie unbewusst sind, das pädagogische Handeln beeinflussen können. Er bezieht sich dabei auf genderspezifische Vorstellungen (Buben sollten mutig sein), Unterstellungen (sekundärer Gewinn von schüchternen Verhaltensweisen) und Missbilligung von ängstlichen Verhaltensweisen in sozialen Situationen.

Nicht zuletzt ist es wichtig zu erwähnen, dass es bei der Förderung von schüchternen Kindern nicht darum geht, ihr schüchternes Temperament zu verändern, sondern darum, sie dabei zu unterstützen, mit ihren Ängsten umzugehen und ihre sozialen Erfahrungen zu erweitern im Hinblick auf die Entfaltung ihres persönlichen Potenzials (Korem, 2019).

4.2 Umgang mit Ängsten und emotionale sowie soziale Kompetenzen stärken

Castello (2017) nennt für den Umgang mit Ängsten in der Schule die Psychoedukation. Mit den Schülerinnen und Schülern soll über Ängste geredet werden, und es soll die Möglichkeit geschaffen werden, dass sich die Kinder über ihre Ängste austauschen. So fühlen sich die schüchternen Kinder weniger allein, weil sie erfahren, dass auch andere Kinder Situationen erleben, in denen sie Angst haben. Das Thema Schüchternheit eignet sich dafür sehr gut, da die meisten Kinder und auch Erwachsene, manchmal schüchtern sind.

Des Weiteren kann es hilfreich sein, wenn im Unterricht für Entspannung gesorgt wird. Castello (ebd.) erwähnt als Möglichkeit die progressive Muskelrelaxation. Durch das bewusste Anspannen und wieder Entspannen der Muskeln lernen die Kinder sich in sozial angespannten Situationen punktgenau und schneller zu entspannen.

Wenn man davon ausgeht, dass nicht die Situation an sich, sondern die Interpretation der Situation die Ängste auslöst, dann geht es darum, diese Interpretationen zu verändern. Schüchterne Kinder antizipieren häufig die sozialen Reaktionen der anderen Kinder, ohne dass diese auftreten. Zudem interpretieren sie das Verhalten von anderen Kindern in negativer Weise. In Gruppensettings kann über die Deutung von fiktiven sozialen Situationen gesprochen werden. Die nicht ängstlichen Kinder können als Modell wirken und die Angemessenheit bzw. die Unangemessenheit der Interpretation einer sozialen Situation kann diskutiert werden (ebd.).

Das Trainieren von sozialen Fertigkeiten und sozialen Kompetenzen kommt allen Kindern der Klasse zugute. Auf dem Markt gibt es mittlerweile einige Programme zur Förderung der sozialen Kompetenzen. Zu nennen ist beispielsweise das Programm »Mutig werden mit Til Tiger«. Mit diesem Programm kann unter anderem in Rollenspielen geübt werden, wie man auf andere Kinder zugeht. Des Weiteren lernen die Kinder, wie sie vor anderen Personen etwas präsentieren oder üben sich im Nein-Sagen (Ahrens-Eipper, Leplow & Nelius, 2010).

4.3 Förderung der Teilnahme am Unterricht

Eine wichtige Frage, die sich Lehrpersonen oft stellen, ist die Frage, wie sie schüchterne Kinder dazu bringen können, sich im Unterricht vermehrt verbal zu äußern. Lehrpersonen tendieren dazu, schüchterne Kinder in Ruhe zu lassen, weil sie diese nicht einer unangenehmen Situation ausliefern wollen (Korem, 2016). Im Gegensatz dazu stehen die Aussagen von adoleszenten Mädchen, die es als hilfreich erleben würden, wenn sie von den Lehrpersonen zur mündlichen Mitarbeit am Unterricht gezwungen würden. Das »in Ruhe gelassen werden« wird von ihnen als Desinteresse an ihrer Person interpretiert (Lund, 2008). Auch im Sinne der Reizkonfrontation für die Bewältigung von Ängsten sprechen die Argumente für die Aufforderung zur mündlichen Mitarbeit im Unterricht (Castello, 2017).

Wie sollte aber die Aufmunterung zur Teilnahme am Unterricht erfolgen, damit schüchterne Kinder sich nicht noch mehr verschließen? Büch, Döpfner und Petermann (2015) meinen dazu, dass die Lehrperson das Kind immer wieder dazu ermutigen soll, es zu versuchen und dabei dem Kind zeigen, dass sie überzeugt sind, dass es dies schaffen wird. In einer Studie von Korem (2016) gaben

Lehrpersonen an, mit den Schüler/-innen auch über die Gründe der Nichtteilnahme zu sprechen, um sie anschließend besser unterstützen zu können.

Konfrontiert man ein Kind mit einem angstauslösenden Reiz, ist es wichtig, dass mit einem Reiz begonnen wird, der nicht zu starke Angst auslöst. Die Lehrperson sucht also mit dem Kind das Gespräch und findet heraus, in welcher Situation eine mündliche Äußerung am wenigsten Angst auslösen würde (Castello, 2017). Es sollten überschaubare und für das Kind erreichbare Ziele gesetzt werden. Helfen kann auch ein ritualisierter Unterricht, in dem das Kind in bestimmten Situationen immer wieder aufgefordert wird, sich mündlich zu äußern. Je überschaubarer der Unterricht für das Kind ist (zum Beispiel durch klare Strukturen und Rituale), desto besser kann es sich auch auf Situationen einstellen, in denen es sich exponieren muss. Vertrautheit von Situationen und Personen hilft den Kindern in der Regel. Zum Aufbau des Vertrauens ist aber eine positive Beziehung zwischen der Lehrperson und dem Kind unabdingbar (Stöckli, 2007).

Wenn es einem Kind leichter fällt, sich in einer kleineren Gruppe zu äußern, kann die Gruppengröße langsam erweitert werden. Zuerst bespricht das Kind seine Ergebnisse mit einem ihm vertrauten Partner/einer ihr vertrauten Partnerin. Gemeinsam werden sie in der Gruppe präsentiert und erst zuletzt kommen sie ins Plenum (Korem, 2019). Durch das Feedback in der Partnerarbeit und Gruppenarbeit hat das Kind genug Sicherheit gewonnen, um anschließend vor der Gesamtklasse aufzutreten.

Wie bereits weiter oben erwähnt, können aber auch Gruppenarbeiten als bedrohlich erlebt werden. Unterstützung brauchen die Kinder zum Beispiel bei der Kontaktaufnahme und der Einigung bezüglich der Gruppenzusammensetzung, bei der Rollenverteilung innerhalb der Gruppe, während der Gruppenarbeit (weil bspw. bezüglich der sozialen Kompetenzen Unsicherheiten bestehen) und zuletzt bei der Präsentation (Castello, 2017).

Beim Einbeziehen eines schüchternen Kindes in den Unterricht ist die Haltung der Lehrperson von großer Bedeutung. In einer Situation, in der das Kind Angst erlebt, ist es nicht möglich, ihm die Angst auszureden. Daher sind Sätze wie »Das ist doch alles halb so schlimm!« oder »Du brauchst keine Angst zu haben!« zu vermeiden. Vielmehr geht es darum, dem Kind zu verdeutlichen, dass es wichtig ist, sich seiner Angst zustellen (Büch et al., 2015). Brophy (1996) betont zudem den autoritativen Erziehungsstil, bei dem die Lehrperson einerseits die Führung übernimmt und klare Anforderungen stellt, anderseits aber auch empathisch unterstützend wirkt und dadurch den Schülerinnen und Schülern die Anforderungen plausibel erscheinen. Sowohl das Verbalisieren von Gefühlen als auch der konstruktive Umgang mit Fehlern kann dabei unterstützend wirken. Diesbezüglich stellen Lehrpersonen wichtige Modelle dar. Lehrpersonen können zum Beispiel das Unwohlsein beim Vorlesen eines Textes vor der ganzen Klasse verbalisieren, wodurch sie signalisieren, dass das Empfinden von Nervosität oder Angst in solchen Situationen normal ist. Des Weiteren sollten sie Fehlern nicht zu viel Gewicht geben, sondern die Tatsache, dass das Kind sich getraut hat, etwas zu sagen, positiv verstärken (Korem, 2019). Ein Unterrichtsklima, in dem Fehler erlaubt sind, ist für die Teilnahme am Unterricht förderlich.

4.4 Soziale Integration in die Schulklasse

»Schüchterne brauchen für ihr Wohlbefinden eine stabile Welt der Vertrautheit und des Vertrauens. Sie reduzieren ihre hauptsächlichen Vorbehalte am ehesten im Rahmen einer überschaubaren sozialen Umgebung. Weil Schüchterne selten soziale Kontakte von sich aus in die Wege leiten, sind sie auf Mitmenschen angewiesen, die sie als Person zu schätzen gelernt haben. Die Schulklasse bietet dafür den idealen Hintergrund.« (Stöckli, 1999, S. 26)

Dieses Zitat unterstreicht die Bedeutung der sozialen Beziehungen innerhalb der Schulklasse. Da schüchterne Kinder Mühe haben, von sich aus auf andere Kinder zuzugehen und Kontakte zu knüpfen, ist es für sie hilfreich, wenn andere den ersten Schritt auf sie zumachen. Dies geschieht oft nicht, weil ihre Schüchternheit als Desinteresse interpretiert wird. Anderseits ist es im Sinne der sozialen Kompetenz auch wichtig, dass sie lernen, auf andere zuzugehen.

Laut Bilz (2013) verringert sich das Risiko, an internalisierenden Auffälligkeiten zu leiden, wenn sich die Kinder von ihren Mitschüler/-innen unterstützt fühlen. Daher macht es Sinn, die Peers bei der Unterstützung von betroffenen Kindern einzubeziehen. Bei Befragungen von Lehrpersonen zu Strategien im Umgang mit schüchternen Kindern gaben diese auch an, die Mitschülerinnen und Mitschüler einzusetzen (Korem, 2016). So beschrieben sie drei unterschiedliche Strategien: Dem schüchternen Kind im Gruppenprozess eine spezifische Rolle zuweisen, das Kind mit einem anderen nicht schüchternen Kind oder das schüchterne Kind mit einem anderen schüchternen Kind zusammen arbeiten zu lassen. Solche Überlegungen können auch bei der Festlegung der Sitzordnung eine Rolle spielen. Nichtschüchterne Kinder können einerseits als Modelle dienen, anderseits aber, wenn wie über gute Sozialkompetenzen verfügen, dem Kind helfen, sich in einer Gruppe zu integrieren. Wenn schüchterne Kinder immer wieder mit dem gleichen Kind zusammenarbeiten dürfen, kann ein Gefühl der Vertrautheit entstehen.

Schwierigkeiten bereiten für schüchterne Kinder auch die Pausensituationen. Sie stehen oft abseits und trauen sich nicht, mit den anderen Kindern zu spielen, obwohl sie eigentlich gerne würden (z.B. Lund, 2008). Die Verantwortung der Lehrperson sollte deswegen über den eigentlichen Unterricht hinausgehen. Beobachtungen während der Pausen helfen, herauszufinden, wo das Kind am meisten Schwierigkeiten hat (Büch et al., 2015). Auch hier kann mit dem Kind das Gespräch gesucht werden und zu bewältigende Ziele gesetzt werden. Besonders sozial kompetente Kinder können auch den Auftrag erhalten, die schüchternen Kinder in ihr Spiel zu integrieren.

Zuletzt soll noch auf die Bedeutung des Klassenklimas eingegangen werden. Problematische Aspekte, wie ein fehlendes Zugehörigkeitsgefühl, ausbleibende gegenseitige Unterstützung, konflikthafte Beziehungen zwischen Schülerinnen und Schülern bzw. Schülerinnen und Lehrpersonen sind nicht förderlich für die Bewältigung von sozialen Ängsten und internalisierenden Verhaltensauffälligkeiten allgemein (Bilz, 2008, 2016). Lehrpersonen haben eine wichtige Funktion, wenn es um den sozialen Umgang in einer Schulklasse geht. Sie bestimmen, welche Verhaltensweisen sie in der Klasse tolerieren, und dienen als Modell. Stöckli (1999) weist in diesem Zusammenhang auch darauf hin, dass die Beliebtheit eines Schülers unter den Peers oft das Verhalten und die Haltung der Lehrperson widerspiegelt. Zeigt die Lehrperson Interesse und Wertschätzung gegenüber dem Kind, hat dies häufig Auswirkungen auf die Haltung der Peers.

4.4 Leistungsbeurteilung

Die Leistungsbeurteilung durch die Lehrperson ist von hoher Relevanz, da sie das Selbstkonzept der Kinder beeinflusst. Laut Stöckli (2004) ist neben der sozialen Akzeptanz das Kompetenzerleben in Zusammenhang mit schulischen Anforderungen bei jüngeren Kindern besonders ernst zu nehmen.

Studien haben gezeigt, dass Kinder, deren soziale Kompetenzen höher eingeschätzt werden, auch in ihren anderen Leistungen besser beurteilt werden. Stöckli (2007, S. 157) erhebt den Vorwurf mangelnder Objektivität und fordert, dass diese anhaltende »Beurteilungsmisere« zu »bereinigen« sei. Er sieht es als wichtiges Ziel, die Leistungsbeurteilung von der wahrgenommenen Sozialkompetenz zu entflechten (Stöckli, 2004). Schüchterne Kinder können von dieser Benachteiligung betroffen sein, da ihre sozialen Kompetenzen generell schlechter beurteilt werden. Dessen müssen sich Lehrpersonen bewusst sein und ihre Leistungsbeurteilungen in dieser Hinsicht kritisch reflektieren. Dazu gehört auch die kritische Reflexion der in westlichen Kulturen vorhandenen negativen Wertung von Schüchternheit. In Zusammenhang mit der Selektionsfunktion von Schulen ist die Leistungsbeurteilung von besonderer Tragweite (Stöckli, 2004).

Bei schüchternen Kindern ist die Leistungsbeurteilung durch die mangelnde mündliche Teilnahme am Unterricht zusätzlich erschwert. Daher ist die Bewertungsminderung, die sich auf die mündliche Mitarbeit bezieht, zu hinterfragen. Besonders in den höheren Klassen und im Fremdsprachenunterricht werden häufig die sprachlichen Kompetenzen auf Grund von Wortmeldungen im Plenumsunterricht eingeschätzt. Hier muss gemeinsam mit dem Kind nach Alternativen gesucht werden, wo es ohne Angst seine (sprachlichen) Kompetenzen vorweisen kann (Stöckli, 2007).

Literatur

Ahrens-Eipper, S., Leplow, B. & Nelius, K. (2010): *Mutig werden mit Til Tiger. Ein Trainingsprogramm für sozial unsichere Kinder* (Therapeutische Praxis, 2., erweiterte Auflage). Göttingen: Hogrefe.

Bilz, L. (2008): *Schule und psychische Gesundheit. Risikobedingungen für emotionale Auffälligkeiten von Schülerinnen und Schülern* (Schule und Gesellschaft, Bd. 42). Wiesbaden: VS Verlag für Sozialwissenschaften/GWV Fachverlage GmbH Wiesbaden.

Bilz, L. (2013): Die Bedeutung des Klassenklimas für internalisierende Auffälligkeiten von 11- bis 15-Jährigen. *Psychologie in Erziehung und Unterricht*, 60 (Preprint 2013). https://doi.org/10.2378/peu2013.art06d

Bilz, L. (2016): Ängste bei Schülerinnen und Schülern. In M. K.W. Schweer (Hrsg.), *Lehrer-Schüler-Interaktion: Inhaltsfelder, Forschungsperspektiven und methodische Zugänge* (S. 365–386)

Bosacki, S. L., Coplan, R. J., Rose-Krasnor, L. & Hughes, K. (2011): Elementary School Teachers' Reflections on Shy Children in the Classroom. *Alberta Journal of Educational Research, 57* (3), 273–287.

Brophy, J. (1996): Enhancing Students' Socialization: Key Elements. Urbana, IL: ERIC Clearinghouse on Elementary and Early Childhood Education. [ED395713]. Verfügbar unter http://www.edpsycinteractive.org/files/stdtsocial.html

Büch, H., Döpfner, M. & Petermann, U. (2015): *Soziale Ängste und Leistungsängste. Informationen für Betroffene, Eltern, Lehrer und Erzieher* (Ratgeber Kinder- und Jugendpsychotherapie, Band 20). Göttingen: Hogrefe.

Castello, A. (2017): *Schulische Inklusion bei psychischen Auffälligkeiten.* Stuttgart: Kohlhammer.

Coie, J. D. & Dodge, K. A. (1983): Continuities and changes in children's social status: A five-year longitudinal study. *Merrill-Palmer Quarterly, 29* (3), 261–282.

Doey, L., Coplan, R. J. & Kingsbury, M. (2014): Bashful boys and coy girls: A review of gender differences in childhood shyness. *Sex Roles: A Journal of Research, 70* (7–8), 255–266. https://doi.org/10.1007/s11199-013-0317-9

Gasteiger-Klicpera, B. & Klicpera, C. (1999): Soziale Kompetenz bei Kindern mit sozialen Anpassungsschwierigkeiten. *Zeitschrift für Kinder- und Jugendpsychiatrie und Psychotherapie, 27,* 93–102.

Hastings, R. P. & Bham, M. S. (2003): The Relationship between Student Behaviour Patterns and Teacher Burnout. *School Psychology International, 24* (1), 115–127. https://doi.org/10.1177/0143034303024001905

Jaredic, B., Stanojevic, D. & Radovic, O. (2013): Shyness and self-esteem in elementary school. Journal of educational and instructional studies in the worls, 3 (2), 80–87.

Korem, A. (2016): Teachers' outlooks and assistance strategies with regard to »shy« pupils. Teaching and Teacher Education, 59, 137–145. https://doi.org/10.1016/j.tate.2016.06.002

Korem, A. (2019): Supporting shy students in the classroom: A review. *European Psychologist, 24* (3), 278–286. https://doi.org/10.1027/1016-9040/a000343

Lacina-Gifford, L. J. (2001): The squeaky wheel gets the oil, but what about the shy student. *Education, 122* (2), 320–321.

Lund, I. (2008). ›I just sit there‹: Shyness as an emotional and behavioural problem in school. *Journal of Research in Special Educational Needs, 8* (2), 78–87. https://doi.org/10.1111/j.1471-3802.2008.00105.x

Rubin, K. H., Wojslawowicz, J. C. & Rose-Krasnor, L. (2006): The Best Friendships of Shy/Withdrawn Children: Prevalence, Stability, and Relationship Quality. *Journal of Abnormal Child Psychology, 34* (2), 143–157. https://doi.org/10.1007/s10802-005-9017-4

Spooner, A. L., Evans, M. A. & Santos, R. (2005): Hidden Shyness in Children: Discrepancies Between Self-Perceptions and the Perceptions of Parents and Teachers. *Merrill-Palmer Quarterly: Journal of Developmental Psychology, 51* (4), 437–466.

Steinhausen, H.-C. & Winkler Metzke, C. (2003): Prevalence of affective disorders in children and adolescents: findings from the Zurich Epidemiological Studies. *Acta Psychiatrica Scandinavica. Supplementum, (418),* 20–23. https://doi.org/10.1034/j.1600-0447.108.s418.5.x

Stöckli, G. (1999): Schüchterne Kinder in der Schule. *Schweizer Schule,* (1), 21–28.

Stöckli, G. (2004): Schüchternheit in der Schule. Korrelate beobachteter Schüchternheit und selbst berichteter sozialer Ängstlichkeit bei Kindern im Grundschulalter. *Psychologie in Erziehung und Unterricht, 51* (1), 69–83.

Stöckli, G. (2007): *Schüchternheit als Schulproblem? Spuren eines alltäglichen Phänomens.* Bad Heilbrunn: Klinkhardt.

Stöckli, G. (2008, Februar): Persönlichkeitsentwicklung in Kindergarten und Grundschule: Was fehlt schüchternen Kindern wirklich? Symposium im Rahmen der Didacta, Stuttgart. Verfügbar unter http://www.kind-und-schule.ch/Schuchternheit_files/Didacta_gst.pdf

Stöckli, G. (2009): The Role of Individual and Social Factors in Classroom Loneliness. *Journal of Educational Research, 103* (1), 28–39.

Das unsichtbare Kind – Nonverbaler Ansatz zur Identifizierung von schüchternen und sozial ängstlichen Kindern

Iris Bräuninger, Rosemarie Samaritter & Sue Curtis

Ergebnisse von Studien weisen darauf hin, dass bewegungsbasierte Beobachtung eine wichtige Ergänzung zu bestehenden diagnostischen Instrumenten in der Grundschule darstellen (Gehrs, 2015). Kinder offenbaren ihre Persönlichkeit in Bewegungen, was Grund zu der Annahme gibt, dass schüchterne und sozial ängstliche Kinder durch beobachtbaren nonverbalen Ausdruck identifiziert werden können. Unser Ziel ist, Lehrpersonen, Schulischen Heilpädagog/-innen, Schulsozialarbeiter/-innen, Schulpsycholog/-innen, Erziehungswissenschaftler/-innen, Schulleitungen und psychologischen und therapeutischen Berufsgruppen für den nonverbalen, bewegungsbasierten Ausdruck zu sensibilisieren. Nonverbalen Ausdruck von Kindern besser lesen zu können soll Fachkräften helfen, schüchterne und sozial ängstliche Kinder zu identifizieren und sie besser zu verstehen. Dadurch können Kinder innerhalb der Klasse besser unterstützt werden und wenn nötig, zur Klärung möglicher Entwicklungsprobleme und/oder Entwickelungsunterstützung in ergänzende Förderangebote vermittelt werden. Bewegungsbasierte Beobachtung bietet einen niederschwelligen Zugang zu nonverbalem Ausdrucksverhalten, der leicht in den schulischen Alltag integriert werden kann.

1 Einführung ins Thema

Der Lehrberuf stellt extrem hohe Anforderungen auf verschiedensten Ebenen. Lehrpersonen sind Vorbilder für die große Anzahl der ihnen anvertrauten Kinder. Gleichzeitig sind sie Vertraute und erleben an vorderster Front die Aufs und Abs *ihrer* Kinder, ohne dass die Kinder immer offenbaren, was sie beschäftigt, bedrückt oder umtreibt. Um Kinder besser verstehen und einschätzen zu können, wäre wünschenswert, dass Lehrpersonen, laut Gehrs (2015), im Rahmen ihrer Ausbildung gezielt in der Beobachtung nonverbalen Verhaltens von Kindern geschult würden. Darüber hinaus sollte die Ausbildung persönliche Bewegungserfahrung vermitteln, welche den Selbstzugang erleichtert und Selbstkompetenzen stärkt (Gehrs, 2015).

Dieses Kapitel will einen Betrag für die Beobachtungsschulung des nonverbalen Verhaltens von Kindern leisten. Der Fokus liegt speziell auf schüchternen und sozial ängstlichen Kindern, die zwar den Unterricht nicht stören und auch den Lehrpersonen nicht negativ in ihren Sozialkontakten auffallen. Sie gehen aber in ihrer Klasse eher unter (Burkhardt, Uehli & Amft, in diesem Buch). Diese Kinder verfügen über die Fähigkeit, sich einzufügen, ohne von anderen bemerkt zu werden. Da sie weder mit aggressivem noch mit dissozialem Verhalten auf sich aufmerksam machen, nimmt ihr Umfeld kaum Kenntnis davon, dass sie auf kognitiver, körperlicher, sozialer oder psychologischer Ebene leiden könnten. Petermann und Petermann (2015) bemerken, dass sich der Leidensdruck dieser Kinder verstärken kann, wenn sich ihre Schüchternheit in eine Angststörung entwickelt und diese unbemerkt bleibt.

Um so wichtiger erscheint es, dass das Umfeld auf diese Kinder aufmerksam wird.

Wie können schüchterne und sozial ängstliche Kinder identifiziert werden, obwohl sie nicht auffallen? Die Frage stellt sich, ob nonverbales Verhalten und der Ausdruck eines Kindes darauf hinweisen, dass es sich um ein schüchternes oder sozial unsicheres Kind handelt. Mit anderen Worten: Eignet sich das Beobachten von nonverbalem Verhalten und bewegungsbasiertem Ausdruck, um schüchterne und sozial unsichere Kinder zu identifizieren?

Ein kurzer Literaturüberblick zu nonverbalem, bewegungsbasiertem Verhalten und Ausdruck führt in die Thematik ein. Im nächsten Schritt wird erörtert, wie Lehrpersonen und Fachkräfte auf schüchterne und sozial unsichere Kinder aufmerksam werden können, obwohl die Kinder nicht negativ auffallen. Aspekte des individuellen nonverbalen Verhaltens der Kinder im Klassensystem und Interaktionen in den Klassen und in der Schule werden beschrieben. Im dritten Teil verdeutlichen Fallvignetten, welche Zielsetzungen im schulisch-therapeutischen Setting mit schüchternen und sozial ängstlichen Kindern verfolgt werden. Eine kurze Checkliste im Anhang dient abschließend der leichteren Identifizierung von schüchternen und sozial ängstlichen Kindern im Alltag anhand beobachtbaren nonverbalen Verhaltens und bewegungsbasierten Ausdrucks.

2   Literaturüberblick

Die Movement Behavior Checklist (MBC) erfasst motorisches Verhalten, welches Pädagog/-innen auf Entwicklungsschwierigkeiten in Bezug auf Aufmerksamkeit, Verhalten, Lernen und Stimmung hinweist (Efstratopoulou, Dunn, Andrzejewska & Augustyniak, 2017). Sportlehrer/-innen können mit der MBC ergänzende Informationen zu Aufmerksamkeits-, emotionalen und Entwicklungsproblemen bei Kindern gewinnen. Die MBC konzentriert sich nicht auf bestimmte Störungen, sondern auf die Bewertung problematischer Verhaltensweisen und deren Warnzeichen. Vier verschiedene Gruppen von Kindern (ADHD, CD, ASD, LD[1]) konnten, neben externalisierenden Faktoren, anhand von drei (aus vier) Interna-

---

[1] ADHD: Attention-Deficit/Hyperactivity Disorder, ASD: Autistic Spectrum Disorders, CD: Conduct Disorder, LD: Learning Disabilities,

lisierungsskalen *Stereotyped Behaviors, Lack of Social Interaction, and Lack of Self-Regulation* signifikant voneinander unterschieden werden. Bei der vierten Skala, der *Low Energy Scale*, unterschieden sich die vier Gruppen nicht signifikant voneinander (Efstratopoulou, Janssen & Simons, 2015).

Kinder mit Angstzuständen können im Vergleich zu typisch entwickelten Kindern mehr Schwankungsverhalten (*postural sway*) aufweisen, welches weniger komplex ist. Ihr nonverbales Verhalten kann sich durch hohe Muskelspannung, Kurzatmigkeit, weniger körperliche Aktivität auszeichnen, und sie ziehen sich eher zurück. Bei einer traumabedingten Angst, die mit problematischen Körpererfahrungen (Schmerzen, Unbehagen) einher geht, können Kinder Probleme beim Bewegen und Spielen aufweisen und über ein negatives Körperbild verfügen (Emck, 2014).

Das motorische Verhalten von Kindern mit einer Angststörung kann prädiktiv sein: Studienergebnisse weisen auf einen Zusammenhang zwischen den emotionalen Problemen bei Kindern und Balanceschwierigkeiten hin. Insbesondere Kinder mit einer Angstproblematik scheinen häufiger Schwierigkeiten mit dem Gleichgewicht als Kinder ohne emotionale Auffälligkeiten aufzuweisen. In einer experimentellen Studie überprüfte Emck (2014), ob eine Korrelation zwischen emotionalen Störungen und grobmotorischer Beeinträchtigung mit Gleichgewichtsstörungen bei Kindern bestehe: Eine Gruppe von 11 Kindern mit hoher Angstsymptomatik wurde mit einer Kontrollgruppe (n = 13) ohne Auffälligkeiten verglichen. Beide Gruppen führten Gleichgewichtsaufgaben durch. Im Vergleich zur Kontrollgruppe führte die Gruppe mit hoher Angstsymptomatik die Gleichgewichtsaufgabe weniger stabil und weniger automatisiert und mit erhöhter Aufmerksamkeit aus. Dieses Ergebnis könne ein Indikator für einen neurobehavioralen Zusammenhang zwischen Gleichgewichts- und Angstproblemen sein, was auf »(…) einen Prozess der gegenseitigen Verstärkung zwischen Angst und motorischen Problemen (…)« (Emck, 2014, S., 126) hinweise und auf der Verhaltensebene eine wichtige Rolle spiele. Emck empfiehlt, als Konsequenz solle die Entwicklung von Kindern mit motorischen Beeinträchtigungen engmaschig überwacht werden.

In einer weiteren experimentellen Studie mit Erwachsenen untersuchten Shafir, Tsachor und Welch (2016) anhand der Laban Bewegungsanalyse (LMA), welche spezifischen Bewegungen die vier Grundemotionen Wut, Angst, Freude und Traurigkeit verstärken. Die Ergebnisse wiesen darauf hin, dass bestimmte motor elements und Bewegungscluster prädiktiv für die vier Grundemotionen sind, wobei Angst anhand von fünf Bewegungselementen identifiziert wurde, nämlich durch das Antriebselement *gebunden*, die drei Formenelemente *zurückziehen, schrumpfen, einschließen* und das Formenelement *rückwärts*. Tsachor und Shafir (2017) schlagen Transfermöglichkeiten für diese Ergebnisse vor: Wenn man sich bewusst werde, dass man sich als Reaktion auf eine Situation anspanne, könne dies der bewussten Wahrnehmung von »Angst« vorausgehen. Dieses Wissen könne hilfreich sein, subtile emotionale Veränderungen zu erkennen. Dieses verkörperte [*embodied*] emotionale Bewusstsein könne zu bewusster emotionaler Resilienz führen.

Bräuninger (2009) beschreibt zwei sozial isolierte und zurückgezogene Schulkinder, welche ihr durch ähnlich angespannten, gehaltenen Oberkörper auffielen: bei dem neunjährigen Mädchen, das ihr auf dem Pausenhof auffiel, zeigte sich, nach Rücksprache mit dem Lehrer, dass das Mädchen keine Freundinnen hatte und immer für sich allein war. Sie wurde zur Einzeltherapie angemeldet. Dort thematisierte das Mädchen, dass sie sehr darunter leide, einsam zu sein. Sie erzählte auch, wie sehr sie ihre Freundinnen in ihrem Herkunftsland vermisse und deshalb sehr traurig sei. Bei einem achtjährigen Jungen fiel der gleiche gehaltene, sehr gebundene Oberkörper auf. In seinen schulischen Leistungen war er erfolgreich und ehrgeizig, es fiel seinem Lehrer aber auf, dass er von sich aus keinen Kontakt zu seinen Mitschülern aufnahm. Bei beiden Kindern war ihr nonverbaler Ausdruck ein Indikator für ihre soziale Ängstlichkeit. Wengrower beobachtete bei ängstlichen Kindern, dass sich ihr nonverbales Verhalten in einem Muster konstanter, phrasenloser, multifokussierter Bewegung zeige, was »(…) als motorischer Ausdruck der unkontrollierten Angst verstanden werden kann« (Wengrower, 2015, S. 390).

3 Identifizierung von schüchternen und sozial unsicheren Kindern durch beobachtbaren nonverbalen Ausdruck

In einer Klasse gibt es eine Vielzahl unterschiedlicher Kinder mit individuellen Persönlichkeiten, Bedürfnissen, Begabungen und Ressourcen. Dieses Kapitel beschäftigt sich mit den Kindern, die einem nicht unmittelbar ins Bewusstsein kommen und die nicht so leicht zu identifizieren sind. Diese Kinder beanspruchen nicht die Zeit der Lehrperson, aber sie können ein unsicheres Gefühl hinterlassen. Vielleicht gäben diese Kinder mehr Anlass zur Sorge, wären da nicht all die anderen Herausforderungen, denen Lehrkräfte im Klassenzimmer gegenüberstehen, die sofortiges Handeln erfordern. Wenn mehr Zeit wäre, würde einen das eine oder andere Kind vielleicht mit einem unbestimmten Gefühl oder einer unbestimmten Sorge erfüllen.

Um dieses *unsichtbare* Kind – *die Wandblumen, das Tapetenkind* – geht es in diesem Kapitel. Dieses Kind muss man sich aktiv in das eigene Bewusstsein rufen. Denn das unsichtbare Kind besitzt die Fähigkeit, sich in der Klasse einzufügen und doch unbemerkt zu bleiben. Vielleicht denkt man als Lehrperson, »Oh, das Kind fällt mir gar nicht auf. Es stört nicht.« Unsichere und sozial ängstliche Kinder verlieren nicht die Beherrschung; sie schlagen nicht mit Türen und fordern nicht die Aufmerksamkeit. Im Gegenteil, sie sind mit einer Art Aura umgeben, welche signalisiert »Frag mich nicht«, »Lass mich in Ruhe«, »Rühr mich nicht an«, »Komm nicht in meine Nähe«. Wenn Lehrpersonen gefragt würden: »Was macht dir zu diesem Kind Sorgen?«, könnte die Antwort lauten: »Ich habe so viele Kinder in der Klasse, viele von ihnen fordern mich. Sie nehmen meine volle Aufmerksamkeit in Anspruch. Dieses Kind habe ich gar nicht bemerkt, es fiel mir nicht auf. Wenn ich darüber nachdenke, beunruhigt mich aber irgend etwas. Ich kann nicht genau sagen, was und kann den Finger nicht drauflegen.«

> »Oft ist es nicht das Verhalten des Kindes, das Anlass zur Sorge gibt, sondern ein durchdringendes Gefühl von Traurigkeit oder Angst. Wenn dies unberücksichtigt bleibt, kann dies wiederum zu Problemen bei der Bewältigung der Lehrplanaktivitäten führen, und das Kind kann frustriert oder verzweifelt werden. In diesen Fällen kann es auf defensive Taktiken zurückgreifen und Situationen vermeiden, die seine Schwierigkeiten verschärfen und hervorheben« (Curtis, 2002, 116).

Wie gewinnt man einen Zugang zum inneren Zustand dieses Kindes? Es kann hilfreich sein, sich der eigenen Ängste oder Widerstände bewusst zu werden. Stellen Sie sich eine Situation vor, die Sie am liebsten vermeiden oder der Sie ausweichen (z. B. Besuch beim Zahnarzt, Steuererklärung machen etc.). Was geschieht, wenn die Situation unumgänglich wird? Ein unsicheres Kind wird in der Schule ständig mit seinen Unsicherheiten und Ängsten konfrontiert. Es ist wichtig zu erkennen, dass seine Unsicherheiten und Ängste sich stark von Ihren eigenen unterscheiden und trivial erscheinen, aber für das Kind kann die Erfahrung überwältigend sein. Zum Beispiel bittet die Lehrperson die Kinder um etwas scheinbar Harmloses: »Holt Eure Buntstifte aus dem Schrank.« Selbstbewusste Kinder können sofort zum Schrank eilen, während schüchternere und ängstlichere Kinder nichts bekommen, wenn nicht genügend Stifte übrig sind. Sie können zögern und nur mit den letzten Kindern aufstehen, die zum Schrank gehen, um in kleinen Gruppen zu bleiben, ohne bemerkt zu werden. Sie sagen oft nicht »Ich habe nichts bekommen, ich brauche noch etwas.« Sie schrumpfen in ihren Körpern, machen sich klein, bleiben unsichtbar, ziehen sich zurück, sehen vielleicht besorgt aus. Sie können sich der Erfahrung von Herausforderungen entziehen und sogar Beziehungen ausweichen. Andere Kinder können anfangen, unsichere Kinder zu ärgern oder zu schikanieren. Die sozial unsicheren Kinder bleiben oft allein auf dem Spielplatz. In der Sporthalle bleiben sie lieber an der Peripherie, stehen am Rand, warten, gehen nicht in die Mitte des Raumes und initiieren selten.

Lassen Sie uns zu persönlichen Unsicherheiten zurückkehren, denn die Einsicht in eigene Ängste und Widerstände helfen Ihnen, eine Beziehung zum Kind aufzubauen. Sie können sich besser in »seine Schuhe« und seinen inneren Zustand versetzen und verstehen, was es für ein Kind bedeutet, tagtäglich gegen innere Ängste anzukämpfen. Denn Sie können nachempfinden, was stressvolle Situationen bei Ihnen persönlich auslösen, auch auf körperlicher Ebene. Dieses Verständnis und nonverbale Empathie verändern Ihre Wahrnehmung gegenüber schüchternen und sozial unsicheren Kindern. Vorher dachten Sie vielleicht: »Das Kind ist halt schüchtern oder etwas ängstlich.« »Warum hebt es nicht den Arm, obwohl es die Antwort weiß? Es muss doch nur den Arm strecken.« Nun nehmen Sie das Kind bewusster war und bemerken: »Dieses Kind fiel mir den ganzen Tag gar nicht auf.« Jetzt ist es mehr in Ihr Sichtfeld gerückt. Auch beim Kind wird sich etwas verändern, und es wird spüren und erleben »Oh, ich werde ein bisschen mehr wahrgenommen.«

Unsere eigene Kultur, die Kultur der Kinder, das Genderverständnis beeinflussen, wie wir Kinder wahrnehmen und wie sie auf uns wirken: Ab wann sehen wir ein Kind als schüchtern oder ängstlich? Wie nimmt sich das Kind selbst wahr? Wie erlebt die Familie das Kind? Der Grad von unauffällig zu auffällig oder von sozial unsicher zu sozial ängstlich ist ein Kontinuum. Kinder entwickeln sich, und was heute als auffällig wahrgenommen wird, kann sich in kurzer Zeit oder innerhalb des nächsten Jahres oder der nächsten Jahre verändern und unauffällig werden.

Im Hier und Jetzt kann man jedoch oft einen Zusammenstoß oder ein Aufeinanderprallen unterschiedlicher Werte erleben: Als Lehrperson sagt man beispielsweise: »Streck einfach deine Hand hoch, wenn du eine Idee hast oder etwas nicht verstehst.« Dies ist für ein scheues, ängstliches Kind oft beängstigend oder fremd, sein Körper weiß nicht, wie er das tun soll, sein Körper kann nicht signalisieren: »Schau mich an, ich habe etwas zu sagen.« Wenn die Kultur des Kindes von ihm und seiner Genderrolle beispielsweise erwartet, dass es nicht gehört und nicht gesehen werden soll, kann das Kind nicht einfach den Arm heben. Denn dies würde bedeuten, zu vertrauen und ein Risiko einzugehen. Für das Kind ist es ein Risiko, etwas sagen zu müssen, sich zu artikulieren, sich zu blamieren oder gar sich zu demütigen. Darum wartet es und bleibt stumm, während es gleichzeitig überaus wachsam bleibt.

Eine sorgfältig zusammengestellte Kleingruppe kann einen sicheren Raum bieten, in dem das Kind mehr Schutz erfährt, um sich zu äußern. Darüber hinaus können Folgende Interventionen schüchterne und sozial unsichere Kinder im Klassensetting unterstützen:

- *Einen ruhigen Rückzugsort bieten*: In der Klasse und/oder auf dem Schulhof wird ein ruhiger Ort festgelegt, zu dem jeder gehen kann. Ein Ort, an dem es nicht auffällt, wenn man keine Freundschaften hat.
- *Wachstum fördern*: Im Schulgarten, auf Hochbeeten oder im Blumentopf können Kinder zum Beispiel Bohnen pflanzen. Sie können dann beobachten und sehen, wie die Bohne wächst. Der langsame Entfaltungsprozess ist auch ein Symbol für Veränderung.
- *Ein Buddy System einrichten* (aus Großbritannien) (Cartwright, 2005): Das schüchterne Kind wird mit einem anderen Kind oder einer Gruppe von Kindern zusammengeschlossen. Diese Kinder kümmern sich um das schüchterne Kind und ermutigen es in alltäglichen Situationen. Das Setting wird über einen Zeitraum von zehn Wochen begleitet und von der Lehrperson evaluiert: Schließt das Kind Freundschaften? Fühlt das Kind sich im Klassenzimmer wohler. Wird es selbstbewusster?

4 Fallvignetten zur Zielsetzung im schulisch-therapeutischen Setting mit schüchternen und sozial ängstlichen Kindern

Wenn ein Förderangebot in Erwägung gezogen wird, ist die Atmosphäre, in dem sich das Kind sicher fühlt, ausschlaggebend. Ein individuelles 1 : 1-Setting könnte für ein unsicheres oder ängstliches Kind zu konfrontierend sein, eine größere Gruppe wiederum könnte seine sozialen Ängste verstärken. In der Regel kann die Kleingruppe das Setting der Wahl sein.

Die nachfolgenden Fallvignetten illustrieren, welche Zielsetzungen im schulisch-therapeutischen Setting mit schüchternen und sozial ängstlichen Kindern verfolgt werden können.

4.1 Fokussieren auf nonverbale Hinweise

Wie kann man als Lehrperson mehr Sicht auf die Position sozial ängstlicher Kinder in der Gruppe bekommen? Lehrpersonen können sich dabei die Erkenntnisse der Laban Bewegungsanalyse (Laban, 2003) zunutze machen. In der Bewegungsbeobachtungsmethode wird Bewegung unter drei großen Aspekten betrachtet,

1. *der Einsatz des Körpers*: wird der ganze Körper eingesetzt, oder bewegt sich das Kind nur in der Körperperipherie?
2. *die Nutzung des allgemeinen Raumes*: nutzt das Kind den verfügbaren Raum vollständig oder bleibt es etwa nur an einer Stelle?
3. *die spezifische Bewegungsart/der Bewegungsausdruck*: wie werden Bewegungen ausgeführt (z. B. kräftig oder leicht)?

In der Bewegungsbeobachtung wird aus all diesen Aspekten zusammen genommen ein sogenanntes Bewegungsprofil erstellt. Diese sehr spezifische Fertigkeit erfordert viel Schulung. Aber auch Lehrkräfte können im schulischen Alltag Situationen schaffen, die ihnen ermöglichen, die Aufmerksamkeit auf den nonverbalen Ausdruck der Befindlichkeit des Kindes in der Gruppe zu richten. Im Folgenden sollen einige Vorbilder gegeben werden, welche aufmerksame Beobachtung des Bewegungsverhaltens von sozial ängstlichen Kindern im schulischen Umfeld gestatten.

4.2 Kinder im allgemeinen Raum

Für sozial ängstliche Kinder sind gerade die unstrukturierten Situationen oft schwierig zu bewältigen. Im schulischen Alltag ergeben sich viele natürliche Situationen, in denen die Gruppe sich im offenen Raum bewegt. Zur Beobachtung des spontanen nonverbalen Verhaltens eignen sich besonders die mehr offen strukturierten Situationen, wie zum Beispiel eine Gruppenaktivität in der Turnhalle, Aula oder auf dem Schulhof. So bietet etwa die Pause eine gute Gelegenheit zur Beobachtung der Bewegungen im offenen Raum. Richten Sie als Aufsichts- oder Lehrperson die Aufmerksamkeit einmal auf die Verteilung der Kinder auf dem Schulhof. Welche Kinder bewegen sich über den ganzen Raum, welche Kinder bewegen sich am Rande des Geschehens oder begeben sich sogar ganz außerhalb des Spielfeldes? Können Sie sich ein Bild der Positionierung verschiedener Kinder verschaffen? Gibt es Kinder, die nur in der Peripherie des Spiels verbleiben?

Ein Vorbild für eine angeleitete Situation zur Beobachtung des Verhaltens im allgemeinen Raum wäre folgendes Spiel. Bitten Sie die Kinder sich frei zu bewegen, etwa zu einer Musik. Wenn die Musik stoppt, stoppt auch direkt alle Bewegung, die Körperposition erstarrt zum Standbild.

> *Beobachtungskriterien:* Wie verteilt sich die Gruppe im Raum? Wer geht mitten durch den Raum oder die Gruppe, wer bleibt in der Peripherie des Raumes? Verändern die Kinder ihre Raumwege oder sind Kinder dabei, die sich eigentlich gar nicht in die Gruppe begeben, sondern nur am Rande der Gruppe bewegen?

Eine Variation dieses Spiels wäre das Atomspiel. Die Kinder bewegen sich zu Musik durch den Raum. Wenn die Musik stoppt, sollen sich kleine Atome bilden, jeweils drei (vier oder fünf) Kinder sollen sich so schnell wie möglich zusammenfinden.

> *Beobachtungskriterien:* In der Bewegungsphase können die Raumwege der Kinder beobachtet werden, wie hiervor beschrieben. In der Atomphase: Welche Kinder stellen sich in den Mittelpunkt? Wer zieht andere Kinder zu sich an? Wer bleibt abwartend im offenen Raum? Gelingt es allen Kindern, eine Gruppe zu finden/bilden? Die Lehrperson kann nach dieser Übung ein Soziogram zeichnen:Gibt es in der Gruppe Kinder, die immer am Rande des Geschehens bleiben, die in der Peripherie bleiben und sich nicht in das zentrale Geschehen begeben?

4.3 Kinder im persönlichen Raum

Für sozial ängstliche oder sehr schüchterne Kinder ist es oft sehr schwierig, sich einen persönlichen Raum (*Kinesphäre*) (Laban, 2003) zu schaffen. Im Bewegungsbild zeigt sich häufig die Tendenz, sich klein und unauffällig zu bewegen. Im Hinblick auf den Körperraum zeigt das Kind wenig Expansion oder Variationen des Ausdrucks (Samaritter, 2008). Zur Förderung einer mehr ausgewogenen Nutzung des persönlichen Raumes kann die Lehrkraft die Klasse ermuntern, verschiedene Möglichkeiten zu erkunden. Im spielerischen Umgang mit Fragen, wie groß oder klein sich ein Kind machen kann, können jüngere Kinder verschiedene Dimensionen ihres persönlichen Raumes erkennen: Wie fühlt es sich an, sich einmal sehr groß und breit zu machen, im Gegensatz dazu, wenn man sich sehr klein und schmal macht? Bewegungsvorstellungen können auf unterstützende Weise eingesetzt werden, wie etwa das pantomimische Nachspielen von Charakteren aus Erzählungen. Zur Förderung des persönlichen Raumes können sich die Kinder vorstellen, dass sie sich einen eigenen Raum schaffen. Dabei ist es für das sozial ängstliche Kind wichtig, dass einige Strukturen angeboten werden, die es ihm ermöglicht, einen eigenen Ort zu haben, ohne dass dieser erst erworben oder entworfen werden muss. Jedes Kind kann sich zum Beispiel mit einem Reifen einen eigenen Platz im Raum suchen. Die Lehrperson kann die Kinder unterstützen, sich im Reifen wie unter einer kleinen Kuppel oder wie in einer kleinen Kugel oder umgekehrt in einer großen Kuppel oder Kugel zu bewegen. Können die Kinder nun ihre kleine Kuppel allmählich grösser werden lassen – oder die große Kuppel allmählich kleiner werden lassen?

Kleine Reflexionsmomente können die Kinder dabei unterstützen, ihre eigene Präferenz zu erkennen. Auch das Umsetzen des nonverbalen körperlichen Ausdrucks in ein anderes nonverbales Medium kann eine kindgemäße Reflektion darstellen. So kann zum Beispiel bildnerisch gearbeitet werden und können die Kinder etwa ein Bild oder eine Tonfigur gestalten, die ihren persönlichen Raum widerspiegelt.

Die Idee der Vergrößerung des persönlichen Raumes kann auch auf eine mehr indirekte Weise gefördert werden, etwa durch geleitete Phantasiereisen, bei denen die Kinder sich in eine andere Umgebung versetzen und diese pantomimisch/bewegt zum Ausdruck bringen.

Fallvignette 1[2]:

> Ein sehr zurückhaltendes elfjähriges Mädchen bleibt bei den Gruppenaktivitäten im Hintergrund, sie meldet sich nie selbst zu Wort. In Situationen, die die Initiative der Kinder erfordern, bleibt sie still und zurückhaltend. Während einer Bewegungsstunde lädt die Lehrkraft die Gruppe zu einem Spiel ein, in dem sie gemeinsam in spielerischer Pantomime versuchen, eine Wand weg zu schieben. Dabei gehen die Kinder dazu über, sich mit spielerischem, doch durchaus realem Energieeinsatz gegen die Wand der Turnhalle zu stemmen. Diese Übung mobilisiert einen starken Krafteinsatz, während die Kinder doch im eigenen Raum bestätigt werden, denn durch die drückende Bewegung erfährt das Kind seinen persönlichen Raum, ohne sich noch in den allgemeinen Raum begeben zu müssen. Nach der Übung befragt die Lehrkraft

---

[2] Die hier aufgeführten Fallbeispiele sind abgeleitet aus vielen Praxissituationen. Es geht dabei nicht um konkrete Einzelfälle, sondern eine exemplarische Verhaltensbeschreibung, abgeleitet aus der klinischen Praxis der Autorinnen.

die Kinder zu ihrer Erfahrung. Das Mädchen äußert sich nun spontan verbal zu diesem Spiel, das es ihr gut gefallen hat. In dieser gut abgegrenzten Übung müssen die Kinder noch nicht die Herausforderung angehen, um anderen Kindern in mehr expansiver Weise zu begegnen. Sie bietet damit die Gelegenheit, den eigenen Raum zu vergrößern innerhalb der sicheren Grenzen des allgemeinen Raumes (hier die Wand).

Für sozial ängstliche Kinder kann es sich sehr bedrohlich anfühlen, mehr Raum einzunehmen oder mehr emotionalen Ausdruck zu zeigen. Es ist deshalb sinnvoll, in Situationen, die den persönlichen Ausdruck fördern sollen, ein Element anzubieten, das dem Kind genügend schützende Distanz bietet. In einem Spiel mit Phantasiefiguren kann zum Beispiel die »Tun als ob«-Situation schützend sein, es ist ja nicht die Realität, die im Spiel dargestellt wird, sondern eine Phantasiewelt (Samaritter, im Druck). Die Verkörperung einer Phantasiefigur erlaubt es dem zurückgezogenen Kind, einmal eine andere Erfahrung zu machen, zum Beispiel sich im Schutz der Rolle als groß und stark zu zeigen. Ein Spiel, das auch gut im schulischen Rahmen eingesetzt werden kann, ist das Bewegungsrätsel nach Comic Strips. Die Kinder können sich aus einem Comic Strip eine Figur aussuchen und sie nachstellen auf der speziell dafür eingerichteten »Bühne«. Diese abgegrenzte Stelle im Raum bietet ebenfalls ein schützendes Element, da sie nur für die Darsteller gedacht ist, die sich also auch weiter nicht in den allgemeinen Raum zu begeben brauchen. Die Zuschauer sitzen z. B. an einer Seite des Raumes oder auf ihren Stühlen im Klassenzimmer. Die Zuschauer sollen nun raten, welche der Figuren das Kind nachgeahmt hat. In kleineren (Förder-) Gruppen lassen sich aus dem Rätsel auch schnell kleine Verläufe bilden, in denen die Figuren aus den anfänglichen Positionen in Bewegung kommen und darin die charakteristischen Emotionen der Figur zum Ausdruck bringen. In der Kombination von zwei oder drei Figuren können Kinder dann auch den Bezug untereinander aufnehmen.

Fallvignette 2

Innerhalb einer kleinen Gruppe werden die Kinder angeleitet, um verschiedene Figuren von einer Seite eines Comic Strips darzustellen. Ein ängstlicher, sehr zurückhaltender Junge wählt für seine Darstellung eine ruhige, nicht besonders ausdrucksstarke Figur. Als die anderen Kinder raten können, welche Figur er dargestellt hat, freut er sich sichtbar. Die Lehrperson lädt ihn nun ein, auch noch ein anderes Bild darzustellen, in dem dieselbe Figur mit stärkerem und mehr expansivem Ausdruck dargestellt ist. Um dem Kind mehr Einbettung in die Gruppe zu bieten, werden die beiden Positionen nun von allen Kindern dargestellt. Der Junge kann zunächst nur sehr zögerlich den abgebildeten mehr emotionalen Ausdruck selbst verkörpern. Um diese Erfahrung zu vertiefen, fordert die Lehrkraft die Kinder auf, die beiden Ausdruckspositionen durch Bewegung miteinander zu verbinden. Die Kinder finden auf diese Weise zu einem dynamischen, emotionalen Bewegungsverlauf. Für den Jungen ist dies ein anderer als der gewohnte, ängstlich zurückgezogene Ausdruck. Nach anfänglichem Zögern kann er sich schließlich in dem mehr dynamischen Bewegungsspiel einbringen, und im Schutz der Rolle der Comicfigur traut er sich schließlich auch mit einem anderen Kind einen kleinen Bewegungsdialog zu spielen und kommt dabei zu neuen nonverbal-kommunikativem Verhalten, traut sich, sichtbar zu werden, und zeigt mehr spielerische Präsenz.

4.4 Der symbolische Bewegungsausdruck

Fallvignette 3

Ein zwölfjähriges Mädchen ist sehr verlegen, sie fühlt sich nicht wohl in ihrer Haut, findet sich selbst nicht so hübsch wie andere. Sie kann keinen Anschluss finden bei anderen Mädchen ihres Alters. Sie ist im Allgemeinen sehr angespannt, ab und zu kommt es zu impulsivem Konfliktverhalten. Im Bewegungsraum wählt sie bunte Tücher, die sie zur Musik bewegt/schwingt, aber sie selbst bewegt sich dabei kaum. In einer der Stunden erzählt das Mädchen, dass der Film »Frozen« ihr Lieblingsfilm ist. Sie mag die Musik besonders gern. In dieser Stunde werden die Tücher zur Filmmusik bewegt. Das Mädchen erzählt danach die Filmgeschichte, so wie sie sie erlebt. Die Eiskönigin, erst erstarrt vor Kälte, taut auf, findet Beweglichkeit und Freiheit. Die Lehrperson fordert das Mädchen auf, die Geschichte doch vielleicht einmal in der Bewegung darzustellen. Und tatsächlich gelingt es ihr, aus der anfänglichen Bewegungsstarre größere und mehr dynamische Bewegungen zu finden, dabei führen diese Bewegungen sie auch zunehmend stärker in und durch den Raum. Nach der getanzten Geschichte kommentiert sie, dass sie sich in diesem ungewohnten emotionalen Bewegungsausdruck sehr wohl gefühlt habe. Die Bewegungserfahrung hat hier zu einer positiven Selbstwahrnehmung geführt.

5 Schlussfolgerung

Dieser Beitrag zeigt auf, wie beobachtbares nonverbales Ausdrucks- und Bewegungsverhalten von Fachkräften im schulischen Setting genutzt werden kann, um schüchterne und sozial ängstliche Kinder leichter zu identifizieren und die

Gefahr zu reduzieren, die emotionalen Bedürfnisse dieser Kinder zu übersehen. Praktische Fallvignetten aus dem schulischen Alltag illustrieren, wie das spontane nonverbale Verhalten einer ganzen Gruppe im allgemeinen Raum, die Nutzung des persönlichen Raums eines Kindes und die Beobachtung seines spezifischen Bewegungsausdrucks Anhaltspunkte für sein emotionales Empfinden geben können. Auch der Selbstzugang zur eigenen Person, zur Kultur und zu Genderfragen kann die Wahrnehmung des Kindes positiv beeinflussen und die nonverbale Empathiefähigkeit unterstützen. Konkrete Umsetzungsbeispiele dienen dazu, Bewegungsideen in den Alltag zu integriert und mit Wiederholung und Übung unsichere und sozial ängstliche Kinder in ihrer Entwicklung in der Schule zu fördern.

Danksagung

Wir möchten Hilda Wengrower (Board of Directors Member of the Association for Arts Therapies in Israel, Dance Movement Therapy Section) unseren großen Dank aussprechen für ihre Zeit und Bereitschaft, ihren reichen Erfahrungsschatz mit uns zu teilen und neben vielen wertvollen Inputs unseren Horizont auf Fragen betreffend Kultur und Gender zu erweitern. Außerdem danken wir Meri Erkkilä (MA DMT) für ihren Beitrag in der Diskussion der Fallvignetten.

Literatur

Bräuninger, I. (2009): Tanztherapie mit kriegstraumatisierten Kindern. In C. Moore & U. Stammermann (Hrsg.), *Bewegung aus dem Trauma* (S. 144–161). Stuttgart: Schattauer.

Cartwright, N. (2005): Setting up and sustaining peer support systems in a range of schools over 20 years. *Pastoral Care in Education, 23* (2), 45–50.

Curtis, S. (2017): On becoming a Monkey. In G. Unkovich & J. Butler (eds.), *Dance Movement Psychotherapy with People with Learning Disabilities* (S. 95–107). London: Routledge.

Curtis, S. (2016): Entering the Sensory Landscape. *BACP Children & Young People*, September, 26–30.

Curtis, S. (2002): Providing dance movement therapy within a mainstream school. In A. Bannister & A. Huntingtin (Hrsg.), *Communicating with Children and Adolescents: Action for Change* (S. 114–127). London: Jessica Kingsley.

Emck, C. (2014): Double trouble? Movement behaviour and psychiatric conditions in children: An opportunity for treatment and development. *The Arts in psychotherapy, 41* (2), 214–222.

Emck, C. (2011): *Gross motor performance in children with psychiatric conditions*. Academisch Proefschrift. Amsterdam: Ponsen & Looijen

Efstratopoulou, M. A., Dunn, T. J., Andrzejewska, J. & Augustyniak, A. (2017): Assessing externalizing and internalizing behaviour in children: use of the motor behaviour checklist in a typical school-age Polish sample. *European Journal of Special Education Research*, 2 (6), 43–59.

Efstratopoulou, M., Janssen, R. & Simons, J. (2015): Assessing children at risk: psychometric properties of the Motor Behavior Checklist. *Journal of attention disorders*, 19 (12), 1054–1063.

Gehrs, V. (2015): *Persönlichkeit in Bewegung: Konzeption und Anwendung eines musik-und bewegungsbasierten diagnostischen Instruments für die Grundschule.* Electronic Publishing Osnabrück (epOs). ISBN: 978-3-940255-66-2 (book), 978-3-940255-67-9 (e-book).

Laban, Rudolf v. (2003): *Die Kunst der Bewegung.* Wilhelmshaven: Noetzel.

Petermann, U., & Petermann, F. (2015): *Training mit sozial unsicheren Kindern: Behandlung von sozialer Angst, Trennungsangst und generalisierter Angst.* Weinheim: Beltz.

Samaritter, R. (2008): So he took these broken wings. In H. Smeijsters (Ed), *De kunsten van het leven.* Diemen: Veen Magazines (pp. 153-161).

Samaritter, R. (In press): Dance Movement Therapy or Children and Adolescents. In M. Hills Zarate & U. Hermann (Eds), *The Mental Health of Children and Adolescents: International Research in the Arts Therapies.* London: ICRA/ECArTE, Routledge.

Shafir, T., Tsachor, R. P. & Welch, K. B. (2016): Emotion regulation through movement: unique sets of movement characteristics are associated with and enhance basic emotions. *Frontiers in psychology* 6, 2030, https://doi.org/10.3389/fpsyg.2015.02030

Tsachor, R. P. & Shafir, T. (2017): A somatic movement approach to fostering emotional resiliency through Laban Movement Analysis. *Frontiers in Human Neuroscience* 11, 410, https://doi.org/10.3389/fnhum.2017.00410

Wengrower, H. (2015): Dance movement therapy for children with behavioural problems. In E. Kourkoutas & A. Hart (eds.), Innovative practice and interventions for children and adolescents with psychosocial difficulties and disabilities (pp. 390-414). Cambridge/Newcastle Upon Tyne: Cambridge Scholar Publications

6 Anhang

6.1 Nonverbale Checkliste für Fachkräfte zur leichteren Identifizierung schüchterner und sozial ängstlicher Kinder

Falls Sie unsicher sind, ob es sich bei einem Kind um ein schüchternes oder sozial ängstliches Kind handelt, sollen Ihnen folgende Fragen zur Identifizierung helfen.

Sozial

- Zieht sich das Kind in der Gruppe eher zurück?
- Ragt das Kind in der Gruppe nicht heraus, sondern mischt sich unscheinbar unter die anderen?
- Bevorzugt das Kind Kleingruppen und vermeidet Großgruppen?
- Ist das Kind eher allein?
- Wird das Kind von anderen Kindern nicht ausgewählt oder als letztes gewählt?

- Kommt das Kind eher als letztes dran/geht leer aus, wenn etwas verteilt wird?
- Ist das Kind anfällig für Mobbing?
- Wird das Kind von anderen ausgegrenzt, mit Namen/Etiketten versehen?

Physisch, somatisch

- Zeigt das Kind Gleichgewichtsprobleme?
- Ist das Kind eher «unsichtbar», meldet sich nicht/kaum, fällt in der Gruppe nicht auf?
- Zeigt das Kind somatische Beschwerden (Bauchschmerzen, Kopfschmerzen etc.)
- Wirkt das Kind angespannt, in seinen Bewegungen gebunden?
- Wirkt es eher kurzatmig?
- Ist das Kind weniger körperlich aktiv als Gleichaltrige?
- Pausiert das Kind in seinen Bewegungen und wirkt manchmal wie eingefroren?
- Zeigt das Kind eine eingesunkene (konkave) oder stark angespannte (konvexe) Brust?
- Drückt das Kind wenig Animation im Gesicht aus?
- Redet das Kind sehr leise?
- Zeigt das Kind konstante, phrasenlose, multifokussierte Bewegungen?
- Zieht sich das Kind eher zurück, schrumpft und verschließt sich in seiner Körperform?

Allgemeiner Raum

- Bleibt das Kind im Raum oder auf dem Schulhof lieber an der Peripherie/am Rand/nicht im Zentrum des Raums?
- Nutzt das Kind nur wenig Raum/füllt den Raum kaum aus?

Persönlicher Raum/Kinesphäre

- Zeigt das Kind wenig Expansion in seinem persönlichen Raum?
- Bewegt das Kind sich eher klein und unauffällig?

Kognition, Emotionen, Wahrnehmung, Verhalten

- Zeigt das Kind überhöhte Wachsamkeit?
- Sieht das Kind traurig aus?
- Sieht das Kind müde aus?
- Ist das Kind weinerlich?
- Zeigt das Kind Phobien oder zwanghafte Verhaltensweisen?

Schüchterne Kinder in der Schule Möglichkeiten der Ermutigung mit Body 2 Brain CCM®

Claudia Croos-Müller

1 Möglichkeiten der Ermutigung: Körpercodes gegen Schüchternheit

»Häschen in der Grube saß und schlief, saß und schlief,
armes Häschen, bist du krank,
dass du nicht mehr hüpfen kannst?
Häschen hüpf, Häschen hüpf, Häschen hüpf!«

Zum Spiel bilden die teilnehmenden Kinder einen Kreis und fassen sich an den Händen. Während des Singens umrunden sie das Häschenkind, das in der Mitte des Kreises geduckt am Boden kauert. Bei der letzten gesungenen Zeile richtet sich das Häschenkind auf und hüpft ein paarmal in die Höhe und vorwärts (Liedtext und Anleitung: Friedrich Fröbel, 1840).

Was auf den ersten Blick nichts anderes zu sein scheint als ein vielerorts bekanntes bewegtes Singspiel, das vielfach in der Kindergartenerziehung und in den ersten Schuljahren gesungen und gespielt wird, ist aus Sicht der Embodiment-Forschung und der Körperpsychotherapie weit mehr: die Körperaktivität und das Körpererleben sind nicht nur ein motorischer und emotionaler Ablauf, sondern aktivieren als solche selbst komplexe neurophysiologische Reaktionen. Das gemeinsame Tanzen im Kreis, das Sich-an-den-Händen-Halten und der Gesang der Gruppe setzen bei deren Mitgliedern Oxytocin und Endorphine frei und stärken Mitgefühl und soziale Kompetenz. Das im Inneren des Kreises sitzende Kind erlebt Interesse und Empathie für seine Person, was ebenfalls entsprechende stärkende Neurotransmitter freisetzt. Darüber hinaus ist das Sich-Aufrichten und Hochspringen eine kraftvolle, stärkende Aufwärtsbewegung, die im Gehirn mit Lebenslust und Selbstbefähigung assoziiert wird und Serotonin, eine antidepressive Substanz, entstehen lässt. Die »Gehemmtheit« und Introvertiertheit des kranken Hasenkindes weicht dadurch einer lustvollen »Enthemmung« und Extrovertiertheit.

Stärkende und/oder beruhigende Embodiment-Rituale bestehen seit Menschengedenken, häufig in Form von Tanz und Gesang. Ein bekanntes und besonders anschauliches Beispiel ist der Haka-Tanz der Maori in Neuseeland.

Es existieren weltweit affektstabilisierende Körperrituale und Redensarten. Affektstabilisierende Körpercodes laufen häufig unbewusst – intuitiv – ab, vorrangig handelt es sich dabei um spielerische/lustvolle Inhalte.

1.1 Embodiment und Körperpsychotherapien

Unter dem Sammelbegriff *Embodiment* wurden zur Wechselwirkung zwischen Körper und Psyche vielfache Untersuchungen durchgeführt, Beobachtungen gesammelt und Erkenntnisse gewonnen:
Der Pädagoge, Pestalozzi-Schüler und Begründer das »Kindergartens« Friedrich Wilhelm August Fröbel (*1782) hatte als einer der ersten die Bedeutung der frühen Kindheit erkannt und dafür ein System von Liedern, Beschäftigungen und »Spielgaben« entwickelt.
Pioniere der praxisbezogenen Körperpsychotherapie waren Elsa Gindler und Elfriede Hengstenberg in den ersten Jahrzehnten des 20. Jahrhunderts. Als Konzentrative Bewegungstherapie (KBT) wurde die psychotherapeutische Leibarbeit von Helmuth Stolze und Ursula Kost ab 1950 maßgeblich weiterentwickelt und etabliert.
Empirisch erforscht hat aktuell Sabine C. Koch den Einfluss von Eigenbewegung auf Affekt, Einstellung, Wahrnehmung, Gedächtnis und Verhalten und in praxisbezogenen Studien die Verbindung zu BodyMind-Ansätzen und bewegungstherapeutischen Verfahren hergestellt. Wolfgang Tschacher forscht zu Embodiment, zu nonverbaler Synchronie in der sozialen Interaktion und zum Verhältnis zwischen Körper und Geist: »Embodiment heißt, Körperprozesse ernst zu nehmen, ohne den Geist zu naturalisieren.«
Das untrennbare Zusammenspiel von Körper und Geist fasst Damasio in dem Satz zusammen: »Der Geist ist nicht nur eine Sache des Gehirns, sondern auch des Körpers.« »The mind is embodied, not just embrained.« (Damasio, 1994).
Alltagstaugliche Körperpsychotherapie, »Body-Mind-Technik«, ist zur Affektstabilisierung und Stärkung der Selbstwirksamkeit geeignet.
Körperaktivität hat Einfluss auf Affekt, Einstellung und Gedächtnis.
Durch bewusste körperliche und sensorische Handlungen und Erlebnisse kann Emotion und Verhalten geregelt und verändert werden
BodyMind-Redewendungen zeigen nicht nur den Zusammenhang zwischen Körper und Psyche, sondern geben klare Empfehlungen zum Körpereinsatz gegen negative Emotionen: »Pfeif drauf!«, »Kopf hoch«, »energisch auftreten«, »alle Viere grad sein lassen«.
Im allgemeinen Sprachgebrauch finden sich viele Worte mit doppelter – BodyMind – Bedeutung und dem Hinweis auf die untrennbare Verbindung von Körper und Geist: das kognitive »Begreifen« setzt beim Kleinkind eine körperliche Erfahrung des Begreifens voraus, Kleinkinder nehmen alles in die Hand und setzen meist noch Zunge und Lippen mit ein, durch das sensorische und motorische Greifen entsteht sein Begriff vom Wesen eines Gegenstandes.

1.2 Die Body 2 Brain CCM® Methode: einfache Körpercodes zur gezielten Selbststeuerung von Affekt, Kognition und Verhalten

Die Body 2 Brain CCM® Methode wurde von der Autorin im Rahmen ihrer klinischen neurologisch-psychiatrischen Konsiliartätigkeit entwickelt. Die Situation: Somatisch erkrankte Patient/-innen litten oft – im Zusammenhang mit der Krankenhaussituation und der Erkrankung oder davon unabhängig schon primär – unter einer psychischen Symptomatik. Zusätzliche Psychopharmaka-Medikation war häufig wegen der Nebenwirkungen oder Wechselwirkungen bei teilweise multimorbiden Patient/-innen mit vorbestehender oder erforderlicher Medikation bei somatischer Akuterkrankung nicht oder nur bedingt möglich.

Diesen Patient/-innen wurde ein jeweils individuelles Selbsthilfeprogramm mit einfachen Körpercodes angeboten, das von jeder Altersgruppe, auch im Bett liegend oder bei geschwächter Konstitution, durchgeführt werden konnte. Diese Body 2 Brain-Körperinterventionen wurden teilweise mit Elementen der Konzentrativen Bewegungstherapie, funktioneller Muskelentspannung, Atementspannung, Feldenkrais, Qigong und EMDR kombiniert.

Das Ziel war, die Patient/-innen körperlich-psychisch-mental zu aktivieren, sie auf ihre noch vorhandenen, machbaren Möglichkeiten aufmerksam zu machen und emotional positiv beeinflussendes Körpererleben und dadurch Zuversicht herzustellen als psychoneuroimmunologische Grundlage für Heilung und Gesundheit (Schubert, 2016). Beim Anwenden der Body 2 Brain-Körpercodes erkannten die Patient/-innen ihre eigene verbliebene körperliche Fähigkeit, aktiv für emotionalen »Umschwung« zu sorgen – unabhängig von sonstigen Defiziten – im Sinne von Selbstwirksamkeit.

Affektive Zustände und Krankheitsverläufe zeigten unter der »Körper-Selbstbehandlung/-Mitbehandlung« sehr gute Ergebnisse, weshalb die Body 2 Brain CCM® Übungen systematisch weiterentwickelt und als Ratgeber veröffentlicht wurden (Croos-Müller, 2005, 2011, 2012, 2013, 2014, 2015, 2016, 2017, 2020).

Die Body 2 Brain CCM® Methode

Basierend auf der Tatsache neuronaler Verschaltungen und der Wechselwirkung zwischen Körper und Psyche werden gezielt und wiederholt körperliche Interventionen zur Beeinflussung von Affekten eingesetzt. Es wird spielerisch (!) mit einfachen motorischen Elementen – Bewegungen und Haltungen – und sensorischen Angeboten gearbeitet. Entscheidend für die Auswahl der Körpercodes sind dabei die Beschwerden, die Körpersignale und die Körperbiografie der Klient/-innen.

Was ursprünglich nur für den klinischen Bereich konzipiert war, wurde sehr schnell in den Alltag und die Erfordernisse der verschiedensten Berufsgruppen übernommen und auch mit Kindern und Jugendlichen wirksam praktiziert.

> Die siebenjährige Tina bewältigt ihr Schulangst-Bauchweh mit lautem morgendlichem Singen und Hüpfen. Ihre Klassenlehrerin macht mit den Kindern vor Schulaufgaben jeweils eine kurze Atementspannung mit der spielerischen Übung »Ziehharmonika spielen« – die Kinder bestehen auf dieses Ritual.

Die kleinen einfachen Körperübungen können unabhängig von Sprachbarrieren, Intellekt oder Alter durchgeführt werden nach dem Motto »Körper geht immer«.

Das wahrscheinlich bekannteste Bild zur Auswirkung der Körperhaltung auf die psychische Verfassung liefert die Comiczeichnung der Peanuts: Charlie Brown steht mit hängendem Kopf vor Lucy und erklärt: »So stehe ich, wenn ich deprimiert bin. Wenn du deprimiert bist, ist es ungeheuer wichtig, eine ganz bestimmte Haltung einzunehmen. Das Verkehrteste, was du tun kannst, ist aufrecht und mit erhobenem Kopf dazustehen, weil du dich dann sofort besser fühlst.«

Das bedeutet im therapeutischen Umkehrschluss, die Reihenfolge zu ändern: unangenehme Gemütszustände werden durch gezielte Körperinterventionen geändert.

> Der sechsjährige Moritz ist ein schüchternes Kind. Auffallend sind seine leicht hochgezogenen Schultern und eine dadurch etwas gebeugte Körperhaltung. Die pädagogische Mitarbeiterin spielt mit Moritz »kleine Angstteufelchen von den Schultern abwerfen« mit der Übung »schwungvolles Schulterrollen nach hinten, abwechselnd rechts und links«. Diese körperliche Lockerungsübung führt über zentrale und periphere Nervenverschaltungen auch zu einer mentalen Auflockerung. Ebenso führt die bei der Übung entstehende Aufrichtung des Oberkörpers zu einer mentalen Ermutigung. Moritz beginnt zu lächeln. In der darauffolgenden Zeit braucht er anfangs noch eine kleine Erinnerung in Form eines nonverbalen Vormachens der Übung, schließlich ist zu beobachten, dass er die Übungen immer häufiger von sich aus macht.

Body 2 Brain CCM® Körper-Interventionen können beruhigende oder stärkende Aktivitäten sein, um Störungszustände zu bewältigen oder um von diesen abzulenken. Das Angebot an interessanten, ungewohnten, lustvollen Körperaktivitäten und Körpererlebnissen lenkt die Hirntätigkeit ab von belastenden oder störenden Gefühlen und Gedanken.

Mit Körpercodes Emotionen steuern

Der Gemütszustand zeigt sich im Körperausdruck, der Körperausdruck beeinflusst den Gemütszustand. Umkehrschluss: die Reihenfolge ändern: Gezielt über Körpercodes die emotionale und mentale Haltung positiv beeinflussen/verändern:

- Berücksichtigung von Körperbiografie und Repräsentationsort der Befangenheit/Schüchternheit/Ängstlichkeit für passendes Übungsangebot
- Das Gehirn mag spielen: die Übungen haben einen spielerischen Charakter
- Die Übungen sind einfach ausführbar
- Sprachliche Verständnisschwierigkeiten sind durch das nonverbale Körperangebot geringer
- »Körper geht immer«: keine Kontraindikationen
- Die Übungen sind »Nebenbei-Übungen« und ohne Zeitaufwand in den Alltag und in Arbeitsabläufe integrierbar

1.3 Neurophysiologie und Body 2 Brain CCM® Wirkungsweise

Gehirn und Körper sind eine funktionelle untrennbare Einheit. Über sogenannte afferente und efferente Nervenbahnen werden Informationen und Aufforderungen vom Körper zum Gehirn und vom Gehirn zum Körper geschickt. Parallel dazu entstehen immer und unvermeidbar Emotionen. Diese wiederum führen zur Produktion entsprechender »Signalstoffe« – Hormone und Neurotransmitter.

Obwohl das Gehirn Multitasking beherrscht, kann es mehrere Aufgaben gleichzeitig nicht gleichermaßen gut ausführen. Es werden Schwerpunkte gebildet. Dadurch kann es passieren, dass bei vielen negativen oder belastenden Erlebnissen mit entsprechend gehäuften negativen Emotionen wie Ängstlichkeit oder Panik der Stresshormonspiegel anhaltend erhöht ist. In dieser Konstellation werden Musteränderungen im Gehirn blockiert – das Erlernen und Praktizieren anderer Verhaltensweisen ist erschwert. Werden dagegen in dieser Situation über Körperaktivitäten dem Gehirn lustvolle und freudige Erlebnisse vermittelt, wird dort das Belohnungssystem aktiviert und stabilisierende Botenstoffe freigesetzt (Storch et al., 2017). Jogger kennen diesen Zustand als »runners high« ebenso wie sich Chormitglieder nach einer Gesangsprobe »beschwingt« fühlen.

Die Body 2 Brain Körperübungen werden als heiter, sehr angenehm und einfach erlebt. Das spielerische Moment dabei wird vom Bewertungssystem des Gehirns bevorzugt. Über Spielen entwickelt sich Lernen, Erfahrung, Können und damit Handlungsfreiheit (Warwitz & Rudolf, 2016).

- Das Gehirn kann nur jeweils eine Aufgabe im kognitiven und motorischen Bereich optimal erledigen
- Bevorzugt werden spielerische Aufgaben und Tätigkeiten
- Spielerisch erheiternde Körpertätigkeiten können unangenehme emotionale Zustände erleichtern/umlenken/beenden
- Gefühle sind immer dabei – sowohl bei Erlebnissen als auch bei Handlungen
- Sich häufig wiederholende negative Erlebnisse und Gefühle führen zu strukturellen Veränderungen im Gehirn und erschweren Verhaltensänderungen
- Bei der richtigen Auswahl zeigen Embodiment-Übungen schnell einen positiven emotionalen Effekt: Neugier, Freude, Stolz
- Die dabei entstehenden Neurotransmitter wirken affektstabilisierend

- Das Kind erlebt Selbstwirksamkeit, was wiederum über neuronale Verschaltungen Verhaltensänderung erleichtert

> Die neunjährige Christina fühlte sich schon morgens mutlos und verzagt. Sie fürchtete sich vor der Situation im Schulbus und auf dem Pausenhof, wo sie sich ausgeschlossen fühlte. Im Unterricht meldete sie sich nie, es brauchte immer die Aufforderung der Lehrerin. Deshalb beginnt sie nun nach dem Aufwachen ausgiebig mit Dehnen und Strecken und anschließendem Strampeln noch im Bett, nach dem Aufstehen geht sie mit großem Hüftschwung ins Bad, vor dem Verlassen des Hauses zeigt sie sich im Garderobenspiegel ein Daumen-hoch-Zeichen und nickt und lächelt sich ermutigend zu. Mit diesem Ritual aus heiteren Körperbewegung und freundlicher Selbstanerkennung kann sie ihre morgendlichen Ängste ohne zusätzlichen Zeitaufwand reduzieren. Die Übungen macht sie auch zwischendurch im Waschraum der Schule. Die Kontaktaufnahme zu Mitschülern ebenso wie die aktive Teilnahme am Unterricht ist ihr nach einiger Zeit besser möglich.

2 Zentrales Nervensystem, peripheres Nervensystem und Neurophysiologie im Zusammenspiel mit Körper und Psyche

Die Wirkung von Körperaktivitäten und Körperimpulsen auf Psyche und Emotionen beruht auf der Innervation und neuronalen Vernetzung aller Körperstrukturen untereinander und dem Gehirn und auf dem Austausch zwischen peripherem und zentralem Nervensystem. Das Gehirn ist zwar die Steuerzentrale des Körpers, aber ein Gehirn ohne Körper erlebt nichts, lernt nichts und kann sich nicht entwickeln.

- Körper und Gehirn sind eine untrennbare Einheit, aus der sich Gefühle entwickeln, Verhalten entsteht und das Leben bewältigt wird
- Embodied Cognition: Geist, Körper und Umwelt sind Teile eines dynamischen Systems
- Auf diesen Zusammenhängen beruht die Anwendung und Wirkung von Körperpsychotherapie

Das Nervensystem besteht aus dem Zentralnervensystem (ZNS, Gehirn und Rückenmark) und dem peripheren Nervensystem mit seinen aufsteigenden und absteigenden Leitungsbahnen.

Die Entwicklung des Gehirns und des Nervensystems

Die Entwicklung des Gehirns und des Nervensystems beginnt in der dritten Schwangerschaftswoche. Bei der Geburt sind zwar alle Nervenzellen vorhanden, die Entwicklung eines funktionsfähigen neuronalen Netzwerkes ist aber erst nach der Pubertät um das 20. Lebensjahr herum abgeschlossen. Bis zum sechsten Lebensjahr entwickelt sich dieses Netzwerk, in dem jede Nervenzelle mit Tausenden anderen Neuronen verbunden ist, sehr intensiv. Danach verlangsamt sich der Prozess. Dies unterstreicht auch die Wichtigkeit einer kindlichen Förderung in diesem Zeitraum.

In den beiden ersten Lebensjahren wächst das Gehirn des Kleinkindes extrem schnell, die Gehirnmasse verdreifacht sich. Besonders in den ersten zehn Monaten ist die Gehirnentwicklung und das Lernen besonders stark: Lächeln, aktives Schauen und Erkennen, Greifen, Sitzen, Krabbeln, erste Laute und erstes Verstehen, zunehmende Schluckfähigkeit und Kauen sind keine Selbstverständlichkeit, sondern hochdifferenzierte Fähigkeiten, die das Gehirn über den Körper und über die Sinnesorgane erlebt und erlernt. Immer dabei: Gefühle und Neurotransmitter. Je nach Erlebnisinhalten und Lerninhalten sind diese stärkend und motivierend oder enttäuschend/ängstigend und entmutigend. Daraus entwickelt sich in diesem Zeitraum die Basis der psychosomatischen Gesundheit des Kindes. Auch diese Tatsache unterstreicht die Bedeutung frühester Förderung bzw. entsprechende Anleitung der Eltern, nicht nur für die körperliche, sondern auch psychomentale Entwicklung des Kleinkindes.

Pro Sekunde werden im Wachzustand in den ersten beiden Jahren bis zu 700 neue Nervenverbindungen gebildet. Die Gehirnstrukturen vernetzen, verstärken und verändern sich dabei ständig. Jeder Sinneseindruck wie Berührung, Geruch, Geräusch oder Licht wird verarbeitet und sorgt dafür, dass das Gehirn weiterwächst. Gleichzeitig geht das Gehirn permanent durch Phasen der strukturellen Verfeinerung, in der eine Vielzahl von neuronalen Verbindungen durchtrennt und Platz für neue geschaffen wird. Sowohl die Entstehung von neuen Gehirnzellen als auch der Abbau von Verknüpfungen sind notwendig, damit sich ein gesundes, optimal funktionierendes Gehirn entwickeln kann.

Die enorme Zahl an neuronalen Neuvernetzungen und Umstrukturierungen ist auch der Grund für das hohe Schlafbedürfnis des Neugeborenen/Säuglings/Kleinkindes: Die im Wachzustand aufgenommenen Reize werden im Schlaf verarbeitet, gespeichert oder aussortiert. Ansonsten käme es zu einer Reizüberflutung des Gehirns mit negativen Folgen.

Die Kommunikation zwischen rechter und linker Gehirnhälfte verstärkt sich ab dem vierten Lebensjahr, was das logische und analytische Denken fördert. In diesem Zeitraum beginnen intensive diesbezügliche Lernprozesse. Entsprechend können jetzt die Inhalte einer Frühförderung modifiziert werden. Ab dem zehnten Lebensjahr werden nur noch die Nervenverbindungen aufrechterhalten, die häufig gebraucht werden. Während der Pubertät kommt es unter hormonellem Einfluss nochmals zu enormen Umbauprozessen in den neuronalen Verschaltungen. Dies bedeutet für das Gehirn einen großen Energieaufwand und schnellere Erschöpfbarkeit, was auch die in dieser Zeit häufig schlechteren schulischen Leistungen erklärt. Entsprechend sind in diesem Zeitfenster Förderungsangebote nur begrenzt erfolgreich. Dennoch bleiben – Gesundheit vorausgesetzt – Gehirn und Nervensystem bis ins Alter flexibel und anpassungsfähig aufgrund der neuronalen Plastizität.

Das Gehirn ist ein trainierbares und lernfähiges Organ – eine große Chance für jede Form von Therapie.

2.1 Das zentrale Nervensystem

Das ZNS besteht aus dem Großhirn mit der Hirnrinde, dem Kleinhirn, dem Zwischenhirn und dem Hirnstamm. Jede dieser Strukturen hat definierte Fähigkeiten und Funktionen. Sie alle sind untereinander über ein neuronales Netzwerk direkt und indirekt verbunden.

Das Großhirn ist die oberste Instanz des Zentralen Nervensystems. Es verbindet als Kommunikationszentrale alle Organe, Organsysteme und Gewebe miteinander und stimmt sie aufeinander ab. Es werden Reize aus der Umwelt und aus dem Inneren des Organismus aufgenommen, weitergeleitet, beurteilt und verarbeitet. Darauf abgestimmt erfolgt dann eine Antwort in Form von Impulsen an die Peripherie und die inneren Organe und Organsysteme.

Das Großhirn besteht aus dem Stirnlappen (Urteilsvermögen, Planung, Arbeitsgedächtnis, Persönlichkeit, Aufmerksamkeit), dem Hinterhauptslappen (Sehen), dem Schläfenlappen (Hören, Sprache, Schrift), dem Scheitellappen (Sprache, Kurzzeitgedächtnis, bewusste Motorik, Körperempfindung und -Erinnerung) und dem Inselbereich (unter anderem Schmecken, Riechen).

Bedeutsam für Körperpsychotherapie ist in der Großhirnrinde (beidseitig) ein streifenförmiges Areal, in dem die Planung, Auswahl und Ausführung von jeglicher Bewegung geschieht und gleichzeitig haptische Wahrnehmungen verarbeitet werden.

Eine große Repräsentanz haben dabei die Hand mit Betonung des Daumens und das Gesicht mit Schwerpunkt Mund, Lippen und Zunge. Dies erklärt auch, warum Säuglinge zum mentalen Begreifen alle erreichbaren Gegenstände umklammern und überwiegend mit dem Mund, den Lippen und der Zunge erkunden. Diese neuronale Vernetzung wird auch in der Körperpsychotherapie bei beispielsweise Gestik- und Mimik-Übungen genutzt.

> Die Mutter leitet das Kind an, bei einer schmerzhaften Verletzung mit der eigenen Hand über die schmerzende Stelle zu streichen und zart zu pusten. Bei dieser Bewegung der Hand- und der Lippenmuskulatur und der Wahrnehmung der Berührung und der kühlenden Atemluft wird der motorisch-sensorische Bereich im Großhirn aktiviert. Die Aufmerksamkeit wird umgelenkt und die ursprüngliche Wahrnehmung des Schmerzes wird »vergessen«. Das Großhirn merkt sich diesen Effekt. Auf diese Art und Weise lernt das Kind Autonomie und Selbstwirksamkeit (siehe dazu auch haptische Wahrnehmung unter 2.2)

Das Kleinhirn koordiniert Bewegung und Gleichgewicht (Körperhaltung), ermöglicht Orientierung im Raum und speichert erlernte Bewegungen.

Das *Limbische System* mit der Amygdala (Mandelkern) befindet sich zwischen einem Teil der Großhirnrinde und dem Hirnstamm. Es beeinflusst Sexualverhalten und Emotionen, kontrolliert Äußerungen von Wut, Angst und Freude und hat Einfluss auf vegetative Funktionen, Gedächtnis und Merkfähigkeit. Die Amygdala bewertet innerhalb des Limbischen Systems Gedächtnisspuren (Erinnerungen) mit Emotionen.

> Im Panikanfall hilft das Stehen auf einem Bein und gleichzeitiges Schnippen mit den Fingern. Das Großhirn erledigt diese motorische Aufgabe zusammen mit der Koordinationsfähigkeit des Kleinhirns. Diese energetische Leistung erfolgt auf Kosten des limbischen Systems (Amygdala), in der sich die Angstimpulse einschließlich der damit verbundenen vegetativen Reaktionen nicht mehr weiter entwickeln können.

Das Zwischenhirn besteht aus dem Thalamus (Verarbeitung und Weiterleitung von Sinneseindrücken) und dem Hypothalamus (Steuerung von Schlaf-Wach-Rhythmus, Hunger und Durst, Schmerz- und Temperaturempfinden, Sexualtrieb). Hier sitzt auch die sogenannte Hirnanhangsdrüse für die Produktion zahlreicher Hormone.

Der Hirnstamm steuert die Herzfrequenz, den Blutdruck und die Atmung sowie Reflexe wie den Lidschluss-, Schluck- oder Hustenreflex. Hier liegen auch die Hirnnervenkerne der zwölf paarig angelegten Hirnnerven. Der unterste Teil des Hirnstamms wird als verlängertes Mark oder Markhirn bezeichnet und geht dann über in das Rückenmark – die »Nervenversorgungsleitung« zwischen Gehirn und Körper.

2.2 Das periphere Nervensystem

Das periphere Nervensystem verbindet mit seinen Nervensträngen aus dem Rückenmark die Peripherie des Körpers mit dem Gehirn. Die Nervenreize laufen dabei in zwei Richtungen: als motorische Impulse und Aktivitäten vom Gehirn in die Peripherie über *efferente Nervenbahnen* und als Sinneswahrnehmungen aus der Peripherie in das Gehirn über *afferente Nervenbahnen*. Diese bestehen aus sensorischen Anteilen für olfaktorische, visuelle, auditorische und gustatorische Sinneswahrnehmungen und aus sensiblen Anteilen für Oberflächensensibilität und Tiefensensibilität.

Haptische Wahrnehmung

An dieser Stelle soll nur die haptische Wahrnehmung vorgestellt werden, da sie ein wenig beachtetes, aber eines der wichtigsten Wahrnehmungssysteme ist, um

Informationen von der Umwelt zu erhalten, sie einzuordnen und zu verarbeiten. Berührung zu bekommen und zu erleben, ist lebensnotwendig für die körperliche und geistige Entwicklung. Beispielhaft dafür ist das Montessori-Sinnesmaterial und das Angebot an handwerklich-künstlerischen Fächern der Waldorfschulen. Jedes Förderangebot für Kinder bedarf immer auch lustvoller haptischer Erlebnisse.

Als haptische Wahrnehmung bezeichnet man das aktive Ertasten und Begreifen im Unterschied zur passiven taktilen Wahrnehmung. Der (passive) Tastsinn ist der erste Sinn, der sich beim Fetus entwickelt. Bereits sechs Wochen nach der Befruchtung sind Reaktionen sichtbar.

Die haptische Wahrnehmung besteht aus neuronalen Strukturen und Wahrnehmungsaspekten der Oberflächensensibilität und der Tiefensensibilität. Als Oberflächensensibilität bezeichnet man die Erfassung von Außenreizen durch Rezeptoren, die über in der Haut liegen. Mit ihnen können Druck, Berührung und Vibrationen sowie Temperatur und Schmerz wahrgenommen werden.

Tiefensensibilität ist die Wahrnehmung bestimmter Reize aus dem Körperinneren und ermöglicht die Eigenwahrnehmung des Körpers. Zur Tiefensensibilität gehört der Lagesinn, der Informationen über die Position des Körpers im Raum und die Stellung der Gelenke und des Kopfes liefert, der Kraftsinn mit Informationen über den Spannungszustand von Muskeln und Sehnen und der Bewegungssinn, durch den eine Bewegungsempfindung und das Erkennen der Bewegungsrichtung ermöglicht wird. Die Tiefensensibilität macht zum Beispiel das Gehen erst möglich, aber auch das Greifen und andere Tätigkeiten. Die Strukturen der Oberflächensensibilität und der Tiefensensibilität sind sehr komplex und ihre Verarbeitung im Gehirn ist im Einzelnen noch nicht erforscht.

> Bei der Verabschiedung gibt es zwischen Eltern und Kind ein Ritual: Der Vater malt mit einem Finger ein kleines Herz auf den Unterarm des Kindes und gibt einen Kuss darauf, ebenso die Mutter. Die sensorischen Qualitäten der passiv erlebten Berührung – Aufmalen des Herzens, leichter Druck auf die Haut mit dem elterlichen Finger – wird über die Rezeptoren der Haut dem Gehirn mitgeteilt. Das sensorische Erlebnis wird im Gedächtnisareal abgespeichert. Wenn sich das Kind tagsüber ohne die Eltern allein fühlt, kann es die sensorische Erinnerung aktiv wiederholen: es betrachtet seinen Unterarm und berührt mit der eigenen Hand die von Mutter und Vater »behandelten« Stellen.

Die Informationen und Impulse zwischen der innervierten Peripherie des Körpers und dem Gehirn und umgekehrt werden mit einer Nervenleitgeschwindigkeit von 50–80 Metern pro Sekunde hin- und hergeschickt. Diese vernetzten Leitungen und ihre Geschwindigkeit sind die Voraussetzung für jede willkürliche und unwillkürliche Bewegung und damit verbundene sensorische Wahrnehmungen, Erkenntnisse, Emotionen und Reaktionen. Sie sind auch die Grundlage für spielerisches Lernen und die Voraussetzung für gelingende Körperpsychotherapie.

2.3 Die Hirnnerven

Die 12 Hirnnerven sind die Grundlage für die Sinnesqualitäten Sehen (Sehnerv), Hören (Hörnerv), Riechen und Schmecken (Riechnerv, Zungen-Rachennerv, Gesichtsnerv) und Fühlen (Nervus trigeminus). Ebenso sind sie zuständig für Augenbewegungen, Mund- und Zungenbewegungen, Mimik, Gleichgewicht, Kauen und Schlucken. Das gustatorische und das olfaktorische System entwickelt sich beim Fötus bereits im zweiten Monat der Schwangerschaft.

Eine Sonderstellung unter den Hirnnerven nimmt der Nervus vagus (X. Hirnnerv) ein. Er zieht mit seinen Nervenleitungen bis in den Bauchraum und wird deshalb als »Hirn-Bauch-Achse« bezeichnet. Er reguliert alle Organfunktionen im Brustraum und Bauchraum im Sinne von Regeneration, Aufbau von Energiereserven und Herstellung eines Gleichgewichtes.

> Im Falle eines Erschreckens drücken viele Menschen reflexhaft eine Hand auf ihre Herzgegend. Die Berührung der Hautnerven über der Herzgegend wird auch an den das Herz innervierenden Nervus vagus weitergeleitet, der diese Reize als Beruhigungsimpulse an das Herz weiterleitet. »Hand-aufs-Herz« ist eine beruhigende Geste für die Herzfrequenz über komplexe Nervennetzwerke.

Über mimische Embodiment-Übungen wie Pfeifen, Augenrollen oder Wangenaufblasen werden die daran beteiligten Hirnnerven stimuliert und geben diesen Impuls weiter an ihren Ursprungsbereich, den Hirnstamm. Obwohl dieser autonom arbeitet und willentlicher Einflussnahme nicht direkt zugänglich ist, lässt sich über den Umweg einer lustvollen Hirnnerven-Aktivierung indirekt auf die Hirnstammfunktionen – zum Beispiel mit dem Effekt einer Blutdruckregulierung – Einfluss nehmen.

2.4 Emotionen und Neurotransmitter

Der Neurowissenschaftler António Damásio unterscheidet zwischen Emotionen und Gefühlen: Emotionen werden als nach außen sichtbare körperliche Reaktionen auf einen Reiz definiert. Gefühle entstehen durch Analyse und bewusste Wahrnehmung des Gehirns auf Reaktionen des Körpers. Alle Empfindungsarten werden überwiegend in der Großhirnrinde erzeugt und kontrolliert.

Für den Informationsfluss zwischen den Nervenzellen und innerhalb der neuronalen Netzwerke sind Botenstoffe erforderlich: Neurotransmitter. Sie werden jeweils passend zur Situation, passend zur Emotion, passend zu den erforderlichen Reaktionen produziert. Dazu gehören die »Stimmungshormone« Serotonin, Dopamin, Adrenalin und Noradrenalin. In diesem Zusammenhang sind die Erkenntnisse der Psychoneuroimmunologie bedeutsam: eine stabile Psyche stärkt das körpereigene Immunsystem, umgekehrt führt ständiger Stress zu einer reduzierten Immunlage. Dies erklärt auch, warum Kinder mit früher Traumatisierung häufig »kränkeln« – krankheitsanfälliger sind und deshalb stützender Interventionen bedürfen.

Das Zusammenspiel zwischen Gehirn, peripherem Nervensystem, Körper und Emotionen ist bei weitem noch nicht endgültig entschlüsselt, die Bedeutung des Körpers für kognitive und emotionale Entwicklung und Förderung wird dabei jedoch immer deutlicher.

3 Schüchternheit – Ängstlichkeit – Selbstwertproblematik – soziale Phobie

3.1 Neurophysiologie und Körpersignale

Als Schüchternheit oder Scheu wird die Ängstlichkeit in Situationen mit zwischenmenschlichem Kontakt bezeichnet. Schüchternheit ist ein Temperamentsmerkmal und teilweise genetisch bedingt, meist ist ein zurückhaltendes Verhalten auch bei einem Elternteil zu beobachten. Die Kinder können am Sozialleben durchaus teilnehmen, fühlen sich jedoch unwohl, wenn sie im Zentrum der Aufmerksamkeit stehen. Sie haben Hemmungen, sich ins Spiel einzubringen und bleiben in der Rolle des stummen Beobachters – sie bleiben unter ihren Möglichkeiten.

Schüchternheit ist grundsätzlich nicht krankheitswertig, kann jedoch unter ungünstigen Bedingungen zu zunehmender Ängstlichkeit bis hin zur Panikattacken führen oder zu sozialer Phobie/sozialer Angst und der Vermeidung sozialer Kontakte oder gar zur Isolation. Schüchterne Kinder sind aufgrund ihrer Verhaltenshemmung auch eher Mobbing oder anderen Übergriffen ausgesetzt. Aus einer Schüchternheit kann sich eine massive Selbstwertproblematik mit entsprechenden Folgen entwickeln.

Bei Schüchternheit werden neurochemische Ursachen vermutet mit einer übererregbaren Amygdala (Mandelkern) und erhöhten Konzentrationen von Cortisol und Noradrenalin.

Kleine Kinder können deshalb auf geringe Reize bereits mit Furcht und Geschrei reagieren. Größere Kinder haben Angst, sich lächerlich zu machen oder negativ bewertet zu werden, sie erröten, schwitzen und vermeiden Blickkontakt. Die Aktivität im sympathischen Nervensystem ist dauerhaft erhöht, was eine erniedrigte Erregungsschwelle bedeutet und das ständige Vorhandensein unangenehmer Basisemotionen wie Angst und Scham. Das daraus entstehende Vermeidungsverhalten verstärkt den Circulus vitiosus: das Verhaltenshemmungssystem – »behavioral inhibition system« – wird zum Dauerzustand und einer deutlich verminderten Lebensqualität im Erwachsenenalter.

Andererseits kann diese Verhaltenshemmung durch passende pädagogische und therapeutische Interventionen abgeschwächt und im besten Falle abgelegt werden.

Körpersignale der Schüchternheit

Schüchterne und selbstunsichere Menschen aller Altersgruppen zeigen eine ähnliche Körpersprache:

Körperliche Dimension von Schüchternheit: Der Gemütszustand zeigt sich im Körperausdruck, der Körperausdruck beeinflusst den Gemütszustand – Körpersignale beachten

- leise Stimme, stockender Redefluss, flacher Atem
- ernste/ängstlicher/trauriger Gesichtsausdruck
- gebeugte Körperhaltung/sich klein machen, »hoffentlich sieht mich niemand«
- schwacher Händedruck, »nicht zupackend«
- wenig Gestik, Verstecken der Hände, »nicht handlungsfähig sein«
- fehlender Blickkontakt, der Blick schweift unruhig oder die Augen blicken zu Boden
- hochgezogene Schultern oder Schulterzucken, »weiß nicht«
- zögerliche, nicht zielgerichtete Gangart
- Bevorzugung von Randpositionen – »Außenseiterposition«, stumme Beobachter
- Instabilität beim Sitzen und beim Stehen – »fehlende Durchsetzung«, »keinen Standpunkt vertreten«

Für hilfreiche therapeutische Body 2 Brain-Angebote ist die Beobachtung und Beachtung der körperlichen Zeichen der Schüchternheit unerlässlich. Diese Körpersignale sind der Türöffner für passende Interventionen und deren Akzeptanz.

> Obwohl der achtjährige Lars auf dem Gang an der Seite geht, wird er von vorbeilaufenden Mitschülern öfter angerempelt, er wird schlichtweg übersehen. Lars hat eine altersentsprechende Körpergröße, aber er hat seine Schultern ein wenig hochgezogen, die Arme eng am Körper angelegt. Den Kopf hält er leicht schief und schaut zu Boden auf seine Füße.

Schüchternheit und Ängstlichkeit wird auch vom Kind selbst oft individuell in einem Körperteil oder Körperorgan mit unterschiedlicher Qualität wahrgenommen. »Die Angst schnürt mir den Hals zu«, »Ich spüre einen Klumpen in meinem Magen«, »Mein Herz klopft ganz schnell«, »Mein Kopf ist leer«.

Das therapeutische Body 2 Brain-Angebot zur Selbsthilfe orientiert sich an der Körpersymptomatik und den Bedürfnissen und Möglichkeiten des Kindes.

3.2 Body 2 Brain CCM® Körpercodes – Grundformen und Kombinationen (Croos-Müller 2019)

Die Auswahl von Körperangeboten bezüglich Richtung, Rhythmus und Charakter sind nicht beliebig, da sie unterschiedliche Auswirkungen haben. Sie können stärken und ermutigen, beruhigen und trösten oder einfach ablenken vom ursprünglichen Affekt. In jedem Fall kommt es zu einer emotionalen Änderung, die vom Kind als hilfreich erlebt wird und seine Selbstkompetenz und sein Selbstwertbewusstsein stärkt.

Grundelemente der Körperangebote sind:

- Bewegungen einschließlich Gesichtsmimik
    - große Bewegungen mit der Aktivierung großer Muskelgruppen – Beispiel: breitbeiniges, stampfendes Gehen
    - kleine feinmotorische Bewegungen – Beispiel: Schnippen mit den Fingern
    - Aufwärtsbewegungen – Beispiel: Hochhüpfen
    - Abwehrbewegungen – Beispiel: Wegschieben
    - fließende Bewegungen – Beispiel: sich hin- und herwiegen
    - kraftvolle rhythmisierende Stakkato-Bewegungen – Beispiel: Trommeln
    - alternierende, bilaterale Bewegungen – Beispiel: Boxen
    - mimische Bewegungen – Beispiel: Gähnen
- Haltungen
    - Ganzkörperhaltung – Beispiel: aufrechtes Stehen
    - Teilhaltungen – Beispiel: Einbeinstand
- Atmung und Stimme
    - Einatem – Beispiel: langsames Einsaugen »Strohhalm-Atmen«
    - Ausatem – Beispiel: zartes Pusten oder kraftvolles »Pferde-Abschnauben«
    - Singen, Summen – Beispiel: Aaah intonieren
- Sensorische Aktivitäten und haptische, akustische, visuelle und olfaktorische Erlebnisse
    - Berührung kraftvoll/sanft – Beispiel: auf die Brust trommeln »Tarzan«/über das Brustbein streichen
    - Riechen – Beispiel: Lieblingsduft atmen
    - Kühlung/Wärme erzeugen
    - Sehen – Beispiel: »Lieblingsfarbe«
    - Klang hören – Beispiel: »Lieblingston«
    - Schmecken – Beispiel: Lieblingsgeschmack, schmatzen und schlucken

Alle Übungen haben möglichst einprägsame und anschauliche Namen.

- »Schulterwurf« – eine große, kraftvolle Schwungbewegung der Arme von unten nach oben über die Schulter, jeweils im Rechts-Links-Wechsel
- »Strohhalm-Atmen« – ein dosiertes, aber kraftvolles Einatmen mit gespitzten, runden Lippen, wobei der Brustkorb geweitet wird und Kopf und Wirbelsäule sich leicht heben.

- »Abschnauben« – ein kraftvolles Ausatmen, wobei Kiefergelenk und Lippen lockergelassen werden und das Schnauben eines Pferdes imitiert wird.
- »Herzpflaster« – die Hand beruhigend und freundlich auf die Herzgegend legen

Die Körperangebote sind vielfältig und lassen sich beliebig kombinieren und variieren.

Die *Auswahl* ist abhängig von der Situation – für zu Hause oder in der Schule – und von der Art der Symptomatik. Beruhigende und entspannende Übungen sind bei Schüchternheit mit ängstlicher Anspannung geeignet, dynamisierende und kraftvolle Übungen sind geeignet bei Schüchternheit mit kraftlosen oder lähmenden Merkmalen und ausgeprägter Rückzugstendenz.

Body 2 Brain-Übungsangebote abhängig von

- Körpersignalen und Körpersprache des Kindes: gehemmt oder unruhig-ängstlich
- Neigungen und Fähigkeiten des Kindes

Anleitung und Motivation

Für Kinder sind Körperübungen meist leicht zu akzeptieren und umzusetzen. Nicht umsonst gibt es den Begriff »kinderleicht«. Mit Beginn der Pubertät und im jungen Erwachsenenalter werden therapeutische Körperangebote im spielerischen Kontext weniger akzeptiert. Diese Altersgruppe benötigt dann bereits einfache neurologische Erklärungen, wie sie auch im Biologieunterricht vermittelt werden. Ansonsten entsteht Scham und Widerstand gegen »Kinderkram«.

Neben altersgerechten Erklärungen mit einer entsprechenden Wortwahl ist das »leibhaftige« Vormachen der Übungen zur Ermutigung und als Impulsgeber unbedingt erforderlich. Die Lehrkraft/Erziehungsperson sollte dann im weiteren Verlauf auch die Übungen mit dem Kind mitmachen, es begleiten und nachfragen »Wie tut das? Gefällt dir das?«. Das Kind wird eine wirksame Lieblingsübung finden nach dem Motto »Jeder trägt seine Lösung in sich« (C. Rogers).

Auch die Eltern sollten mit den Übungen vertraut gemacht werden, zumal dann, wenn ein Elternteil ebenfalls Elemente von Schüchternheit aufweist.

Motivation und Ermutigung durch

- altersgerechte neuroanatomische und neurophysiologische Erklärung anhand von Bildmaterial
- Vormachen der Übungen und das Mitmachen bei den Übungen durch Lehrkräfte/Eltern/Vertrauenspersonen
- wenn möglich, Befindlichkeitsskala (0–10) am Anfang einer Übung und an deren Ende zur Wahrnehmung/Visualisierung der Symptomverbesserung
- mit einfachen und wenigen Übungen beginnen, allmähliche Steigerung und Variation
- Feedback und Besprechung

- Miteinbeziehung der Eltern/Bezugspersonen/Geschwister
- Lob und Aktivierung von Selbstlob
- die Attraktivität der Übungen erhöhen »Das ist eine Geheimsprache« vorzugsweise bei jüngeren Kindern

Übungsmaterialien

Die Arbeitsmaterialien – »Spielgaben« im Fröbelschen Sinne – zu Body 2 Brain CCM® Körperübungen sind vielfältig.

In den sogenannten *»Kleinen Überlebensbüchern«* werden in einfacher Sprache, begleitet von ansprechenden Illustrationen, Übungen vorgestellt, angeleitet und neurophysiologisch erklärt. Die Bücher sind nach Schwerpunkten – Zuversicht, Angst, Kränkung, Schlafstörung, Stress, Belastung und Trauma – verfasst.

Dazu existieren auch *Body 2 Brain-Hörbücher* mit akustisch motivierend unterlegten Geräuschen und Melodien.

> Beim neunjährigen Alex wurde ADHS diagnostiziert. Er ist selbstunsicher und ängstlich, teilweise geradezu panisch in Augenblicken der Überforderung. Er atmet dann schnell, flach und grimassiert. Er erlebt wenig Anerkennung bei seinen Mitschülern. Trotz aller motorischen Unruhe ist er meistens zurückgezogen, in sich gekehrt. Es wird ihm anhand eines kleinen Body 2 Brain-Buches eine Stabilisierungsübung angeboten. Statt sich darauf einzulassen, entreißt er der Erzieherin das Buch und beginnt, schnell und scheinbar unkontrolliert darin zu blättern. Plötzlich hält er inne, deutet auf eine Übung: »Die da ist meine.« Es ist die Übung »Strohhalm-Atmen«. Alex spitzt seine Lippen ein wenig, beginnt langsam und tief einzuatmen. Er wirkt konzentriert, sein Kopf und sein Oberkörper richten sich auf. Durch das aktive, willentliche Spitzen der Lippen – gezielte Aktivierung von Gesichtsmuskeln und deren Versorgungsnerven – tritt das sonst bei ihm übliche ungerichtete und unwillkürliche Grimassieren nicht auf. Er wirkt wesentlich präsenter, dabei aber auch ruhiger. »Das schaut gut aus bei dir«, ist die kleine anerkennende Rückmeldung der Erzieherin. In der Folgezeit trägt Alex das kleine Buch mit sich herum und schlägt bei Bedarf hastig die entsprechende Seite auf, um sich zu beruhigen. Allmählich braucht er dieses Ritual immer weniger. Seine Integration in die Gruppe bessert sich. Nun ist er auch bereit für weitere kleine Übungen, zu Beginn besteht er aber jeweils auf »seine« Strohhalm-Atmung.

Mit der kostenlosen App *Body 2 Brain* können insbesondere sehr zurückhaltende, schambesetzte Kinder und Jugendliche in Eigentherapie und unbeobachtet geeignete Übungen für sich finden und damit arbeiten.

Bei den *Body 2 Brain CCM® Therapiekarten* kann das Kind selbstständig eine Übungskarte wählen und anhand dieser die Übung und deren Wirkung ausprobieren, allein oder begleitet von der Erziehungsperson. Umgekehrt kann die

Lehrkraft auch eine Übungskarte für das Kind aussuchen und mit ihm durchspielen.

Auf der *Website www.croos-mueller.com* finden sich jeden Monat, passend zur Jahreszeit oder zur aktuellen gesellschaftlichen Situation, kleine Body 2 Brain-Übungen.

Handpuppen und Lieder sind grundsätzlich ein ausgezeichnetes Medium. Fessler (2018) hat speziell mit den Body 2 Brain-Übungen und entsprechenden Materialien und Singspielen wunderbare spielerische Elemente gestaltet:

> Die Melodie des bekannten Volksliedes »Dört äne am Bärgli« bildet die Grundlage des Spielliedes. Aus den Body 2 Brain-Übungen von Croos-Müller wird eine geeignete Auswahl getroffen und in eine Liedform gebracht. Die entsprechenden Übungen werden gleich während des Singens zu den Strophen durchgeführt. Beim »Atmen durch den Strohhalm« in Strophe 4 und »Gähnen« in Strophe 7 wird die Bewegung in den Pausen, zwischen den Zeilen ausgeführt. Beim Refrain werden die Hände in die Hüften gestemmt und das Gewicht von einem Bein aufs andere verlagert, so dass eine Schaukelbewegung des ganzen Körpers entsteht. Der Refrain wird mit Summen oder Pfeifen oder durch Singen einer Silbe begleitet. Später können beliebige Übungen aus den anderen Überlebensbüchern, z. B. Lieblingsübungen der Kinder, dazu genommen und weitere Strophen ergänzt werden.

Häufigkeit der Anwendung

In der Akutsituation sollten die Übungen regelmäßig mehrfach am Tag – mindestens »3 x am Tag wie das Einnehmen einer Mahlzeit oder Tablette« – gemacht werden, um damit vertraut zu werden und eine Wirkung aufzubauen. Zusätzlich sollten die Übungen vor einer angstauslösenden Situation und in der angstauslösenden Situation angewendet werden.

- Das Gehirn ist anwendungsorientiert.
- Verhalten ist in neuronalen Strukturen und deren Verknüpfungen festgelegt. Für Umstrukturierung und neue Neuronenverknüpfungen sind möglichst häufige Impulse erforderlich.
- Je öfter die Übungen durchgeführt werden, desto schneller und nachhaltiger kommt es zu einer Musteränderung des Regelkreises Schüchternheit und seiner Auswirkungen.
- Neue Verhaltensmuster können gelernt und in entsprechenden Hirnarealen verankert werden, was zur Schwächung/Verdrängung vorheriger störender Muster führt.

Durch die Übungen entsteht allmählich ein anderer Zugang und ein neues Bewusstsein zur eigenen Körperlichkeit, wodurch schließlich neue und stärkende Körpermuster implementiert und beibehalten werden – »Es ist in Fleisch und

Blut übergegangen«/»It becomes second nature«, wie Redewendungen so passend einen BodyMind-Vorgang beschreiben. Erst daraus entsteht dann eine neue innere mentale und emotionale Gestimmtheit: aus Unsicherheit wird Sicherheit, aus Schüchternheit wird Selbstbewusstsein, aus Ängstlichkeit wird Mut.

Wertvoller Nebeneffekt: das Vormachen und Mitmachen der Übungen bewirkt gleichzeitig auch eine psychomentale Stärkung der Lehrkraft im Sinne eines Resilienz-Trainings und einer Burnout-Prophylaxe.

4 Body 2 Brain CCM® Körpercodes – Übungsbeispiele für schüchterne Kinder

Ein guter Tag fängt morgens im Bett an

- sich dehnen und strecken von Kopf bis Fuß
- dazu gehören auch das Gähnen, die Dehnung und Streckung im Kiefergelenk
- das genussvolle AAAAhhh sagen, einen Singsang anstimmen
- die Arme, die Hände und die Finger anspannen und wieder strecken, ebenso die Beine im Hüftgelenk und Kniegelenk bis hin zu den Zehen: anspannen und ausstrecken; »Schau, so macht das die Katz/der Hund morgens beim Aufstehen.«

Durch diese Bewegungen werden nicht nur die Muskelrezeptoren aktiviert und die Durchblutung angeregt, sondern die lustvolle Aktivierung führt auch im Gehirn zu einer Stimmungsanregung.

Die Bewegungen im Gesichtsbereich – Gähnen, ah sagen, Singsang – werden über die beteiligten Hirnnerven im Gehirn entsprechend als Lockerung bewertet, was dem schüchternen Kind helfen kann, sich tagsüber auch verbal besser einzubringen.

Kraftvoll ins Badezimmer marschieren oder hüpfen

- die Beine kraftvoll aufsetzen
- die Ellbogen dabei für die Vorwärtsbewegung zu Hilfe nehmen
- hüpfen.

Diese Bewegungen lockern einerseits, andererseits kommt das Kind an seine kraftvollen Möglichkeiten, was ein Gefühl des Stolzes und der Ermutigung erzeugen kann.

Dem Körper und Geist Stabilität geben für Sicherheit und Ermutigung: Haltung und Stand

Wirkweise: Die Veränderung der äußeren Haltung ändert die innere Haltung und die Gefühle. Körperliche Stabilität macht mentale und emotionale Stabilität. Mut-Haltungen des Körpers führen zu einer psychomentalen Ermutigung und Zuversicht. Stabiler körperlicher Stand macht mentale und emotionale Standhaftigkeit. Die aufrechte Haltung vermittelt ein Gefühl von Sicherheit und gibt Überblick. Kraftvolle Handbewegungen und Handhaltungen sind ebenfalls ein mentale Stabilisierungsimpuls und werden im Gehirn entsprechend verarbeitet.

- die Wirbelsäule aufrichten und aufrecht stehen, sitzen – dabei hilft eine kleine Krone auf dem Kopf
- das Brustbein entfalten – das geht mit der Ziehharmonika-Atmung
- auf beiden Beinen breitbeinig stehen – wie ein Baum
- breitbeinig sitzen – sitzen wie ein Berg
- die Wirbelsäule spüren: sich an eine Wand/einen Baum anlehnen
- Hände in die Hüften stemmen.

Dem Körper und Geist kraftvolle Dynamik geben: Gangart und Handlung

Wirkweise: eine körperliche kraftvolle Gangart wirkt sich ermutigend und stabilisierend auf Gefühle und Gedanken aus, die mentale Vorgehensweise wird dadurch gestärkt. Dynamische motorische Handaktivitäten erzeugen positive Assoziationen und Einstellungen zur eigenen Handlungsfähigkeit. Die alternierenden bilateralen Bewegungsmuster verstärken diesen Effekt.

- Breitbeinig und stampfend gehen – wie ein starker Bär
- Boxen im Rechts-Links-Rhythmus – das kleine Ängstlichkeitsgespenst verjagen
- Mit den Händen trommeln: auf die Brust »Tarzan«, auf die Oberschenkel, auf die Tischplatte
- Kraftvolle Wegschiebe-Bewegungen mit beiden Armen und Händen – »aus dem Weg, alte Angst«

Dem Körper und Geist Leichtigkeit und Auftrieb geben: Aufwärtsbewegungen

Wirkweise: Aufwärtsbewegungen machen groß und damit zuversichtlich, sie sind Ausdruck von Freude und Sieg, sie vermitteln Leichtigkeit und verändern dadurch die innere Einstellung. Aufwärtsbewegungen lassen Ängstlichkeit und Schüchternheit vergessen. Auch mit kleinen unauffälligen Aufwärts-Fingergesten lässt sich dieser Effekt aufgrund der neuronalen Verschaltungen zwischen motorischer Rinde des Großhirns und Emotionsarealen herstellen.

- Kopf hoch: den Kopf und das Kinn leicht anheben, zusammen mit der Vorstellung, eine Krone zu tragen
- Arme hoch – sich dehnen und strecken; Hurra!
- Hochhüpfen
- Fliegen: mit beiden Armen die Flugbewegung von Vögeln imitieren
- Schulterwurf

- Daumen hoch-Zeichen, einhändig oder beidhändig
- Zeigefinger und Mittelfinger hoch zum Victory-Zeichen

> Die zwölfjährige Marie hat eine generelle Schulangst, die bei Prüfungen noch ausgeprägter ist. Die Angst, es nicht richtig zu machen, führt bei ihr oft zu einem regelrechten Blackout. Mit der Schulbegleiterin macht sie im Vorfeld allerlei »Lockerungsübungen«: sie schüttelt sich und macht mit den Lippen Bewegungen wie ein schnaubendes Pferd. Als sie dann in der Prüfungssituation wieder »den leeren Kopf bekommt«, schafft sie es diesmal, aufzustehen, den Klassenraum zu verlassen, im Waschraum ihre Übungen zu machen und sich im Spiegel zuzulächeln und ein kleines Victory-Zeichen ihrem Spiegelbild zu machen. Diesmal kann sie danach die Prüfungsarbeit gut zu Ende bringen. Die gezielte spielerische motorische Aktivität hat zu einer Umlenkung geführt: aus dem blockierenden Angst-Affekt hin zur kognitiven Befähigung. Diese Erfahrung der Selbstwirksamkeit ist für Marie nachhaltig und erfüllt sie mit Freude und Stolz.

Dem Körper und Geist Ruhe geben: Beruhigungsbewegung und Berührung

Wirkweise: langsame Bewegungen lösen Muskelverspannungen und psychomentale Anspannung. Sie wirken beruhigend auf Herzschlag und Atemfrequenz. Der Wiegerhythmus ist ein uraltes Körperritual zur Beruhigung. Sanfte Selbstberührung wirkt schmerzlindernd, tröstlich und entängstigend. Die Berührung des Brustbeines und der Herzgegend ist eine indirekte Stimulation des Nervus vagus. Die alternierenden bilateralen Bewegungsmuster wirken verstärkend.

- die Hand auf die Herzgegend legen,
- rechts und links entlang des Brustbeins alternierend langsam streichen
- sich sanft über den Hinterkopf/den Nacken streichen
- sich hin- und herwiegen; »ganz ruhig, alles gut«
- Zeitlupenbewegung – alle Bewegungen langsam ausführen
- Schlendergang – sich beim Gehen leicht in den Hüften wiegen; »Schlendrian ist Baldrian«

Anti-Angst-Atmung

Wirkweise: Da unter dem Einfluss von Angst der Atem schnell oder flach wird oder es zur Hyperventilation kommen kann, was wiederum angstverstärkend wirkt, ist das bewusste Gegensteuern mit einer Ruhe- und Kraftatmung besonders wichtig und wirksam. Ein ruhiger Atem-Rhythmus mit einer ebensolchen Bewegung der Brustmuskulatur wirkt psychomental beruhigend. Die Kombination mit spielerischen Elementen verstärkt den Effekt. Beim Pfeifen, Singen und Summen wird ebenfalls die Atmung rhythmisiert. Das Gähnen entspricht einem Zeitlupen-Einatmen und -Ausatmen mit intensivem muskulärem und emotionalen Entspannungseffekt.

- Strohhalm-Atmung: die Lippen etwas spitzen, rund machen, tief und genussvoll die Luft einsaugen, tief hinein in die Lunge. Durch diese Einatmen-Technik wird Hyperventilation vermieden.
- Abschnauben: beim Ausatmen die Lippen lockerlassen und dabei schnauben und prusten.
- Ziehharmonika spielen: beim Einatmen die Arme weit ausbreiten, beim Ausatmen die Arme vor dem Körper langsam wieder zusammenführen.

Über die Mimik den Mut stärken

Die Gesichtsmuskeln sind bei schüchternen Kindern häufig entweder sehr »schlaff«, die Kinder zeigen wenig Mimik, und der Gesichtsausdruck ist ängstlich bis weinerlich oder die Gesichtsmuskulatur ist sehr angespannt, besonders im Kiefer- und Mundbereich.

- die Augäpfel hin und her rollen lassen – was sehe ich auf der rechten Seite in der Farbe Grün, was sehe ich auf der linken Seite in der Farbe Grün usw.
- die Zunge im Mund bewegen – die Zunge darf die Zähne zählen
- singen und summen
- eine Melodie pfeifen oder eine Friedenspfeife (ein gerolltes Blatt Papier) rauchen gähnen oder so tun als ob
- die Wangen aufblasen und die Luft im Mund hin- und herschieben
- abschnauben wie ein Pferd
- die Augenbrauen tanzen lassen
- abwechselnd das rechte und das linke Auge zukneifen

Wirkweise: Durch spielerische und lustvolle Übungen wie Singen, Pfeifen oder Grimassen schneiden werden die Hirnnerven, die für die Innervation dieser Gesichtsbereiche zuständig sind, stimuliert und gleichzeitig Neurotransmitter gebildet, die affektstabilisierend und stimmungsaufhellend wirken.

Dem Körper und dem Gehirn interessante Aufgaben geben: Bewegungen zur Ablenkung/Umlenkung

Wirkweise: Körperübungen, die mehrere Elemente beinhalten, brauchen hohe Konzentration und beanspruchen verschiedene Funktionsbereiche des Gehirns. Dadurch wird die Angst ausgeblendet. Das Gelingen der Bewegungsaufgabe bewirkt Freude und Stolz mit entsprechenden Neurotransmittern.

- auf einem Bein stehen, mit dem anderen Bein Zahlen oder den eigenen Namen in die Luft schreiben
- Fingerschnippen mit allen Fingern beider Hände im Rechts-Links-Wechsel
- Hhüpfen auf einem Bein, dabei Hüpfmuster entwickeln

Dem Körper und Geist Frohsinn geben: Lachbewegungen und lustiges Wegräumen

Wirkweise: Lachen dient als Entlastungsreaktion und als Abwehrmechanismus. Der gesundheitsfördernde Aspekt von Heiterkeit und Lachen ist bekannt: das Herz-Kreislauf-System wird gestärkt und Stresshormone werden beim Lachen abgebaut.

»Der (Angst-) Patient soll lernen, seiner Angst ins Gesicht zu sehen, ja ihr ins Gesicht zu lachen. Hierzu bedarf es eines Mutes zur Lächerlichkeit« (Victor E. Frankl). Körperbewegungen, die ein Wegräumen der Angst symbolisieren, haben einen ähnlichen Effekt:

- abschütteln: im Rechts-Links-Wechsel die Arme und Hände, Beine und Füße ausschütteln
- Schultern schwungvoll abwechselnd nach hinten rollen
- Schulterwurf: im Rechts-Links-Wechsel mit Schwung die Arme von vorne nach hinten über die Schultern bewegen
- Schwimmbewegungen: die Arme kraftvoll nach vorne strecken und dann nach beiden Seiten öffnen
- leichtes Hüpfen mit geöffnetem Mund und Ha-Ha-Ha intonieren

Dem Körper und Geist Wachstum und Freiraum geben

Wirkweise: die kognitive Wahrnehmung eines Raumes und seiner Dimensionen hängt vom Verhältnis der eigenen Körperwahrnehmung zum Außenraum ab. Schüchterne Kinder erleben einen Raum oft nicht als Freiraum oder Spielraum, sondern als zu groß und damit als bedrohlich – sie ziehen sich zurück, äußerlich in eine Randposition oder eine Ecke, innerlich verstärkt sich dadurch ihre Schüchternheit und das Gefühl von Unzulänglichkeit umso mehr. Durch die Body 2 Brain-Übungen üben sie lustvolle Eroberung des Raums und erleben ein neues Körper-Raumgefühl: sie erleben sich größer, breiter, »einnehmender«.

- die Arme weit nach rechts und links ausbreiten, sich langsam nach rechts einmal um die eigene Achse drehen, sich langsam nach links einmal um die eigene Achse drehen.
- mit weit ausgebreiteten Armen kraftvolle Flugbewegungen machen »fliegen wie ein Adler«, dabei den Raum/das Zimmer durchfliegen/durchmessen.
- fiktives Klettern: der rechte Arm streckt sich und die Hand greift nach oben, das linke Bein zieht nach, der linke Arm streckt sich und die linke Hand greift nach oben, das rechte Bein zieht nach, kombiniert mit kraftvollem Ein atmen und ausatmen bei jedem Kletterzug.
- auf einem Stuhl stehen, den Überblick üben: ich kann gut in jede Ecke des Raumes sehen, alles ist ein wenig kleiner als ich.
- dem Kind einen haptisch angenehmen Holzstab, der ca. 10 cm kleiner ist als das Kind, geben: den Stock wir ein Hirte benutzen – sich leicht darauf stützen. Den Stock wie einen Malstift benutzen: einen großen Kreis um sich ziehen »mein eigener Raum«.

> Der Vater des kleinen Lukas hatte selbst eine schwierige Kindheit durch seinen strengen, jähzornigen Vater, was ihn von Kindheit an zu einem zurückhaltenden und selbstunsicheren Mann hat werden lassen. Sein achtjähriger Sohn zeigt auch deutlich die Verhaltensweisen seines Vaters: Unsicherheit in der Gruppe, schnelle Verunsicherung und Rückzug. Er ist motorisch wenig aktiv und wirkt etwas »kraftlos« und lustlos. Vater und Sohn werden zum gemeinsamen und täglichen Haka-Tanzen angeregt. Sie stehen nebeneinander, breitbeinig, locker in den Knien, aufrecht, die Arme mit den Ellbogen nach außen etwas abgewinkelt und beginnen, rhythmisch im Rechts-Links-Wechsel mit den Füßen kraftvoll auf den Boden zu stampfen, den Kopf dabei nach rechts und nach links zu drehen, die Augen weit aufzureißen und mit den Augäpfeln zu rollen, den Mund zu öffnen zu einem laut ausgestoßenem Aah und Ooh sich abwechselnd auf die Brust und auf die Oberschenkel zu klopfen und zuletzt die Arme zu einem Hurra hochzureißen – natürlich mit weit geöffnetem Mund. Vater und Sohn haben sichtlich Spaß an ihrem Männer-Tanz mit dem Ergebnis einer allmählichen Änderung Ihrer Körperhaltung, ihres Auftretens und ihrer emotional-mentalen Sicherheit in Gruppensituationen.

Der Körper hat das Potenzial zur psychomentalen Steuerung, unabhägig von Sprache, Nationalität, Alter und Geschlecht. Über einfache, spielerische und alltaugstaugliche Body 2 Brain-Körperangebote lassen sich innere Einstellungen und Überzeugungen sowie Verhaltensweisen nachhaltig verändern.

Body 2 Brain CCM® Übungsimpulse im Internet

- monatlich unter www.croos-müller.de

Literatur

Croos-Müller, C. (2005): *Überzeugend auftreten*. München: Kösel Verlag.
Croos-Müller, C. (2011): *Kopf hoch – das kleine Überlebensbuch*. Müchen: Kösel Verlag.
Croos-Müller, C. (2012): *Nur Mut – das kleine Überlebensbuch*. Müchen: Kösel Verlag.
Croos-Müller, C. (2013): *Viel Glück – das kleine Überlebensbuch*. München: Kösel Verlag München.
Croos-Müller, C. (2014): *Schlaf gut – das kleine Überlebensbuch*. München: Kösel Verlag.
Croos-Müller, C. (2015): *KRAFT. Der neue Weg zu innerer Stärke*. Ein Resilienztraining. München: Kösel Verlag.
Croos-Müller, C. (2016): *Alles Liebe – das kleine Überlebensbuch*. München: Kösel Verlag.
Croos-Müller, C. (2017): *Alles gut – das kleine Überlebensbuch*. München: Kösel Verlag.
Croos-Müller, C. (2019): *Bleib cool – das kleine Überlebensbuch*. München: Kösel Verlag.
Croos-Müller, C. (2020) *Ich schaf(f) das – therapeutisches Kartenset*. München: Kösel Verlag
Croos-Müller, C. (2019): Möglichkeiten der Selbsthilfe. In: P. Zwanzger (Hrsg.), *Angst. Medizin. Psychologie. Gesellschaft*. Berlin: Medizinisch Wissenschaftliche Verlagsgesellschaft.

Damasio, A. (2000): *Ich fühle, also bin ich. Die Entschlüsselung unseres Bewusstseins*. München: List.
Damasio, A. (2003): *Der Spinoza-Effekt. Wie Gefühle unser Leben bestimmen*. München: List.
Feldenkrais, M. (1996): Bewusstheit durch Bewegung. Der aufrechte Gang. Frankfurt a. M.: Suhrkamp
Frankl, V. (1993): *Bergerlebnis und Sinnerfahrung*. Innsbruck: Tyrolia Verlag.
Fessler, C. (2018): *Body 2 Brain – ein Resilienz-Training. Anleitung einer verspielten Sammlung für den täglichen Einsatz im Unterricht Zyklus 1*. Masterarbeit, Institut für Schulische Heilpädagogik PH Bern.
Gallagher, S. (2006): *How the Body Shapes the Mind*. Oxford: Oxford University Press.
Henderson, J. (2001): *Embodying Well-Being*. Bielefeld: AJZ Druck & Verlag.
Hengstenberg, E. (1991): *Entfaltungen: Bilder und Schilderungen aus meiner Arbeit mit Kindern*. Freiburg: Arbor Verlag.
Koch, S. (2013): *Embodiment. Der Einfluss von Eigenbewegung auf Affekt, Einstellung und Kognition*. Berlin: Logos Verlag.
Rüegg, J. (2005): *Gehirn, Psyche und Körper*. Stuttgart: Schattauer Verlag
Schubert, C. (2016): *Was uns krank macht – Was uns heilt: Aufbruch in eine Neue Medizin. Das Zusammenspiel von Körper, Geist und Seele besser verstehen*. Bielefeld: Fischer & Gann
Stöckli, G. (2016): *Sozial fit – SoFiT! Mutmacher gegen Hemmzwerg. Sozialarbeit an Schulen: Ein Trainingsprogramm für sozial ängstliche Schülerinnen und Schüler*. Zürich: Lehrmittelverlag.
Stolze, H. (1989): *Konzentrative Bewegungstherapie*. Berlin: Springer Verlag.
Storch, M., Cantieni, B., Hüther, G. & Tschacher, W. (2017): *Embodiment. Die Wechselwirkung von Körper und Psyche verstehen und nutzen*. Göttingen: Hogrefe Verlag.
Trautmann-Voigt S. & Voigt, B. (2012): *Grammatik der Körpersprache: Ein integratives Lehr- und Arbeitsbuch zum Embodiment*. Stuttgart: Schattauer Verlag.

Mit Musik geht alles besser?
Musiktherapie für schüchterne, sozial ängstliche Kinder und Jugendliche

Susan Christina Annamaria Burkhardt

1 Einführung

Schüchterne Kinder und Jugendliche sind in vielen Aspekten des Alltags gehemmt und bleiben hinter ihren eigentlichen Potentialen zurück. Diese Verhaltenshemmung und die damit verbundenen Emotionen sind für das Kind, aber auch für sein Umfeld belastend: für das Kind, das sich die Bewältigung einer Aufgabe nicht zutraut, denn würde es sich aktiv beteiligen und zeigen, würde es sich angreifbar machen. Und zeigt es sich dann und jemand kichert, werden seine schlimmsten Befürchtungen wahr, es geht daraufhin lieber noch mehr in Deckung. Von seinem Umfeld wird es als schüchtern erlebt und etikettiert und gleichzeitig immer wieder ermuntert, ermahnt oder gar gezwungen, aus seinem Schneckenhaus herauszutreten. Es spürt die Erwartung von Lehrern und Eltern, endlich doch mehr »mitzumachen«. Für die Lehrerin ist es belastend zu merken, wenn ein Kind sich einfach nicht traut, sich aktiv am Unterricht zu beteiligen, und nicht recht zu wissen, wie sie das Kind dazu ermutigen soll, ohne es unter Druck zu setzen oder zu blamieren – gleichzeitig soll sie noch ca. 20 anderen Kindern gerecht werden, die ihr direktes Eingreifen mehr einfordern, wenn sie z. B. den Unterricht stören. Auch für die Eltern, die sich um die weitere Entwicklung und schulische Laufbahn ihres schüchternen Kindes sorgen und die fürchten, etwas falsch gemacht zu haben, ist eine solche Situation belastend, vor allem, wenn sie selbst von sozialer Ängstlichkeit betroffen sind und dem Kind nur wenige oder keine adäquaten Strategien zur Bewältigung bzw. zum »Überleben« im Alltag an die Hand geben oder vorleben können oder konnten. Evtl. machen sie sich deshalb Vorwürfe, die die Beziehung zu ihrem Kind zusätzlich belasten. Und die Klassenkamerad/-innen? Entweder sie vermeiden den Kontakt mit dem Kind aus Rücksicht, oder aber bedrängen es, oft mit der löblichen Absicht, es doch mehr integrieren zu wollen.

Alles in allem: Das Kind bekommt von vielen Seiten gleichzeitig Druck und erlebt Stress, der keine Grundlage bietet, um sich persönlich und schulisch gesund entwickeln und entfalten zu können.

Sozial ängstliche Kinder und Jugendliche fallen in der Schule wenig auf (Müller & Sigrist, 2019). Sie leiden zwar unter einer Verhaltens*auffälligkeit*, streng genommen müsste diese aber als Verhaltens*unauffälligkeit* bezeichnet werden. Sie stören oder behindern den Unterricht nicht. Somit werden sie auch nur selten in Sonderklassen verwiesen, nehmen also mehrheitlich am Unterricht in der Regelklasse teil. Je nach Schweregrad der sozialen Angststörung werden außerschulisch eine Reihe von Therapien für das Kind und evtl. auch für seine Familie in die Wege geleitet (siehe die Kapitel von Florin sowie Melfsen & Walitza in diesem Buch). Bei schweren Störungen werden häufig Medikamente verabreicht, die das Gehirn aus seinem Dauerstressmodus in einen Zustand der normalen Aktivität bringen und somit die Grundlage für eine erfolgreiche Therapie bilden können.

Musiktherapie ist eine hochwirksame Methode, um mit Kindern und Jugendlichen an ihren Emotionen, aktuellen Problemen, an der gesamten Entwicklung zu arbeiten und sie in der Weiterentwicklung ihrer Persönlichkeit zu unterstützen. Aufgrund ihres spielerischen Charakters ist Musiktherapie Kindern und Jugendlichen besonders gut zugänglich und wird explizit bei Angststörungen empfohlen: *bei ängstlichen Kindern hat sich Musiktherapie im Vergleich zu anderen psychotherapeutischen Methoden sogar als überlegen herausgestellt.* Darüber hinaus erfährt Musiktherapie im kinder- und jugendmedizinischen Bereich eine hohe Akzeptanz (Stegemann, Geretsegger, Phan Quoc, Riedl & Smetana, 2019) und macht den jungen Patient/-innen Spaß.

2 Der Mensch ist ein musikalisches Wesen

Musikalität gehört zum Wesen des Menschen, sie ist bei keinem anderen Lebewesen so tief verwurzelt. Es gab oder gibt wohl keine menschliche Kultur, in der nicht musiziert wurde oder wird, bereits bei den Neandertalern wurden Musikinstrumente nachgewiesen (Rogenmoser, 2014). Fast jeder Mensch mag Musik oder liebt sie sogar. Führt man sich die menschliche Entwicklung vor Augen, ist dies nicht erstaunlich: Von Beginn an, wenn der Mensch noch als kleiner Zellhaufen im Mutterleib heranwächst, pulsieren seine Zellen bei der Teilung und machen Geräusche, Musik! Das ganze Menschlein ist noch dazu von einer Vielzahl von Geräuschen und Rhythmen umgeben, es ist relativ laut im Mutterleib: Rund um die Uhr gibt es Atemgeräusche der Mutter, ihren Herzschlag, ihren Blutfluss und ihre Verdauung zu spüren und zu hören. Diese folgen bestimmten Rhythmen, produzieren Geräusche und Klänge. Auch Geräusche von außen nimmt der ungeborene Mensch wahr: Umgebungsgeräusche wie Verkehrslärm, Stimmen der Gesprächspartner/-innen der Mutter, Musik von Instrumenten oder Abspielgeräten usw. Etwa ab der 20. Schwangerschaftswoche (bzw. der 18. Lebenswoche des Kindes) kann beim Kind eine Reaktion auf Geräusche nachgewiesen werden, z. B. ändert sich sein Puls und seine Bewegung als Reaktion auf die Stimme der Mutter, die es schon lange hören kann. Geräusche werden hauptsächlich über die Ohren, aber auch als Vibrationen über die Knochen und die Haut wahrgenommen. Ab diesem Zeitpunkt badet das Kind im Fruchtwasser in Klängen, bzw. nimmt sie dann auch wahr und verarbeitet diese Sinneseindrücke. Nach der Geburt reagiert es besonders stark auf Rhythmen (z. B. in Gedichten), Klänge (z. B. bestimmte Melodien) und Stimmen, die es bereits im Mutterleib gehört hatte – obwohl diese nun ohne die »Schalldämmung«, die das Fruchtwasser bewirkte, anders klingen (Siegler, Deloache, & Eisenberg, 2005). Gerät eine Schwangere unter Stress, beschleunigt sich ihr Puls, ihr Herz schlägt schneller. Das kann für das ungeborene Kind eine unschöne Hörerfahrung sein, zumal sie mit einem Anstieg von Stresshormonen einhergeht, die über die Nabelschnur auch an das Kind weitergegeben werden.

Menschen haben also bereits bei der Geburt eine monatelange Erfahrung mit Geräuschen und »Musik« gemacht, sind mit und in ihr im eigentlichen Wortsinn *gewachsen*, nämlich zum geburtsreifen Säugling herangewachsen.

Nach der Geburt gehen die Klangerfahrungen des Kindes weiter: Die Stimme der Eltern ist nun unmittelbar hörbar, durch sie erfährt der Säugling die in den ersten Monaten so wichtige Co-Regulation: Die Eltern können ihr Kleines mit Worten oder Singen und Summen entweder anregen oder beruhigen. In den allermeisten menschlichen Kulturen kommunizieren Eltern, v. a. Mütter, mit ihren Kindern im vorsprachlichen Alter singend und wirken so auf die Stimmung des Kindes ein (Rogenmoser, 2014), spenden Trost, zeigen ihre Nähe und Zuneigung, vermitteln dem Kind Sicherheit und Geborgenheit, bis es eingeschlafen ist, oder singen muntere Verse, um es aufzuheitern oder es zum Lachen zu bringen.

Musik ist untrennbar mit Emotionen verbunden. Dabei ist noch unklar, inwiefern sich Emotionen, die durch Musikhören oder Musizieren entstehen, mit Emotionen, die ohne Musik entstehen, überlappen. Musik hat aber meist eine emotionsverstärkende Wirkung (Lutz Hochreutener, 2009). Besonders Freude, Trauer, Angst oder Wut lassen sich gut durch Musik hervorrufen oder aber regulieren. Andere, sog. »Moralemotionen«, wie Schuld oder Scham, die im Alltag recht häufig sind, lassen sich durch Musik dagegen nicht hervorrufen (Rogenmoser, 2014). Genussvolles Musikhören bewirkt im Gehirn eine Belohnungsreaktion: Es wird das Glückshormon Dopamin ausgeschüttet, daher wollen wir unsere liebsten Lieder immer und immer wieder hören – das Gehirn wird süchtig nach den Glückshormonen. Ähnliche Glückshormone werden beim Genuss von wohlschmeckenden Speisen und bei sexueller Lust ausgeschüttet – Musikempfinden ist tief im Menschen verwurzelt und gar mit überlebenswichtigen Mechanismen im Gehirn verwoben (ebd.).

Welchen individuellen Musikgeschmack ein Mensch entwickelt, hängt maßgeblich von seinen Erfahrungen ab, denn der Mensch mag, was er kennt. Bedenkt man die vorgeburtlichen Prägungen auf bestimmte Geräusche, Melodien und Rhythmen, ist es nicht erstaunlich, dass auch nach der Geburt eine Präferenz dieser bekannten Klänge besteht. So prägt der Musikgeschmack der Eltern das Kind von Beginn an: Hört eine Familie vor der Geburt bereits viel Popmusik, wird sie dies wahrscheinlich nach der Geburt auch weiterhin tun, und das Kind gewöhnt sich an diesen Stil, es verbindet mit diesem Stil Positives, das tief in ihm verankert wurde, wohingegen es eine Vorliebe zu anderen Stilen erst im Laufe des Lebens entwickeln muss. Gerade in der Jugendzeit dient ein Wechsel des Musikgeschmacks auch der Abgrenzung vom Elternhaus, dem sich Ausprobieren sowie der Findung und Festigung der eigenen Identität.

3 Musik als therapeutisches Mittel

Bedenkt man die vielfältigen musikalischen Erfahrungen, die jeder Mensch gemacht hat und täglich macht, ist es nicht erstaunlich, dass Musik populär, ja sogar existenziell ist für den Menschen. Daher lässt sich Musik auch sehr wirkungsvoll therapeutisch, d. h. zum gesundheitlichen Nutzen, einsetzen. Es gibt eine große Zahl von therapeutischen Interventionen, die mit Musik arbeiten, jedoch nicht alle sind als Musiktherapie im eigentlichen Sinne zu bezeichnen:

Mit *Musikmedizin* ist gemeint, dass Patient/-innen aufgezeichnete Musik anhören, um bestimmte gesundheitliche Ziele zu erreichen, um sich z. B. vor einer Operation zu beruhigen, um sich während einer Zahnbehandlung abzulenken oder um sich auf eine anstrengende Stunde Physiotherapie einzustimmen.

Musiktherapie ist dagegen der gezielte Einsatz einer Vielzahl von spezifisch zugeschnittenen musikalischen Erlebnissen und Erfahrungen innerhalb einer therapeutischen Beziehung mit einem/einer zertifizierten Musiktherapeut/-in.

Andere musikbasierte Interventionen mit dem Ziel der Genesung oder Gesundheitsförderung werden von weiteren Therapeuten, medizinischem Personal oder auch von Musikern angeboten (Abbildung 1). Hierunter fallen z. B. der Einsatz von Musik in der Körperpsychotherapie, in der Tanztherapie oder der Psychomotoriktherapie, wo Menschen mithilfe von Musik lernen, sich angstfrei und überhaupt frei zu bewegen, wenn sie sich in der Hypnotherapie mit Hilfe von Rhythmen in andere Bewusstseinszustände versetzen lassen. Auch Singkreise für Demenzerkrankte in Pflegeheimen fallen in diese Kategorie.

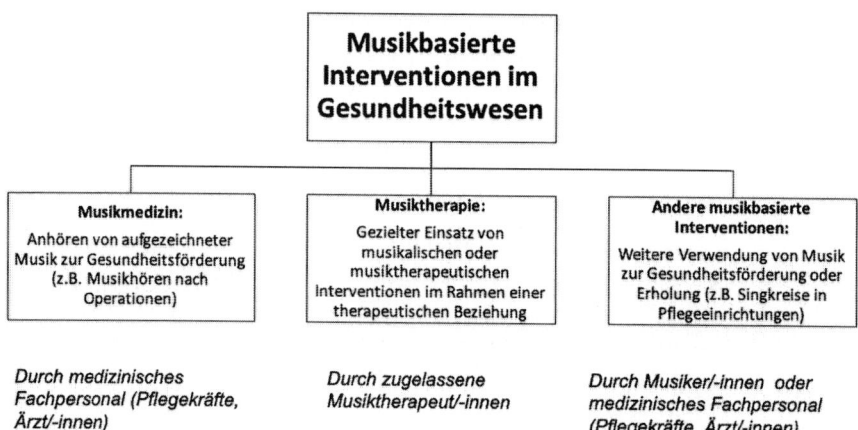

Abb. 1: Arten des Einsatzes von Musik im Gesundheitswesen. Übersetzt nach Stegemann et al. (2019).

Musiktherapie

Musiktherapie ist die gezielte, evidenzbasierte Anwendung musikalischer Interventionen. Sie wird angewendet, um spezifische, auf den Patienten und die Patientin abgestimmte Ziele zu erreichen und findet in einer therapeutischen Beziehung mit einem oder einer zertifiziert ausgebildeten Musiktherapeut/-in statt, so lautet die Definition der amerikanischen Gesellschaft für Musiktherapie (Swedberg Yinger, 2018). Musiktherapie ist eine wissenschaftlich-künstlerisch-kreative Therapieform und zielt auf die (Weiter-) Entwicklung der Wahrnehmungs-, Erlebnis-, Symbolisierungs- und Beziehungsfähigkeit des Individuums ab (Körber, 2013). Sie dient zur Wiederherstellung, Erhaltung oder Förderung seelischer, geistiger und körperlicher Gesundheit und wird für alle Altersgruppen angeboten. Musikalische Vorkenntnisse sind für die Musiktherapie nicht erforderlich, daher ist sie für jeden geeignet, sofern es keine belastenden Musikerfahrungen in der Geschichte des Patienten gibt oder ein sonstiges ungünstiges Verhältnis zur Musik besteht (Barnowski-Geiser, 2020), was sich im Erstgespräch leicht feststellen lässt.

Musiktherapie arbeitet mit einer Fülle von Elementen (Abbildung 2): Man kann Musik anhören, Musik machen, sich zu Musik bewegen und schließlich über Musik und das Erlebte sprechen.

Abb. 2: Elemente der Musiktherapie nach Swedberg Yinger (2018)

Unter »Musik machen« kann wiederum unterschieden werden zwischen dem Spielen nach Noten, also dem Nachspielen bereits komponierter Stücke, oder aber der Selbstimprovision.

Damit bewegt sich Musiktherapie als Methode gleichzeitig auf allen drei Ebenen des bio-psycho-sozialen Modells, das aktuell in Forschung und Therapie zur Erklärung von Verhalten und psychischen Erkrankungen herangezogen wird. Sie bietet je nach konkreter Methodik die Möglichkeit, Schwerpunkte entweder auf dem psychologischen, dem sozialen oder dem körperlichen Aspekt zu setzen.

Daraus wird deutlich, dass Musiktherapie sehr spezifisch auf Patientin, Problematik bzw. Symptome, Situation, Setting und momentanes Ziel der Therapiesitzung angepasst werden kann. Gleichzeitig bleibt es für den Patienten abwechslungsreich, da er sich innerhalb des geschützten Rahmens vielfältig kreativ betätigen kann: Er kann Instrumente kennenlernen, sie ausprobieren, ihre Spielart erlernen, die Wirkung der Klänge auf sich selbst beobachten. Er kann über gehörte Musik sprechen, nachspüren, was diese in ihm auslöst, sich zur Musik bewegen, oder schweigen und die Stille erleben, die Pausen aushalten (Lutz Hochreutener, 2009), mit Therapeut und/oder Mitpatient-/innen abwechselnd oder gleichzeitig musizieren usw. Somit werden in der Musiktherapie Aufmerksamkeit und Gedächtnis und sprachliche Ausdrucksfähigkeit und Kommunikationskompetenzen erweitert. Es bietet sich die Gelegenheit, sich emotional auszudrücken, und dies auf einer unmittelbaren Ebene, die nicht erst ins Verbale übersetzt, nicht erst versprachlicht werden muss. Musiktherapie bietet die Möglichkeit, sich an der Musik zu erfreuen, Musik zu machen und damit auch, die Musik für sich als Ressource von Wohlbefinden (wieder-) zu entdecken.

Auf körperlicher Ebene entspannt Musiktherapie den Organismus; Puls und Atmung werden durch beruhigende Musik langsamer und die Atemzüge tiefer und entspannender. Der/die Genesene steht und geht aufrechter und sicherer. Die spirituelle Ebene des Patienten und der Patientin wird durch Musik ebenfalls genährt (Swedberg Yinger, 2018). Musizieren in der Therapie ist nichtsprachlich/nonverbal und vorsprachlich, ursprünglich, spielerisch, symbolisch, unverfänglich, kreativ und oft spontan, dabei zweckfrei und lebt vom Moment. Es wird »gespielt«, improvisiert, ausprobiert. Gerade das macht Musiktherapie für alle, jedoch besonders für Kinder und Jugendliche, leicht zugänglich. Bei Jugendlichen kommt noch hinzu, dass der persönliche Musikgeschmack zentral ihr Lebensgefühl ausdrückt und in hohem Maße identitätsstiftend ist und gleichzeitig die Zugehörigkeit zu einer bestimmten Szene bestimmt (Hilke, 1999). Oftmals wählen Jugendliche auch absichtlich einen Musikstil, der dem der Eltern (und somit dem bisher im Haus dominierenden) entgegensteht und grenzen sich auf diese Weise von ihren Eltern ab. Womöglich ist dabei auch noch die Zugehörigkeit zu einer eigenen Subkultur mit eigenen Werten und Weltanschauungen verbunden, mit denen sich der oder die Jugendliche identifiziert.

Der persönliche Ausdruck ist in allen künstlerischen Therapien zentral. Durch ihn werden auch implizite emotionale Prozesse und Zustände sichtbar und im besten Falle wieder mit expliziten (sichtbaren, verbalisierbaren) Emotionen verknüpft und im Idealfall versöhnt (Resch, 2020).

Musiktherapie lässt sich hauptsächlich in zwei große Kategorien einteilen: rezeptive und aktive Musiktherapie. Während bei der rezeptiven Variante gezielt ausgewählte Musik angehört, »rezipiert« und erlebt wird, macht das Kind in der aktiven Variante selbst Musik. Hierbei kann wiederum unterschieden werden zwischen gezieltem (Nach-) Spielen bekannter Melodien und einer Improvisation, in der das Kind ein Instrument wählt und diesem dann spontan Klänge entlockt und selbst Lautstärke, Geschwindigkeit, Pausen, Rhythmus etc. variiert. Die beiden Bereiche »zu Musik bewegen« und »über Musik sprechen« ergänzen erstere, denn Bewegen und Sprechen lässt es sich während des aktiven Musizierens wie auch während des Hörens von Musik.

> »Ja, bei sehr schüchternen Kindern habe, glaube ich, stundenlang nur ich gespielt und das Kind hat zugehört und ich hab' dann gesungen oder gesprochen. Also wo es darum geht, dass die Musik ein Ausdrucksmittel ist, das mir hilft, in der Situation mit dem Kind in Kontakt treten zu können« (Stegemann, 2013, S. 212).

Gerade weil Musiktherapie hauptsächlich eine nonverbale Methode ist, bietet sie sich für schüchterne und anderweitig verhaltensauffällige Kinder und Jugendliche an: Das Thema der Therapie ist nämlich hier nicht (wie wahrscheinlich sonst im Leben der Kinder recht oft) das Verhalten, mit denen das Kind aneckt, oder seine als übertrieben wahrgenommene Zurückhaltung. Im Gegenteil können Kinder ihrer Neugierde freien Lauf lassen und sich, hoffentlich im Verlauf einer mehrwöchigen Therapie, angstfrei neu ausprobieren: Nicht nur im kreativen Ausdruck und mit neuen Instrumenten, auch mit neuem Verhalten, das sie sich bisher nicht zugetraut hatten oder in der Beziehung zum Therapeuten und ggf. anderen Kindern in der Gruppe (Huser-Schwarz & Kloter, 2014).

Die Instrumentenwahl, aus der der Klang, der erlebt wird, resultiert, hat einen Einfluss auf die Wirkungsweise und darauf, welche Emotionen angesprochen und reguliert, also verstärkt oder aber beruhigt, werden. Das musiktherapeutische Instrumentarium umfasst zumeist Rhythmusinstrumente wie Rasseln, Trommeln, Tröten, Klangblöcke und Melodieinstrumente. Geeignet sind hierbei nicht nur »klassische« Instrumente, auf denen viele Kinder in Musikschulen zu spielen lernen (Geige, Cello, Flöte, Klavier oder Harfe), sondern auch unbekanntere aus dem Bereich der Weltmusik: Beispielsweise die recht neu (im Jahr 2001 entwickelte) Sansula (eine Art Tamburin, auf dem Metallstifte angebracht sind, die man durch Zupfen zum Klingen bringt), das Hang (dieses besteht aus zwei aufeinander geklebten Halbkugeln aus Metall, mit Ausbeulungen, die je nach Größe verschiedene Töne ergeben), die Zungentrommel (ähnlich wie ein Hang, nur sind hier die Tonfelder nicht gehämmert, sondern ausgestanzt), Xylophone, Glockenspiele, Klangschalen u. a. Bei den letztgenannten Instrumenten, vielleicht auch, weil sie weniger bekannt sind, ist die Hemmschwelle, sie zu benutzten, geringer als bei den klassischen, über die oft das Vorurteil herrscht, man »dürfe« sie nur benutzten, wenn man auch ordentlich darauf zu spielen gelernt hat, bzw. sie wären für eine Improvisation ungeeignet. Dies ist jedoch nicht der Fall. In der Musiktherapie steht das Ausprobieren, das Erleben von Klängen, das sich Ausdrücken im Vordergrund, um das fehlerfreie Spiel, das im Instrumentalunterricht relevant ist, geht es nicht.

3.1 Musiktherapie mit Kindern und Jugendlichen

Musiktherapie wird ambulant und in stationären Psychiatrien oft ergänzend neben der medikamentösen und psychotherapeutischen Therapie eingesetzt. Aus der Perspektive der Musiktherapie machen Kinder und Jugendliche mit psychischen Störungen den Hauptteil musiktherapeutischer Behandlungen überhaupt aus. Eine aktuelle Studie zur Beschäftigungssituation von Musiktherapeuten in Österreich ergab, dass Verhaltensauffälligkeiten bei Kindern und Jugendlichen die häufigste Indikation für Musiktherapie sind, diese machen 22,5 % der gesamten Fälle aus und liegen damit sogar noch vor Erwachsenen mit psychischen Erkrankungen (21,5 %) (Phan Quoc, Riedl, Smetana, & Stegemann, 2019).

Kinder und Jugendliche mit psychischen Leiden werden meist dann in die (Musik-) Therapie geschickt, wenn die Probleme länger anhalten und ein Risiko für ihre schulische, gesundheitliche oder psychische Entwicklung befürchtet wird (Swedberg Yinger, 2018). Das beginnt schon bei Frühgeborenen auf der Neonatologie, bei denen eine Musiktherapie erwiesenermaßen die Dauer des Klinikaufenthalts sowie die Angst der Eltern reduziert und beim Säugling Stresssymptome verringert (Stegemann et al., 2019). Bei Kindern und Jugendlichen sind die häufigsten Indikationen für Musiktherapie Verhaltensauffälligkeiten, Anpassungsstörungen, Anorexia nervosa, Angststörungen, ADHS, Stimmungsschwankungen und Depressionen, Störungen mit Traumata (z. B. Posttraumatische Belastungsstörung), Psychosen, Persönlichkeitsstörungen und Substanzmissbrauch (Swedberg Yinger, 2018). Weiterhin wird Musiktherapie von Menschen mit einer Beeinträchtigung, wie beispielsweise Autismus, Trisomie 21, selektivem Mutismus oder Entwicklungsverzögerungen genutzt (Steiner, 2014).

Bis auf die Verhaltensauffälligkeiten sind die Indikationen für Erwachsene identisch. Bei Erwachsenen kommen noch andere Indikationen hinzu, bei denen sich Musiktherapie bewährt hat, z. B. neurodegenerative Erkrankungen wie Morbus Parkinson oder Alzheimer.

Wie in jeder Therapie ist auch in der Musiktherapie der sichere Rahmen, die therapeutische Beziehung, entscheidend für den Verlauf und den »Erfolg« der Therapie. Eine geduldige, humorvolle, sichere Atmosphäre, emotionale Wärme, Wertschätzung und Verständnis für den Patienten sind die Voraussetzung dafür, sich zu öffnen, sich zu trauen, musikalisch aktiv und kreativ zu werden, sich zu zeigen. Unauffällige, überangepasste und schüchterne Kinder profitieren: Sie lernen, ihre Kreativität und Gefühle zu erkunden, wagen sich an Neues, z. B. an neue, unbekannte Instrumente (Huser-Schwarz & Kloter, 2014). Diese wertschätzende therapeutische Atmosphäre wird verschiedentlich als »safe place« bezeichnet und basiert auf der Erkenntnis aus der Säuglingsforschung und der Entwicklungspsychologie, dass für eine gesunde Entwicklung eine gewisse Grundgeborgenheit, eine sichere Bindung, Voraussetzung ist (Lutz Hochreutener, 2009). Diese sichere Patient-Therapeuten-Beziehung ermöglicht die Heilung der Symptome, die Aufarbeitung der seelischen Verletzungen, die einer Verhaltensstörung zugrunde liegen. Die Heilung geschieht auf vier verschiedenen Wegen gleichzeitig: Durch

- Bewusstseinsarbeit (Arbeit am Wahrnehmen, Verstehen: *kognitive Ebene*)
- Emotionale Arbeit (eine korrigierende, ressourcenaktivierende Nachsozialisierung/Reparenting: *emotionale Ebene*)
- Kreatives Erleben und Aktivierung alternativer Handlungsmöglichkeiten (*Verhaltensebene*)

- Alltagspraktische Hilfen und Förderung von neuen psychosozialen Netzwerken *(psychosoziale Ebene)* (Petzold, 2012).

Gerade bei Kindern und Jugendlichen ist der Aspekt des *Reparenting*, die »Nachbeelterung« wichtig. Jungen Patientinnen und Patienten kommt durch Reparenting eine nachträgliche, elterliche Fürsorge zu, die die Seele nährt. Durch den natürlichen Altersunterschied zur Therapeutin ist es wichtig, sich des Potentials eines Reparenting bewusst zu sein, diese Gelegenheit zur Nachsozialisation aufzunehmen und positiv und aktiv zu gestalten.

3.2 Wirkung von Musiktherapie

In allen Psychotherapien gilt die therapeutische Beziehung als der entscheidende Wirkfaktor (Grawe, 1998). Auf der Basis einer wertschätzenden, wohlwollenden und vertrauensvollen Beziehung können sich andere Wirkfaktoren, wie beispielsweise die oben genannten, entfalten. Dabei spielt es zunächst keine Rolle, ob es sich um Kunsttherapie, um Gesprächstherapie, um Verhaltenstherapie oder eben um Musiktherapie handelt. Die Beziehung und das positive Erleben in der Gruppe wurde auch für Musiktherapie als Wirkfaktor nachgewiesen (Schroeder, 2016).

Unspezifische Wirkfaktoren

Musiktherapie als eigenständige Therapiemethode hat sich mit Effektstärken von ca. d = 0,8 als sehr wirksam erwiesen. Dieser Wert ist mit dem von anderen etablierten psychotherapeutischen Methoden vergleichbar (Argstatter, Hillecke, Bradt & Dileo, 2007). Eine Metaanalyse von musiktherapeutischer Wirkung bei psychopathologisch auffälligen Kindern kam zu dem Ergebnis, dass Musiktherapie insbesondere bei Kindern mit Entwicklungs- und Verhaltensstörungen eine effektive Behandlungsmethode ist (Gold, Voracek & Wigram, 2004).

Wie wirkt Musiktherapie? Auf welchen Ebenen? Eine neue Studie (Schneider, Scheytt, Delhey, Pokorny & von Wietersheim, 2020) befand die beschriebenen (gruppen-) psychotherapeutischen Wirkfaktoren »Gruppenkohäsion«, »Einsicht« und »Katharsis« (Yalom, 1974) als wirksam: In der musiktherapeutischen Gruppe erleben sich Patientinnen und Patienten als Teil der Gruppe (im Tutti-Spiel) und gleichzeitig auch als Individuum (im Solo-Spiel) (Rimle-Heeb, 2014).

Spezifische Wirkfaktoren

Über die generellen Wirkfaktoren von Therapien hinaus wirkt Musiktherapie auch spezifisch auf Ebenen, die anderen Therapien verschlossen bleiben: Das Medium Musik kann bereits per se eine heilsame Wirkung auf den Menschen haben (Schroeder, 2016). Musik wirkt auf alle an der Therapie Beteiligten und somit auch auf deren Interaktion, und zwar auf den verschiedenen verbalen und nonverbalen Ebenen. Das gilt fürs aktive Musizieren und die Rezeption von Musik gleichermaßen: Musik wirkt anregend oder beruhigend, je nach Wahl von Instrument, Spielweise bzw. angehörtem Musikstück. Mittlerweile konnte nachgewiesen werden, dass sich die Hirnströme von Patient und Therapeutin in der rezeptiven Musiktherapie in den entscheidenden, heilsamen Momenten der Musiktherapie synchronisieren (Fachner et al., 2019). Diese erstaunliche Beobachtung ist zunächst lediglich eine Korrelation, ein gemeinsames Auftreten zweier Dinge. Warum diese Synchronisation möglicherweise heilsam, bzw. inwiefern die Synchronisation ggf. einer Verbesserung oder Heilung zuträglich sein könnte, muss noch erforscht werden.

Genau so komplex, vielschichtig und vielseitig wie Musik und ihr Einsatz als Therapie ist, so komplex sind auch ihre Wirkungsweisen: sie finden auf allen Ebenen statt, parallel und interaktiv. Nehmen wir z. B. den Faktor der Musik an sich: Musiktherapie ermöglicht neue Erfahrungen und somit neue Vernetzungen, neuronale Bahnen im Gehirn, die die medikamentöse Therapie unterstützen (Lehmkuhl & Lehmkuhl, 2020) und hoffentlich schließlich überflüssig machen. Die positive Funktion des aktiven Musizierens beinhaltet Aktivität: sich selbst auszuprobieren, sich als kreativ und kompetent zu erleben, im Tun wertgeschätzt zu werden (vom Therapeuten und/ der den Mitpatient/-innen im Gruppensetting). Das stärkt den Selbstwert, bewirkt positive Emotionen und Selbstwirksamkeitserleben. All das ist für die Stärkung der Persönlichkeit existenziell und wurde in der Entstehungsgeschichte der Verhaltensauffälligkeit möglicherweise vernachlässigt bzw. durch negative Erlebnisse überlagert.

4 Musiktherapie für schüchterne Kinder und Jugendliche

Für Angststörungen hat sich die Kognitive Verhaltenstherapie als effektivste Methode herausgestellt (Bieda, Lippert & Schneider, 2020). Die Bedeutung der Musiktherapie in diesem Bereich ist bisher noch nicht systematisch belegt, obwohl Musiktherapie gerade ängstlichen Kindern emotionale Stabilität vermitteln kann. Eine einzelne randomisierte Studie, in der Musiktherapie mit Elterntrainings sowie kognitiven Elementen eingesetzt wurde, zeigte eine doppelt so hohe Remissionsquote (d. h. Heilungsquote) gegenüber einer Vergleichsgruppe, die eine Behandlung mit Verhaltens- und psychodynamischer Therapie und sozialer Arbeit durchlief (Goldbeck & Ellerkamp, 2012).

Musiktherapie hat eine relativ nachhaltig schmerz- und angstlindernde Wirkung (Nguyen, Nilsson, Hellström & Bengston, 2010). Schüchterne Kinder, die sich aus Angst vor Scham oder Versagen anderen nicht zeigen können oder inzwischen auch nicht mehr wollen, können durch Musiktherapie wieder Mut fassen. Musiktherapie ist eine einzigartige Methode, die an Gründen für diese Hemmung und an deren Auflösung auf verschiedenen Ebenen arbeitet. Gerade, weil Kindern Musik besonders zugänglich ist, hat sie anderen, eher abstrakteren und sprachlastigen, Therapieformen gegenüber einen großen Vorteil.

4.1 Methoden der Musiktherapie bei Schüchternheit

Musik hat diverse Komponenten, die gleichzeitig aktiv sind: Rhythmus, Dynamik (Lautstärke), Pausen (Stille), Klang, Melodie und Form (Lutz Hochreutener, 2009). Dies erlaubt schier unerschöpfliche Kombinationsmöglichkeiten: lautes, langsames Singen auf einem oder mehreren Tönen, leises, schnelles Rasseln ohne festen Rhythmus mit Rasseln, Trommeln und dabei singen, alleine oder gemeinsam usw.

Wählt man als Setting der Therapie eine Gruppentherapie, sind die Möglichkeiten noch zahlreicher und vielschichtiger; es kommen damit noch alle Aspekte der Gruppendynamik hinzu, die in allen Gruppen und Gruppentherapien (bemerkt oder unbemerkt) wirken. Nicht nur können Gruppentherapien dazu dienen, soziale Kompetenzen weiterzuentwickeln, Gruppenmusiktherapie wirkt darüber hinaus förderlich auf die Kreativität, die Zuhörfähigkeit sowie die Emotionsregulationskompetenz:

> »Das gemeinsame Musizieren, insbesondere das musikalische Improvisieren, regt die Kreativität und die Phantasie an und fördert die Fähigkeit, auf sich und andere zu hören und kann zu einer verbesserten Affektregulation führen« (Menebröcker & Jordan, 2014).

Rufen wir uns die Hauptprobleme schüchterner Kinder ins Gedächtnis, zu denen Schweigsamkeit oder (zu) leises Sprechen, das Vermeiden von Blickkontakt, eine gehemmte Gestik und Mimik zählen (Petermann & Petermann, 2015), fehlende Selbstbehauptung, negativer Selbstbezug, Unbehagen in sozialen Situationen, problematische Selbstaufmerksamkeit, Probleme der sozialen Handlungsfähigkeit, dadurch Rückzug ins Schweigen (Stöckli, 2007) usw., so ist nicht verwunderlich, dass eine Gruppenmusiktherapie wirksam ist, sofern sich das Kind (evtl. graduell, d. h. nach und nach wird es mutiger und »zeigt« sich mehr) darauf einzulassen vermag: Das schüchterne Kind kann in einer Musiktherapie zunächst das gewählte Instrument als Ausdrucksmittel verwenden, kann sich zunächst dahinter »verstecken«, sicher fühlen und mit ihm ausprobieren, einmal laut zu sein, ohne sich gleich zu sehr selbst zeigen zu müssen, wie das mit plötzlichem laute(re)m Sprechen oder gar Singen der Fall wäre. Die Musik nimmt hiermit also eine Vehikelfunktion für Emotionen ein. Gerade bei Kindern mit sehr großer sozialer Angst oder gar (selektivem) Mutismus kann dies eine große Erleichterung sein (Amir, 2005). Rhythmusinstrumente sind besonders für Kinder geeignet, die Schwierigkeiten in der Impulskontrolle haben – sei es, dass sie zu impulsiv oder aber zu kontrolliert sind, wie das bei ängstlichen Kindern oft der Fall ist. Wenn solche Kinder einen bestimmten Rhythmus mitspielen sollen, sind sie gefordert, die Struktur in sich aufzunehmen und auch wirklich jeden erforderlichen Schlag (mit-) zu spielen (Pelliteri, 2000).

Lutz Hochreutener (Lutz Hochreutener, 2009) listet in ihrem umfassenden Buch über Musiktherapie mit Kindern und Jugendlichen zahlreiche Methoden auf, die zum Tragen kommen. Die für schüchterne Kinder am Relevantesten werden an dieser Stelle kurz erläutert, damit die Wirkungsweise der Musiktherapie und ihr Nutzen für schüchterne Kinder unterstrichen wird:

Stille

Hierbei geht es um das Aushalten und Erleben äußerer Stille (Pausen in der Musik und auch zwischen verschiedenen Musizierphasen) und innerer Stille (Achtsamkeit, emotionale Intelligenz, Nachdenken). Die Stille kann von der Therapeutin bewusst eingesetzt werden oder auch im Prozess mit dem Kind spontan entstehen und dann gezielt genutzt und ausgehalten werden. »Lauschen, Abwarten, Entwickeln lassen« ist hier die Devise (ebd.). Der Einsatz von Stille ermöglicht neben dem Tun auch das Sein, und nach einigen stillen Momenten sind Klänge und Töne umso eindrücklicher. Und Kinder, deren »Problem« bzw. »Rückzugsort« die Stille ist, die sich nicht ausdrücken können oder wollen, erfahren, dass still sein und nichts zu müssen zwischen aktiven Phasen auch seine Berechtigung hat.

Improvisation

Die musiktherapeutische Intervention ist ein intimer, persönlicher Ausdruck in einem geschützten Rahmen, sie ermöglicht förderliche intra- und interpsychische Prozesse. Die Grundannahme dahinter ist, dass sich im musikalischen Prozess seelische Prozesse manifestieren und somit erfahrbar werden (Lutz Hochreutener, 2009, S. 158). Zudem bietet eine gemeinsame Improvisation (gleichzeitig oder abwechselnd, mit Spielregeln oder ohne) die Gelegenheit, einander musikalisch zu begegnen, entweder harmonisch, aufeinander eingehend oder eben auch konträr, konflikthaft. Wieder dient die Musik als Vehikel, so dass die betreffenden Menschen einander nicht persönlich »attackieren«. Diese Begegnung kann entwicklungsförderlich genutzt werden, um Empathie zu vermitteln und um Kommunikation und Auseinandersetzung mit Gefühlen anzuregen.

Lied

Lieder lassen sich in verschiedene Gattungen einteilen: Spiellieder, Bewegungslieder, Spottlieder, Nonsens-Lieder, Rituallieder, Tierlieder, Jahreszeitlieder, Klagelieder, Heil- und Trostlieder usw. (ebd.). Nicht nur deshalb bergen sie viel Potential zur Weiterentwicklung von Kindern: neben empathischem Miterleben der im Lied besungenen Geschichte regen sie zum sprachlichen Ausdruck von Gefühlen an, zum Hinzudichten weiterer Strophen, die sich reimen, der Melodieverlauf an sich spiegelt eine bestimmte emotionale Grundhaltung wider usw. Dem Kind bereits bekannte Lieder geben ihm wiederum ein Gefühl von Sicherheit. Nicht umsonst haben Lieder auch im regionalen Brauchtum einen festen Stellenwert.

Komponierte Instrumentalmusik

In Ergänzung zur bereits erläuterten Improvisation bieten komponierte Stücke einen festen Rahmen, der schüchternen Kindern Halt geben kann (ein bekanntes Stück wieder und wieder anhören oder selbst spielen). Sie sind wiederholbar und das eigene Erlernen bekannter Melodien kann zu einem Prozess des sich selbst Zuwendens werden, wenn das Kind seinen eigenen Interessen folgt. Gerade ängstliche Kinder, denen es meist auch an Selbstwertgefühl fehlt, profieren von dieser Art der Zuwendung zur Musik.

Körperzentrierte Musikspiele

Der Mensch ist ein musikalisches Wesen (s. o.); Musik ruft körperliche Reaktionen hervor (physiologische, d. h. sie betreffen Atmung, Herzschlag, Verdauung, Entspannung oder Anspannung der Muskeln, grobmotorische und feinmotorische). Die Körperwahrnehmung kann durch Musik (spürbare Vibrationen großer Trommeln, auf denen man beim Spielen sitzt, oder die Vibration von Klangschalen oder einem Hang auf dem Bauch...) weiterentwickelt werden. Gleichzeitig stimuliert Musik im Körper Anspannung oder Entspannung. Der Musiktherapeut spielt z. B. dem Kind Musik auf einem geeigneten Instrument (Trommel, tiefe Flöte, Harfe ...) vor, es darf eintauchen und entspannen. Die Stimme als »menschliches« Instrument, das im Resonanzraum Körper wohnt, hat ebenso großes Potential in der Musiktherapie. Nicht zuletzt können auch Körperperkussion (z. B. Klatsch- und Stampfspiele) und freie Bewegung/Tanz zu Musik das Körpergefühl verbessern und die Emotionsregulation unterstützen.

Sprache

Meist wird berichtet, dass schüchterne Kinder in sozialen Situationen sehr schweigsam sind und, wenn überhaupt, leise und eher undeutlich sprechen, meist, ohne einen Blickkontakt zum Gegenüber aufzubauen oder zu halten (Petermann & Petermann, 2015). Sprache und Musik sind eng verbunden, in der (bereits pränatalen) Entwicklung des Menschen haben beide dieselbe Wurzel, nämlich die enorme, angeborene Fähigkeit, unzählige verschiedene Laute zu produzieren und voneinander zu unterscheiden. In der Musiktherapie spielt Sprache nicht nur in Form der Beziehungsgestaltung zwischen Therapeutin und Kind oder beim Austausch von Erlebtem, bei der Organisation der Therapiestunde, eine Rolle. Auch in Liedern, Spielen, Rollenspieldialogen ist Sprache existenziell wichtig. Dass eine gute Beziehung zur/m Therapeut/-in einem schüchternen Kind hilft, sich auch sprachlich auszuprobieren und weiterzuentwickeln, überrascht nicht.

Imaginatives Musikerleben

Imaginatives Musikerleben ist eine weitere, sehr breite therapeutische Methode. Allein hierfür gibt es eigene Aufbau-Studiengänge für bereits diplomierte Musiktherapeut/-innen. Imaginatives Musikerleben meint, dass beim Hören von Musik (die der/die Therapeut/-in macht) innere Bilder auftauchen, aus denen sich ganze Geschichten entwickeln. Diese werden dann beschrieben und Gedanken dazu besprochen. Eine andere Variante ist, dass das Kind tatsächlich ein Bild zu der Musik malt und dieses dann als Grundlage für ein therapeutisches Gespräch dient (ebd.). »Boris, 13 J., Schulverweigerung: ›Es ist die beste Stunde der Woche. Ich darf die Ideen bringen und die Musik macht, dass ich wie wirklich an diese Orte gehe. Während der Woche erinnere ich mich immer an diese Orte‹« (Steiner, 2014).

Rollenspiel

Rollenspiele mit Puppen oder Figuren sind ein wichtiger Bestandteil der kindlichen Entwicklung. Die Figuren können stellvertretend Situationen nacherleben oder aber vorwegnehmen. Gerade bei ängstlichen Kindern gibt das vorherige »Spielen« von bevorstehenden, angsteinflößenden Situationen Sicherheit und Selbstvertrauen – die Situation wurde im Spiel bereits ausprobiert, das Kind hat ein kleines Verhaltensrepertoire aufgebaut und fühlt sich emotional der Situation gewachsen. In der Musiktherapie werden Rollenspiele oft musikalisch begleitet. Der Therapeut signalisiert durch die begleitende Musik seine Präsenz, das Kind ist nicht alleingelassen (Lutz Hochreutener, 2009). Er kann musikalisch auf das gespielte Geschehen eingehen und dem Kind Resonanz geben. Durch die Musik erhält das Rollenspiel eine zusätzliche Ebene, auf der Emotionen sichtbar gemacht werden können.

Diese Ausführungen sind bei weitem nicht als abschließend zu betrachten, zumal es zwischen den genannten Methoden große Überschneidungen geben kann. Besonders die beiden erstgenannten, Stille und Improvisation, sind eng mit den anderen sechs verwoben.

4.2 Beispiele erfolgreicher musiktherapeutischer Interventionen

Stellvertretend für zahlreiche Kinder und Jugendliche werden im Folgenden einige Entwicklungen mithilfe von Musiktherapie skizziert; die ausführlichen Fallbeschreibungen finden sich in der jeweils zitierten Originalliteratur.

> »Lisa besucht die 1. Klasse und wurde von der Klassenlehrerin im Herbst (also sechs Wochen nach Schulbeginn) zur Musiktherapie geschickt. [...] Lisa [hat] keinerlei Lernprobleme und eine schnelle Auffassung. In einem ersten Gespräch mit der Mutter bestätigte sich die Vermutung, dass es sich um eine

Trennungsangst handelte. [...] Bei meinem ersten Kontakt mit Lisa benutzte ich einen kleinen Stoffhasen, über den ich mit ihr Kontakt aufnahm. Ich erzählte ihr, dass der Stoffhase ihr bei ihren Ängsten helfen könnte und ihr immer zur Seite stehe, wenn sie ihn brauche. Der Hase hatte während der ganzen Therapiezeit als Übergangsobjekt eine wichtige Rolle, und Lisa hegte und pflegte ihn zu Hause sehr gewissenhaft. Bereitwillig kam sie mit mir und dem Stoffhasen im Arm zu einer ersten Musiktherapiestunde mit. Sie wirkte erst sehr schüchtern, zurückhaltend, taute aber bald auf und äußerte bereits in der nächsten Stunde Wünsche, was sie gern tun und spielen wolle. Das passte für mich nicht zu dem total verschüchterten, unglücklichen Mädchen, als das sie mir geschildert wurde. Auch versuchte sie sehr bald, das Ende der Stunden durch geschickte Fragen nach Instrumenten und deren Spielweise herauszuzögern. Ihre schnelle musikalische Auffassungsgabe und ihr rhythmisches Gespür führten zu sehr stimmigen musikalischen Sequenzen. Insgesamt war ihr Spiel geprägt von großer Musikalität, Rhythmusgefühl und Bewegungsfreude. Ihre zurückhaltende Art äußerte sich in eher ruhigeren Improvisationen und auch bei den Instrumenten wählte sie meistens eher die stillen, kleinen Instrumente [...]. Für den weiteren Verlauf der Therapie beschloss ich, Lisa wie zuvor schon Kommunikationsspiele ähnlich wie die beschriebene Reise anzubieten, um es ihr zu ermöglichen, auf der einen Seite selbstsicherer zu werden, und aber auch sich in der Dyade mit mir einem gleichberechtigten Geben und Nehmen zu stellen. Es ging hierbei immer wieder um das Wechselspiel zwischen Nähe und Ferne, Distanzierung und Verschmelzung. Da Lisas Situation sich schulisch sehr stabilisiert hatte im Verlauf des Winters und auch das Drama des zur Schule-Bringens nach Aussagen der Mutter sich völlig gelegt hatte – Lisa geht jetzt alleine mit Freundinnen zur Schule –, wurde die Musiktherapie mit Beginn der Osterferien beendet« (Schmidt-Poschinski, 2009).

Jan, Oberstufenschüler, wirkt still und schüchtern, nimmt kaum Kontakt zu Mitschülern auf. Zudem leidet er unter Tics und hat Probleme im mündlichen Ausdruck. Er war bereits Ziel von Mobbingattacken. Im Verlauf der Musiktherapie, die er gemeinsam mit einem Klassenkameraden für 23 Lektionen besucht, gewinnt er an Selbstvertrauen und Gelassenheit. Seine Tics lassen nach und sein Auftreten wird sicherer. Er entdeckt seine Begabung im Gesang und kann sich in der Klasse besser behaupten, auch einmal Nein sagen (Rimle-Heeb, 2014).

5 Musiktherapie und Schule

Im deutschsprachigen Raum findet Musiktherapie nur selten im schulischen Kontext statt, so z. B. in einem Pilotprojekt an einer Privatschule im Kanton Bern (Rimle-Heeb, 2014) oder in einer Schule in Urdorf, ZH. In der Schweiz ist die Schule als solche oft v. a. in der Zuweisung zur Musiktherapie involviert: Ein Kind fällt im Unterricht auf, der schulpsychologische Dienst wird mit der Diagnosestellung beauftragt und ggf. eine Therapie, z. B. eine Musiktherapie, begonnen. Gemeinsam mit den Eltern und Lehrer-/innen wird der Therapieverlauf sowie die Entwicklung des Kindes beobachtet und ggf. angepasst (Huser-Schwarz & Kloter, 2014).

Anderswo, beispielsweise in skandinavischen Ländern, Großbritannien, Israel oder Australien, ist Musiktherapie in der Schule hingegen etablierter; dort wird sie einzeln oder in Gruppen an Schulen angeboten (Jordan, Lutz Hochreutener, Pfeifer & Stegemann, 2018; Lutz Hochreutener, 2018). Der Vorteil liegt auf der Hand: Neben der Therapie schwerwiegender Probleme und Störungen ist es in Schulen auch einfacher möglich, präventiv tätig zu sein und zwischen den verschiedenen Arten musikalischer Intervention (s. o.), zu variieren.

In Großbritannien gibt es eine lange Tradition von Musiktherapie in der Schule, besonders in inklusiven Schulen oder in Sonderschulen. Kinder können dort recht niederschwellig freiwillige Musikangebote (Schulchor, Band, Improvisieren) besuchen, die ausgebildete Musiktherapeut-/innen anbieten, und profitieren schon, bevor oder ohne, dass sie eine Problematik incl. Diagnose haben, die eine Therapie erforderlich machen würde.

Eine Studie zur Situation schulischer Musiktherapie in den USA (Gillespie, 2018) stellt u. a. fest, dass die 228 befragten Musiktherapeut-/innen den hauptsächlichen Anteil ihrer Arbeitszeit mit Therapien verbringen (nicht etwa mit Verwaltungs- oder Planungsaufgaben), dass sie v. a. mit ganzen Klassen arbeiten, zumeist einmal wöchentlich für 30 Minuten. Auch musiktherapeutische Angebote, die außerhalb der Unterrichtszeit stattfinden, haben sich als sehr vielversprechend erwiesen: Sie verbessern die emotionale und verhaltensbezogene Entwicklung von Kindern, wirken so z. B. jugendlicher Delinquenz entgegen. Der Hintergrund ist, dass die sozialen Kompetenzen, die die Kinder und Jugendlichen in der Musiktherapie (weiter-) entwickeln, sich auch in anderen Lebensbereichen, möglichst auch im schulischen Erfolg, zeigen; dies ist jedoch noch nicht zweifelsfrei nachgewiesen (ebd.).

Die Schule ist der Ort der Pädagogik schlechthin: Es gibt Lehrpläne, Klassenziele, die für alle Kinder der Klasse gleichermaßen gelten, vorbereitete Lektionen, Leistung wird bewertet nach richtig oder falsch, und es gibt einen festen Zeitplan, wann welche Lern- und Klassenziele erreicht werden sollen. Eine Therapie hingegen hat individuelle Ziele, die auf das Kind und seine Situation angepasst sind. Sie ist spielerisch, der Prozess lässt Spontanität zu und entwickelt sich erst im Hier und Jetzt. Es gibt kein richtig oder falsch, schön oder hässlich, alles darf sein und ist der Therapie dienlich (Lutz Hochreutener, 2018). Mit einer Verankerung der Musiktherapie in der Schule lässt sich die Dosierung der Methoden zwischen Pädagogik einerseits und Therapie andererseits einfacher ausloten, als wenn beide Bereiche strikt getrennt sind und die Therapie lediglich im privaten Rahmen stattfindet. Eine Stigmatisierung der »auffälligen« Therapiekinder würde vermindert werden, wenn alle Kinder mehr oder weniger häufig die Musiktherapie besuchen würden, auch präventiv. Die Schule würde zu einem »sicheren Ort«, an dem ein kreatives, ergebnisoffenes Tun möglich ist, das nicht bewertet wird. An einem sicheren Ort können die Kinder durchatmen, ankommen, sich wohlfühlen, ihre ganze Psychobiologie würde sich beruhigen; nur Kinder, die sich wohlfühlen/entspannen können, können »lernen«. Dies käme allen Kindern zugute: Eine Stärkung der Selbstwahrnehmung und des Selbstbewusstseins, Unterstützung und Erweiterung des Ausdrucks- und Kommunikationsverhaltens, Resilienzförderung bei Kindern mit Migrationshintergrund oder Entspannungsförderung, Emotionsregulierung im Zusammenhang mit Schulangst (Lutz Hochreutener, 2018, S. 19) sowie eine emotionale und motivationale Stabilisierung (Rimle-Heeb, 2014) unterstützt die gesunde psychische und soziale Entwicklung.

5.1 Entwicklungsförderung durch Musiktherapie in der Schule

Ein deutsches Projekt berichtet davon, wie Musiktherapie der Sprachförderung von Grundschulkindern diente (Menebröcker & Jordan, 2014). Dabei wurde mit Kindern ein Halbjahr lang einmal pro Woche in Kleingruppen bis zu acht Personen musiziert, improvisiert, stets unter der Prämisse, dass das, was den Kindern gerade besonders Freude bereitet, sie besonders anzieht, das ist, was ihrer Entwicklung im Moment besonders förderlich ist. Zudem wurde davon ausgegangen, dass das Kind von sich aus zur Sprache kommen wird und nicht, dass Sprache gelehrt oder geübt werden solle. Konkret führten die Kinder in der Gruppe musikalische Unterhaltungen auf Instrumenten, ohne Sprache, drückten Konflikte oder schwer benennbare Emotionen auf Instrumenten aus. Im Verlauf des Prozesses wurde beobachtet, welche Veränderungen stattgefunden haben, welche Themen immer wieder von den Kindern aufgegriffen wurden, welche Themen an Bedeutung verloren und welche ggf. neu hinzugekommen waren. Es konnte nachgewiesen werden, dass die Kinder, die keine musiktherapeutische Unterstützung bekommen hatten, gleich gute Fortschritte in ihrer Sprachentwicklung gemacht hatten. Bezüglich der sozio-emotionalen Entwicklung schnitten jedoch die Kinder, die Musiktherapie besucht hatten, besser ab: Sie konnten sich selbst besser behaupten. Dies ist gerade für schüchterne Kinder ein wichtiges Therapie- bzw. Entwicklungsziel. Es folgt ein Fallbeispiel eines schüchternen Kindes, das an diesem Programm teilnahm (ebd., S. 12 f).

> »Maike geht in die erste Klasse und ist 6,5 Jahre alt, als die Förderung beginnt. Sie hat eine jüngere Schwester, ihre Eltern sind in Russland aufgewachsen und erst vor 15 Jahren nach Deutschland gekommen. Maikes schulische Leistungen im schriftlichen Bereich sind durchschnittlich, schnell hat sie

> Schreiben und Lesen gelernt. Maike beteiligt sich jedoch nur selten am mündlichen Unterrichtsgespräch. Auch im Morgenkreis mag sie nichts von sich erzählen. Sie antwortet nicht immer, wenn sie etwas von den Lehrerinnen gefragt wird. Die anderen Kinder reagieren manches Mal schon sehr ungeduldig, wenn Maike an der Reihe ist, etwas zu sagen (»… Die sagt ja doch nichts…«). Maikes soziale Kontakte in der Schule beschränken sich auf einige wenige Mädchen der Klasse. […] Maike ist in der lebhaften Anfangsgruppe offensichtlich überfordert. In der reinen Mädchengruppe, der sogenannten »Stillen Gruppe«, ist es ihr dagegen von Beginn an möglich, aktiv zu werden und sich auf das Angebot einzulassen: Von Stunde zu Stunde gelingt es Maike besser, ihren Bedürfnissen Ausdruck zu verleihen, wobei sie vor allem die Musik- und Bewegungsangebote intensiv nutzt, um in Kontakt zu kommen. Wie groß ihr Wunsch nach Ausdruck und Kontakt ist, zeigen ihre unerwarteten Spielideen mit Tüchern (11.–16. Woche) und ihre überraschenden musikalischen »Begleitangebote« an der Basstrommel und am Klavier (20.–32. Stunde). Bis zum Ende des Projekts vermeidet Maike Gespräche im Stuhlkreis oder mit der Therapeutin, auch die wenigen sprachlichen Kontakte mit den anderen Mädchen finden »heimlich«, fast lautlos, statt. Ganz anders zeigt sie sich im Rollenspiel: Als Königin, Zwerg oder Riese vermag sie, sich laut und deutlich Gehör zu verschaffen. Anhand sinnentleerter Phantasie- oder Tiersprachen nimmt sie nahezu ungehemmt Kontakt zu den anderen Kindern und auch der Therapeutin auf. Maike probiert im Verlauf der Musikstunden aus, was ihr verbal oder nonverbal jeweils möglich ist, wobei sich ihr Handlungsspielraum von Stunde zu Stunde erweitert. Auch wenn es ihr bis zum Ende der Förderung schwerfällt, ihre Wünsche und Bedürfnisse verbal mitzuteilen, scheint sie sich nun »auf den Weg gemacht« zu haben. Das Erleben der Therapeutin deckt sich mit den Beobachtungen der Lehrerinnen. Zieht man vergleichend die quantitativen Ergebnisse des Beobachtungsbogens heran, spiegeln sich auch dort die oben beschriebenen Erfahrungen wider. Die größte Veränderung kann im Bereich »Selbstbehauptung« beobachtet werden. Weiterhin erzielte Maike große Verbesserungen in den Bereichen »Sprechfreude und Sprechsicherheit« und »Sprechstimme«.«

Musik spielt sich hauptsächlich in der rechten Hirnhälfte/Hemisphäre ab, während Sprache v. a. links lateralisiert ist. Spontane stimmliche Äußerungen von Kindern, die (noch) nicht viel sprechen, können in der Musiktherapie vom Therapeuten verstärkt und auch in Lieder eingebaut werden (Pellitteri, 2000). Kinder haben eine natürliche Freude an Musik und sind daher intrinsisch motiviert, auch Lieder zu singen, deren Worte sie noch nicht komplett verstehen. Dadurch erweitert sich ihr Wortschatz und gleichzeitig ihr Mut, selbst zu singen und zu sprechen.

Eine Überblicksarbeit internationaler Forschungsarbeiten zu Musiktherapie in integrativen Schulen (Carr & Wigram, 2009) bestätigte empirisch, dass Musiktherapie erfolgreich eingesetzt werden kann, um soziale, emotionale und verhaltensbezogene Bedürfnisse von Kindern zu stillen und darüber hinaus die Entwicklung ihrer kognitiven Fähigkeiten zu unterstützen. Allerdings stellten die Autoren auch fest, dass es noch zu wenige experimentelle Studien zum Einsatz von Musiktherapie in der Schule gibt. Ohne diese ist der Nachweis einer kausalen Wirkung nicht möglich.

6 Fazit

Ängste bei Kindern und Jugendlichen nehmen tendenziell zu. Die Gesellschaft ist für Verhaltenssymptome sensibilisiert und gerade das System Schule kommt mit auffälligen Kindern oft an seine Grenzen.

Musiktherapie ist eine hochwirksame Methode, um mit Kindern und Jugendlichen an ihren Emotionen, ihren Problemen zu arbeiten und sie in der Weiterentwicklung ihrer Persönlichkeit zu unterstützen. Musiktherapie ist aufgrund ihres spielerischen Charakters Kindern sehr zugänglich. Sie wird Kindern mit auffälligem Verhalten besonders empfohlen. Im schulischen Rahmen können sich Musiktherapie und Heilpädagogik sinnvoll ergänzen

Die Forschung bezüglich der Wirksamkeit für verschiedene spezifische Verhaltensstörungen ist vielversprechend und sollte vorangetrieben werden. Eine Integration von Musiktherapie in den Schulalltag wäre als entlastendes Element für Schülerinnen und Schüler wie auch für Lehrpersonen auch in der Schweiz wünschenswert.

Musiktherapie ist durch den Stellenwert der Musik im Leben von Kindern und Jugendlichen eine besonders zugängliche Methode. Sie eignet sich als nonverbale Methode, die einen direkten Zugang zum Gefühlsleben der Patienten ermöglicht, ausgezeichnet für Kinder mit Verhaltensauffälligkeiten. Da sie keine sprachlichen Kenntnisse unbedingt voraussetzt, wie z. B. eine Gesprächspsychotherapie oder eine kognitive Verhaltenstherapie, ist sie auch Kindern mit Migrationshintergrund unmittelbar zugänglich.

Die Forschung bezüglich der Wirksamkeit für verschiedene spezifische Probleme ist vielversprechend. Eine Integration von Musiktherapie in den Schulalltag auch in der Schweiz wäre wünschenswert.

Literatur

Amir, D. (2005): Re-finding the Voice – Music Therapy with a Girl who has Selective Mutism. *Nordic Journal of Music Therapy, 14* (1), 67–77.
Argstatter, H., Hillecke, T. K., Bradt, J. & Dileo, C. (2007): Der Stand der Wirksamkeitsforschung – Ein systematisches Review musiktherapeutischer Meta-Analysen. *Verhaltenstherapie & Verhaltensmedizin 28* (1), 39–61.

Barnowski-Geiser, W. (2020): Musiktherapie bei ADHS. In H. U. Schmidt, T. Stegemann & C. Spitzer (Eds.), *Musiktherapie bei psychischen und psychosomatischen Störungen* (S. 263–267). München: Elsevier.

Bieda, A., Lippert, M. W. & Schneider, S. (2020): Angststörungen im Kindes- und Jugendalter. In H. U. Schmidt, T. Stegemann & C. Spitzer (Eds.), *Musiktherapie bei psychischen und psychosomatischen Störungen* (S. 271–275). München: Elsevier Urban & Fischer.

Carr, C. E. & Wigram, T. (2009): Music therpy with children and adolescents in mainstream schools: a systematic review *British Journal of Music Therapy, 23* (1), 3–17.

Fachner, J. C., Maidhof, C., Grocke, D., Nygaard Pedersen, I., Trondalen, G., Tucek, G. & Bonde, L. O. (2019): »Telling me not to worry...« Hyperscanning and Neural Dynamics of Emotion Processing During Guided Imagery and Music. *Frontiers in Psychology, 10,* 1561. doi:doi.org/10.3389/fpsyg.2019.01561

Gillespie, M. L. (2018): *Music therapy in public school settings: current trends as related to service provision models.* (Master of Music Education (Music Therapy)). University of Kansas, Lawrence.

Gold, V., Voracek, M. & Wigram, T. (2004): Effects of music therapy for children and adolescents with psychopathology. A meta-analysis. *Journal of Child Psychology and Psychiatry, 45* (6), 1054–1063.

Goldbeck, L. & Ellerkamp, T. (2012): A randomized controlled trial of multimodal music therapy for children with anxiety disorders. *Journal of Music Therapy 49,* 395–413.

Grawe, K. (1998): *Psychologische Therapie.* Göttingen: Hogrefe.

Hilke, A. (1999): Macht und Machtmißbrauch. »Mozart für Macker?« und »Das musikalische Opfer«. In U. Haffa-Schmidt, D. von Moreau & A. Wölfl (Eds.), *Musiktherapie mit psychisch kranken Jugendlichen. Grundlagen und Praxisfelder* (S. 63–74). Göttingen: Vandenhoeck & Ruprecht.

Huser-Schwarz, N. & Kloter, C. (2014): »Kannst Du mich ertragen, wenn ich so lauf bin?« Musiktherapie in der Regelschule. *Musiktherapie in verschiedenen schulischen Praxisfeldern. Schweizerische Zeitschrift für Heilpädagogik, 20* (3), 12–14.

Jordan, A.-K., Lutz Hochreutener, S., Pfeifer, E. & Stegemann, T. (2018). Einleitung. In A.-K. Jordan, E. Pfeifer, T. Stegemann & S. Lutz Hochreutener (Eds.), *Musiktherapie in pädagogischen Settings. Impulse aus Praxis, Theorie und Forschung* (S. 11–14). Münster: Waxmann.

Körber, A. (2013). Musiktherapie – Entwicklungsstand und Wirkungsweise einer Spezialtherapie. *Psychotherapeut, 58* (79–99). doi:doi.org/10.1007/s00278-012-0958-0

Lehmkuhl, G. & Lehmkuhl, U. (2020). Aufmerksamkeitsdefizit-/Hyperaktivitätsstörung. In H. U. Schmidt, T. Stegemann & C. Spitzer (Eds.), *Musiktherapie bei psychischen und psychosomatischen Störungen* (S. 259–263). München: Elsevier Urban & Fischer.

Lutz Hochreutener, S. (2009): *Spiel – Musik – Therapie. Methoden der Musiktherapie mit Kindern und Jugendlichen.* Göttingen: Hogrefe.

Lutz Hochreutener, S. (2018): Musiktherapie im schulischen Kontext. Fakten – Herausforderungen – Chancen. In A.-K. Jordan, E. Pfeifer, T. Stegemann & S. Lutz Hochreutener (Eds.), *Musiktherapie in pädagogischen Settings. Impulse aus Praxis, Theorie und Forschung* (S. 15–31). Münster: Waxmann.

Menebröcker, E., & Jordan, A.-K. (2014). »Durch Musik zur Sprache« – Ein integratives musiktherapeutisches Förderprojekt in der Grundschule. In S. Sallat, M. Spreer & C. W. Glück (Eds.), *Sprache professionell fördern* (S. 444–453). Istein: Schulz-Kirchner-Verlag.

Müller, X. & Sigrist, M. (2019): *Bedarfsanalyse Umgang mit Verhaltensauffälligkeiten.* Retrieved from Zürich: https://www.hfh.ch/fileadmin/files/documents/Dokumente_Expertenwissenonline/Verhalten/Bedarfsanalyse_IVE_def.pdf

Nguyen, T. N., Nilsson, S., Hellström, A.-L. & Bengston, A. (2010): Music Therapy to Reduce Painand Anxiety in Children With Cancer Undergoing Lumbar Puncture: A Randomized Clinical Trial. *Journal of Pediatric Oncology Nursing, 27* (3), 146–155.

Pellitteri, J. (2000): Music Therapy in the SpecialEducation Setting. *Journal of Educational and Psychological Consultation, 11* (3 & 4), 379–391.

Petermann, U. & Petermann, F. (2015): *Training mit sozial unsicheren Kindern. Behandlung von sozialer Angst, Trennungsangst und generalisierter Angst.* (11., überarbeitete und erweiterte Auflage). Weinheim: Beltz.

Petzold, H. (2012): Integrative Therapie – Transversalität zwischen Innovation und Vertiefung. Die »Vier WEGE der Heilung und Förderung« und die »14 Wirkfaktoren« als Prinzipien gesundheitsbewusster und entwicklungsfördernder Lebensführung«. *Integrative Therapie, 15*, 1–33.

Phan Quoc, E., Riedl, H., Smetana, M. & Stegemann, T. (2019). Zur beruflichen Situation von Musiktherapeut.innen in Österreich: Ergebnisse einer Online-Umfrage. *Musiktherapeutische Umschau, 40* (3), 236–248.

Resch, F. (2020): Die psychische Struktur des Menschen und die Rolle der Musik. In H. U. Schmidt, T. Stegemann & C. Spitzer (Eds.), *Musiktherapie bei psychischen und psychosomatischen Störungen* (S. 9–16). München: Elsevier Urban & Fischer.

Rimle-Heeb, F. (2014): »Ich schenk dir einen Ton«. Klassenintegrierte Musiktherapie in einem Schulheim. *Musiktherapie in verschiedenen schulischen Praxisfeldern. Schweizerische Zeitschrift für Heilpädagogik, 20* (3), 18–20.

Rogenmoser, L. (2014): Warum der Mensch die Musik liebt. *Psychoscope, 11*, 4–7. doi:doi.org/10.5167/uzh-102966

Schmidt-Poschinski, S. (2009): *Beziehung – Klang – Resonanz. Musiktherapie mit verhaltensauffälligen Grundschulkindern.* Retrieved from https://www.uni-siegen.de/fb4/musiktherapie/forummusiktherapie/kinder/vortraege/209_schmidt_poschinski.pdf

Schneider, N., Scheytt, N., Delhey, M., Pokorny, D. & von Wietersheim, J. (2020: Musiktherapie im psychosomatischen tagesklinischen Setting – Wirksamkeit aus Sicht der Patientinnen und Patienten. *Musiktherapeutische Umschau, 41* (1), 16–30. doi:10.13109/muum.2020.41.1.16

Schroeder, F. (2016): *Wirkfaktoren in der Musiktherapie und der Einfluss externer Variablen auf der Erleben in der Therapie.* (MD). Universität Ulm,

Siegler, R., Deloache, J. & Eisenberg, N. (2005): *Entwicklungspsycholoie im Kindes- und Jugendalter.* Heidelberg: Elsevier/Spektrum Akademischer Verlag.

Stegemann, T. (2013): *Stress, Entspannung und Musik : Untersuchungen zu rezeptiver Musiktherapie im Kindes- und Jugendalter.* (Dr. sc. mus.). Hochschule für Musik und Theater Hamburg, Hamburg. Retrieved from https://ediss.sub.uni-hamburg.de/handle/ediss/5168

Stegemann, T., Geretsegger, M., Phan Quoc, E., Riedl, H. & Smetana, M. (2019): Music Therapy and other music-based interventions in pediatric health care: an overview. *Medicines, 6* (25). doi:10.3390/medicines6010025

Steiner, R. (2014): »Ich will ein böser Tiger sein und hässige Tigermusik machen«. Musiktherapie an einer Musikschule. *Musiktherapie in verschiedenen schulischen Praxisfeldern. Schweizerische Zeitschrift für Heilpädagogik, 20* (3), 21–23.

Stöckli, G. (2007): *Schüchternheit als Schulproblem? Spuren eines alltäglichen Phänomens.* Bad Heilbrunn: Klinkhardt.

Swedberg Yinger, O. (2018): Overview of the Music Therapy Profession. In O. Swedberg Yinger (Ed.), *Music Therapy. Research and Evidence-Based Practice* (pp. 1–14). St. Louis, Missouri 63043: Elsevier.

Yalom, I. (1974): *Gruppenpsychotherapie – Grundlagen und Methoden. Ein Handbuch.* München: Kindler.

Schüchternheit und Mobbing – Hintergrundwissen und Handlungsmöglichkeiten im pädagogischen Arbeitsfeld

Vanessa Jantzer & Michael Kaess

Im folgenden Kapitel möchten wir uns damit auseinandersetzen, inwieweit schüchterne oder sozial unsichere Kinder und Jugendliche besonders vom Phänomen Mobbing betroffen sind und welche Handlungsmöglichkeiten sich daraus ableiten lassen, um diesem Problem im pädagogischen Alltag zu begegnen. Die Betroffenheit von Mobbing kann sich auf verschiedene Rollen im Mobbinggeschehen beziehen, was im Abschnitt 1.4.1 näher erläutert wird. Schüchternheit kann hierbei sowohl die Wahrscheinlichkeit erhöhen, ein Opfer von Mobbing zu werden, als auch die Wahrscheinlichkeit, psychopathologische Konsequenzen infolge der aversiven Erfahrungen auszubilden. Auch die Schüchternheit bei Mobbingtätern sowie bei sogenannten *Bystandern*, also den Zuschauern im Mobbinggeschehen, soll berücksichtigt werden. Es werden Auswirkungen von Schüchternheit im Rahmen dieser sozialen Rollen ausgeführt und zuletzt praktische Implikationen für pädagogische Berufsgruppen erteilt. Beginnen möchten wir zunächst mit einigen allgemeinen Informationen zum Thema Mobbing, um den nötigen theoretischen Hintergrund aufzubauen: Was genau ist Mobbing? Welche Erscheinungsformen von Mobbing gibt es? Wie häufig kommt Mobbing vor? Welche Ursachen und Auswirkungen kann Mobbing haben?

In der klinischen bzw. pädagogischen Arbeit mit Kindern und Jugendlichen und deren Eltern sowie in der präventiven Arbeit an Schulen ist unbedingt darauf zu achten, auf die Begriffe »Täter« und »Opfer« zu verzichten. Dadurch werden Stigmatisierungen vermieden und es wird sich stets auf das aktuelle Verhalten der Beteiligten bezogen. Ein »Schüler, der mobbt«, hat falsche Entscheidungen in der Vergangenheit getroffen und kann diese jederzeit ändern. Einem »Schüler, der gemobbt wird«, sollte das Gefühl der Kontrolle wiedergegeben werden. Es handelt sich nicht um persönliche, stabile Eigenschaften, sondern um veränderbare Rollen im Mobbinggeschehen. Im folgenden Kapitel werden die Begriffe »Opfer« und »Täter« aus Gründen der Lesbarkeit verwendet.

1 Einführung in das Thema Mobbing

1.1 Definition von Mobbing

Mobbing unter Kindern und Jugendlichen ist ein weitverbreitetes soziales Phänomen, das international in allen sozialen Schichten zu finden ist. Der großen medialen Präsenz des Themas sowie dem Eingang des Begriffs »Mobbing« in die Umgangssprache ist es geschuldet, dass dazu viele falsche Vorstellungen kursieren. Daher soll an dieser Stelle mit einer Definition des Begriffs begonnen werden. Laut *Center for Disease Control and Prevention* bezeichnet Mobbing unter Kindern und Jugendlichen »jedes unerwünschte aggressive Verhalten eines anderen Jugendlichen oder einer Gruppe von Jugendlichen, die keine Geschwister oder romantische Partner sind, das ein beobachtetes oder wahrgenommenes Machtungleichgewicht beinhaltet und mehrmals wiederholt bzw. höchstwahrscheinlich wiederholt wird. Mobbing kann den betroffenen Jugendlichen Schaden oder Leid zufügen, einschließlich physischer, psychischer, sozialer oder pädagogischer Schäden« (Gladden et al. 2014, S. 17, eigene Übersetzung).

Diese Definition von Mobbing enthält drei wesentliche Schlüsselkriterien:

- Mobbing ist eine Form des feindseligen, aggressiven Verhaltens.
- Mobbing geschieht wiederholt und über einen längeren Zeitraum hinweg.
- Die Beziehung zwischen Täter und Opfer ist durch ein Ungleichgewicht der Kräfte gekennzeichnet. Das Opfer hat Schwierigkeiten, sich zu verteidigen und steht dem Mobbing hilflos gegenüber. Dieses Kräfteungleichgewicht kann vielfältige Ursachen haben: körperliche oder zahlenmäßige Unterlegenheit, Altersunterschiede, geringere verbale oder soziale Kompetenz, geringere kognitive Fähigkeiten oder ein geringerer Status in der Peer-Gruppe.

Dan Olweus, ein schwedisch-norwegischer Psychologe und emeritierter Professor für Persönlichkeitspsychologie an der Universität Bergen (Norwegen), der als Pionier im Bereich Mobbing und Mobbingprävention gilt, betonte aufgrund dieser Kriterien, dass es sich bei Mobbing um eine Form der Misshandlung handelt (Olweus, 2006).

Mobbing kann in verschiedenen sozialen Kontexten auftreten: in der Schule, am Arbeitsplatz, in Vereinen, in Wohneinrichtungen oder Gefängnissen, in Nachbarschaften oder im Internet (Cybermobbing). Das folgende Kapitel bezieht sich ausschließlich auf Mobbing unter Kindern und Jugendlichen, welches hauptsächlich im schulischen Umfeld sowie in Form von Cybermobbing auftritt. Uneinig sind sich die Forscher darüber, ob es auch unter Geschwistern zu Mobbing kommen kann. Während die oben genannte Definition aggressives Verhalten unter Geschwistern explizit ausnimmt und dies auch von der skandinavischen Forschungstradition so vertreten wird, beschäftigt sich die Arbeitsgruppe von Dieter Wolke, Professor für Entwicklungspsychologie und individuelle Differenzen an der wissenschaftlichen Fakultät der Universität von Warwick (Vereinigtes Königreich) und einer der führenden Experten im Bereich der internationalen Mobbingforschung, seit gut zehn Jahren intensiv mit dieser Form der innerfamiliären Aggression. Interessierte können sich in zahlreichen Publikationen der Forschergruppe zum Thema Geschwistermobbing informieren.

Einige Besonderheiten zum Mobbing unter Kindern und Jugendlichen sollen an dieser Stelle abschließend erläutert werden. Sie machen deutlich, warum die Auswirkungen der negativen Erfahrungen in dieser Altersgruppe so schwerwiegend sind:

- Schulkinder befinden sich in einem Alter, in dem das Gehirn wichtige bio-psycho-soziale Entwicklungen vollzieht. Diese Entwicklungen beeinflussen das Verhalten. Mobbing im Kindes- und Jugendalter kann daher tatsächlich die Entwicklung wichtiger exekutiver Funktionen, darunter Aufmerksamkeit, Reaktionsvermögen, Organisation und Planung, negativ beeinträchtigen.
- Die Peer-Gruppe stellt mit die wichtigste Ressource für Kinder und Jugendliche dar; die Ausbildung von Peer-Gruppen gehört im Jugendalter zu einer der zentralen Entwicklungsaufgaben. Wird diese Entwicklung gestört, haben Kinder und Jugendliche weniger Kompensationsmöglichkeiten als Erwachsene, die bereits andere Ressourcen erschlossen haben.
- Aufgrund der Schulpflicht können Kinder und Jugendliche sich der Situation kaum entziehen. Ebenso gehört heutzutage das Internet zu den kaum vermeidbaren Lebensschauplätzen von Kindern und Jugendlichen.

1.2 Erscheinungsformen von Mobbing

Mobbing kann verschiedene Erscheinungsformen annehmen:

- physisch,
- verbal,
- sozial.

Bespiele für physisches Mobbing sind jemanden schubsen, schlagen oder treten; jemanden einsperren; jemandem Geld abpressen; jemanden zwingen, unangenehme Dinge zu tun; jemandes Eigentum beschädigen oder verstecken. Unter verbalem Mobbing versteht man z. B. jemanden beleidigen oder beschimpfen; jemanden lächerlich machen; jemanden hänseln oder ihm/ihr gemeine und kränkende Spitznamen geben. Das subtilere soziale Mobbing, das auch als indirektes oder relationales Mobbing bezeichnet wird, ist kaum direkt zu beobachten. Pädagogen sind in diesem Fall darauf angewiesen, dass Betroffene oder Mitschüler sich anvertrauen, und müssen lernen, mit diesen Berichten oder auch mit Verdachtsfällen wirkungsvoll und einheitlich umzugehen. Beispiele für soziales Mobbing sind jemanden ignorieren oder ausgrenzen; Lügen oder Gerüchte über jemanden verbreiten; versuchen, jemanden bei den anderen unbeliebt zu machen; versuchen, andere gegen jemanden aufzuhetzen. Die soeben beschriebenen drei Formen des traditionellen Mobbings finden, wenn wir von Kindern und Jugendlichen sprechen, meist in der Schule oder auf dem Schulweg bzw. im direkten Kontakt in der Freizeit statt.

Durch die rasante Entwicklung der neuen Medien hat sich in den letzten Jahren eine weitere Form des Mobbings entwickelt, das sogenannte Cybermobbing. Dieses Mobbing geschieht über Handy-Anrufe sowie zumeist über das Internet, z. B. über soziale Netzwerke wie Facebook, Instant-Messaging-Dienste wie WhatsApp, online Plattformen wie Instagram, Videoportale wie YouTube, Homepages oder Blogs. Oftmals werden peinliche oder kränkende Bilder oder Videoclips veröffentlicht, Hass-Gruppen gegründet oder Betroffene werden beleidigt, ausgeschlossen oder es werden Gerüchte über sie verbreitet. Cybermobbing weist einige Besonderheiten auf: das Opfer kann rund um die Uhr schikaniert werden und nicht nur in einem sozialen Kontext (es gibt keinen sicheren Rückzugsort mehr), das belastende Material ist für jeden und dauerhaft im Internet verfügbar und breitet sich unkontrollierbar aus, die Hemmschwelle der Täter ist durch die Distanz des Mediums geringer und in einigen Fällen bleibt der Täter sogar anonym (Hinduja & Patchin, 2010).

1.3 Häufigkeit von Mobbing

Eine großangelegte Studie der World Health Organization WHO (Health Behaviour in School-aged Children, HBSC) befragt regelmäßig Kinder und Jugendliche auf der ganzen Welt zu ihrem Gesundheitszustand, Gesundheits- und Risikoverhalten sowie sozialen Ressourcen und Unterstützungssystemen. Auch das Thema Mobbing wird berücksichtigt. Zuletzt wurden in den Jahren 2017/18 Daten in 49 Ländern in Europa und Nordamerika gesammelt. Befragt wurden Kinder und Jugendliche von 11, 13 und 15 Jahren. In Deutschland haben sich 4.347 Schüler/-innen aus 146 allgemeinbildenden Schulen beteiligt. Hierbei gaben 9,4 % der Mädchen und 9,5 % der Jungen an, in den letzten Monaten in der Schule gemobbt zu werden. Bei Jungen ist der Anteil der Gemobbten im Alter von 13 Jahren am höchsten, bei Mädchen nimmt er mit steigendem Alter ab (siehe Abbildung 1) (HBSC-Studienverbund Deutschland, 2020a).

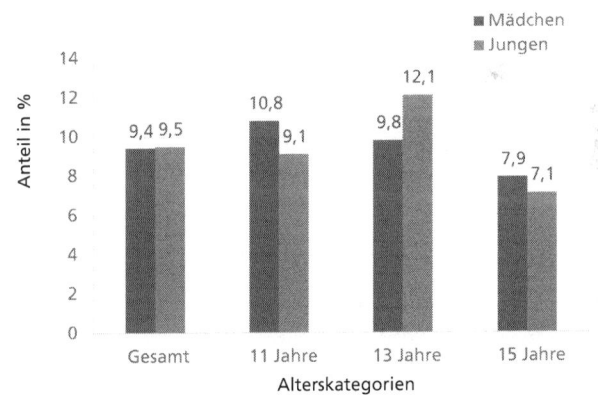

Abb. 1: Anteil der Mädchen und Jungen, die selbst in der Schule gemobbt wurden, nach Alter und Geschlecht in % (Daten der HBSC-Studie 2017/18, N = 4.347).

Während als Opfer von Mobbing Mädchen und Jungen etwa gleich häufig betroffen sind, zeigt sich bei den Tätern ein deutlicher Geschlechtseffekt. Während nur 2,5 % der Mädchen angeben, andere in der Schule zu mobben, sind dies bei den Jungen 7,5 %. Bei Jungen erhöht sich der Anteil der Mobbenden mit steigendem Alter deutlich, bei Mädchen nur geringfügig (siehe Abbildung 2) (HBSC-Studienverbund Deutschland, 2020a).

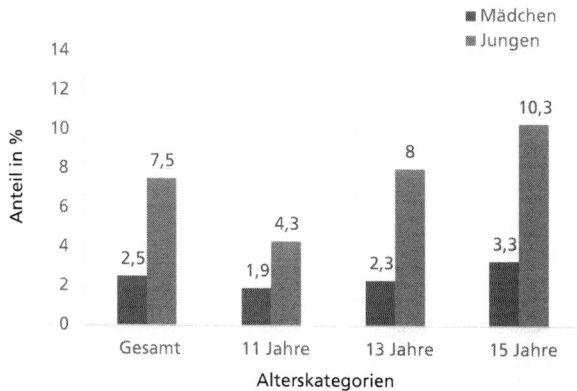

Abb. 2: Anteil der Mädchen und Jungen, die andere in der Schule gemobbt haben, nach Alter und Geschlecht in % (Daten der HBSC-Studie 2017/18, N = 4.347)

Die Ergebnisse weisen darauf hin, dass Mobbing an Schulen nach wie vor präsent ist, aber der Großteil an Kindern und Jugendlichen nicht aktiv am Mobbinggeschehen beteiligt ist. Der Participant Role Approach (Salmivalli et al., 1996), auf den wir in Kapitel 1.4.1 kurz eingehen werden, macht jedoch deutlich, dass es neben dem Täter und Opfer zahlreiche weitere Rollen im Mobbinggeschehen gibt und es in einer Mobbing-Situation praktisch nicht möglich ist, nichts zu tun. Jeder Anwesende hat eine Rolle, die durch eine bestimmte Einstellung und Handlungsweise gekennzeichnet ist. Dadurch hat auch jeder einen Einfluss auf das Geschehen und ist davon betroffen.

Abschließend möchten wir noch darauf hinweisen, dass die berichtete Häufigkeit von Cybermobbing wesentlich niedriger lag. Hier gaben nur 3,0 % der Mädchen und 2,2 % der Jungen an, selbst online gemobbt zu werden bzw. 2,4 % der Jungen und 1,6 % der Mädchen gaben an, andere online zu mobben (HBSC-Studienverbund Deutschland, 2020b). Dies liegt u.a. daran, dass es hohe Überschneidungen zwischen traditionellem Face-to-face-Mobbing und Cybermobbing gibt. Cybermobbing hat praktisch kaum neue Opfer und Täter geschaffen, sondern kann eher als weiteres Setting für Mobbing angesehen werden, da Chatgruppen und Cyberspace einen wichtigen Lebensraum für Jugendliche darstellen.

1.4 Entstehungsbedingungen von Mobbing

Mobbing ist ein komplexes Phänomen, an dessen Entstehung viele verschiedene Mechanismen beteiligt sind. Individuelle Charakteristika, die typisch für die Opfer und Täter von Mobbing sind, werden im Kapitel 2.1.1 beschrieben. Doch nicht nur persönliche Eigenschaften, sondern auch sozial- und lern-psychologische Mechanismen, schulische und familiäre Rahmenbedingungen spielen eine Rolle. Auch wenn der Fokus dieses Kapitals natürlich auf der individuellen Eigenschaft der Schüchternheit liegt, ist es uns wichtig zu betonen, dass prinzipiell jeder zum Opfer von Mobbing werden kann, wenn bestimmte Mechanismen greifen und die Rahmenbedingungen nicht für eine Kontrolle des Sozialverhaltens sorgen. Nicht zwangsläufig treffen typische Merkmale auf das einzelne Opfer zu. Ein anschauliches Beispiel für die Tatsache, dass jede beliebige Eigenschaft zum Vorwand für Mobbing werden und die Grundlage für die Ausgrenzung eines Opfers werden kann, ist uns in unserer präventiven Arbeit mit Schulen selbst begegnet. Die Schülerin einer Werkrealschule berichtete, dass sie in der Grundschule Opfer eines massiven und lang andauernden Mobbings wurde. Ein Mitschüler fand in der dritten Klasse heraus, dass sie Tiergeräusche imitieren kann. Diese harmlose Eigenschaft wurde der Anlass von nahezu täglichen Beleidigungen und körperlichen Attacken. Die von den Lehrer/-innen ergriffenen Maßnahmen wie Pausenverbot und Strafarbeiten blieben ohne Wirkung und erst der Wechsel auf die weiterführende Schule konnte die Qualen der Betroffenen beenden. Im Übrigen darf es keinesfalls als Schuldzuweisung gesehen werden, wenn bestimmte Eigenschaften zu Viktimisierung führen bzw. das Risiko dafür erhöhen.

Da es sich bei Mobbing um ein Gruppenphänomen handelt, spielen sozialpsychologische Mechanismen eine große Rolle. Normative Konformität beschreibt die Neigung des Einzelnen, sich der Gruppe anzupassen, um deren Erwartungen zu erfüllen und akzeptiert zu werden. Hinzu kommt ein Nachlassen der Hemmungen (Abstumpfung) sowie ein abgeschwächtes Gefühl individueller Verantwortung, wenn mehrere Personen an einer negativen Aktivität beteiligt sind. Verantwortungsdiffusion (der sogenannte Bystander-Effekt) sorgt dafür, dass die Wahrscheinlichkeit, dass dem Opfer geholfen wird, mit der Anzahl der Zuschauer abnimmt. Das Opfer wird zudem graduell dehumanisiert und evtl. sogar selbst für seine Lage verantwortlich gemacht (Blaming the Victim).

Mobbing ist wie jedes andere Verhalten erlernt und folgt den Gesetzen der Lerntheorie. Mobbing wird aus verhaltenspsychologischer Sicht durch erhöhte Aufmerksamkeit und Status direkt positiv verstärkt. Der Täter fühlt sich stark und mächtig, er hat Spaß am Mobbinggeschehen. Entscheidend ist aber auch die Tatsache, dass jedes Nicht-Eingreifen (also ausbleibende negative Konsequenzen) eine indirekte Form der Verstärkung des Mobbing-Verhaltens darstellt. In einer Mobbing-Situation ist es praktisch nicht möglich, nichts zu tun. Jedes Verhalten, also auch Wegschauen oder Abwarten, hat eine Auswirkung.

Auch das schulische Umfeld stellt einen zentralen Risiko- bzw. Schutzfaktor in der Entstehung von Mobbing dar. Mangelndes Vertrauen zwischen Schülern und Lehrern, ein respektloser Umgang miteinander und unfaire, inkonsistente Regeln begünstigen die Entstehung von Mobbing. Pro-soziale schulische Normen und eine gezielte und aktive Aufsicht durch Erwachsene stellen umgekehrt einen wesentlichen Schutzfaktor dar.

1.4.1 Der Mobbingkreis

Zur Beschreibung des Mobbinggeschehens als Gruppenprozess haben Salmivalli et al. (1996) den Participant Role Approach entwickelt. Dieser postuliert, dass praktisch alle in differenzierbaren Rollen unterschiedlicher Qualität in Mobbing involviert sind. Diese Rollen unterscheiden sich durch die grundlegende innere Einstellung zu Mobbing (positiv, neutral, negativ) und die Art, in einer Mobbing-Situation zu handeln bzw. nicht zu handeln (aktiv/ passiv). Durch diese Kombination entstehen (neben dem Opfer) sieben verschiedene Rollen, die in der folgenden Abbildung 3 dargestellt und beschrieben werden.

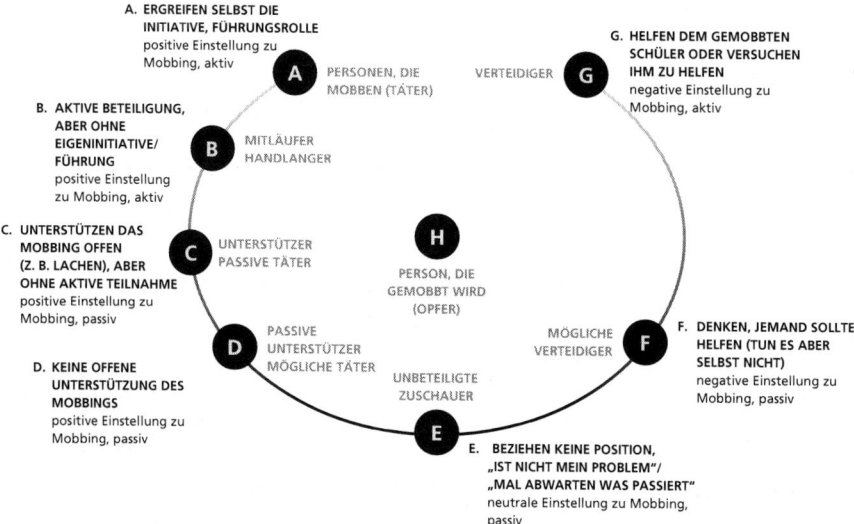

Abb. 3: Der Mobbing-Kreis: Rollen in einer akuten Mobbing-Situation (modifiziert nach Olweus, 2001)

1.5 Folgen von Mobbing

Das durch Mobbing verursachte Leiden ist enorm. Der negative Einfluss von Mobbing betrifft viele Lebensbereiche der Opfer: emotional, psychosozial und kognitiv. Oftmals entstehen schulvermeidendes Verhalten und schulische Leistungsprobleme. Die selbstberichtete Lebensqualität der Opfer ist stark eingeschränkt, ihr ohnehin meist niedriger Selbstwert nimmt weiter ab. Die Viktimisierung durch Mobbing erhöht das Risiko für ein breites Spektrum schwerer psychischer Störungen um ein Vielfaches, ca. ein Drittel der Betroffenen entwickelt psychische Folgestörungen. Eine aktuelle Meta-Analyse kam zu dem Schluss, dass Mobbing-Erfahrungen zur Ausbildung von Angststörungen, Depressionen, psychosomatischen Problemen (wie Kopfschmerzen, Bauchschmerzen oder Schlafstörungen), Selbstverletzung und Suizidalität beitragen (Moore et al., 2017). Eine deutsche Studie an mehr als 10.000 Neuntklässlern untersuchte ebenfalls den Zusammenhang von Mobbing und psychischer Gesundheit, wobei nach der Art der Viktimisierung differenziert wurde. Hierbei zeigte sich, dass sowohl soziales Mobbing als auch Cybermobbing mit Beeinträchtigungen der psychischen Gesundheit (Depression und psychosomatische Beschwerden) für Jungs und Mädchen zusammenhing. Für Mädchen ergab sich zusätzlich ein signifikanter Zusammenhang von sexuellem Cybermobbing (»Jemand hat mir unerwünschte Fotos oder Videos von nackten Personen geschickt oder wollte mit mir über Sex sprechen« und »Jemand hat mich aufgefordert, ich solle sexuelles Verhalten online zeigen [z. B. mich vor einer Webcam ausziehen]«) und der erhobenen Auffälligkeiten (Baier et al., 2019). In Langzeitstudien konnten sogar Auswirkungen von Mobbing bis in die mittleren Lebensjahre gezeigt werden. Opfer von Mobbing im Kindesalter wiesen im Alter von 23 Jahren nicht nur erhöhte Risiken für Depressionen, Angststörungen und Suizidalität auf, sondern berichteten auch über einen Mangel an sozialen Beziehungen, finanzielle Probleme und schlechtere Lebensqualität im Alter von 50 Jahren (Takizawa et al., 2014). Diese Effekte waren vergleichbar mit den Auswirkungen von Aufwachsen in Heimen oder Pflegefamilien. Andere Längsschnittstudien legen nahe, dass Mobbing-Erfahrungen in der Kindheit sogar stärkere psychische Probleme im jungen Erwachsenenalter nach sich ziehen als Misshandlungen (physischer, emotionaler oder sexueller Missbrauch) (Lereya et al., 2015). Daten eines eigenen Forschungsprojekts zeigten zudem, dass das Risiko zur Ausbildung psychischer Störungen bereits bei Opfern gelegentlichen Mobbings (ein oder zwei Mal in den letzten Monaten) erhöht ist. So berichteten diese gelegentlichen Opfer ein knapp dreifach höheres Risiko für Suizidalität (Suizidgedanken, -pläne und -versuche) sowie ein knapp fünffach höheres Risiko für selbstverletzendes Verhalten (z. B. sich schneiden, ritzen oder verbrennen) (Jantzer et al., 2015). Daher stellt die Eindämmung von Mobbing ein wichtiges »Public Health«-Thema dar. Die Prävention von schulischem Mobbing hat das Potential, diese psychopathologischen Konsequenzen zu verhindern.

2 Soziale Angst

Soziale Angst ist ein häufiges psychisches Problem, das während der Pubertät seinen Höhepunkt erreicht. Das Phänomen ist gekennzeichnet durch eine übermäßige Angst vor der Interaktion mit anderen und eine allgemeine Angst vor sozialen Situationen und beschreibt ein Kontinuum, das von leichter subklinischer sozialer Angst bis zu klinisch signifikanter sozialer Phobie reicht. Jugendliche verbringen ca. die Hälfte ihrer wachen Zeit mit Gleichaltrigen und ca. ein Drittel ihrer Zeit in der Schulumgebung. Angesichts der vielen Zeit, die in der Schule verbracht wird, und der Herausforderungen des schulischen Umfelds kann die

Schule für sozial ängstliche Kinder ein besonders beängstigender und negativer Kontext sein. Alltägliche schulische Aufgaben wie das Vorlesen vor der Klasse, das Bitten des Lehrers um Hilfe und die Teilnahme am Sportunterricht werden als belastend erlebt. Umfangreich belegt ist zudem der Zusammenhang von sozialer Angst und Beziehungen zu Gleichaltrigen, wobei positive Peerbeziehungen mit einem niedrigeren Level sozialer Angst einhergehen (Erath, 2007). Die Viktimisierung durch Mobbing wiederum hängt mit einem hohen Level an sozialer Angst zusammen. Unklar ist hierbei die Richtung des Effekts, da soziale Angst als Folge der Ablehnung durch Gleichaltrige entstehen, aber auch der Viktimisierung vorausgehen und das Risiko für eine Opferwerdung erhöhen könnte. Während der Zusammenhang zwischen sozialer Angst und Mobbing umfangreich belegt ist, ist noch relativ wenig über die dahinterliegenden Mechanismen bekannt, die diesen Zusammenhang vermitteln.

2.1 Potentielle Einflussfaktoren

Eine erlebte Viktimisierung wirkt sich nicht auf alle Betroffenen gleich aus, da Faktoren berücksichtigt werden müssen, die ein erhöhtes Risiko für die Ausprägung langfristiger negativer Folgen darstellen bzw. die davor zu schützen scheinen (siehe Kapitel 3.3). Auch ist die Wahrscheinlichkeit, überhaupt ein Opfer von Mobbing zu werden, nicht für jeden gleich hoch ausgeprägt. Auch wenn prinzipiell jeder betroffen sein kann, gibt es doch bestimmte Risiko- und Schutzfaktoren, die auch als Moderatoren bzw. Mediatoren die Beziehung zwischen der Viktimisierungserfahrung und der psychologischen Anpassung im Laufe der Zeit beeinflussen. Diese lassen sich unterteilen in a) individuelle Faktoren wie soziale und akademische Fähigkeiten, b) Familienfaktoren wie Stabilität und positive Beziehungen und c) soziale Unterstützung durch Freundschaften (Ttofi et al., 2014). Im Folgenden möchten wir auf einige individuelle sowie soziale Faktoren eingehen, die im Kontext Schüchternheit besonders bedeutsam sein können. Es soll neben der Rolle der Opfer auch die Rolle von Tätern und *Bystandern* berücksichtigt werden.

2.1.1 Individuelle Eigenschaften von Opfer und Täter

Auch wenn prinzipiell jeder Schüler ein Opfer oder Täter von Mobbing werden kann und wir in Abschnitt 1.4 auf die Bedeutung sozial- und lern-psychologischer Mechanismen hingewiesen haben, gibt es doch typische Charakteristika auf Seiten von Opfern und Tätern.

Bei den Risikofaktoren für die Viktimisierung durch Mobbing sind u. a. Ängstlichkeit und Unsicherheit, erhöhte Vorsicht und Sensibilität sowie niedrige Gewaltbereitschaft und Aggressivität zu nennen (Olweus, 1994). Die beschriebenen Charakteristika, die auch typisch für schüchterne bzw. sozial ängstliche Kinder und Jugendliche sind, werden von Olweus (1994) als sogenannter passiver oder auch untergeordneter Opfertyp bezeichnet. Sie machen Kinder und Jugendliche zu einem leichten Ziel für Attacken, auch weil diese sich nicht wehren und über weniger soziale Unterstützung in der Peer-Gruppe verfügen (siehe Abschnitt 2.1.2). Laut Olweus (1994) sind ca. 80–90 % der Betroffenen dem passiven Opfertyp zuzuordnen. Umgekehrt gibt es natürlich auch individuelle Schutzfaktoren, die sich als wirksam darin erwiesen haben, das Risiko für Mobbing zu senken. Eine Zusammenfassung von 18 Meta-Analysen ergab als stärkste Faktoren ein hoch ausgeprägtes prosoziales Verhalten, hohes Selbstwertgefühl und positives Selbstbild, wirksame Verteidigung und Gefühlsmanagement sowie soziale Kompetenz und gute Wahrnehmung des eigenen Selbst (Zych et al., 2019). Diese Schutzfaktoren zu stärken (auch im schulischen Rahmen), kann ein wirksames präventives Vorgehen gegen Mobbing darstellen.

Bei den beschriebenen Charakteristika ist jedoch nicht von klaren Kausalitäten auszugehen. Vielmehr scheint es sich um eine Wechselwirkung zu handeln, d. h. dass vorhandene Dispositionen und Mobbing sich in einer Art Teufelskreis gegenseitig negativ verstärken. So wird ein Kind oder Jugendlicher mit internalen Auffälligkeiten eher ein Opfer von Mobbing, und dessen internale Auffälligkeiten werden dann durch diese traumatische Erfahrung noch verstärkt.

In der Täter-Rolle spielt Schüchternheit eine untergeordnete Rolle. Der typische Täter weist eine erhöhte Aggressivität, positive Einstellung zu Gewalt, erhöhte Impulsivität und Dominanz und niedrige Empathiefähigkeit auf. Mobbingtäter sind zudem weniger ängstlich und unsicher als ihre Mitschüler und zeichnen sich durch eher überdurchschnittlichen Selbstwert und Beliebtheit aus. Im Mobbingkreis (siehe Abschnitt 1.4.1) existieren jedoch neben den Haupttätern (A) auch Mitläufer (B), die sich zwar aktiv am Mobbing beteiligen, dieses aber nicht initiieren oder anführen. Hier ist die Wahrscheinlichkeit für unsichere Täter mit niedrigem Selbstwert, die auf die Anerkennung der führenden Täter angewiesen sind, höher. Ebenso ist bei den Passiven Unterstützern (C), die z. B. den Täter durch Lachen unterstützen, ein höheres Level an Schüchternheit und sozialer Ängstlichkeit denkbar. Aus Furcht, selbst zum Opfer zu werden, bzw. aus dem Bedürfnis nach Zugehörigkeit zu einer starken Peer-Gruppe wird der Täter von ihnen positiv verstärkt und dadurch das Mobbinggeschehen aufrechterhalten. Eine Änderung der Einstellung gegenüber Mobbing kann hier der Weg sein, der aus Mitläufern und Passiven Unterstützern Unbeteiligte Zuschauer (E) mit neutraler Einstellung gegenüber Mobbing oder sogar Mögliche Verteidiger (F) mit negativer Einstellung gegenüber Mobbing werden lässt. Kommen nun noch Handlungsmöglichkeiten für Zuschauer hinzu sowie klare Interventionskonzepte am schulischen Standort (An wen kann ich mich wenden, wenn ich einen Mobbingfall melden möchte? Bei wem kann ich Hilfe holen, wenn ich Mobbing direkt beobachte?), können auch schüchterne Kinder und Jugendliche in die Rolle des Verteidigers (G) gebracht werden.

2.1.2 Soziale Unterstützung des Betroffenen

Ein entscheidender Einflussfaktor auf die Entstehung von Mobbing und auf dessen Auswirkungen sind die sozialen Faktoren der Peer-Gruppe. Mobbingopfer verfügen über einen niedrigen sozialen Status und haben weniger qualitativ hochwertige Freundschaften als ihre Mitschüler (Zych et al., 2019), oftmals haben sie in ihrer Klasse keinen einzigen guten Freund (Olweus, 1994). Der Peer-Status, der definiert ist über die Qualität der Beziehungen zu Gleichaltrigen und aus den Komponenten Ablehnung, Isolation und Beliebtheit besteht, stellt neben dem Schulklima den stärksten kontextuellen Prädiktor für Viktimisierung dar. Mobbingopfer berichten eine mangelnde soziale Integration bei Gleichaltrigen und Beziehungsprobleme innerhalb ihrer Klasse, wobei diese Probleme mit zunehmender Schwere des Mobbings ebenfalls zunehmen (Cook et al., 2010). Grundsätzlich macht das Fehlen von Freunden in der Schule Kinder anfällig, während ein höheres Maß an Unterstützung durch Freunde schützend ist. Schüchternen Kindern fällt es wahrscheinlich schwerer, ein umfangreiches Netzwerk aus Freundschaften aufzubauen, so dass Schüchternheit als Risikofaktor für mangelnde soziale Unterstützung und damit für die Opferwerdung angesehen werden kann.

Die puffernde Wirkung der Freundschaft wird durch die Schutzfunktion der Unterstützung von Lehrer/-innen ergänzt (Yeung & Leadbearer, 2010). Die soziale Unterstützung durch Erwachsene bei der Prävention von Mobbing, vor allem aber bei der Unterstützung im Fall von Mobbing, kann daher eine protektive Rolle spielen. Auch hier könnten schüchterne Kinder benachteiligt sein, da sie diese Unterstützung nicht aktiv einfordern und von Lehrkräften im Schulalltag leichter übersehen werden.

2.1.3 Sich anvertrauen als Betroffene/-r

Die Suche nach Unterstützung durch Erwachsene oder Gleichaltrige als problemorientierte Copingstrategie führt im Mobbingfall zu günstigeren Entwicklungen für den Betroffenen als emotionale oder vermeidende Reaktionen auf Viktimisierung. Ob Betroffene psychische Probleme ausbilden, hängt also auch davon ab, ob und wem sie von ihrem Leiden erzählen und ob und wie die ins Vertrauen gezogenen reagieren. Eine amerikanische Studie an Jugendlichen der Klassenstufen 7 bis 9 (Shaw et al., 2019) kam zu dem Ergebnis, dass das Ausmaß an Viktimisierung und internalisierender Probleme damit verbunden waren, ob ein Jahr zuvor einem Erwachsenen in der Schule vom Mobbing berichtet wurde. Betroffene zögern jedoch oft aus Scham oder Angst vor Vergeltung davor, sich an ihre Eltern oder an Erwachsene in der Schule zu wenden. Teilweise werden noch nicht einmal Gleichaltrige wie Freunde oder Geschwister ins Vertrauen gezogen, sodass die Opfer mit ihren belastenden Erfahrungen völlig alleine sind. Dies begünstigt die Entstehung von Langzeitfällen sowie die Ausprägung psychischer Folgestörungen. Es stellt also ein Problem dar, dass sich Schüler oftmals scheuen, ihre Viktimisierung offenzulegen. Zum Beispiel sprachen in einer finnischen Studie an Schülern der Primar- und Sekundarstufe I 44,6 % der befragten Opfer mit niemandem darüber, gemobbt zu werden. 34,0 % vertrauten sich einem Erwachsenen zu Hause an, nur 20,6 % berichteten einem Lehrer ihre Probleme sowie 12,7 % einem anderen Erwachsenen in der Schule (Blomqvist et al., 2020). Die bereits genannte amerikanische Studie berichtete ähnliche alarmierende Ergebnisse: Nur etwas mehr als ein Drittel der Schüler (37,6 %) sprach mit einem Angehörigen des Schulpersonals über ihre Mobbing-Erfahrungen. Interessanterweise vertrauten sich diejenigen, die ein höheres Maß an Verbundenheit mit der Schule (*school belonging*) aufwiesen, auch eher einem Erwachsenen in der Schule an (Shaw et al., 2019). Weitere Faktoren, die die Wahrscheinlichkeit erhöhen, sich einem Erwachsenen anzuvertrauen, sind weibliches Geschlecht, niedrigere Klassenstufe, die wahrgenommene Einstellung der Lehrer zu Mobbing (Lehrer, die Mobbing nicht tolerieren) und die wahrgenommene Unterstützung durch Gleichaltrige (Klassenkameraden, die die Betroffenen verteidigen) (Blomqvist et al., 2020). Die beiden letztgenannten Punkte bieten erneut einen Ansatzpunkt zur Prävention von Mobbing bzw. zum frühzeitigen Beenden von Mobbingfällen in der Schule.

Entscheidend ist dann natürlich auch, dass die informierten Erwachsenen an der Schule adäquat und kompetent auf den Mobbingvorfall reagieren. Ein großer Teil der jugendlichen Mädchen (43,0 %) und Jungen (51,4 %) haben offenbar kein Vertrauen in die Fähigkeiten der Lehrer, auf Mobbing effektiv reagieren können. Die wahrgenommene Fairness, Hilfsbereitschaft und Kompetenz des Lehrers entscheiden darüber, ob Schüler sich anvertrauen oder nicht (Rigby & Baghaw, 2003). Und tatsächlich ist es möglich, dass sich das Mobbinggeschehen verschlimmert, wenn informierte Erwachsene gar nicht oder ineffektiv darauf reagieren. Auch Shaw et al. (2019) kamen zu dem Schluss, dass in schweren Mobbingfällen das Anvertrauen an einen Erwachsenen an der Schule keinen Zusammenhang aufwies mit der Schwere des Mobbings ein Jahr später. D. h. dass das Schulpersonal in diesen Fällen nicht in der Lage war, das Mobbing zu beenden. Ermutigend ist jedoch, dass trotzdem weniger psychische Probleme ausgeprägt waren, wenn Betroffene Hilfe bei den Erwachsenen an der Schule gesucht hatten. Während das Mobbing bedauerlicherweise andauerte, hat allein das Gespräch mit einem Erwachsenen in der Schule möglicherweise schwer gemobbte Schüler vor der Ausprägung von Ängsten oder Depressionen bewahrt bzw. diese gemildert. Dies spricht für die Funktionalität des eingangs erwähnten problemorientierten Copings.

Vermeiden es Lehrer aus Angst vor Fehlern, im Mobbingfall einzuschreiten, sendet dies das falsche Signal an Betroffene, Täter und Zuschauer und kommt einer Billigung des Mobbings gleich, was den Täter indirekt in seinem Tun verstärkt (siehe Kapitel 1.4). Dem Schüler zuhören, ihn ernst nehmen und später überprüfen, ob sich die Situation gelöst hat, sind Strategien, die im Allgemeinen als wirksam erlebt wurden (Bauman et al., 2016). Ergänzt werden sollten diese durch spezielle Interventionskonzepte, an wen Schüler sich wenden können, wie im Mobbingfall vorgegangen wird und wer für dieses Vorgehen verantwortlich ist.

2.1.4 Helfen als Zuschauer (*Bystander*)

Schulisches Mobbing geschieht meist vor Zeugen und findet häufiger an Schulen statt, an denen Zuschauer das Mobbinggeschehen verstärken, und seltener an

Schulen, an denen die Umstehenden aktiv eingreifen, um dem Opfer zu helfen (Salmivalli, 2010). Diese Tatsache macht es so wichtig zu verstehen, warum Zuschauer eingreifen, um dem Opfer zu helfen bzw. was sie daran hindert. Wird ein *Bystander* zum Verteidiger, ist dies ein komplexes Verhalten. Es umfasst jede prosoziale Maßnahme, die ergriffen wird, um Mobbing zu stoppen, einschließlich aktiver Interventionen, Suche von Unterstützung durch einen Erwachsenen bis hin zum Trösten des Betroffenen (Salmivalli, 2010). Die Mehrheit der Zuschauer greift nicht ein, weniger als 20 % übernehmen die Rolle eines Verteidigers bei Offline-Mobbing. Wenn Gleichaltrige jedoch eingreifen, können sie Mobbing häufig wirksam stoppen bzw. weitere Vorfälle verhindern (Salmivalli et al., 2011).

Im *Bystander Intervention Model* (Darley & Latané, 1968) werden die individuellen und kontextuellen Faktoren zusammengefasst, die dazu führen, dass Hilfeverhalten vom Einzelnen initiiert werden. Aufeinander aufbauend, umfasst das Modell folgende Schritte:

1. Das Ereignis bemerken
2. Das Ereignis als Notfall interpretieren
3. Verantwortung übernehmen
4. Angemessene Hilfeleistung kennen
5. Anwendungsentscheidung.

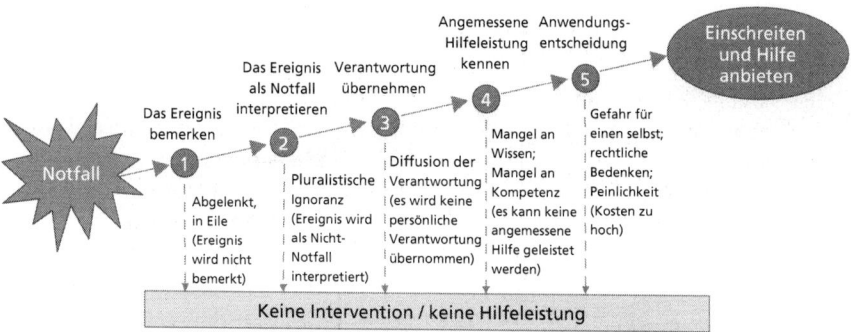

Abb. 4: Das *Bystander Intervention Model* (Darley & Latané, 1968)

Bei jedem Schritt können bestimmte Faktoren dazu führen, dass letztendlich keine Hilfeleistung gezeigt wird. In Bezug auf ängstliche Kinder und Jugendliche sind besonders die folgenden Schritte bedeutsam:

2. Das Ereignis als Notfall interpretieren:
    Ängstliche Kinder und Jugendliche nehmen Mobbingsituationen als bedrohlicher wahr, als sie tatsächlich sind, bzw. fokussieren auf die bedrohlichen Aspekte des Geschehens. Dies kann dazu führen, dass sie eher vermeidend reagieren, anstatt aktiv einzugreifen. Teilweise wird jedoch auch berichtet, dass

ein hohes Ausmaß an sozialer Angst und internalen Problemen positiv mit aktivem Hilfeverhalten in Zusammenhang stehen, d. h. dass ängstliche Kinder und Jugendliche eher helfen, da sie die beobachtete soziale Situation stärker bedrohlich empfinden als nicht ängstliche Gleichaltrige und sie somit als Notfall interpretieren.
3. Verantwortung übernehmen:
Bei diesem Schritt im Modell könnten schüchterne und ängstliche Kinder benachteiligt sein. Ihre Selbstwirksamkeit, soziale Kompetenz und ihr Selbstwert sind im Allgemeinen eher niedriger ausgeprägt, was die Erfolgswahrscheinlichkeit eines aktiven Handelns subjektiv und objektiv verringert. Somit ist es für schüchterne Kinder wahrscheinlicher, am dritten Schritt auf dem Weg zur Hilfeleistung zu scheitern.
5. Anwendungsentscheidung:
Bei der Anwendungsentscheidung spielt es z. B. eine Rolle, wie groß die Gefahr für einen selbst eingeschätzt wird und wie hoch die Peinlichkeit, sollte das eigene Hilfsverhalten erfolglos sein. Sind die wahrgenommenen Kosten zu hoch, entscheidet sich das Individuum gegen die Hilfeleistung. Auch bei diesem (letzten) Schritt werden schüchterne und ängstliche Kinder vermutlich zögern, und somit passiv in der Rolle des Möglichen Verteidigers (F) verharren.

3 Praktische Implikationen

Mobbing ist ein vielschichtiges Thema, das nur in dem größeren sozialen Kontext verstanden werden kann, in dem es auftritt. Im Kontext Schule können zentrale Ursachen und Aufrechterhaltungs-Mechanismen von Mobbing positiv beeinflusst werden. Trotz der beschriebenen massiven negativen Auswirkungen schulischen Mobbings ist Mobbingprävention im deutschen Schulsystem kaum verbreitet bzw. fehlt es an Systematik, klaren Richtlinien und deren Verankerung im Schulgesetz, um dem Problem effektiv zu begegnen. Die deutschen Schulen sind mit einer unübersichtlichen Programmvielfalt konfrontiert, ohne abschätzen zu können, welche Anti-Mobbing Programme sich als effektiv und anwenderfreundlich erweisen. Ein Präventionsprogramm kann zudem nur erfolgreich umgesetzt werden, wenn ein Problembewusstsein, Motivation und entsprechende Ressourcen vorhanden sind. Und oftmals widerspricht ein kontinuierliches Programm dem aktuell vorherrschenden Projektdenken an Schulen.

Auch ohne ein aufwändiges systematisches Präventionsprogramm kann jeder Erwachsene an einer Schule bzw. einer anderen Einrichtung für Kinder und Jugendliche dazu beitragen, Mobbing zu beenden bzw. zu verhindern.

Nehmen Sie Mobbing ernst!
Der negative Einfluss von Mobbing betrifft viele Lebensbereiche (besonders der Opfer): psychologisch, sozial, emotional und kognitiv. Mobbing ist kein einmali-

ger sozialer Konflikt unter Gleichstarken, sondern eine Form der Misshandlung. Dementsprechend trägt es in hohem Maße zur Entwicklung schwerwiegender psychischer Probleme bei und verdient ein hohes Maß an Aufmerksamkeit und Aktivität. Mobbingerfahrungen in der Kindheit weisen vergleichbare negative Langzeitauswirkungen auf wie physische, emotionale oder sexuelle Misshandlungen in der Kindheit (Lereya et al., 2015; Takizawa et al., 2014). Dennoch wird diesem Thema weit weniger Aufmerksamkeit gewidmet, obwohl Mobbing ein weit häufigeres Phänomen darstellt, das alle sozialen Gruppen betrifft (Tippett & Wolke, 2014).

Schauen Sie aktiv hin!
Im Alltag gibt es verschiedene Warnsignale, die Erwachsene in der Schule und zu Hause beachten sollten und die ein Hinweis auf Mobbing sein können.

Wenn das Kind

- mit zerrissener/schmutziger/nasser Kleidung oder kaputten Büchern nach Hause bzw. in die Schule kommt oder Dinge »verloren« hat, ohne eine gute Erklärung dafür zu haben, was geschehen ist;
- blaue Flecken, Kratzer, Schrammen oder Verletzungen aufweist und nicht glaubhaft erklären kann, wie diese entstanden sind;
- keine Schulkameraden mit nach Hause bringt und selten nach der Schule Zeit mit Mitschülern verbringt;
- Angst vor der Schule zu haben scheint oder widerwillig am Morgen zur Schule geht;
- einen »unlogischen« Schulweg wählt;
- das Interesse an der Schule verliert und sich die Noten verschlechtern;
- unglücklich, niedergeschlagen oder depressiv wirkt oder Stimmungsschwankungen mit plötzlichen Wutausbrüchen und Gereiztheit hat;
- oft unter Appetitlosigkeit, Kopfschmerzen oder Bauchschmerzen leidet;
- unter unruhigem Schlaf mit Alpträumen leidet und im Schlaf vielleicht weint;
- Geld stiehlt oder in der Familie um zusätzliches Geld bittet.

Wenn sich diese Symptome häufen, dann sollten Sie das Gespräch mit dem/der Betroffenen suchen bzw. sollte dies von denjenigen Erwachsenen übernommen werden, die an der Schule bzw. Einrichtung für das Thema Mobbing zuständig sind. Eltern sollten immer zumindest informiert, in schwerwiegenden Fällen auch aktiv einbezogen werden.

Der Schutz des Opfers hat oberste Priorität!
Es ist ein Grundrecht für jedes Kind, in der Schule sicher zu sein. Schüler, die Mobbing ausgesetzt sind, benötigen zuallererst Schutz und Hilfe, um einen sicheren und angenehmen Platz in ihrem sozialen Netzwerk zu finden. So kann z. B. eine aufmerksame und gewissenhafte Aufsicht durch Erwachsene ein wichtiges Mittel sein, um die Situation gemobbter Schüler zu verbessern. Ein gut funk-

tionierendes und koordiniertes Aufsichtssystem mit einer ausreichenden Anzahl aufsichtführender Erwachsener wird höchstwahrscheinlich Mobbing und anderes unerwünschtes Schülerverhalten verringern bzw. vorbeugen. Besteht das Risiko, dass das Opfer weiterhin schikaniert wird, sollten besondere Vorkehrungen zu dessen Schutz getroffen werden. Und sicherlich brauchen auch die Schüler, die andere mobben, Anleitung und Beratung durch Erwachsene, um alternative prosoziale Ausdrucksweisen in der Interaktion mit anderen zu finden.

Fühlen Sie sich als Erwachsener für das aktive, konsequente und langfristige Beenden bzw. Verhindern von Mobbing verantwortlich!
Die Handlungsverantwortung, gegen schulisches Mobbing vorzugehen bzw. dieses zu verhindern, liegt bei den Erwachsenen, da sich die Opfer aufgrund des vorhandenen Kräfteungleichgewichts nicht wehren können. Aufsichtslehrer, die bei unakzeptablen oder unklaren Situationen eingreifen, senden wichtige Signale:

- Unterstützung für den betroffenen Schüler,
- Fähigkeit und Bereitschaft, in die Situation einzugreifen,
- Botschaft an die unbeteiligten Zuschauer.

Das aktive Einschreiten durch Erwachsene minimiert den Gewinn, den der Täter aus dem Mobbing zieht. Dadurch wird auch zukünftiges Mobbing weniger wahrscheinlich. Ein Mobbingfall sollte zudem systematisch verfolgt werden, sobald das Problem einen gewissen Schweregrad annimmt. Zunächst müssen die Umstände genau geklärt werden, danach kann ein spezieller Handlungsplan für das aktuelle Problem erstellt werden. Jede Schule sollte über ein klares Interventionskonzept verfügen: Wer ist für die Nachverfolgung und Nachbereitung von Mobbing-Vorkommnissen zuständig? Wie wird bei Einzelgesprächen mit Opfern und Tätern vorgegangen? In welchen Fällen müssen die Eltern einbezogen werden? Wann werden Nachgespräche geführt, um sicherzugehen, dass das Mobbing erfolgreich beendet wurde? etc. Das Schulpersonal spielt eine Rolle bei der Schaffung eines positiven Schulklimas, bei der Umsetzung von Interventionen und bei der Reaktion auf Mobbing und hat sowohl die Autorität als auch die Verpflichtung, Schüler vor Schaden zu schützen.

3.1 Individuelle Schutzfaktoren speziell für schüchterne Kinder

Mobbingprävention an Schulen konzentriert sich oftmals auf die kontextuellen Bedingungen am Schulstandort. Sicher wäre es zusätzlich gewinnbringend, sich ebenso auf die Verbesserung der persönlichen und sozialen Kompetenzen der Betroffenen und ihre sozialen Beziehungen zu Gleichaltrigen zu konzentrieren (Zych et al., 2019). Manche Forscher gehen sogar so weit zu behaupten, dass nur Interventionen, die sich gleichzeitig mit individuellen und kontextuellen Faktoren befassen, positive Effekte zeigen können (Cook et al., 2010). Wie im Kapitel

2.1 bereits dargestellt, profitieren schüchterne Kinder besonders von Trainings zur Erhöhung der sozialen Kompetenz, der Stärkung des Selbstwerts und Verbesserung des Gefühlsmanagements. Wirksame Verteidigungsmöglichkeiten im Falle von Schikanierung können eingeübt sowie Handlungsmöglichkeiten für *Bystander* aufgezeigt werden.

3.2 Allgemeine Schutzfaktoren

Dennoch stellt das schulische Umfeld einen zentralen Einflussfaktor bei der Entstehung von Mobbing dar, die Arbeit am Schulklima somit einen wirksamen Schutzfaktor für alle am Schulleben Beteiligte (Zych et al., 2019). Prosoziale Normen, die den Einbezug und die soziale Unterstützung aller Mitschüler sowie eine negative Einstellung gegenüber Mobbing beinhalten, sind ein ebenso wichtiger Bestandteil wirksamer Mobbingprävention wie positive Schüler-Lehrer-Beziehungen, die durch Vertrauen, respektvollen Umgang und faire Regeln gekennzeichnet sind. Ebenso spielt das Ausmaß an Verbundenheit mit der Schule (*school belonging*) eine Rolle: das Zugehörigkeitsgefühl zu einer Institution, in der Regeleinhaltung und soziales Miteinander positiv verstärkt wird, wirkt als Schutzfaktor. Erhöhte Empathie und Perspektivübernahme führen dazu, die Ernsthaftigkeit der Situation für Opfer nachzuvollziehen, und ein Verständnis für Gruppenprozesse und lern-psychologische Mechanismen, das z. B. durch die Arbeit mit dem Mobbingkreis erzielt werden kann, macht deutlich, dass jeder eine Rolle im Mobbinggeschehen hat und dieses verstärken bzw. reduzieren kann.

3.3 Resilienz

Auch wenn Mobbingerfahrungen oftmals mit ernstzunehmenden negativen Konsequenzen einhergehen (siehe 1.5 Folgen von Mobbing), sind nicht alle Opfer gleichermaßen davon betroffen bzw. bleiben einige in Anbetracht ihres Leidens erstaunlich gesund. Dies wirft die Frage auf: Gibt es ein persönliches Merkmal oder eine Eigenschaft, die gegen externe Stressfaktoren wie Mobbing puffert? Und wenn ja, kann dieser Schutzfaktor identifiziert und gestärkt werden? Trotz einiger Fortschritte in den letzten Jahrzehnten ist es nicht gelungen, die Häufigkeit von Mobbing an Schulen drastisch zu reduzieren. Hinduja & Patchin (2017) stellen daher die Frage, ob es nicht besser wäre, Schüler zu »Überwindern« zu machen, anstatt sie als Opfer zu behandeln, die auf die Hilfe von Erwachsenen angewiesen sind. Traditionellerweise wird das Thema Mobbing pathogen angegangen, im Fokus liegt die Minderung von Risikofaktoren sowie die Identifikation und Verbesserung von Defiziten. Die Optimierung der schulischen Umgebung und Bedingungen entspricht diesem pathogenen Denken in der Mobbingprävention. Um weitere Fortschritte zu erzielen, könnte es sinnvoll sein, ein salutogenes Paradigma zu verfolgen, das sich auf die Stärken und Fähigkeiten von Schülern konzentriert. Denn Kinder und Jugendliche besitzen die Fähigkeit, mit vielen Stressfaktoren umzugehen, die auf sie zukommen.

So gibt es nicht nur Faktoren, die davor schützen, überhaupt ein Opfer von Mobbing zu werden (siehe Kapitel 2.1), sondern auch Einflussgrößen, die die Entwicklung von Folgestörungen abfangen. Auch wenn diese sich sicherlich zu einem gewissen Grad überlappen, wurde in der Forschung bislang zu wenig Aufmerksamkeit auf diejenigen verwendet, die eine hohe Funktionalität im Umgang mit erlebter Viktimisierung aufzeigen. Ein in diesem Kontext bedeutendes Konstrukt ist das der Resilienz. Resiliente Personen sind diejenigen, die trotz erheblicher Widrigkeiten im Laufe der Zeit positive Entwicklungen erzielen, also aus verschiedenen Gründen externen Belastungen und Rückschlägen besser standhalten können. Resilienz ist zwar ein persönliches Merkmal, wird aber durch Umweltfaktoren innerhalb der Familie, des sozialen Netzwerks oder der Schule gestärkt bzw. geschwächt. Zu den individuellen Eigenschaften der Resilienz zählen Selbstwertgefühl, Selbstkontrolle und Selbstwirksamkeit. Erste Studien zeigen, dass ein hohes Maß an Resilienz einen wirksamen Schutz vor der Ausbildung von Depressivität und Angst bei Betroffenen darstellt (Hinduja & Patchin, 2017; Sapouna & Wolke, 2013).

Zudem scheint es einen wichtigen Unterschied darzustellen, ob sich die Betroffenen selbst die Schuld an ihrer Viktimisierung geben. Ursachenzuschreibungen wie »Mit mir stimmt etwas nicht«, »Ich habe das verdient« etc. führen dazu, dass die Gründe für Mobbing in der eigenen Person gesucht und somit auch als unkontrollierbar und stabil erlebt werden. In diesem Fall ist der Betroffene dem Geschehen hilflos ausgeliefert, was sein oder ihr Leiden und das Risiko für die Ausbildung psychischer Probleme enorm erhöht. So wird z. B. ein höheres Ausmaß an internalen Problemen wie Depression und Einsamkeit berichtet, wenn Betroffene ihre aversiven Mobbing-Erfahrungen internal attribuieren, anstatt äußere Umstände dafür verantwortlich zu machen (»Ich war nur zur falschen Zeit am falschen Ort«, »Das passiert jedem mal« etc.) (Juvonen & Schacter, 2017).

Der bisherige präventive Fokus auf die Ausgestaltung einer sicheren schulischen Umgebung, also auf externale Faktoren, könnte durch einen Fokus auf internale Kompetenzen wie das Resilienzkonzept sinnvoll erweitert werden. Im Rahmen individueller Interventionen könnte der vorliegende Attributionsstil thematisiert und ggf. in Richtung externaler Faktoren gelenkt werden. Dadurch könnte die Ausbildung von Folgestörungen bei den Opfern von schulischem Mobbing vermindert werden.

4 Fazit

Mobbing unter Kindern und Jugendlichen ist ein weitverbreitetes soziales Phänomen. Eine große WHO-Studie aus den Jahren 2017/18 hat ergeben, dass ca. jeder zehnte Jugendliche in den letzten Monaten in der Schule gemobbt wurde. 2–3 % der Befragten waren zudem von Cybermobbing betroffen. An der Entstehung von Mobbing sind individuelle Charakteristika, sozial- und lern-psychologische Mechanismen sowie schulische und familiäre Rahmenbedingungen beteiligt. Auch wenn das Thema dieses Buches auf die individuelle Eigenschaft Schüchternheit fokussiert, ist es wichtig zu verstehen, dass prinzipiell jeder zum Opfer von Mobbing werden kann. Das durch Mobbing verursachte Leiden ist enorm. Der negative Einfluss von Mobbing betrifft viele Lebensbereiche der Opfer: emotional, psychosozial und kognitiv. Bei Mobbing handelt es sich um eine Form der Misshandlung unter Gleichaltrigen.

Eine erlebte Viktimisierung wirkt sich nicht auf alle Betroffenen gleich aus, da Faktoren berücksichtigt werden müssen, die ein erhöhtes Risiko für die Ausprägung langfristiger negativer Folgen darstellen bzw. die davor zu schützen scheinen. Auch ist die Wahrscheinlichkeit, überhaupt ein Opfer von Mobbing zu werden, nicht für jeden gleich hoch ausgeprägt. Folgende Faktoren spielen im Kontext Schüchternheit eine Rolle:

1. Die individuellen Eigenschaften schüchterner bzw. sozial ängstlicher Kinder und Jugendlicher decken sich mit dem sogenannten passiven Opfertyp: ausgeprägte Ängstlichkeit und Unsicherheit, erhöhte Vorsicht und Sensibilität sowie niedrige Gewaltbereitschaft und Aggressivität. Diese Charakteristika machen sie zu einem leichten Ziel für Attacken, auch weil diese sich nicht wehren.
2. Verfügen Kinder und Jugendliche über weniger soziale Unterstützung in der Peer-Gruppe, trägt dies ebenfalls zu einem erhöhten Risiko für Viktimisierung bei. Der Peer-Status stellt neben dem Schulklima den stärksten kontextuellen Prädiktor für Viktimisierung dar. Soziale Unterstützung durch die Peer-Gruppe schützt zudem nicht nur davor, überhaupt ein Opfer von Mobbing zu werden, auch die Folgen der Viktimisierung scheinen geringer auszufallen (*friendship protection Hypothese*).
3. Mobbing ist ein stark schambesetztes Thema, über das häufig geschwiegen wird. Doch die Suche nach Unterstützung durch Erwachsene oder Gleichaltrige als problemorientierte Copingstrategie führt im Mobbingfall zu günstigeren Entwicklungen für den Betroffenen als emotionale oder vermeidende Reaktionen auf Viktimisierung. Auch hier könnten schüchterne Kinder benachteiligt sein, da sie evtl. eher zögern, andere ins Vertrauen zu ziehen und aktiv Hilfe zu suchen.

Mobbingprävention an Schulen konzentriert sich oftmals auf die kontextuellen Bedingungen am Schulstandort. Sicher wäre es zusätzlich gewinnbringend, sich ebenso auf die Verbesserung der persönlichen und sozialen Kompetenzen der Betroffenen und ihre sozialen Beziehungen zu Gleichaltrigen zu konzentrieren. Vielversprechend erscheinen Trainings zur Erhöhung der sozialen Kompetenz und der Verbesserung des Gefühlsmanagements. Wirksame Verteidigungsmöglichkeiten im Falle von Schikanierung können eingeübt sowie Resilienzfaktoren wie Selbstwertgefühl, Selbstkontrolle und Selbstwirksamkeit gestärkt werden. Mobbingprävention, die nicht nur pathogen im Abbau von Defiziten und Risikofaktoren, sondern auch salutogen im Ausbau von Stärken und Fähigkeiten vorgeht, birgt großes Potential, das Leiden von Betroffenen zu lindern bzw. der Entstehung von Mobbing vorzubeugen.

Literatur

Baier, D., Hong, J. S., Kliem, S. & Bergmann, M. C. (2019): Consequences of Bullying on Adolescents' Mental Health in Germany: Comparing Face-to-Face Bullying and Cyberbullying. *Journal of Child and Family Studies, 28*, 2347–2357.

Bauman, S., Meter, D. J., Nixon, C. & Davis, S. (2016): Targets of peer mistreatment: do they tell adults? What happens when they do? *Teaching and Teacher Education, 57*, 118–124.

Blomqvist, K., Saarento, S. & Salmivalli, C. (2020): Telling adults about one's plight as a victim of bullying: student- and context-related factors predicting disclosure. *Scandinavian Journal of Psychology, 61* (1), 151–159.

Cook, C. R., Williams, K. R., Guerra, N. G., Kim, T. E. & Sadek, S. (2010): Predictors of Bullying and Victimization in Childhood and Adolescence: A Meta-analytic Investigation. *School Psychology Quarterly, 25* (2), 65–83.

Darley, J. M. & Latané, B. (1968): Bystander intervention in emergencies: Diffusion of responsibility. *Journal of Personality and Social Psychology, 8*, 377–383.

Erath, S. A., Flanagan, K. S. & Bierman, K. L. (2007): Social anxiety and peer relations in early adolescence: Behavioral and cognitive factors. *Journal of Abnormal Child Psychology, 35*, 405–416.

Gladden, R. M., Vivolo-Kantor, A. M., Hamburger, M. E. & Lumpkin, C. D. (2014): Bullying Surveillance among Youths: Uniform Definitions for Public Health and Recommended Data Elements. Version 1.0. Centers for Disease Control and Prevention. https://eric.ed.gov/?id=ED575477

HBSC-Studienverbund Deutschland (2020): Studie Health Behaviour in School-aged Children – Faktenblatt »Cybermobbing unter Kindern und Jugendlichen«. http://hbsc-germany.de/wp-content/uploads/2020/03/Faktenblatt_Cybermobbing-2018_final-05.02.2020.pdf

HBSC-Studienverbund Deutschland (2020): Studie Health Behaviour in School-aged Children – Faktenblatt »Schulisches Mobbing unter Kindern und Jugendlichen«. http://hbsc-germany.de/wp-content/uploads/2020/03/Faktenblatt_Schulisches-Mobbing-2018-final-05.02.2020.pdf

Hinduja, S. & Patchin, J. W. (2010): Bullying, Cyberbullying, and Suicide. *Archives of Suicide Research, 14* (3), 206–221.

Hinduja, S. & Patchin, J. W. (2017): Cultivating youth resilience to prevent bullying and cyberbullying victimization. *Child Abuse & Neglect, 73*, 51–62.

Jantzer, V., Haffner, J., Parzer, P., Resch, F. & Kaess, M. (2015): Does parental monitoring moderate the relationship between bullying and adolescent nonsuicidal self-injury and suicidal behavior? A community-based self-report study of adolescents in Germany. *BMC Public Health, 15*, 583.

Juvonen, J. & Schacter, H. L. (2017): Depressive symptoms, friend distress, and self-blame: Risk factors for adolescent peer victimization. *Journal of Applied Developmental Psychology, 51*, 35–43.

Lereya, S. T., Copeland, W. E., Costello, E. J. & Wolke, D. (2015): Adult mental health consequences of peer bullying and maltreatment in childhood: two cohorts in two countries. *The Lancet. Psychiatry, 2* (6), 524–531.

Moore, S. E., Norman, R. E., Suetani, S., Thomas, H. J., Sly, P. D. & Scott, J. G. (2017): Consequences of bullying victimization in childhood and adolescence: A systematic review and meta-analysis. *World Journal of Psychiatry, 7* (1), 60–76.

Olweus, D. (1994): Annotation: Bullying at school: Basic facts and effects of a school-based intervention program. *Child Psychology & Psychiatry & Allied Disciplines*, 35 (7), 1171–1190.

Olweus, D. (2001): Peer harassment: A critical analysis and some important issues. In: Juvonen, J. & Graham, S. (Hrsg.), *Peer harassment in school: the plight of the vulnerable and victimized*. Guilford Press, New York, 3–20.

Olweus, D. (2006): *Gewalt in der Schule: Was Lehrer und Eltern wissen sollten – und tun können*. Hans Huber, Bern.

Rigby, K. & Bagshaw, D. (2003): Prospects of adolescent students collaborating with teachers in addressing issues of bullying and conflict in schools. *Educational Psychology*, 23 (5), 535–546.

Salmivalli, C., Lagerspetz, K., Björkqvist, K., Österman, K. & Kaukialnen, A. (1996): Bullying as a Group Process: Participant Roles and Their Relations to Social Status Within the Group. *Aggressive Behavior*, 22 (1), 1–15.

Salmivalli, C. (2010): Bullying and the peer group: A review. *Aggression and Violent Behavior*, 15 (2), 112–120.

Salmivalli, C., Voeten, M. & Poskiparta, E. (2011): Bystanders matter: Associations between reinforcing, defending, and the frequency of bullying behavior in classrooms. *Journal of Clinical Child & Adolescent Psychology*, 40 (5), 668–676.

Sapouna, M. & Wolke, D. (2013): Resilience to bullying victimization: The role of individual, family and peer characteristics. *Child Abuse and Neglect*, 37, 997-1006.

Shaw, T., Campbell, M. A., Eastham, J., Runions, K. C. Salmivalli, C. & Cross, D. (2019): Telling an Adult at School about Bullying: Subsequent Victimization and Internalizing Problems. *Journal of Child and Family Studies*, 28 (9), 2594–2605.

Takizawa, R., Maughan, B., & Arseneault, L. (2014): Adult health outcomes of childhood bullying victimization: evidence from a five-decade longitudinal British birth cohort. *The American Journal of Psychiatry*, 171 (7), 777–784.

Tippett, N. & Wolke, D. (2014): Socioeconomic status and bullying: a meta-analysis. *American Journal of Public Health*, 104 (6), 48–59.

Ttofi, M. M., Bowes, L., Farrington, D. P. & Lösel, F. (2014): Protective Factors Interrupting the Continuity From School Bullying to Later Internalizing and Externalizing Problems: A Systematic Review of Prospective Longitudinal Studies. *Journal of School Violence*, 13 (1), 5–38.

Yeung, R. & Leadbearer, B. (2010). Adults make a difference: The protective effects of parent and teacher emotional support on emotional and behavioral problems of peer-victimized adolescents. *Journal of Community Psychology*, 38 (1), 80–98.

Zych, I., Farrington, D. P. & Ttofi, M. M. (2019): Protective factors against bullying and cyberbullying: A systematic review of meta-analyses. *Aggression and Violent Behavior*, 45, 4–19.

Selbstverletzendes Verhalten bei sozial ängstlichen Jugendlichen

Tina In-Albon & Daniela Schwarz

1 Fallbeispiel

Jana, 15 Jahre, habe sich innerhalb der letzten Monate mehrmals (mehr als 5 x) selbstverletzt. Sie schneide sich z. B. mit scharfen Sachen, wie mit einer Klinge, Plastik oder Papier. Außerdem reibe sie sich manchmal exzessiv an den Armen oder boxe gegen die Wand. Sie wolle sich mit diesen Handlungen nicht das Leben nehmen. Durch die Selbstverletzung erhoffe sie sich Besserung, dass der Kummer weggehe und dass sie Blut sehe. Durch die Selbstverletzung erlebe sie meistens eine Erleichterung von negativen Gefühlen, dass sich soziale Schwierigkeiten und Konflikte lösen und dass sie sich danach besser fühle. Außerdem habe die Selbstverletzung jedes Mal damit in Verbindung gestanden, dass sie traurig, ängstlich, wütend, selbstkritisch, angespannt oder gestresst gewesen sei. Häufig habe sie davor Schwierigkeiten in sozialen Situationen. Sie habe sehr oft einen sehr starken Drang, sich selbst zu verletzen, führe diesen aber nicht immer aus. Sie fühle sich stark beeinträchtigt, da sie Kleider mit langen Ärmeln anziehen müsse und es zu Hause immer wieder zu Diskussionen mit den Eltern kommen würde. Sie gab an, dass sie sehr stark darunter leide und sich deswegen auch Hilfe wünsche, aber auch nicht wisse, ob sie das Verhalten aufgeben möchte.

Zusätzlich berichtete Jana, sie habe Ängste in sozialen Situationen, sie wisse nicht, was sie sagen soll, fühle sich hilflos und ohne Verbindung zum Gegenüber. Sie habe außerdem Angst vor Bewertungen, wie zum Beispiel bei Vorträgen. Sie fürchte sich auch davor, dass ihr etwas Peinliches passiere, da sie oft nicht genügend nachdenke, was sie sage und es dann bereuen würde. Diese Angst habe sie nicht nur bei Erwachsenen, sondern auch bei Gleichaltrigen. Ebenso trete diese Angst sowohl bei bekannten als auch bei unbekannten Menschen auf. Sie könne keinen Zeitpunkt nennen, wann dies begonnen hätte, sie sei »schon immer so« gewesen. Jana habe nur eine Freundin, wünsche sich jedoch mehr, habe aber Schwierigkeiten damit, welche zu finden. Sehr große Angst habe sie vor sozialen Situationen wie dem Essen in der Öffentlichkeit, vor einer Gruppe zu sprechen, geprüft zu werden und Nein zu sagen. Starke Angst mache ihr die Tatsache auf Partys zu gehen, vor der Schulklasse etwas zu sagen, den Lehrer etwas zu fragen, das Schreiben vor anderen, sich mit anderen zu treffen oder sie zu bitten, mit ihrem Verhalten aufzuhören. Diese Situationen vermeide sie auch so oft es ginge. In diesen Situationen würde sie erröten, bekäme Herzrasen und Atemnot, könne nicht denken und habe ein komisches Gefühl im Bauch. Ihr sei warm und sie zittere. Sie denke dann, die anderen könnten sie auslachen und denken »Oh, Gott, ist die blöd, was labert die denn?«. Sie fühle sich durch diese Angst stark beeinträchtigt, da sie in der Schule Probleme mit den mündlichen Noten habe und schon immer im Zeugnis gestanden habe, man wünsche sich von ihr »mehr Beteiligung« am Unterrichtsgeschehen. Sie habe einen starken Leidensdruck und wünsche sich deswegen auch Hilfe.

Jana erfüllt die diagnostischen Kriterien für eine soziale Angststörung sowie die Forschungskriterien für nichtsuizidale Selbstverletzungen.

2 Selbstverletzendes Verhalten

Selbstverletzendes Verhalten ist abzugrenzen von selbstschädigendem und suizidalem Verhalten. Hauptmerkmal der Nichtsuizidalen Selbstverletzungen (NSSV) ist, dass Betroffene sich selbst Verletzungen der Körperoberfläche zufügen, welche sozial nicht akzeptiert sind (z. B. Tattoos oder Piercings) und mit welchen keine suizidale Absicht einhergeht (Lloyd-Richardson et al., 2007; APA, 2013). Selbstschädigendes Verhalten umfasst Verhaltensweisen wie risikoreiches Verhalten z. B. im Straßenverkehr, im Sexualverhalten, Essanfälle oder übermäßiger Alkoholkonsum.

Die häufigste Form der Selbstverletzung ist das Ritzen/Schneiden mit einem scharfen oder spitzen Gegenstand. Nicht selten werden hierzu neben Messern, Scheren und Rasierklingen auch Scherben von zerbrochenem Glas etc. verwendet. Die Schnittwunden hinterlassen oft ein charakteristisches Muster von Narben. Weitere Formen sind das Zufügen von Verbrennungen, Kratzen, Beißen, Reiben der Haut, bis es blutet, oder sich schlagen. Oft werden von den Betroffenen abwechselnd mehrere Methoden eingesetzt. Lokalisationen sind vorwiegend die Unterarme, Oberarme, Handgelenke und Oberschenkel, wobei auch Selbstverletzungen an anderen Körperteilen vorgenommen werden.

Zwischen 25 und 35 % der Jugendlichen in der Allgemeinbevölkerung haben sich bereits mindestens einmal selbst verletzt (Brunner et al., 2014; Plener et al., 2009). Jedoch sollte einmaliges NSSV nicht als pathologisch eingeschätzt werden. Wiederholtes NSSV (mind. 4-5 x im vergangenen Jahr) betrifft ungefähr 4–6 % der Jugendlichen (Plener et al., 2013). Mit dem selbstverletzenden Verhalten wird durchschnittlich zwischen dem 12. und 14. Lebensjahr begonnen (In-Albon et al., 2013). Der Häufigkeitsgipfel liegt um das 15./16. Lebensjahr und reduziert sich in der Adoleszenz und im Erwachsenenalter (Plener et al., 2015). Die Häufigkeiten sind bei weiblichen Jugendlichen deutlich höher als bei männlichen Jugendlichen, sowohl für einmaliges wie auch für repetitives NSSV (Brunner et al. 2007; Zetterqvist et al. 2013), wobei je nach Erfassung, welche Formen selbstverletzenden Verhaltens vorgenommen werden, ein ausgeglicheneres Geschlechterverhältnis gefunden wird. So wird nach außen gerichtetes, aggressives Verhalten mit der Intention der Selbstschädigung, wie z. B. gegen eine Wand schlagen, häufiger von männlichen Jugendlichen angegeben.

Selbstverletzendes Verhalten tritt häufig mit weiteren psychischen Auffälligkeiten auf, insbesondere depressive Störungen, Angststörungen, Posttraumatische Belastungsstörung, kann aber auch in Abwesenheit einer Diagnose einer psychischen Störung auftreten. Unter den Angststörungen ist dabei die Soziale Angststörung die häufigste komorbide Diagnose. Des Weiteren ist selbstverletzendes Verhalten ein Symptom der Borderline Persönlichkeitsstörung (BPS), wobei die Mehrheit der Patienten mit BPS selbstverletzendes Verhalten zeigen (ca. 80 %), aber nur eine Minderheit der jugendlichen Patienten mit NSSV erfüllen die Kriterien für eine BPS. Gemeinsamkeit beider Störungen sind Schwierigkeiten in der Emotionsregulation.

Wie bereits im Namen ersichtlich, wird NSSV nicht mit suizidaler Intention unternommen. Dennoch haben viele Patienten, die NSSV durchführen, auch Suizidgedanken und verüben Suizidversuche. Ferner stellt NSSV einen beträchtlichen Risikofaktor für Suizidalität dar (Castellvi et al., 2017). Umgekehrt zeigen Jugendliche, die ihr NSSV beendeten, auch einen deutlichen Rückgang ihrer Suizidalität (Koenig et al., 2016).

Essentiell für das Verständnis und dann auch für Behandlungsansätze von NSSV sind die Funktionen oder Motive, warum NSSV durchgeführt wird. Zentral für die Aufrechterhaltung sind die Lernmechanismen der negativen (Wegfall von etwas Aversivem) und positiven Verstärkung (Belohnung) und spielen damit eine zentrale Rolle. Es können dabei zwei übergeordnete Funktionen unterschieden werden, die intrapersonellen/selbstregulierenden (z. B. um etwas zu fühlen, auch wenn es Schmerz ist, um schlechte Gefühle zu beenden) und interpersonellen/sozialen Funktionen (z. B. um zu vermeiden, unter Menschen zu sein, damit andere Leute sich anders verhalten oder sich ändern) (In-Albon et al., 2015). Ein Missverständnis ist hingegen, dass der Wunsch, Aufmerksamkeit zu bekommen, einen häufigen Grund darstellt, da die meisten Betroffenen NSSV verheimlichen und alleine ausüben.

Für die Entstehung und Aufrechterhaltung der Symptomatik von NSSV ist von einem multifaktoriellen Modell, im Sinne eines biopsychosozialen Modells, auszugehen. Biologische Faktoren sind beispielsweise eine veränderte neurobiologische Reaktion auf Stress, eine reduzierte Schmerzwahrnehmung während NSSV, genetisch bedingte Anfälligkeiten, psychische Faktoren sind z. B. Alexithymie, geringe Stresstoleranz, dysfunktionale Gedanken, mangelnder Selbstwert und soziale Faktoren sind z. B. fehlende soziale Unterstützung, belastende Kindheitserlebnisse, Mobbing-Erfahrungen durch Gleichaltrige und Geschwister, Zugehörigkeit zu bestimmten Jugendgruppen, schwieriges Familienklima, Ausgrenzung aufgrund nicht heterosexueller Orientierung, Modelllernen.

Lernen am Modell und Imitation kann dabei über persönliche Kontakte (Peers, Geschwister, die sich selbst verletzen) und über Medien (Filme, Internet,

Lieder) stattfinden. Insbesondere der Austausch von Bildern und Texten zu NSSV in sozialen Medien bergen die Gefahr, NSSV zu triggern (Lewis et al., 2012). In bisherigen Untersuchungen wurden neben negativen Auswirkungen, wie normalisierte, verherrlichende Darstellungen und die bereits beschriebene Triggerwirkung (Duggan et al., 2011; Lewis et al., 2012; Whitlock et al., 2009), jedoch auch positive Auswirkungen des Internets, wie Empathie, Unterstützung, Respekt und Verständnis berichtet (Bell, 2014; Dyson et al., 2016; Whitlock et al., 2007). In einer qualitativen Befragung von Betroffenen zeigte sich, dass manche Betroffene sich durch die gegebene Anonymität motivieren konnten, mit Online-Freunden über NSSV zu sprechen (Berger et al., 2017).

Zum Umgang bzw. zur Prävention der Ansteckungsgefahr sollte die Kommunikation über NSSV innerhalb der Peer-Gruppe reduziert werden, d. h. es sollte offen angesprochen werden, dass Mitschüler oder Mitpatienten durch Kommunikation über Selbstverletzungen dazu verleitet werden könnten. Auch sollten keine akuten Wunden sichtbar sein.

Im Umgang mit Betroffenen mit NSSV ist zu bedenken, dass die Selbstverletzung meist die einzige Möglichkeit ist, mit für die Betroffenen negativ wahrgenommenen Emotionen umzugehen. Grundsätzlich gilt es, den Betroffenen viele Angebote zu machen, wenn eine hohe Anspannung besteht bzw. der Drang für NSSV stark ist, aber wenig bis keine Aufmerksamkeit direkt nach selbstverletzendem Verhalten zu zeigen, sondern ein sachlicher Umgang mit einer zuvor abgestimmten Routine (Wundversorgung) umzusetzen. Grundsätzlich ist beim Umgang und Reaktion auf Betroffene mit NSSV bzw. beim Ansprechen bei Verdacht auf NSSV auf eine »respektvolle Neugierde« zu achten, d. h. ein ruhiges Ansprechen, Nachfragen, Besorgnis äußern, Hilfe anbieten, nicht urteilen (Walsh, 2006). Jemanden zu akzeptieren heißt nicht, dessen Verhalten zu akzeptieren.

Diese Grundregel gilt auch im therapeutischen Kontext. So ist ein Kernelement in der Psychotherapie die Erarbeitung von Skills, die in Anspannungssituationen eingesetzt werden können, um diese Anspannungssituation ohne selbstverletzendes Verhalten zu überstehen. Dabei können ein oder mehrere Skills eingesetzt werden. Mit Skills sind Verhaltensweisen gemeint, die in einer schwierigen Situation kurzfristig wirksam sind und dabei langfristig nicht schädlich sind, also Alternativen zu selbstverletzendem Verhalten. Dabei wirken bei jedem Menschen Skills auf unterschiedlichen Zugangswegen. Skills können vier unterschiedliche Arten umfassen: 1) Sinnesbezogene Skills (Sehen, Hören, Schmecken, Riechen, Spüren), z. B. kaltes Wasser, Chilischoten; 2) Gedankenbezogene Skills, z. B. Kreuzworträtsel; 3) Handlungsbezogene Skills, z. B. Sport und 4) Körperbezogene Skills, z. B. Atemübungen. Bekannt ist in diesem Zusammenhang der Notfallkoffer, der häufig mit Betroffenen erstellt wird und der eine Sammlung von Skills enthält. Zu Beginn der Arbeit mit dem Notfallkoffer ist es wichtig, die Betroffenen auf frühe Anzeichen eines Drangs für NSSV zu sensibilisieren, um schon früh alternative Verhaltensweisen einleiten zu können, weshalb der Einsatz einer Skalierung des Drangs von 0–100 (kein Verlangen nach Selbstverletzung – extremes Verlangen nach Selbstverletzung) sinnvoll ist. Es ist hilfreich, bei der Erarbeitung der Frühwarnzeichen auch Verhaltensweisen und körperliche Reaktionen auf verschiedenen Stufen zu dokumentieren. Bei geringem Stresslevel hat der Betroffene meist eine größere Auswahl an alternativen Verhaltensweisen und kann sich auch mit Ablenkung, positiven Aktivitäten und sozialen Kontakten eher vom Druck, sich selbst zu verletzen, befreien. Es ist dabei wichtig zu verdeutlichen, dass die Anwendung einer therapeutischen Technik als Verhaltensalternative allein wahrscheinlich nicht ausreichen wird, um das NSSV zu beenden, dass es aber sinnvoll ist, unterschiedliche Dinge zu probieren und zu kombinieren, um dadurch die Spannung insgesamt zu reduzieren. NSSV ist eine derart komplexe Symptomatik, dass nicht zu erwarten ist, dass durch vergleichsweise einfache alternative Verhaltensweisen aus einem Notfallkoffer (z. B. in eine Chilischote beißen) die Symptomatik ganz verschwindet. Dennoch sind diese Verhaltensalternativen ganz entscheidend, um eingespielte Automatismen zu unterbrechen und dadurch Spielraum für andere therapeutische Techniken (z. B. der Arbeit mit emotional-kognitiven Schemata, Aufbau von sozialen Kompetenzen) zu eröffnen, welche dann in ihrer Gesamtheit wirken können.

Aus therapeutischer Sicht gibt es zwei evidenzbasierte Therapieansätze für NSSV – die Verhaltenstherapie (KVT; Kaess et al., 2019) und die dialektisch-behaviorale Therapie für Adoleszente (DBT-A; Bürger et al., 2019). Spezifische Inhalte der beiden Therapien sind: Angehen der Änderungsbereitschaft, Zusammenspiel von Gefühlen, Gedanken und Verhalten, Erarbeiten von Bewältigungsstrategien (z. B. Alternativen zum selbstverletzenden Verhalten, Achtsamkeitsübungen), Bearbeiten von dysfunktionalen Gedanken sowie bei Bedarf Aufbau zwischenmenschlicher Fertigkeiten.

Online-Interventionen bieten die Möglichkeit, spezifische Interventionen unabhängig vom Standort und der Versorgungsstruktur zu vermitteln. Aufgrund der Anonymität und Verfügbarkeit des Internets werden darüber hinaus auch Jugendliche mit gering ausgeprägten Hilfesuchtendenzen angesprochen. In einem derzeit laufenden BMBF-Projekt STAR: self-injury: treatment, assessment, recovery (www.star-projekt.de) wird für Betroffene zwischen 15 und 21 Jahren, die sich in den letzten 12 Monaten selbst verletzt haben und momentan nicht in einer ambulanten oder teil- bzw. stationären psychotherapeutischen Behandlung sind, eine online-Hilfe (Kaess, Koenig, et al., 2019) angeboten.

3 Selbstverletzendes Verhalten und soziale Ängste

Was wissen wir nun zum gemeinsamen Vorkommen von NSSV und sozialen Ängsten, wie im einleitenden Fallbeispiel von Jana?

Bei Jugendlichen mit NSSV ist das Vorliegen einer sozialen Angststörung nach einer depressiven Störung mit der posttraumatischen Belastungsstörung einer der häufigsten komorbiden Diagnosen (In-Albon et al., 2013). Eine Gemeinsamkeit zeigt sich in einem geringen Selbstwert sowie in Schwierigkeiten im Umgang mit Emotionen. Jedoch zeigen sich auf den ersten Blick auch Unterschiede, indem Jugendliche mit NSSV impulsiv handeln und sich selbst verletzen.

Diese Aspekte von Impulsivität und Ängstlichkeit sind in der Persönlichkeitstheorie von Gray (1981) beschrieben, in der sich Persönlichkeitsunterschiede durch eine unterschiedliche Sensitivität für Hinweisreize auf Belohnung und Bestrafung auszeichnen.

Die Persönlichkeit nach Gray lässt sich durch drei Dimensionen beschreiben: Impulsivität, Ängstlichkeit und Psychotizismus. Dafür postuliert er drei Hirnsysteme: Das Verhaltenshemmungssystem (behavioral inhibition system, BIS), das Verhaltensannäherungssystem (behavioral activation system, BAS) und das Fight-Flight-System (FFS).

Das BIS reagiert auf konditionierte Reize für Bestrafung und frustrierende Nichtbelohnung, d. h. das System wird aktiviert, falls Umgebungsreize eine Bestrafung signalisieren oder ausbleiben bzw. den Abbruch einer Belohnung ankündigen (also Hinweisreize für eine Bestrafung Typ 1 oder Typ 2). Zudem kann das BIS auch durch Neuheit eines Reizes aktiviert werden. Infolge kommt es zu einer Verhaltenshemmung, d. h. ein gerade ausgeführtes Verhalten wird unterbrochen. Des Weiteren kommt es zu einer erhöhten Erregung und einer verstärkten Aufmerksamkeitszuwendung auf die Umgebung bzw. auf bedrohende oder neue Reize. Schließlich führt die Aktivierung des BIS zu einem Gefühl der Angst.

Das BAS reagiert auf konditionierte Reize für Belohnung und Nichtbestrafung. Eine Aktivierung erfolgt also, falls Umgebungsreize eine Belohnung ankündigen oder das Ausbleiben bzw. den Abbruch einer Bestrafung ankündigen (also Hinweisreize für positive und negative Verstärkung). Eine Aktivierung des BAS führt daher zu einer Verhaltensaktivierung. Zusätzlich führt eine Aktivierung des BAS zu positiven Emotionen, wie Freude oder auch Erleichterung (Wegfall von negativen Emotionen im Sinne einer negativen Verstärkung).

Das FFS generiert die Reaktionen auf eine primäre Bedrohung. Diese Reaktionen können zum einen zu einer Kampfhandlung oder zu einer Erstarrungs- oder Fluchtreaktion führen.

Die Persönlichkeitsdimensionen Ängstlichkeit bzw. Impulsivität werden durch individuelle Unterschiede in der Sensitivität des BIS bzw. BAS für ihre jeweiligen aktivierenden Reize bedingt. Ängstliche Personen zeichnen sich danach durch eine leichte Aktivierbarkeit des BIS und eine hohe Empfänglichkeit für Bestrafung aus. Dies zeigt sich auch durch eine Korrelation von BIS und internalisierenden Schwierigkeiten, Schüchternheit, sozialer Angst und einem geringen Selbstwert sowohl bei Kindern, Jugendlichen und Erwachsenen (Ran et al., 2018; Sportel et al., 2011; Yu et al., 2011). Impulsive Personen dagegen zeichnen sich durch eine erhöhte Empfänglichkeit für Belohnung aus.

Aufgrund der Rolle des BIS und BAS für die Affekt- und Verhaltensregulation ist ein Zusammenhang mit NSSV naheliegend. Zumal bekannt ist, dass NSSV positiv und negativ verstärkend sein kann (Nock & Prinstein, 2004) und Betroffene mit NSSV häufig impulsiv und sensitiv gegenüber Bedrohung und Konflikt sind (Tschan et al., 2017). Impulsivität ist dabei gekennzeichnet durch Risikosuche (sensation seeking) und einem Drang, sich selbst zu verletzen.

Wie erwartet zeigte sich in Studien, dass Betroffene mit NSSV erhöhte BIS Werte aufweisen (Ammerman et al., 2017). BIS könnte eine Rolle bei den NSSV Funktionen einnehmen, dass Betroffene mit NSSV Hinweisreize als Bestrafung wahrnehmen und dadurch einen Einfluss auf intrapersoneller und interpersoneller Ebene nehmen kann. NSSV als Vermeidungs- und Fluchtstrategie von negativen Emotionen und Situationen ist dabei konsistent mit dem Funktionenmodell von Nock und Prinstein (2004), welches gekennzeichnet ist durch automatische/intrapersonelle bzw. soziale/interpersonelle negative Verstärkung. Die Rolle des BAS bei NSSV ist noch unklar. Die aktuellen Studienergebnisse verweisen darauf, dass Betroffene mit NSSV keine erhöhte Sensitivität auf Belohnung aufweisen, was damit einhergeht, dass die Mehrheit der Betroffenen NSSV nicht durchführen, um Aufmerksamkeit zu erhalten (In-Albon et al., 2013). Ein Zusammenhang mit BAS zeigte sich eher, wenn weitere Verhaltensweisen wie Alkohol- und Drogenkonsum auftraten. Dies verweist auch auf die Komplexität von Impulsivität hin.

4   Interventionen

Was sind nun Interventionen, die hilfreich sein können?

Es wurde bereits bei NSSV als auch bei sozialen Ängsten sowie den meisten anderen psychischen Störungen darauf verwiesen, dass diese Schwierigkeiten häufig mit Defiziten im Umgang mit Emotionen bzw. Defiziten in emotionalen Kompetenzen einhergehen. Zudem ist bekannt, dass emotionale Kompetenzen einen wichtigen Schutzfaktor für psychische Störungen darstellen (Petermann & Wiedebusch, 2016).

Nach Petermann und Wiedebusch (2008) umfasst emotionale Kompetenz »die Fähigkeiten, sich seiner eigenen Gefühle bewusst zu sein, Gefühle mimisch oder sprachlich zum Ausdruck zu bringen und eigenständig zu regulieren sowie die Emotionen anderer Personen zu erkennen und zu verstehen« (S. 13). Sie machen mit dieser Definition deutlich, dass emotionale Kompetenz kein eindimensionales Konstrukt ist, sondern sich aus mehreren Aspekten bzw. Einzelfertigkeiten zusammensetzt. Außerdem ist emotionale Kompetenz immer in den sozialen Kontext eingebettet, da die beschriebenen Aspekte emotionaler Kompetenz eng mit anderen Personen verknüpft sind und meist in sozialen Situationen stattfinden. Die Verwendung des Begriffs *Kompetenz* verweist zudem darauf, dass es sich hier um Fertigkeiten handelt, die nicht angeboren, sondern erlernbar (Baumert, Stanat, & Demmrich, 2001) und durch Fördermaßnahmen beeinflussbar sind.

Ein vergleichbarer Ansatz beschreibt emotionale Kompetenz mit den drei Komponenten: Emotionsausdruck, Emotionsverständnis und Emotionsregulation (Denham, 1998). Diese Komponenten setzten sich wiederum aus mehreren Aspekten zusammen (siehe Tabelle 1) und sind eng miteinander verknüpft. Je nach Alter und Entwicklungsstand können einzelne Aspekte bereits vorhanden sein, während andere sich erst noch entwickeln müssen.

Tab. 1: Komponenten emotionaler Kompetenz nach Denham (1998), übersetzt nach Petermann & Wiedebusch (2008)

Emotions-ausdruck	nonverbale emotionale Mitteilungen durch Gesten äußern können empathisches Einfühlungsvermögen in Bezug auf die Gefühle anderer zeigen können selbstbezogene Gefühle zeigen können sozial missbilligte Gefühle kontrollieren können, indem Erleben und Ausdruck von Emotionen voneinander getrennt werden
Emotions-verständnis	eigene Gefühlszustände unterscheiden können Gefühlszustände anderer Personen unterscheiden können Emotionsvokabular bei der Kommunikation über Gefühle einsetzen können
Emotions-regulation	negative Gefühle bewältigen können positive Gefühle bewältigen können

Das Training emotionaler Fertigkeiten eignet sich daher auch für präventive Interventionen (z. B. *Das Emotionsregulationstraining für Kinder im Grundschulalter*; Heinrichs, Lohaus & Maxwill, 2017; *Das Emotionstraining in der Schule*; Petermann, Petermann & Nitkowski, 2016; Petermann, Koglin, Natzke & Marées, 2013; Bowi, Ott & Trees, 2008; Junge, Neumer, Manz & Margraf, 2002). In diesen Trainings geht es um die Verbesserung der emotionalen Kompetenzen z. B. durch die Vermittlung von adaptiven Emotionsregulationsstrategien. Hierbei sollte mit den Kindern die Funktionalität von Emotionen erarbeitet werden (Emotionen als überlebenswichtige Ressource) in Abgrenzung zu einem dysfunktionalen Umgang mit intensiven oder aversiv erlebten Emotionen.

Im Programm »Emotionstraining in der Schule« (Nitkowski et al., 2017) erfolgt die Stärkung emotionaler Kompetenz durch die Förderung des Emotionsbewusstseins (z. B. durch Achtsamkeit), des Emotionsverständnisses (z. B. mimischer Ausdruck verschiedener Emotionen) und das Erlernen situationsspezifischer Emotionsregulationsmöglichkeiten.

Daher kann als gesundheitsfördernde Maßnahme bei Kindern und Jugendlichen die Verbesserung emotionaler Kompetenzen gesehen werden (Pfeiffer et al., 2019). In dem Präventionsprojekt »Umgang mit Gefühlen«, durchgeführt durch Studierende in Schulklassen, konnte gezeigt werden, dass die Schüler dieses Programm gut akzeptieren und v. a. bezüglich der Emotionsregulation profitieren.

Zur Prävention von Depressionen und Ängsten liegt das Programm »GO! Gesundheit und Optimismus« vor (Balmer, Michael, Munsch & Margraf, 2007; Junge, Manz, Neumer & Margraf, 2001). Das Programm beinhaltet Informationsvermittlung, soziales Kompetenztraining, Umgang mit Gedanken und Gefühlen. Mit dem »GO!«-Programm konnte nachweisbar Wissen über psychische Prozesse vermittelt werden, die dysfunktionalen Bewertungen der Angstauslöser und das Angst aufrechterhaltende Vermeidungsverhalten konnten vermindert und die sozialen Kompetenzen der Jugendlichen verbessert werden (Balmer, Michael, Munsch & Margraf, 2007; Junge, Manz, Neumer & Margraf, 2001).

Der Selbstwert und die Selbstwirksamkeitserwartung sind weitere Aspekte, die bei psychischen Problemen häufig gering ausgeprägt sind. So auch bei NSSV und sozialen Ängsten. Daher ist die Stärkung der Selbstwirksamkeitserwartung sowie des Selbstwerts ein weiterer Ansatz. Unter Selbstwirksamkeitserwartung (Bandura, 1982) versteht man die allgemeine Überzeugung, selbst über Kompetenzen zu verfügen, um mit Anforderungen gut umgehen zu können. Dies wirkt sich auch auf den Selbstwert im Sinne einer positiven Bewertung über sich selbst aus. Dazu können Übungen zur Ressourcenaktivierung eingesetzt werden. Die Ressourcenaktivierung als das Erkennen, Fokussieren und Stützen von positiven Seiten und Fähigkeiten des Menschen zielt auf ein unmittelbar positives Erleben. Beispiele sind: Welche Stärken und Fähigkeiten hat das Kind oder der Jugendliche? Wo und wie können diese Stärken gewinnbringend eingebracht werden? (z. B. Traub & In-Albon, 2017).

Spezifisch bei NSSV konnte gezeigt werden, dass die Selbstwirksamkeit, dem Drang nach NSSV zu widerstehen, als Prädiktor für geringeres NSSV galt (Kiekens et al., 2020). Somit ist die Steigerung des Selbstwerts und der Selbstwirksamkeit ein zentraler Faktor für die langfristige Reduktion von NSSV.

Ein weiterer häufiger Bestandteil von Präventionsprogrammen ist soziales Kompetenztraining. Es ist bekannt, dass bei vielen psychischen Störungen im Kindes- und Jugendalter soziale Kompetenzprobleme eine Rolle spielen, diese sich aber auch gut trainieren lassen. Es wird dabei vermittelt, dass sich die Bewältigung sozialer Situationen auf mehreren Ebenen (kognitiv, emotional und motorisch) abspielt. Als wirksam hat sich dabei das Gruppentraining sozialer Kompetenzen nach Hinsch und Pfingsten (2007) erwiesen, welches für Kinder und Jugendliche adaptiert wurde (Jürgens & Lübben, 2014). Das soziale Kompetenztraining zielt darauf ab, durch Übungen und Trainingselemente verschiedene Bewältigungsmöglichkeiten zu vermitteln. Auf kognitiver Ebene geht es vorwiegend um die Wahrnehmung und Unterscheidung von selbstsicheren und aggressiven Verhaltensweisen und die Differenzierung von Kognition und Emotion. Ein weiterer Trainingsbaustein ist das Bewusstmachen von eigenen Selbstverbalisationen. Als Entspannungstraining wird die Progressive Muskelrelaxation (PMR nach Jacobson) vermittelt. Ziel ist es, den Teilnehmern einen Zuwachs an Selbstwirksamkeit und Vertrauen in ihre eigenen Kompetenzen zu vermitteln. Des Weiteren werden Rollenspiele mit Videofeedback eingeübt. Es geht dabei um den Erwerb und Ausbau von umfassenden Bewältigungsstrategien.

Im Hinblick auf selbstschädigendes Verhalten im Schulkontext liegen evaluierte Programme wie Screenings, Gatekeeper-Programme, Peer Leadership, psychoedukative Programme und Skills-Trainings vor. Die bislang größte im Schulkontext durchgeführte Präventionsstudie ist das europäische SEYLE-Projekt. Das SEYLE Projekt (Saving and Empowering Young Lives in Europe; Wasserman et al. 2010, 2015) ist ein Mehr-Ebenen-Präventionsprojekt von riskantem und selbstschädigendem Verhalten für Jugendliche, welches universelle und selektive Komponenten der Prävention enthält. Es handelt es sich um eine randomisiert-kontrollierte Multi-Center-Studie, die in Kooperation von 10 EU-Staaten und Israel durchgeführt wurde und europaweit über 12.000 Schülerinnen und Schüler im Alter von 14 bis 16 Jahren (9. Klasse) erfasste. Ziel der Studie war die Untersuchung der Wirksamkeit verschiedener schulbasierter Präventionsmaßnahmen zur Reduktion riskanter und selbstschädigender Verhaltensweisen im Jugendalter.

Bei den Interventionsbedingungen zeigte sich insbesondere die Strategie zur Schulung und Stärkung der Selbstwahrnehmung und Selbstachtsamkeit als wirksam in der Reduktion von riskantem und selbstschädigenden Verhaltensweisen. Dabei wurden im Klassenverbund Themen besprochen wie Wissensvermittlung, was seelische Gesundheit bedeutet, und gesunde bzw. riskante Verhaltensweisen von Jugendlichen, Benennung möglicher Helfersysteme und Anlaufstellen, Hilfe zur Selbsthilfe, Hinweise für einen angemessenen Umgang mit Emotionen; Stress und Krise; Anzeichen einer Depression erkennen; Freunden helfen und professionelle Hilfe. Die Autoren gehen davon aus, dass der aktive Einbezug der Schüler, indem sie über psychische Gesundheit diskutierten, ihnen Copings Skills vermittelt und negative Einstellungen verändert wurden, zu den positiven Effekten führte.

Insgesamt ist jedoch festzuhalten, dass Prävention nicht erst mit der Durchführung von Programmen beginnt, sondern beim Erkennen und Ansprechen von Warnzeichen psychischer Schwierigkeiten oder eben auch selbstschädigenden Verhaltens. Warnzeichen wie beispielsweise sozialer Rückzug, gereiztes Verhalten, risikoreiches Verhalten, Mitteilungen oder Drohungen, sich etwas anzutun, usw.

Da insbesondere Jugendliche mit erhöhtem Risiko eine geringe Bereitschaft aufweisen, professionelle Hilfe in Anspruch zu nehmen, sollte ein Ziel der Prävention auch sein, Hemmschwellen zur Inanspruchnahme professioneller Hilfe wie Psychotherapie abzubauen, z. B. durch Informationsvermittlung oder auch Entstigmatisierung psychischer Probleme. Ein Ansatz ist die Vermittlung von professionellen Informationen im Internet. Es konnte gezeigt werden, dass der Zugang zu verlässlichen Online-Informationen u. a. mit reduzierter Angst und erhöhter Selbstwirksamkeit assoziiert ist (Ybarra & Suman, 2006).

5 Zusammenfassung

Im Jugendalter sind soziale Ängste und selbstverletzendes Verhalten häufige Schwierigkeiten, die zusammen einhergehen können. Gemeinsamkeiten sind Defizite im Umgang mit Emotionen oder auch einen geringer Selbstwert. Bei Jugendlichen mit sozialen Ängsten kann daher NSSV als kurzfristige Copingstrategie im Umgang mit Angst gesehen werden. Es ist derzeit jedoch noch unklar, ob soziale Ängste NSSV zeitlich vorausgehen.

Abgeleitet von den gemeinsamen Schwierigkeiten sind die Stärkung emotionaler und sozialer Kompetenzen, der Aufbau von Selbstwert und Informationsvermittlung wichtige Komponenten sowohl in der Behandlung als auch in Präventionsprogrammen. Der Zusammenhang von Impulsivität und Angst scheint komplex zu sein und durch weitere Faktoren beeinflusst zu werden. Daher bedarf es weiterer Forschung zu diesem Thema.

Literatur

American Psychiatric Association (2013): *Diagnostic and Statistical Manual of Mental Disorders: DSM-5* (5th ed). Washington, D.C: American Psychiatric Association.

Ammerman, B.A., Jacobucci, R., Kleiman, E.M., Muehlenkamp, J.J. & McCloskey, M.S. (2017): Development and validation of empirically derived frequency criteria for NSSI disorder using exploratory data mining. *Psychological Assessment 29* (2), 221–231.

Baumert, J., Stanat, P. & Demmrich, A. (2001): PISA 2000: Untersuchungsgegenstand, theoretische Grundlagen und Durchführung der Studie. In: J.E. Baumert, M. Klieme, M. Neubrand, U. Prenzel, W. Schiefele, W. Schneider, P. Stanat, K.J. Tillmann & M. Weiß (Hrsg.), *PISA 2000: Basiskompetenzen von Schülerinnen und Schülern im internationalen Vergleich* (S. 15–68). Opladen: Leske + Budrich.

Balmer, K., Michael, T., Munsch, S. & Margraf, J. (2007): Prävention von Angst und Depression im Jugendalter. Evaluation des schulbasierten Programms GO! – Schweiz. *Zeitschrift für Gesundheitspsychologie, 15* (2), 57–66.

Bandura, A. (1982): Self-efficacy mechanism in human agency. *American Psychologist, 37* (2), 122–147.

Beidel, D.C. (1992): Social phobia in children. Presented at the National Institute of Mental Health, Washington, DC.

Bell, J. (2014): Harmful or helpful? The role of the internet in self-harming and suicidal behaviour in young people. *Mental Health Review Journal, 19* (1), 61–71.

Berger, E., Hasking, P. & Martin, G. (2017): Adolescents' perspectives of youth non-suicidal self-injury prevention. *Youth & Society 49* (1), 3–22.

Bowi, U., Ott, G. & Tress, W. (2008): Faustlos-Gewaltprävention in der Grundschule. *Praxis der Kinderpsychologie und Kinderpsychiatrie, 57* (7), 509–520.

Brunner, R., Parzer, P., Haffner, J., Steen, R., Roos, J., Klett, M. & Resch, F. (2007): Prevalence and psychological correlates of occasional and repetitive Deliberate Self-Harm in adolescents. *Archives of Pediatrics and Adolescent Health, 161* (7), 641–649.

Brunner, R., Kaess, M., Parzer, P., Fischer, G., Carli, V., Hoven, C.W., Wasserman, C., Sarchiapone, M., Resch, F., Apter, A., Balazs, J., Barzilay, S., Bobes, J., Corcoran, P., Cosmanm, D., Haring, C., Iosuec, M., Kahn, J.P., Keeley, H., Meszaros, G., Nemes, B., Podlogar, T., Postuvan, V., Saiz, P.A., Sisask, M., Tubiana, A., Varnik, A. & Wasserman, D. (2014): Life-time prevalence and psychosocial correlates of adolescent direct self-injurious behavior: A comparative study of findings in 11 European countries. *Journal of Child Psychology and Psychiatry, 55* (4), 337–348.

Bürger, A., Fischer-Waldschmidt, G., Hammerle, F., von Auer, K., Parzer, P. & Kaess, M. (2019): Differential change of borderline personality disorder traits during dialectical behavior therapy for adolescents. *Journal of Personality Disorders, 32*, 1–16.

Castellví, P., Lucas-Romero, E., Miranda-Mendizábal, A., Parés-Badell, O., Almenara, J., Alonso, I., Blasco, M.J., Cebrià, A., Gabilondo, A., Gili, M., Lagares, C., Piqueras, J.A., Roca, M., Rodríguez-Marín, J., Rodríguez-Jimenez, T., Soto-Sanz, V., & Alonso, J. (2017): Longitudinal association between self-injurious thoughts and behaviors and suicidal behavior in adolescents and young adults: A systematic review with meta-analysis. Journal of Affective Disorders, 215, 37–48.

Denham, S.A. (1998): *Emotional development in young children*. New York: Guilford.

Duggan, J., Heath, N., Lewis, S. & Baxter, A. (2011): An examination of the scope and nature of non-suicidal self-injury online activities: Implications for school mental health professionals. *School Mental Health, 4* (1), 56-67.

Dyson, M., Hartling, L., Shulhan, J., Chisholm, A., Milne, A., Sundar, P., Scott, S. & Newton, A. (2016): A systematic review of social media use to discuss and view deliberate self-harm acts. *Public Library of Science one, 11* (5):e0155813.

Gray, J.A. (1981): A critique of Eysenck's theory of personality. In: H.J. Eysenck (Ed.), *A model for personality* (S. 246–277). Berlin: Springer.

Heinrichs, N., Lohaus, A. & Maxwill, J. (2017): *Emotionsregulationstraining (ERT) für Kinder im Grundschulalter*. Göttingen: Hogrefe.

Hinsch, R. & Pfingsten, U. (2007): *Gruppentraining sozialer Kompetenzen GSK.* Weinheim: Beltz.

In-Albon, T., Ruf, C. & Schmid, M. (2013): Proposed diagnostic criteria for the DSM-5 of nonsuicidal self-injury in female adolescents: Diagnostic and clinical correlates. *Psychiatry Journal*, 7 (5), 1–12.

In-Albon, T., Plener, P., Brunner, R. & Kaess, M. (2015): *Selbstverletzendes Verhalten. Leitfaden Kinder- und Jugendpsychotherapie.* Göttingen: Hogrefe.

Jürgens, B. & Lübben, K. (2014): *Gruppentraining sozialer Kompetenzen für Kinder und Jugendliche (GSK – KJ).* Weinheim: Beltz.

Junge, J., Manz, R., Neumer, S. & Margraf, J. (2001): GO! – »Gesundheit und Optimismus«. Ein Programm zur primären Prävention von Angst und Depression bei Jugendlichen. In: R. Manz (Hrsg.), *Psychologische Programme für die Praxis. Prävention und Gesundheitsförderung* (S. 41–76). Tübingen: DGVT-Verlag.

Junge, J., Neumer, S., Manz, R. & Margraf, J. (2002): *Angst und Depression im Jugendalter vorbeugen. GO!-Ein Programm für Gesundheit und Optimismus.* Weinheim: PVU/Beltz Verlag.

Kaess, M., Edinger, A., Fischer-Waldschmidt, G., Parzer, P., Brunner, R. & Resch, F. (2019): Effectiveness of a brief psychotherapeutic intervention compared with treatment as usual for adolescent nonsuicidal self-injury: A single-center, randomised controlled trial. *European Child and Adolescent Psychiatry*, 29 (20).

Kaess, M., Koenig, J., Bauer, S., Moessner, M., Fischer-Waldschmidt, G., Mattern, M., Herpertz, S.C., Resch, F., Brown, R., In-Albon, T., Koelsch, M., Plener, P.L., Schmahl, C., Edinger, A. & STAR Consortium (2019): Self-injury: Treatment, Assessment, Recovery (STAR): online intervention for adolescent non-suicidal self-injury – study protocol for a randomized controlled trial. *Trials*, 20 (425).

Kiekens, G., Hasking, P., Nock, M.K., Boyes, M., Kirtley, O., Bruffaerts, R., Myn-Germeys, I. & Claes, L. (2020): Fluctuations in affective states and self-efficacy to resist non-suicidal self-injury as real-time predictors of non-suicidal self-injurious thoughts and behaviors. *Frontiers in Psychiatry*, 11 (214).

Koenig, J., Brunner, R., Fischer-Waldschmidt, G., Parzer, P., Plener, P.L., Park, J., Wassermann, C., Carli, V., Hoven, C.W., Sarchiapone, M., Wassermann, D., Resch, F. & Kaess, M. (2016): Prospective risk for suicidal thoughts and behaviour in adolescents with onset, maintenance or cessation of direct self-injurious behaviour. *European Child and Adolescent Psychiatry*, 26 (3), 345-354.

Lewis, S.P., Heath, N.L., Sornberger, M.J. & Arbuthnott, A.E. (2012): Helpful or harmful? An examination of viewers' responses to nonsuicidal self-injury videos on YouTube. *The Journal of Adolescent Health*, 51 (4), 380-385.

Lloyd-Richardson, E.E., Perrine, N., Dierker, L. & Kelley, M.L. (2007): Characteristics and functions of non-suicidal self-injury in a community sample of adolescents. *Psychological Medicine*, 37 (8), 1183-1192.

Nitkowski, D., Laakmann, M., Petersen, R., Petermann, U.J. & Petermann, F. (2017): Das Emotionstraining in der Schule – Eine Effektivitätsstudie unter Berücksichtigung der Beziehung zwischen subjektivem Wohlbefinden, Emotionsbewusstsein und Emotionsausdruck. *Kindheit und Entwicklung*, 26 (3), 175-183.

Nock, M.K. & Prinstein, M.J. (2004): A functional approach to the assessment of self-mutilative behavior. *Journal of Consulting and Clinical Psychology*, 72 (5), 885–890.

Petermann, F. & Wiedebusch, S. (2008): *Emotionale Kompetenz bei Kindern.* Göttingen: Hogrefe.

Petermann, F., Koglin, U., Natzke, H. & von Marées, N. (2013): *Verhaltenstraining in der Grundschule: Ein Programm zur Förderung emotionaler und sozialer Kompetenzen.* Göttingen: Hogrefe.

Petermann, F., Petermann, U. & Nitkowski, D. (2016): *Emotionstraining in der Schule. Ein Programm zur Förderung der emotionalen Kompetenz.* Göttingen: Hogrefe.

Petermann, F. & Wiedebusch, S. (2016): *Emotionale Kompetenz bei Kindern* (Vol. 7). Göttingen: Hogrefe.

Pfeiffer, S., Gutzweiler, R., Tschan, T. & In-Albon, T. (2019): Konzeption, Akzeptanz und Durchführbarkeit einer modularisierten universellen Präventionsmaßnahme zur emotionalen Kompetenz für Kinder und Jugendliche an Schulen im Rahmen eines Service Learning Konzepts. *Verhaltenstherapie, 29*, 244–253.

Plener, P.L., Libal, G., Keller, F., Fegert, J.M. & Muehlenkamp, J.J. (2009): An international comparison of adolescent non-suicidal self-injury (NSSI) and suicide attempts: Germany and the USA. *Psychological Medicine, 39* (9), 1549-1558.

Plener, P.L., Fischer, C.J., In-Albon, T., Rollett, B., Nixon, M.K., Groschwitz, R.C. & Schmid, M. (2013): Adolescent non-suicidal self-injury (NSSI) in German-speaking countries: Comparing prevalence rates from three community samples. *Social Psychiatry and Psychiatric Epidemiology, 48* (9), 1439-1445.

Plener, P.L., Libal, G., Fegert, J.M. & Kölch, M.G. (2013): Psychopharmakologische Behandlung von nicht-suizidalem selbstverletzendem Verhalten (NSSV). *Nervenheilkunde, 32*, 38-45.

Plener, P.L., Schumacher, T.S., Munz, L.M. & Groschwitz, R.C. (2015): The longitudinal course of non-suicidal self-injury and deliberate self-harm: A systematic review of the literature. *Borderline Personality Disorder and Emotion Dysregulation, 2* (2), 1-11.

Ran, G., Zhang, Q. & Huang, H. (2018): Behavioral inhibition system and self-esteem as mediators between shyness and social anxiety. *Psychiatry Research, 270*, 568–573.

Sandstrom, A., Uher, R. & Pavlova, B. (2020): Prospective association between childhood behavioral inhibition and anxiety: A meta-analysis. *Journal of Abnormal Child Psychology, 48* (1), 57–66.

Sportel, B.E., Nauta, M.H., de Hullu, E., de Jong, P.J. & Hartman, C.A. (2011): Behavioral inhibition and attentional control in adolescents: Robust relationships with anxiety and depression. *Journal of Child and Family Studies, 20* (2), 149–156.

Traub, J. & In-Albon, T. (2017): *Therapie-Tools: Angststörungen im Kindes- und Jugendalter.* Weinheim: Beltz.

Tschan, T., Peter-Ruf, C., Schmid, M. & In-Albon, T. (2017): Temperament and character traits in female adolescents with nonsuicidal self-injury disorder with and without comorbid borderline personality disorder. *Child and Adolescent Psychiatry and Mental Health, 11* (1), 579.

Walsh, B.W. (2006): *Treating Self-Injury. A practical guide.* New York: Guilford.

Wasserman, D., Carli, V., Wasserman, C., Apter, A., Balazs, J., Bobes, J., Bracale, R., Brunner, R., Bursztein-Lipsicas, C., Corcoran, P., Cosman, D., Durkee, T., Feldman, D., Gadoros, J., Guillemin, F., Haring, C., Kahn, J.P., Kaess, M., Keeley, H., Marusic, D., Nemes, B., Postuvan, V., Reiter-Theil, S., Resch, F., Sáiz, P., Sarchiapone, M., Sisak, M., Varnik, A. & Hoven, C.W. (2010): Saving and Empowering Young Lives in Europe (SEYLE): A randomized controlled trial. *BMC Public Health, 10* (192).

Wasserman, D., Hoven, C.W., Wasserman, C., Wall, M., Eisenberg, R., Hadlaczky, G., Kelleher, I., Sarchiapone, M., Apter, A., Balazs, J., Bobes, J., Brunner, R., Corcoran, P., Cosman, D., Guillemin, F., Haring, C., Iosue, M., Kaess, M., Kahn, J.P., Keeley, H., Musa, G.J., Nemes, B., Postuvan, V., Sáiz, P., Reiter-Theil, S., Varnik, A. & Carli, V. (2015): School-based suicide prevention programmes: The SEYLE cluster-randomised, controlled trial. *Lancet, 385* (9977), 1536–1544.

Whitlock, J., Lader, W. & Conterio, K. (2007:) The internet and self-injury: What psychotherapists should know. *Journal of Clinical Psychology, 63* (11), 1135-1143.

Whitlock, J., Purington, A. & Gershkovich, M. (2009): Influence of the media on self-injurious behavior. In: M. Nock (Ed.), *Understanding non-suicidal self-injury: Current science and practice* (S. 139–156). American Psychological Association Press.

Ybarra, M.L. & Suman, M. (2006): Help seeking behavior and the Internet: A national survey. *International Journal of Medical Informatics, 75* (1), 29–41.

Zetterqvist, M., Lundh, L.G., Dahlström, O. & Svedin, C.G. (2013): Prevalence and function of non-suicidal self-injury (NSSI) in a community sample of adolescents, using suggested DSM-5 criteria for a potential NSSI disorder. Journal of Abnormal Child Psychology, 41 (5), 759–773.

Eltern und ihre schüchternen Kinder im Kontext Schule

Beatrice Uehli Stauffer

1 Einleitung

In diesem letzten Kapitel des Buches wird auf die Rolle der Eltern im Kontext von Schüchternheit oder sozialer Ängstlichkeit bei Kindern eingegangen. Dabei stehen hauptsächlich die subklinischen Phänomene, welche bei den betroffenen Kindern und Jugendlichen wie auch bei deren Familien bisweilen einen nicht unerheblichen Leidensdruck erzeugen, im Mittelpunkt. Der Fokus liegt auf Schüchternheit, die sich in der Interaktion mit der Umwelt entwickelt. Dabei soll der Frage nachgegangen werden, welches die Voraussetzungen sind, dass Eltern ihren schüchternen Kindern ein möglichst optimales Entwicklungsumfeld und förderliche Beziehungserfahrungen anbieten können. Guy Bodenmann (2016) beschreibt die Aufgabe der Eltern folgendermaßen:

> »Eine Familie ist ein transgenerationales Gefüge (mit mindestens zwei Generationen im gleichen Haushalt, wobei mindestens ein Elternteil vorhanden sein muss). Sie stellt eine intime Beziehung zwischen den Familienmitgliedern im Sinne eines emotionalen Interesses und Bezugs zueinander dar. Sie hat einen Zeithorizont mit längerfristiger Verantwortung des Elternteils für das Kind (finanziell und juristisch) bis zu seiner Mündigkeit, emotional das Leben lang« (S. 19).

Damit Eltern diese Aufgabe übernehmen können, benötigen sie bisweilen Unterstützung in ihrer Erziehungskompetenz. Es ist deshalb nicht die Frage, was Eltern »falsch machen«, es geht nicht um eine Ursachenzuschreibung, »weshalb mein Kind in sozialen Situationen so ängstlich ist«, sondern vielmehr was Eltern über die relevanten Bereiche der kindlichen Entwicklung wissen sollten und wie sie ihre Kinder im Alltag unterstützen können. Ziel dieses Beitrags ist es, die nicht einfache Situation der Eltern von schüchternen Kindern zu beleuchten. Betrachtet man den aktuellen Forschungsstand, zeigt sich, dass es bisher nur wenige Untersuchungen und wenig differenzierte Aussagen zur Bedeutung der Eltern bei der Entstehung von kindlicher Schüchternheit im Kontext Schule gibt. Dennoch lassen sich aus dem klinischen und entwicklungspsychologischen Forschungsstand Rückschlüsse auf diesen subklinischen Bereich ableiten.

2 Ausgangslage

»*Zwei Dinge sollen Kinder von ihren Eltern bekommen: Wurzeln und Flügel.*« Diese Worte von Johann Wolfgang von Goethe weisen auf die zentrale Rolle hin, welche Eltern in der Entwicklungsbegleitung ihrer Kinder zukommt. Dies gilt gerade für Eltern von sog. sozial gehemmten Kindern. Ahrens und Leplow (2004) beschreiben dabei die soziale Unsicherheit oder Schüchternheit als ein subklinisches Phänomen, welches durch eine Kombination von Angst in Gegenwart anderer und durch das Vermeiden sozialer Situationen gekennzeichnet ist. In verschiedenen Studien zur Häufigkeit der subklinischen Angst findet sich eine Streubreite zwischen 13 % bis 46 % der Kinder, die im Alter zwischen fünf und 12 Jahren eine subklinische Form sozialer Angst aufweisen. Rubin et al. (2009) bezeichnet Schüchternheit als ein überdauerndes Verhaltensmerkmal, welches sich durch Unbehagen oder Zögern angesichts einer unbekannten oder ungewohnten sozialen Situation auszeichnet. Die Ursache wird teils im Temperament des Kindes, vor allem aber in der frühkindlichen Entwicklung verortet. Einen entscheidenden Einfluss auf den Entwicklungsausgang haben dabei Risiko- und Schutzfaktoren, die Entwicklung von Resilienz, familiäre Kommunikations- und Interaktionsmuster sowie das elterliche Erziehungsverhalten. Schüchternheit gilt als Risikofaktor für die Entstehung von Verhaltensauffälligkeiten sowie von sozialer Ängstlichkeit. Dieses Risiko kann durch elterliche Zuneigung, speziell durch feinfühliges Verhalten, reduziert werden. Die Stabilität und die Auswirkung von Schüchternheit eines Kindes hängen demnach von seinem familiären Umfeld ab (Rubin et al., 2009). Die überwiegende Mehrheit der Studien konzentriert sich dabei jeweils auf jüngere Kinder im Vorschulalter, und es existieren wenige gesicherte Erkenntnisse über die Auswirkungen von Schüchternheit und Elternschaft auf die Entwicklung des sozialen Verhaltens von Kindern im Grundschulalter (Zarra-Nezhad et al., 2014). Eine begleitende und unterstützende Elternarbeit im Kontext von subklinischen Angstthemen ist jedoch von großer Bedeutung, um das Risiko der Entstehung einer Angststörung zu vermindern.

> »Eltern sollten Verständnis für die Schwierigkeiten ihres Kindes entwickeln. Sie sollten ihre eigenen Gefühle bezüglich dieser Schwierigkeiten kennen lernen, um besser damit umgehen zu können. ... So zeigte sich bei Eltern, die ... offen für die Nöte ihrer Kinder waren und auch bereit waren, ihre eigenen Anteile am Geschehen zu benennen, auch in der Therapie mit den Kindern die größten Erfolge. Bei Kindern, deren Eltern kein Problembewusstsein für die Nöte ihres Kindes hatten oder die selbst noch in ihrem Verhalten wie große pubertierende Kinder erschienen, gestaltete sich der Therapieprozess als sehr schwierig und zäh« (Schmidt-Poschinski, 2009, S. 16).

Rubin et al. weisen darauf hin, dass Kinder, deren Verhalten bereits im frühen Kindesalter durch Unbehagen und Vorsicht in unbekannten sozialen Situation gekennzeichnet ist, ein erhöhtes Risiko haben, eine Angststörung zu entwickeln, bzw. dass sich aus einem Verhaltensmuster ein überdauerndes Persönlichkeitsmerkmal entwickeln kann (2009). Weiter hat sich gezeigt, dass die Eltern-Kind-Beziehung bei schüchternen Kindern im Vergleich zu angstfreien Kindern stark von eigenen Sozialisationserfahrungen der Väter und Mütter geprägt werden (Gallagher, 2002). Betrachtet man den Forschungsstand bezüglich der elterlichen Einflussfaktoren bei der Entstehung einer subklinischen Form der Gehemmtheit in sozialen Situationen, fällt auf, dass es bis heute nur wenige Längsschnittstudien gibt. Was zeichnet nun aber diese Eltern in ihrem Erleben und Verhalten aus? Gibt es die typischen Eltern von schüchternen Kindern? Diese Frage soll im nächsten Abschnitt diskutiert werden.

3   Eltern sind nicht gleich Eltern – Die Interaktion von individuellen und soziokulturellen Rahmenbedingungen

Die Familie, und damit die Eltern, bilden den tragenden Pfeiler für eine gelingende kindliche Sozialisation, und das nicht nur in der frühen Kindheit, sondern bis weit in die Adoleszenz hinein (Bodenmann, 2016). Eltern sind die Basis des familiären Gefüges. Erst zu einem späteren Zeitpunkt folgen Einflüsse von Peers, der Schule, des gesellschaftlichen und sozio-kulturellen Kontextes. Die Eltern von schüchternen Kindern haben eine zentrale Rolle bei den Schutz- und Risikofaktoren hinsichtlich der Entstehung von einer Sozialangst.

Zu den Grundbedürfnissen eines jeden Kindes zählen soziale Beziehungen, Freundschaften und die Zugehörigkeit zu einer Gruppe. Für ein gehemmtes Kind entstehen hier oftmals große Hürden, die es nur schwer ohne Unterstützung und Begleitung überwinden kann. Eine geringe Selbstwirksamkeitserwartung in der Kontaktaufnahme sowie mangelnde Handlungsstrategien im Bereich der Sozialkompetenz prägen das Erleben und Verhalten schüchterner Kinder im Alltag. Bodenmann formuliert drei Einflussfaktoren von Seiten der Eltern, welche die Entstehung von Sozialkompetenz des Kindes prägen: Neben der Bindung ist dies die Erziehung sowie ein anregendes Umfeld mit Stimulation und Lernimpulsen (Grossmann & Grossmann, 2012). Diese Faktoren lassen sich auch auf sozial ängstliche Kinder und ihre Eltern übertragen. Von entscheidender Bedeutung erweist sich dabei die Qualität der Interaktion zwischen den Eltern und dem ängstlichen Kind. Der Zusammenhang zwischen Schüchternheit als Verhaltensmerkmal des Kindes und der Rolle der Eltern lässt sich auf dem Hintergrund des Resilienzrahmenmodells von Wustmann (2005) erklären. Ebenso das Zusammenspiel von Risiko- und Schutzfaktoren bei der Entstehung von maladaptiven Strategien:

Soziale Situationen stellen für schüchterne Kinder oftmals einen Stressor dar. Personale Bedingungen wie Vulnerabilität und individuelle Ressourcen treffen dabei auf Umweltbedingungen, die sog. Risiko- und Schutzfaktoren. Das Kind bewertet den erlebten Stressor als Herausforderung oder gar als Bedrohung. Die Unterstützung der Eltern in Form von konkreten Hilfestellungen für den Alltag in der Schule, der familiäre Erziehungsstil, die Kommunikation zwischen Eltern und Kind sowie die elterlichen Konfliktlösestrategien beeinflussen grundsätzlich die psychische Widerstandsfähigkeit des Kindes gegenüber biologischen, psychischen und psychosozialen Entwicklungsrisiken und mindern in diesem Fall das Risiko der Entstehung klinisch bedeutsamen Sozial-Angst. Eltern können schüchterne Kinder dahingehend unterstützen, soziale Kompetenzen in der Interaktion mit der Umwelt zu erwerben, diese zu üben und zu verfestigen. Dies wiederum fördert beim Kind den Erwerb altersangemessener und erfolgreicher Kompetenzen wie die der Emotionsregulation und der Verhaltenssteuerung und bildet die Grundlage für die Entstehung eines Grundvertrauens in die eigenen Fähigkeiten im sozialen Kontext. Dieses gilt als eine zentrale Voraussetzung für die erfolgreiche Bewältigung künftiger sozialer Stresssituationen z. B. in der Schule.

Eltern sind die wichtigsten Bezugspersonen und damit Verhaltensmodelle für ihre Kinder. Dies lässt die Vermutung zu, dass ein Teil der Ursachen für die Entstehung von Schüchternheit oder sozialer Ängstlichkeit in der jeweiligen Familiensituation liegt. Dabei geht es nicht um eine Schuldzuweisung gegenüber den Eltern, sondern vielmehr darum, mögliche Risikofaktoren zu erkennen und zu benennen. Im Zusammenhang mit kindlicher Schüchternheit werden auf Seiten der Eltern

- Migrationserfahrungen,
- eigene psychische Belastungen,
- sozio-ökonomische Faktoren sowie
- der eigene Bildungshintergrund als häufigste Einflussfaktoren genannt.

Gerade letzterer ist eine Voraussetzung für das Verstehen von möglichen Ursachen, aber auch für das Wissen, wie Eltern ihre Kinder im Alltag unterstützen könnten. Eltern von sozial unsicheren Kindern können, wenn sie die nötige Unterstützung erfahren, einen bedeutsamen Einfluss auf die Stärkung der Selbstwirksamkeit sowie auf die Förderung von kindlichen Bewältigungsstrategien in sozialen Situationen nehmen und somit einen wichtigen präventiven Beitrag leisten.

3.1 Elterliche Risikofaktoren

Die in der Folge beschriebenen Risikofaktoren sind nicht ausschließlich bei der Entstehung einer subklinischen sozialen Angst relevant und treffen auch auf andere psychische Entwicklungsrisiken zu, dennoch sind sie in diesem Kontext von besonderer Bedeutung. Zu den häufig genannten Einflussfaktoren im Zusammenhang mit Schüchternheit zählt die psychische Erkrankung eines Elternteils. So bedeutet beispielsweise eine Angststörung oder eine Depression eines oder beider Elternteile für die Kinder ein deutlich erhöhtes Risiko, selbst Verhaltensauffälligkeiten zu entwickeln oder gar an einer psychischen Störung zu erkranken (Mattejat & Remschmidt, 2008). Kinder, die mit ihrem psychisch belasteten Elternteil zusammenleben, wachsen häufig unter sehr belasteten Bedingungen auf.

Dabei ist die Eltern-Kind-Beziehung in charakteristischer Weise beeinträchtigt. Die Fähigkeit, kindliche Signale wahrnehmen und adäquat zu beantworten, ist eingeschränkt. Eltern können die kindlichen Grundbedürfnisse wie Zuwendung, Geborgenheit und Sicherheit nicht oder nur unzureichend befriedigen. Dies kann dessen Wohlbefinden so stark und andauernd beeinträchtigen, dass es zu Anpassungs- und Entwicklungsproblemen beim Kind kommen kann. Die Eltern fühlen sich im Alltag mit ihren Kindern überfordert und verunsichert, dass es in der Folge zu einem inkonsistenten Erziehungsstil führen kann. Kinder können den psychisch erkrankten Elternteil nicht als verlässliche Bezugspersonen erleben. Darüber hinaus erhalten sie oftmals weniger positive Rückmeldungen auf ihr Erleben und Verhalten. Dies mindert den Selbstwert des Kindes (Mattejat, 2008). In ihrer Not gefangen fehlen ihnen das Vertrauen in die Wirksamkeit ihrer Bewältigungsstrategien. Sie reagieren ängstlich, bisweilen aggressiv, ziehen sich zurück oder fliehen in ihre Traum- und Phantasiewelt (Lenz, 2014).

Auch konflikthafte Familienstrukturen können die Entwicklung eines Kindes negativ beeinflussen. Sowohl ein sehr rigides Familiensystem mit unveränderbaren Regeln und undurchdringbaren Grenzen zur Außenwelt als auch ein zu labiles Familiensystem mit fehlenden oder inkonstanten Regeln und Einmischungen von außen werden als problematisch für die Entwicklung eines Kindes betrachtet. Einen entscheidenden Einfluss auf die kindliche Entwicklung hat dabei die Qualität der Paarbeziehung der Eltern. Weindrich, Laucht, Esser und Schmidt (1992) konnten zeigen, dass bereits zweijährige Kinder aus disharmonischen Partnerbeziehungen hochsignifikant mehr Verhaltensauffälligkeiten zeigen als Kinder aus harmonischen Beziehungen. Es ist davon auszugehen, dass eine konfliktreiche Paarbeziehung die Eltern-Kind-Beziehung beeinträchtigt. Beim Kind entstehen Verlust- und Trennungsängste, die Autonomieentwicklung ist beeinträchtigt. Es hat keine Vorbilder von erfolgreicher Beziehungsaufnahme und gelingender Beziehung. Der Wunsch nach Nähe und Sozialkontakt kollidiert mit der Angst vor Kritik und Zurückweisung. All dies gilt gerade auch für schüchterne Kinder. Dies führt in der Folge zu einem Teufelskreis, indem Kinder negative Erfahrungen in neue Beziehungen mit hineintragen. Das Vertrauen und die Erfahrung, sich in der Beziehung erfolgreich einbringen zu können, fehlt. Eigene Bedürfnisse werden zurückgestellt. Die Angst vor Enttäuschung und Zurückweisung färbt auch künftige Beziehungen. Dies kann in der weiteren Entwicklung zu einer Negativspirale führen und das schüchterne Verhalten sowohl in den vorschulischen Bereichen wie beispielsweise auf dem Spielplatz, in einer Kindertagesstätte wie auch in der Schule verstärken. Diese Kinder suchen aufgrund ihrer Erfahrungen immer weniger den Schutz und die Unterstützung durch die Eltern.

4 Was Eltern wissen müssen – Relevante kindliche Entwicklungsbereiche

Nachfolgend soll beschrieben werden, was Eltern von schüchternen Kindern über deren Entwicklung wissen müssen, beziehungsweise was sie zu einer gelingenden Entwicklung beitragen können. Für den Entwicklungsausgang von entscheidender Bedeutung sind dabei die kindliche Bindungssicherheit, die Repräsentation seiner Beziehungserfahrungen, seine Autonomieentwicklung, seine Selbstwirksamkeitsüberzeugung sowie ein gelingender Umgang mit negativen Emotionen, wie beispielsweise Strategien im Umgang mit Angst induzierenden sozialen Situationen. Hierfür sind Eltern von Beginn an und über die gesamte Kindheit die relevanten Bezugspersonen für das (schüchterne) Kind. Sie prägen durch ihr Beziehungs- und Erziehungsverhalten deren erste Interaktionserfahrungen. Im Hinblick auf die soziale Sicherheit oder auf die soziale Gehemmtheit spielen die Themen »emotionale Bindung« und »Autonomieentwicklung« eine entscheidende Rolle. Familiäre Interaktions- und Kommunikationsmuster prägen das kindliche Erleben von Gemeinsamkeit und Individualität. Elterliches Verhalten kann dabei überbehütend sein; es dominieren starre Beziehungsmuster in der Familie und das Erziehungsverhalten ist inkonsistent.

4.1 Bindungserfahrungen und Emotionsregulation

Belastete frühe Beziehungserfahrungen aufgrund von Konflikten zwischen den kindlichen Bedürfnissen und den Antworten aus der Umwelt gelten als Bedingungsfaktoren für die Entstehung von sozialer Angst in der Kindheit. Diese Erfahrungen führen beim Kind zu einer Beeinträchtigung in der Emotionsregulation, geringer Selbstwirksamkeitsüberzeugung und einem geringen Selbstwertgefühl. Wenn es den Eltern jedoch gelingt, die Bedürfnisse des Kindes adäquat zu erfüllen, unterstützen sie die Entstehung von sicheren inneren Repräsentanten. Das Kind erfährt und verinnerlicht die Welt als vorhersehbaren, sicheren und vertrauenswürdigen Ort. Dieses Erleben ermöglicht ein angstfreies Explorieren in sozialen Situationen. Eine solcherart gestaltete Beziehung bildet die Grundlage für eine gelungene Emotionsregulation und erweist sich als Bestätigung, dass die Welt vorhersehbar und zuverlässig ist. Eine feinfühlige Anpassung der Eltern an die Bedürfnisse des Kleinkindes ermöglicht diesem die Erfahrung, die Erfüllung magisch selbst geschaffen zu haben (Winnicott, 2006). Die Bindungsqualität ist dabei der Ausdruck dessen, wie es den Eltern gelingt, sich in die vermuteten seelischen Zustände des Kindes hineinzuversetzen und diese Einfühlung in die körperliche Handreichung zu übersetzen, die dem Kind erste Erfahrungen von Wirksamkeit und Sicherheit in Beziehungen ermöglichen (Dornes, 2002).

Diese Bindungsrepräsentanten, die aufgrund früher Bindungserfahrungen entstanden sind, prägen die Wahrnehmung von sich selber, über das eigene Selbst ebenso wie auf die Art der Beziehung zu den Eltern. Diese bildet die Grundlage für die Entwicklung emotionaler Kompetenzen und schafft die Voraussetzungen für zukünftige soziale Beziehungen. Durch eine sichere Bindung kann das Kind die Welt erkunden und mit Gleichaltrigen angstfrei in Kontakt treten. Eine sichere Bindung korreliert dabei mit positiven Beziehungen zu Peers, einem höheren Selbstwertgefühl, einem differenzierten Emotionsverständnis sowie mit sozialer Beliebtheit und darüber hinaus auch mit Erfolg in der Schule.

Im Gegensatz dazu ist es für ein Kind, welches die Welt als unvorhersehbar oder feindselig erlebt, sehr schwierig, seine emotionale Erregung erfolgreich und selbst zu steuern. Unsichere Bindung ist mit emotionaler und sozialer Unsicherheit verbunden. Darüber hinaus beeinträchtigen Wahrnehmungen einer unsicheren oder ablehnenden sozialen Umwelt eine gelingende Emotionsregulation in angstauslösenden Situationen. Es besteht die Gefahr, dass ängstliche Eltern, aufgrund eigener maladaptiver Bindungsmuster, die Autonomieentwicklung des Kindes erschweren. Wichtige Schritte in die Selbstständigkeit des Kindes, wie beispielsweise alleine mit anderen Kindern auf dem Spielplatz zu spielen, bei einer befreundeten Familie zu übernachten usw., lösen bei den Eltern Sorgen und Ängste aus. Trennungen werden, wo immer möglich, vermieden. Dem Kind fehlt so die Erfahrung, dass neue unbekannte soziale Situationen außerhalb der Familie erfolgreich bewältigt werden können.

Die emotionale Entwicklung eines Kindes spiegelt immer auch die sozialen Erfahrungen der Familie wider, basierend auf dem kulturellen Hintergrund der Eltern. Daneben beeinflussen individuelle Faktoren wie das Temperament, die kognitiven Voraussetzungen und die emotionsregulatorischen Fähigkeiten eine erfolgreiche Bewältigung von sozialen Situationen. Diese ist somit immer ein Zusammenspiel von individuellen, familiären und soziokulturellen Bedingungen. Eltern können das schüchterne Kind in seiner Entwicklung begleiten und unterstützen.

4.2 Selbstwirksamkeitserfahrung und ein realistisches Selbstkonzept

Neben den Bindungserfahrungen und der Emotionsregulation zählen ein realistisches Selbstkonzept und eine stabile Selbstwirksamkeitsüberzeugung zu den weiteren zentralen Einflussfaktoren für den erfolgreichen Umgang mit Schüchternheit. Die Erfahrung, etwas bewirken zu können, ist auch für eine erfolgreiche Ausgestaltung von Beziehungen zentral. Die Selbstwirksamkeit ist ein entscheidender protektiver Faktor und mindert das Risiko einer Entwicklung einer sozialen Angst. Erfahrungen, beim Gegenüber etwas bewirken zu können, werden im Selbstkonzept integriert und beeinflussen in der Folge wiederum die kindliche Selbstwirksamkeitsüberzeugung. Von entscheidender Bedeutung sind dabei die Rückmeldungen aus der Umwelt. Freude, Lob, Stolz und Anerkennung durch die Eltern werden ebenso in das kindliche Selbstkonzept integriert wie Kritik, Tadel und Enttäuschung. Dieser Prozess von Erfahren, Bewerten und im eigenen Selbstbild Integrieren beginnt bereits in der frühesten Kindheit: Die Säuglings- und Kleinkindforschung konnte nachweisen, dass bereits ein neun Monate altes Kind erkennt, dass es eine eigene Gedankenwelt besitzt und diese mit anderen teilen kann (Fuhrer, Marx, Holländer & Möbes, 2000). Jüngere Kinder können jedoch gegensätzliche Eigenschaften von sich oder den Bezugspersonen, sprich von den Eltern, noch nicht in ihr Selbstkonzept integrieren. Das Gegenüber, die Eltern, sind demnach immer entweder lieb oder böse. Ab zirka vier Jahren ermöglicht die Perspektivenübernahme dem Kind, sich in seinem Verhalten den Erwartungen der Eltern anzupassen. Werte und Normen aus der Familie werden übernommen. Die Selbst- und Emotionsregulation gelingen zunehmend besser. Die Selbstbewertung ist jedoch nach wie vor stark durch Erwartungen und Rückmeldungen der Eltern beeinflusst.

Erst ab ca. acht Jahren erkennen Kinder, dass auch gegensätzliche Eigenschaften durchaus in einer Person vereint sein können und dass elterliches Verhalten auch situationsabhängig ist. Der soziale Vergleich unter Gleichaltrigen erhält in diesem Alter eine zunehmend wichtige Bedeutung. Die eigene Position in der Schulklasse oder einer anderen Peergroup beeinflusst die Entwicklung stark. Für schüchterne Kinder stellt dieser soziale Vergleich und das Sich-Messen in der Gruppe eine besondere Herausforderung dar. Oftmals werden solche Situationen gemieden und das betroffene Kind gerät in eine Außenseiterposition. Dies wiederum verstärkt die negative Eigenwahrnehmung hinsichtlich der eigenen Selbstwirksamkeit.

Gleichzeitig ist der Einfluss der Eltern auf das Selbstwertgefühl noch immer sehr ausgeprägt. Von Collani (2003) weist darauf hin, dass die meisten Unter- und Mittelstufenschulkinder mehr auf das mütterliche Urteil über sich selbst vertrauen als auf ihr eigenes. Erst in der Oberstufe vertraut die Mehrheit der Kinder und Jugendlichen stärker auf ihr eigenes als auf ein fremdes Urteil. Das heißt, Eltern sind für ihre Kinder während der gesamten Grundschulzeit nach wie vor wichtige Bezugspersonen. Sie haben nach wie vor einen entscheidenden Einfluss auf das Selbstbild, auf die Einschätzung ihrer Stärken und Schwächen. Sie können das Kind unterstützen und ermutigen. Sie können gemeinsam mit dem Kind Strategien für ein erfolgreiches Bestehen in sozialen Situationen entwickeln. Darüber hinaus hat auch die eigene Selbstwirksamkeitsüberzeugung der Eltern einen Einfluss auf diejenige des Kindes. Eltern beurteilen das Kind bewusst oder unbewusst und beeinflussen so dessen Selbstwirksamkeitsüberzeugung. Eltern, die sich ihrer eigenen Wirksamkeit bewusst sind, unterstützen und ermutigen ihr Kind in der Entwicklung von Kompetenzen erfolgreicher und nachhaltiger. Frick (2007) beschreibt die Wirkweise der Ermutigung als zirkulären Kreislauf. Durch die Ermutigung einer Bezugsperson wird dem Kind eine positive Erwartung vermittelt. In Folge kommt es beim Kind zu einem positiven inneren Dialog, der die Entstehung eines realistischen Selbstbildes fördert. Schüchterne Kinder können sowohl Erfolg wie auch sog. Misserfolg in sozialen Situationen in ihr Selbstkonzept integrieren.

Zusammenfassend kann gesagt werden, dass die Selbstwirksamkeitserwartung einen entscheidenden Faktor zur Stärkung eines sozial-ängstlichen Kindes darstellt. Die Selbstwirksamkeitsüberzeugung ist eng mit seinen bisherigen Erfahrungen verbunden und prägt somit die kindliche Motivation. In Bezug auf das ängstliche Kind bezieht sich das spezifisch auf die Bewältigung von sozialen Situationen, beispielsweise in der Klasse, auf dem Pausenplatz, in der Freizeit mit

Peers. Das Wissen der Eltern um die Bedeutung dieser Entwicklungsthemen ist ein wichtiger Pfeiler bei der Begleitung von schüchternen Kindern und kann das Risiko einer klinisch relevanten Sozial-Angst entscheidend beeinflussen. Werden soziale Erfahrungen durch die Eltern liebevoll begleitet, stärkt dies beim sozial unsicheren Kind dessen Resilienz gegenüber einer Angststörung.

5 Was können Eltern tun?

In den vorangegangenen Abschnitten dieses Kapitels wurden diejenigen Entwicklungsthemen beschrieben, die bei der Entstehung von Schüchternheit eine zentrale Rolle spielen. Neben der Bindungssicherheit sind dies die Bereiche der Autonomieentwicklung, der Entwicklung von emotionalen und sozialen Kompetenzen sowie der Selbstwirksamkeitsüberzeugung; Bereiche, in welchen Eltern ihre sozial ängstlichen Kinder begleiten und ermutigen können. Dazu benötigen sie jedoch Wissen um die kindliche Entwicklung und mögliche Risiken, Zugang zu Informationen, aber bisweilen auch Unterstützung. Eltern können im Alltag ganz grundsätzlich das Selbstwertgefühl des Kindes und das Vertrauen in seine Fähigkeiten stärken, indem sie Erfolge, vor allem aber auch Misserfolge liebevoll begleiten. Eltern können den Mut des Kindes stärken und dieses darin unterstützen, Vermeidungsverhalten zu reduzieren. Mit dem Kind und nicht für das ängstliche Kind können gemeinsam Bewältigungsstrategien entwickelt werden, dies führt zu einer Stärkung seiner Autonomieentwicklung und letztlich zur Stärkung seiner Selbstwirksamkeitsüberzeugung. Eine gute und vertrauensvolle Zusammenarbeit von Eltern und Lehrpersonen ist dabei für das Schulkind von besonderer Bedeutung. Gelingt es den Eltern wie den Lehrpersonen, das schüchterne Kind gemeinsam zu begleiten, realistische Erwartungen zu haben und keine voreiligen Schuldzuweisungen zu machen, können so Entwicklungsrisiken hin zu einer sozialen Angst deutlich reduziert werden.

5.1 Stärkung der Selbstwirksamkeitsüberzeugung

Die Selbstwirksamkeitsüberzeugung wird vom kindlichen Umfeld, vorab von den Eltern, beeinflusst. Das Kind lernt schon früh, dass sein Verhalten einen Einfluss auf sein Umfeld hat (Dornes, 2002). Dies geschieht häufig durch die Interaktion mit seinen Bezugspersonen. Das Verhalten der Eltern auf die Bemühungen ihres Kindes hat dabei eine förderliche Wirkung. Einen besonderen Einfluss hat dabei die eigene elterliche Selbstwirksamkeitserwartung. Eltern, die sich ihrer eigenen Wirksamkeit bewusst sind, unterstützen und ermutigen ihr Kind in der Entwicklung von Kompetenzen besser, wohingegen beispielsweise ängstliche Eltern einen hemmenden Einfluss haben. Einen besonderen förderlichen Effekt auf die Selbstwirksamkeitsüberzeugung hat dabei der aktive Einbezug des Kindes in die Zielsetzungen. Eltern, denen es gelingt, eigene Erwartungen, Hoffnungen oder Ängste nicht auf ihre Kinder zu übertragen, können ihre schüchternen Kinder in sozialen Situationen ermutigen und sie darin unterstützen, eigene realistische Ziele zu setzen.

In der Schule haben Lehrpersonen einen vergleichbaren Einfluss. Die Bedeutung und Wirksamkeit, Kinder in das Formulieren von (schulischen) Zielen miteinzubeziehen, wurde in zahlreichen Studien untersucht und bestätigt. Als ein Beispiel sei hier eine der frühen Studien aus den 1980er Jahren genannt. Diese hat gezeigt, dass Kinder, welche bei der Zielsetzung für ihre mathematischen Leistungen einbezogen wurden, ihre Selbstwirksamkeit (Schunk, 1985) stärken und ebenso die effektive Leistung in der Mathematik steigern konnten. Obschon die Studie sich auf den schulischen Kontext bezieht, können Ableitungen auf die Selbstwirksamkeitserwartung in sozialen Situationen gemacht werden. Auch da können die Kinder eine aktive Rolle übernehmen und von den Eltern in der Formulierung eines realistischen Zieles einbezogen werden. Dies motiviert das schüchterne Kind und ermöglicht ihm eine direkte Selbstwirksamkeitserfahrung. Es kann stolz auf seinen Erfolg sein, und dies wiederum findet Eingang in sein Selbstkonzept. Ermunterungen und positive Rückmeldungen durch die Eltern fördern diesen Prozess zusätzlich. Dieser Prozess kann verstärkt und unterstützt werden, wenn zwischen Eltern und Lehrpersonen eine aktive und vertrauensvolle Zusammenarbeit besteht und ein Austausch zwischen allen Beteiligten stattfinden kann. Von Seiten der Schule ist es dabei von besonderer Bedeutung, auch die Anliegen, Wünsche und Ziele der Eltern für ihr Kind zu kennen und diese zu respektieren. Dies ermöglicht dem schüchternen Kind die Erfahrung, von seinem Umfeld wahrgenommen und unterstützt zu werden, und stärkt seine Selbstwirksamkeitserfahrung in sozialen Situationen.

Alle Personen im Umfeld beurteilen ein Kind bewusst oder unbewusst und beeinflussen so die Selbstwirksamkeit. Frick (2007, 2009) beschreibt die Wirkweise der Ermutigung als zirkulären Kreislauf: Durch die Ermutigung einer Bezugsperson wird dem Kind eine positive Erwartung vermittelt. In Folge kommt es beim Kind zu einem positiven inneren Dialog. Das Kind traut sich die gestellte Aufgabe zu und ist bereit, neue Lösungswege auszuprobieren. Das Erfolgserlebnis beeinflusst und stärkt wiederum die positive Beurteilung. Ebenso zentral ist es, dem Kind bei einem eventuellen Misserfolg feinfühlig beiseite zu stehen und es zu einem neuen Versuch zu ermuntern. D. h. sein Gefühl, in einer sozialen Interaktion »versagt« zu haben, dahingehend zu modellieren, dass Misserfolge zum Lernen von Neuem dazugehören. So kann das Selbstvertrauen nachhaltig gestärkt werden. Sehr deutlich zeigen die Studien von O'Mara et al. (2006) und Joët et al. (2011), dass die richtige Rückmeldungsart einen positiven Effekt auf die Selbstwirksamkeit hat. Lob und Ermunterung sowie Rückmeldungen, die zu einer förderlichen Attribuierung beitragen, sind am wirksamsten.

Dabei soll das Lob und die Ermunterung von Seiten der Eltern wie auch natürlich auch von Lehrpersonen stets echt und situationsbezogen sein. Erfolg bei der Bewältigung einer schwierigen Situation stärkt den Glauben an die eigenen Fähigkeiten, während Misserfolge dazu führen können, an der eigenen Kompetenz zu zweifeln und in Zukunft vergleichbare Situationen eher zu meiden. Damit es zu einer solchen Beeinflussung der eigenen Selbstwirksamkeitserwartung durch Erfolgserlebnisse kommt, muss das Kind diese seiner eigenen Fähigkeit zuschreiben, d. h. internal und stabil attribuieren. Während Ermutigung den Selbstwert stärken kann, wirken sich Entmutigungen ähnlich wie die selbsterfüllende Prophezeiung ungünstig auf das Selbstkonzept eines Kindes aus. Kinder mit einer hohen Selbstwirksamkeitserwartung zeigen demgegenüber trotz einzelner Rückschläge eine stabiles Selbstbild und eine höhere Frustrationstoleranz.

Im Konkreten heißt das für Eltern, dass sie durch das Schaffen und Anstoßen von sozialen Situationen im Alltag ihren schüchternen Kinder Erfahrungsräume bieten, in denen sie mit Mut ihrer Angst beggenen können. Wichtig für das Gelingen ist dabei, dass diese Herausforderungen nebst der Mutprobe auch eine positive emotionale Bedeutung für das Kind beinhaltet und somit seinen Selbstwert stärkt. Für andere, sprich für die Eltern, etwas tun können, so ihr Lob und ihre Anerkennung zu erhalten, stärken seine Motivation. Beispielsweise alleine ein Brot einkaufen gehen, bei den Nachbarn um etwas Mehl oder Zucker für das Kuchenbacken nachfragen, sind einfache und wirksame Möglichkeiten, die immer wieder geübt werden können und sollen. Gestärkt geht das Kind auch aus der Erfahrung hervor, der Mutter, dem Vater geholfen zu haben. Auch hier gilt: Zumuten ist zutrauen. Untersuchungen zur Wirksamkeit von Erfolgserlebnissen haben jedoch gezeigt, dass neben der Erfahrung vor allem die Verarbeitung und Bewertung zu einer nachhaltigen Veränderung führen. Möglicherweise spielt die Art der Tätigkeit eine untergeordnete Rolle. Ausschlaggebend sind die handlungsbegleitenden Gespräche und Reflexionen.

Frick (2007) beschreibt, wie das Gespräch gestaltet werden muss, damit die Ermutigung positiv wirkt: Inkongruente Formulierungen wirken negativ. Primär soll dem Gegenüber durch eine echt gemeinte Aussage vermittelt werden, dass man es annimmt, bestärkt und wertschätzt. Die Aussagen sollen dem Kind Zuversicht vermitteln und Fortschritte aufzeigen. Dabei bilden kognitive und metakognitive Prozesse die Voraussetzung, um eigene Leistungen zu deuten und zu einer positiven Selbstwirksamkeitsüberzeugung zu gelangen. Kognitive Strategien können jedoch nicht losgelöst von Handlungen und Erfolgserlebnissen geübt werden. Vielmehr bedürfen Kinder immer wieder durch sichtbare Resultate Bestätigung, dass die Strategien tatsächlich funktionieren und zu Erfolgen führen. Eine Wechselwirkung zwischen dem Tun, dem zur Sprache bringen und gemeinsamen Reflektieren verstärkt die Selbstwirksamkeitsüberzeugung und fördert die Bewältigungsstrategien. Schüchterne Kinder benötigen dabei besonders die Ermutigung in sozialen Situationen.

5.2 Ermöglichen von Erfahrungen in der Peergruppe

Das kindliche Selbstwertgefühl hat einen entscheidenden Einfluss auf sein Sozialverhalten. Um eine aktive Rolle in der Gruppe einnehmen zu können, muss sich das Kind wirksam fühlen. Zurückhaltende Kinder können von den Eltern dahingehend ermuntert und unterstützt werden, soziale Beziehungen aktiv anzugehen. Dadurch können sie direkt ihre Wirkung erleben und ihr Selbstvertrauen im Bereich der Interaktion mit Gleichaltrigen aufbauen.

Eine weitere, gerade für schüchterne Kinder wichtige und wirksame Unterstützung zur Bewältigung von Angst und Unsicherheit in sozialen Situationen ist die sogenannte stellvertretende Erfahrung (Bandura, 1974). Hier können beispielsweise gerade ängstliche Eltern ein Vorbild sein, angstauslösende Situationen nicht zu meiden, sondern diese bewusst anzugehen. Das Kind lernt so, sich selber etwas »zuzumuten«, was bedeutet, auch sich selber etwas »zuzutrauen«. Dabei gilt jedoch, je größer die Ähnlichkeit zum Vorbild, desto stärker die Wirkung. Für das schüchterne Kind und seine Eltern heißt dies, dass ängstliche Kinder durch Vorbilder in Peergruppen am meisten profitieren können. Das Ermöglichen von Sozialkontakten mit Gleichaltrigen entweder in vertrautem Umfeld oder mit Unterstützung eines Elternteils bietet eine optimale Grundlage. Dadurch verändert sich nicht nur die Eigenwahrnehmung des Kindes, sondern auch die der Eltern über ihr Kind. »If they can do it, I can do it as well« (Bandura, 1974). Im konkreten Alltag sollten Kinder demnach Erfahrungen mit anderen Kindern machen können, auf dem Spielplatz, durch die Möglichkeit, ein anderes Kind nach Hause einladen zu können, in einer Jugendorganisation, in einem Sportclub integriert zu sein, um ein paar konkrete Beispiele zu nennen. Die unterschiedlichen Stärken der Kinder in einer Gruppe ermöglichen dem schüchternen Kind eine Vielzahl an Modell-Situationen.

Gerade für das schüchterne Kind ist dieses Miteinander mit Gleichaltrigen beispielsweise draußen auf dem Spielplatz aber sehr oft eine große Herausforderung, fehlt ihm doch oft das Vertrauen, sich aktiv in die Gruppe einzubringen, es wartet ab, steht am Rand oder zieht sich entmutigt zurück. Hier können Eltern ihre Kinder in unterschiedlicher Weise unterstützen. Je nach Alter des Kindes kann im Vorfeld gemeinsam überlegt werden, wie dieses Ziel, in der Gruppe dazuzugehören, und sich aktiv zu beteiligen, erreicht werden kann, d. h., gemeinsam kleine Schritte zu überlegen: »*Zuerst einmal zuschauen ist voll ok*«, »*Auf welches Kind traue ich mich am ehesten zuzugehen?*« »*Was macht mir besonders Spaß?*« »*Was kann ich besonders gut, was ein anderes Kind vielleicht auch gerne lernen möchte?*«. Auch hier gilt, dass Eltern nicht »für«, sondern »mit« dem Kind mögliche Ziele und Strategien formulieren sollten, und dass sie sich der eigenen Wünsche und Hoffnungen, die sie in das Kind setzen, bewusstwerden und diese reflektieren.

Bei schüchternen Kindern spielen zudem in unbekannten sozialen Anforderungssituationen auch die physiologischen Reaktionen eine große Rolle. So gehen Herzklopfen, zitternde Hände, Schweißausbrüche, Frösteln oder Übelkeit oft mit emotionalen Reaktionen wie Anspannung oder Angst einher. Diese körperlichen Manifestationen von Angst und Stress werden gerade in der Peergruppe von den anderen Kindern als Schwäche interpretiert. Ein Abbau dieser körperlichen Reaktionen kann dem Kind helfen, entspannter an soziale Herausforderungen heranzugehen und sie so besser zu meistern. Hier können Eltern einen wichtigen Beitrag leisten. Sie können das Kind dabei unterstützen, diese körperlichen Signale der Angst zu erkennen, zu benennen und zu verstehen, was sie bedeuten und wie es damit umgehen kann. Mit dem Kind über Emotionen sprechen, in diesem Fall über die Angst, »Wie fühlt sich die Angst an?«, »Wo genau spürst du sie im Körper?«, »In welchen Situationen treten sie auf?«, »Was wollen mir diese Signale sagen«?, »Soll ich auf sie hören?«, ist eine Möglichkeit. Für sozial-ängstliche Kinder ist es darüber hinaus besonders wichtig, dass sie die Erfahrung machen können, dass diese körperlichen Reaktionen der Angst in bestimmten Situationen auftreten, dass sie bisweilen sehr stark werden, aber auch wieder abflachen können. Eltern können ihr schüchternes Kind darin bestärken, dass es diese Empfindungen selbst beeinflussen kann, sei es mit verbalen Selbstinstruktionen, sei es mit einem selbstgestalteten »Mutstein«, an dem es sich festhalten kann, oder mittels einer Atemtechnik, um ein paar Beispiele zu nennen.

6 Fazit

In der Begleitung und Unterstützung von schüchternen Kindern kommt den Eltern eine zentrale Rolle zu. Das sozial unsichere Verhalten zeigt sich dabei weniger im familiären Alltag. Für das sozial unsichere Kind sind vor allem die außerfamiliären Situationen besonders belastend und bedrohlich. So manifestiert sich Schüchternheit sehr oft in der Schule, während dem Unterricht, in den Pausen und auf den Schulwegen. Die betroffenen Kinder fürchten sich einerseits vor diesen sozialen Situationen, leiden sehr oft unbemerkt und wünschen sich dennoch mehr Zugehörigkeit zur Gruppe. Bisherige Beziehungserfahrungen und die Selbstwirksamkeitsüberzeugung sind entscheidende Prädiktoren für die weitere Entwicklung. Schüchternheit auf Seiten des Kindes und die Reaktionen der Umwelt, von Eltern, Lehrpersonen und Peers beeinflussen sich gegenseitig, und es entsteht oftmals eine Negativspirale in der Form einer sog. »self-fulfilling prophecy«. Misserfolgserlebnisse werden internal attribuiert, erfolgreiches Handeln hingegen external, und diese Einordnungen führen zu einem negativen Selbstkonzept und zu fehlender Selbstwirksamkeitserwartung. Um sich entwickeln zu können, bedarf das Kind vielfältiger Erfahrungen. Um sich an Herausforderungen zu wagen, muss es sich selbstwirksam fühlen. Gerade schüchterne Kinder zeigen jedoch in sozialen Situationen häufig ein Vermeidungsverhalten.

Eltern können einen entscheidenden Beitrag leisten, um diesen Teufelskreis zu durchbrechen. Sie können Kinder ermutigen, sie darin unterstützen, Vermeidungsverhalten abzubauen. Indem sie mit dem Kind gemeinsam und nicht für das Kind Ziele formulieren und diese auch in der Umsetzung sowohl bei Erfolg wie auch bei Misserfolgen feinfühlig unterstützen, ermöglichen sie dem schüchternen Kind Erfolgserlebnisse. Durch eine begleitende Reflexion können sie sich als Akteure den Erfolg selbst zuschreiben. Diese internal attribuierten Erfolgszuschreibungen können dann in künftigen Situationen wieder abgerufen werden. Eltern können einen positiven Einfluss zur Stärkung der Selbstwirksamkeitsüberzeugung des Kindes haben, indem sie Erfahrungsräume bieten, aber auch indem sie Erfolgs- und Misserfolgszuschreibungen und soziale Vergleiche immer wieder thematisieren. Bei diesen Kindern ist das Erleben eigener Wirksamkeit ausschlaggebend. Erst mit einer verbesserten Selbstwirksamkeitsüberzeugung können sich die Kinder wieder auf entwicklungsfördernde Erfahrungen und auf den Stoff in der Schule einlassen. Um genau diesen Effekt zu erzielen, ist eine Unterstützung der Kinder durch deren Eltern von entscheidender Bedeutung.

Was brauchen auf der anderen Seite die Eltern, um diese Aufgabe möglichst gut übernehmen zu können? Eltern sollen darin unterstützt und befähigt werden, gehemmtes Verhalten ihres Kindes zu erkennen und ihm Erfahrungs- und Entwicklungsmöglichkeiten anzubieten. Das Kind soll sich seiner aktiven Rolle als Gestalter seiner sozialen Beziehungen bewusstwerden. Das gemeinsame Formulieren von Zielen und die Unterstützung in der Umsetzung seiner Ideen bestärken das Kind aktiv zu sein und zeigen ihm seine Wirksamkeit zusätzlich auf. Die Emotionen des Kindes sind von zentraler Bedeutung. Es soll die Situation als kontrollierbar und stressfrei erleben. Das Kind fühlt sich insbesondere dann selbstwirksam, wenn es Gefühle wie Stolz, Freude und Zufriedenheit erleben kann. Es soll sich bei Herausforderungen als erfolgreich erleben. Das Kind wählt Situationen, denen es sich gewachsen fühlt. Eine vertrauensvolle Beziehung zu den Eltern, die Erfolge des Kindes würdigen und Misserfolge liebevoll begleiten, unterstützt das Kind, sich in sozialen Situationen mit seinen Anliegen und Bedürfnissen erfolgreich einbringen zu können.

Zusätzlich können eine vertrauensvolle Beziehung und Zusammenarbeit zwischen Eltern und Lehrpersonen diesen Prozess entscheidend unterstützen.

Literatur

Ahrens-Eipper, S. & Leplow, B. (2004): *Mutig werden mit Til Tiger*. Göttingen, Hogrefe.
Bandura, A. (1994): Self-efficacy. In V. S. Ramachaudran (Ed.), *Encyclopedia of human behavior* (Vol. 4, pp. 71–81). New York: Academic Press. (Reprinted in H. Friedman [Ed.], Encyclopedia of mental health. San Diego: Academic Press, 1998).
Bender, D., Fingerle, M., & Opp, G. (2007): *Was Kinder stärkt. Erziehung zwischen Risiko und Resilienz*. München: Reinhardt.
Bodenmann, G. (2016): *Klinische Paar- und Familienpsychologie* (2. Auflage). Göttingen, Hoegrefe.
Dornes, M. (2002): *Die emotionale Welt des Kindes* (3. Auflage). Frankfurt am Main: Fischer.
Frick, J. (2007): *Die Kraft der Ermutigung. Grundlagen und Beispiele zur Hilfe und Selbsthilfe*. Bern: Huber.
Frick, J. (2009). Ergebnisse der Resilienzforschung und Transfermöglichkeiten für die Selbstentwicklung als Erziehungspersonen. *Zeitschrift für Individualpsychologie 34*, 391–409, Göttingen, Vandenhoeck & Ruprecht.
Fuhrer, U., Marx, A., Holländer, A. & Möbes, J. (2000): Selbstentwicklung in Kindheit und Jugend. In W. Greve (Ed.), *Psychologie des Selbst* (S. 39–57). Weinheim: Psychologie Verlags Union.
Gallagher, K. C. (2002): Does child temperament moderate the influence of parenting on adjustment? *Developmental Review, 22*, 623–643.
Grossmann, K. & Grossmann, K.E. (2012): *Bindungen – das Gefüge psychischer Sicherheit*. Stuttgart, Klett Cotta.

Joët, G., Usher, E. L. & Bressoux, P. (2011): Sources of Self-Efficacy: An Investigation of Elementary Students in France. *Journal for Educational Psychology, 103* (3), 649–663.

Jungbauer, J., Kinzel-Senkbeil, J., Kuhn, J. & Lenz, A. (2011): Familien mit einem schizophren erkrankten Elternteil: Ergebnisse einer fallrekonstruktiven Familienstudie. *Zeitschrift für Familienforschung, 23* (1), 57–76.

Krus, A. (2006): Psychomotorische Entwicklungsförderung zur Stärkung der kindlichen Resilienz. In K. Fischer, E. Knab, M. Behrens & Aktionskreis Psychomotorik e. V. (Hrsg.), *Bewegung in Bildung und Gesundheit* (S.355–361). Lemgo: Aktionskreis Literatur und Medien.

Mattejat, F. & Remschmidt, H. (2008): Kinder psychisch kranker Eltern. *Deutsches Ärzteblatt, 105*, Heft 23, 413–418.

Lenz, A. (2014): *Kinder psychisch kranker Eltern.* Göttingen, Hoegrefe.

O'Mara, A. J., Marsh, H. W., Craven, R. G. & Debus, R. l. (2006): Do Self-Concept Interventions Make a Difference? A Synergistic Blend of Construct Validations and Meta-Analysis. *Educational Psychologist, 41* (4), 181–206.

Petermann, F., Petermann, U. & Damm, F. (2008): Entwicklungspychopathologie der ersten Lebensjahre. *Zeitschrift für Psychiatrie, Psychologie und Psychotherapie 56*, 243–253.

Prücher, F. (2002): *Selbstkonzepte von Grundschulkindern: eine empirische Untersuchung über das Selbstkonzept sozialer Integration und das Selbstkonzept allgemeiner Fähigkeiten von Kindern der ersten Grundschulklasse.* Paperback: Der andere Verlag.

Rubin, K. H., Robert J., Coplan, R.J. & Bowker, J. C. (2009): Social Withdrawal in Childhood. *Annual Review of Psychology, 60*, 141–171.

Scheithauer, H. (1999): Zur Wirkungsweise von Risiko- und Schutzfaktoren in der Entwicklung von Kindern und Jugendlichen. *Kindheit und Entwicklung, 8* (1), 3-14.

Schmidt-Poschinski, S. (2009): Beziehung – Klang – Resonanz. Musiktherapie mit verhaltensauffälligen Grundschulkindern. *https://www.uni-siegen.de/fb4/musiktherapie/forummusiktherapie/kinder/vortraege/209_schmidt_poschinski.pdf*, [Abruf am 22.03.2021]

Schunk, D. H. & Hanson, A. R. (1985): Peer models: Influence on children's self-efficacy and achievement. *Journal of Educational Psychology, 77* (3), 313–322.

Textor, R. (2004): Verhaltensauffällige Kinder fördern. Praktische Hilfen im Kindergarten und Hort. Frankfurt: Cornelsen.

Von Collani, G. & Yorck Herzberg, Ph. (2003): Zur internen Struktur des globalen Selbstwertgefühls nach Rosenberg. *Zeitschrift für Differentielle und Diagnostische Psychologie, 24* (1), 2003, 9–22.

Weinrich, D., Laucht, M., Esser, G. & Schmidt, M.H. (1992): Disharmonische Partnerbeziehung der Eltern und kindliche Entwicklung Säuglings- und Kleinkindalter. *Praxis der Kinderpsychologie und Kinderpsychiatrie 41*, 4, 114–118.

Winnicott, D. W. (2006): *Reifungsprozesse und fördernde Umwelt.* Gießen, Psychosozial Verlag.

Wustmann, C. (2005): Die Blickrichtung der neuen Resilienzforschung. Wie Kinder Lebensbelastungen bewältigen. *Zeitschrift für Pädagogik, 51*, 2, 192–206.

Zarra-Nezhad, M. et. al. (2018): Children's Shyness Moderates the Associations between Parenting Behavior and the Development of Children's Pro-Social Behaviors. *Journal of Child and Family Studies 27*, 3008–3018.

Die Autorinnen und Autoren

Susanne Amft leitet das Institut für Verhalten, sozio-emotionale und psychomotorische Entwicklungsförderung (IVE) an der Interkantonale Hochschule für Heilpädagogik in Zürich. Sie ist Motologin und Therapeutin für Konzentrative Bewegungstherapie und Tanztherapie. Ihre Schwerpunkte sind Psychomotorische Entwicklungsförderung sowie Interventionen bei Kindern und Jugendlichen mit Verhaltensauffälligkeiten.

Iris Bräuninger, Institut für Verhalten, sozio-emotionale und psychomotorische Entwicklungsförderung, Interkantonale Hochschule für Heilpädagogik, Zürich, ist Senior Researcher und Co-Leiterin Bachelorstudiengangs Psychomotoriktherapie, Supervisorin & Lehrtherapeutin. Ihre Forschungsthemen sind Wirksamkeitsforschung (RCT und Mixed-Methods-Design) zu Psychomotoriktherapie und Tanztherapie, sozialer und emotionalen Kompetenzen von Schulkindern, ExpertInnenbefragungen u. v. m.

Susan C. A. Burkhardt ist Psychologin und Sprecherzieherin und arbeitet als wissenschaftliche Mitarbeiterin und Dozentin an der Interkantonalen Hochschule für Heilpädagogik in Zürich im Institut für Verhalten, sozio-emotionale und psychomotorische Entwicklungsförderung. Ihre Schwerpunkte sind die emotionale Entwicklung und Prävention von Verhaltensauffälligkeiten sowie eine gesunde psychosoziale Entwicklung unter schwierigen familiären Bedingungen.

Claudia Croos-Müller studierte Medizin an der Ludwig-Maximilian-Universität München. Als Fachärztin für Neurologie, Nervenheilkunde und Psychotherapie baute sie die Konsiliarabteilung am RoMed Klinikum Rosenheim auf und leitet sie. Sie entwickelte die Body 2 BRAIN CCM® Methode und ist Lehrtherapeutin. Ihre Arbeitsschwerpunkte sind Körperpsychotherapie und Selbstwirksamkeit.

Sue Curtis, M. A., Goldsmiths – University of London, England
Lecturer, Clinical Supervisor and Placement Coordinator, Dance Movement Psychotherapist. Forschungsthemen: Grief & loss in working with children and young people, Somatic Collective Body Mapping Ritual as artistic enquiry
Embodied experience and creative potential of living through cancer.

Margaretha Florin ist Dozentin an der Interkantonalen Hochschule für Heilpädagogik in Zürich am Institut für Verhalten, sozio-emotionale und psychomotorische Entwicklungsförderung. Fachexpertin im Bereich sozial-emotionale Entwicklung und Verhalten sowie Co-Leiterin der Studierendenberatung. Sie arbeitet in Weiterbildung und Coaching bei Verhaltensauffälligkeiten und herausfordernden Situationen in der Schule und forscht zur Selbstwirksamkeit von Lehrpersonen. Als Fachpsychologin für Psychotherapie FSP pcaSuisse arbeitet sie als Psychotherapeutin mit Kindern, Jugendlichen und deren Eltern sowie Lehrpersonen.

Barbara Gasteiger-Klicpera ist Professorin für Inklusive Bildung und Heilpädagogische Psychologie und Vorstand des Instituts für Bildungsforschung und PädagogInnenbildung der Universität Graz. Ihre Forschungsinteressen konzentrieren auf sich die Entwicklung und Prävention von Leseschwierigkeiten, die Prävention von Verhaltensschwierigkeiten bei Kindern und Jugendlichen und die Weiterentwicklung inklusiver Lernumgebungen.

Tina In-Albon ist Professorin für Klinische Psychologie und Psychotherapie des Kindes- und Jugendalters an der Universität Koblenz-Landau, Campus Landau. Ihre Forschungsschwerpunkte sind insbesondere nichtsuizidale Selbstverletzungen, Angststörungen und Emotionsregulation im Kindes- und Jugendalter.

Vanessa Jantzer ist wissenschaftliche Mitarbeiterin an der Kinder- und Jugendpsychiatrie des Universitätsklinikums Heidelberg. Seit mehr als zehn Jahren forscht sie zu den Themen Mobbing unter Kindern und Jugendlichen und Schulabsentismus und ist in verschiedenen Mobbing-Präventionsprogrammen für Schulen tätig.

Michael Kaess ist Professor für Kinder- und Jugendpsychiatrie und Psychotherapie an der Universität Bern sowie Direktor der dortigen Universitätsklinik für Kinder- und Jugendpsychiatrie und Psychotherapie. Zusätzlich leitet er eine Forschungssektion am Zentrum für Psychosoziale Medizin des Universitätsklinikums Heidelberg. Er forscht zu den Auswirkungen von chronischem Stress (z. B. Mobbing) auf die Entwicklung von Selbstverletzung, Suizidalität und assoziierten psychischen Störungen im Kindes- und Jugendalter.

Mathias Krammer ist Professor für Inklusive Bildung an der Pädagogischen Hochschule Steiermark. Seine Forschungsschwerpunkte liegen im Bereich der inklusiven Pädagogik, der sozial-emotionalen Entwicklung und der quantitativen empirischen Methodologie.

Annette Krauss ist Psychologin und wissenschaftliche Mitarbeiterin am Institut für Verhalten, sozio-emotionale und psychomotorische Entwicklungsförderung der Interkantonalen Hochschule für Heilpädagogik in Zürich. Sie forscht u. a. zum Übergang Schule-Beruf bei Jugendlichen mit erhöhtem Unterstützungsbedarf und zur Prävention von psychischen Auffälligkeiten im Jugendalter.

Siebke Melfsen arbeitet als Privatdozentin an der Klinik für Kinder- und Jugendpsychiatrie und Psychotherapie der Universitätsklinik Zürich und an Klinik für

Kinder- und Jugendpsychiatrie, Psychosomatik und Psychotherapie des Universitätsklinikums Würzburg. Ihre Forschungsschwerpunkte sind Angststörungen bei Kindern und Jugendlichen, soziale Angststörungen bei Kindern und Jugendlichen sowie selektiver Mutismus.

Xenia Müller ist schulische Heilpädagogin und arbeitet als wissenschaftliche Mitarbeiterin und Dozentin an der Interkantonalen Hochschule für Heilpädagogik in Zürich am Institut für Verhalten, sozio-emotionale und psychomotorische Entwicklungsförderung. Sie beschäftigt sich unter anderem mit internalisierenden und externalisierenden Verhaltensauffälligkeiten im Kindes- und Jugendalter und dem Umgang damit in Unterricht und Schule.

Ulrike Petermann hatte bis März 2020 den Lehrstuhl für Klinische Kinderpsychologie im Zentrum für Klinische Psychologie und Rehabilitation (ZKPR) der Universität Bremen inne. Ihre Forschungsschwerpunkte sind Entwicklungspsychopathologie psychischer Störungen im Kindes- und Jugendalter, insbesondere aggressives und ängstliches Verhalten, Verhaltenstherapie mit Kindern, Jugendlichen und deren Familien, Entspannungstechniken, Entwicklung und Evaluation von Präventionsprogrammen.

Franziska Reitegger ist Universitätsassistentin und Doktorandin am Institut für Bildungsforschung und PädagogInnenbildung im Arbeitsbereich für Inklusive Bildung und Heilpädagogische Psychologie an der Karl-Franzens-Universität Graz. Ihr Forschungsinteresse widmet sich primär den Bedarfen von Kindern und Jugendlichen für eine positive sozial-emotionale Entwicklung.

Patrizia Röösli ist Psychologin. Sie arbeitet als wissenschaftliche Mitarbeiterin an der Interkantonale Hochschule für Heilpädagogik in Zürich am Institut für Verhalten, sozio-emotionale und psychomotorische Entwicklungsförderung.

Rosemarie Samaritter, Codarts University of the Arts, Dep. Arts Therapies, Rotterdam, Niederlande, ist Senior Researcher und hat die Programmleitung der Research Arts Therapies inne. Ihre Forschungsthemen sind: Interventionsstudien zur Tanztherapie, Studien zu Wirkfaktoren und Anwendung von ästhetischen Interventionsmodellen in der (psycho-) therapeutischen Arbeit, Intersubjektivität im Shard Movement Approach; innovative künstlerisch informierte (arts-informed) Studiendesigns und biometrische Messungen.

Claudia Schellenberg ist Professorin für Berufliche Inklusion von Jugendlichen mit besonderen pädagogischen Bedürfnissen an der Interkantonalen Hochschule für Heilpädagogik in Zürich, Institut für Verhalten, sozio-emotionale und psychomotorische Entwicklungsförderung. Sie ist Psychologin und Berufs- und Laufbahnberaterin FSP und leitet seit über zehn Jahren Projekte zum Übergang Schule-Beruf, zu den Themen: Berufswahlvorbereitung an der Schule, berufliche Laufbahnen, Nachteilsausgleich.

Daniela Schwarz ist Psychologin und Geschäftsführerin des Landauer Studiengangs zur Ausbildung in Kinder- und Jugendlichenpsychotherapie (LSA-KJP). Ihre Forschungsthemen sind Transdiagnostische Behandlung von Angst- und depressiven Störungen im Kindes- und Jugendalter, Online-Interventionen zur Behandlung von Kindern und Jugendlichen sowie Ausbildungsforschung/Supervison und therapeutische Entwicklung.

Beatrice Uehli Stauffer ist Psychologin. Sie arbeitet als Dozentin an der Interkantonalen Hochschule für Heilpädagogik in Zürich am Institut für Verhalten, sozio-emotionale und psychomotorische Entwicklungsförderung. Sie ist Fachexpertin im Bereich internalisierender Störungsbilder im Kindes- und Jugendalter sowie Co-Leiterin der Studierendenberatung.

Susanne Walitza ist Professorin und Klinikdirektorin der Klinik für Kinder- und Jugendpsychiatrie und Psychotherapie an der Psychiatrische Universitätsklinik Zürich. Ihre Forschungsschwerpunkte sind Angststörungen, ADHS, pathologischer Medienkonsum und Zwangsstörungen.